존 파이퍼 목사의 '로마서 강해'는 위대한 본문이 훌륭한 해석자를 만나서 나온 작품이다. 로마서 강해는 영국의 탁월한 강해설교자, 고(故) 마틴 로이드 존스 목사의 강해서 이후로 좀 더 현대적이고 실제적인 설교자를 오랫동안 기다려 왔는데 마침내 좋은 해석자를 만났다. 존 파이퍼 목사는 신학자 출신의 목회자로 벧엘신학교에서 6년간 가르치다가 설교자로 부르심을 받았다. 그는 로마서의 위대함에 사로잡혀 있었고 그 중에서도 로마서 8장에 붙들려 18년 목회 사역을 감당할 수 있었다고 고백한다. 존 파이퍼의 '로마서 강해'가 마틴 로이드 존스의 '로마서 강해' 이상으로 한국 교회 강단에 큰 영향을 미칠 것으로 기대한다.

김서택 대구동부교회 담임목사

로마서는 성경의 모든 책들 중 가장 방대한 교리적 진술을 담고 있다. 존 파이퍼 목사의 로마서 강해는 교리적 가르침을 세밀하게 소개함과 동시에 그 진리가 주는 뜨거움을 생생하게 전달한다. 이는 불붙는 논리로 설교를 전했던 마틴 로이드 존스를 연상시킨다. 바른 진리는 열정을 발산시키게 하며, 열정은 바른 진리로부터 시작될 수 있다. 저자는 이것을 '구원의 틀'과 '현실을 바라보는 시각'으로 표현한다. 본서의 독자들은 견고한 구원의 진리를 만나게 될 것이며, 구원의 진리에 따라 살도록 도전받게 될 것이다. 이어 출간하게 될 로마서 강해집이 진리의 기반이 약한 한국 교회에 건강한 기초를 놓게 될 것을 기대한다.

송태근 삼일교회 담임목사

로마서에는 하나님과 세상과 우리 인간에 관한 진리와 복음의 중심이 고스란히 녹아 있다. 특별히 16년 간 베들렘헴교회 강단에서 전해진 복음주의 설교자 존 파이퍼 목사의 로마서 강해가 책으로 정리되어 출간되니 무척이나 반갑다. 존 파이퍼 목사의 로마서 강해가 전하는 복음의 메시지는 신학을 전공한 학도들뿐 아니라 평신도들도 쉽고 명쾌하게 이해할 수 있다. 이 책을 통해 모든 성도들이 복음을 깨닫고 그 복음을 살며 열방 가운데 복음을 전하는 그리스도인으로 날마다 자라가길 기도한다.

이찬수 분당우리교회 담임목사

좋은 강해를 읽는 것은 언제나 감동이다. 이 책은 그런 보기 드문 역작 중의 하나다. 최근 우리에게 큰 유익을 끼치는 외국 작가로 우리는 팀 켈러와 존 파이퍼를 주목한다. 두 분은 모두 목회자요 강해 설교가다. 두 분 다 견고한 신학적 기반에서 설교하는 분들이다. 한 분은 장로교 목회자고, 또 한 분은 침례교 목회자다. 존 파이퍼는 그의 목회의 절정에서 이 로마서를 강해한다고 고백한다. 그는 존 스토트의 로마서 강해에서 영감을 얻었다고 말한다. 그는 이 책에서 그의 회심과 목회의 모든 것을 내놓고 있다. 그래서 어쩌면 존 파이퍼 신학의 절정이라고 할 만한 작품이다. 존 스토트나 마틴 로이드 존스의 로마서와는 또 다른 감동이 있다. 바로 우리 시대의 치유와 해답이라고 할 만한 현장을 느끼게 된다. 나는 이 책에서 한국 교회를 살리는 희망을 느끼며 읽었다. 그래서 이 책을 이 시대의 한국 강단의 동역자들에게 강추하는 바다. 오랫동안 이 책은 설교자의 필수 도서목록으로 남을 가치가 있다. 다른 불필요한 책들 대신에 이 책으로 자리를 대신하기 바란다. 그 대신 우리의 강단은 새로운 부요를 경험하게 될 것이다.

이동원 지구촌교회 원로목사

존 파이퍼 목사는 목회자와 저술가로서 그 영성과 지성이 검증된 주님의 사역자다. 로마서는 초대 교회 때부터 성도들의 신앙의 기초를 견고하게 세우는 영적 자양분을 공급하는 보고로 쓰임 받아왔다. 이제 한국 교회 성도들은 예배당 안에서의 영성이라는 편협성을 과감하게 극복해야 할 시대적 소명을 안고 있다. 일상의 예배자로 한걸음 더 개혁적인 발걸음을 내딛기 위해 말씀에 대한 불같은 확신과 진리에 대한 각성 및 생활의 변화가 그 열매로 나타나야 한다. 목회와 말씀의 균형 감각이 탁월한 저자를 통하여 펼쳐지는 로마서의 파노라마가 한국의 목회자들과 성도들의 가슴에 안겨질 때 하나님의 역사하심이 힘 있게 일어날 줄 믿는다. 저자가 금세기 지구촌 그리스도인들을 향한 하나님의 은혜로운 선물인 것처럼 '로마서 강해' 역시 한국 교회를 향한 주님의 마음이 담긴 선물임을 믿어 의심치 않는다.

오정호 새로남교회 담임목사, 제자훈련목회자협의회(CAL-NET) 대표이 책을 추천하는 나의 마음은 참 행복하고 기쁘다. 저자가 존 파이퍼이기 때문이고, 그가 다루는 주제가 복음이며, 복음이 무엇보다 잘 드러난 로마서이기 때문이다. 로마서는 복음을 가장 잘 담고 있을 뿐 아니라 동시에 성화라는 주제도 칭의와의 관계 안에서 균형 있게 잘 다뤄주는 책이어서 조국 교회에 시의적절한 필요를 가진다. 오늘 조국 교회는 성도들의 삶과 실천 문제와 관련해 깊은 고통을 느끼고 있다. 성도들의 삶을 가능하게 만드는 복음의 진리에 대한 바른 지식의 부재와 그로 인한 성화와 삶에 대한 혼동이 이 모든 문제들의 근원이라고 본다. 죄 많은 세상에 우리의 몸을 입고 오신 예수님의 삶과 죽으심과 부활이 우리의 칭의의 유일한 근거이며 성화의 능력이다. 사람들로 하나님의 진노를 벗어나 은혜에 이르게 하고, 죄의 권세에서 벗어나 거룩과 사랑의 삶으로 들어가게 하는 것이 복음의 능력이다. 이 귀한 책이 그런 복음의 능력을 새롭게 함으로 조국 교회에 많은 유익을 널리 끼칠 것이라 여겨 기쁘게 추천한다.

화종부 남서울교회 담임목사

멋진 음악은 늘 새로이 연주되고 새로이 음미된다. 연주자가 달라지고, 듣는 내 삶의 자리도 달라지기에, 익숙한 아름다움이라도 언제나 그 맛이 새롭다. 로마서라는 멋진 음악 역시 오랜 세 월 숱한 설교자들을 만나며 깊고 진한 감동을 선사해 왔다. 오늘날 우리는 존 파이퍼라는 또 한 사람의 능숙한 연주자를 알고 있다. 로마서 연구로 박사학위를 받은 성경학자로서의 기량과 가슴 따스하고 열정적인 목회자로서의 정감을 함께 갖춘 그는 로마서를 연주할 최적의 연주자 중 하나다. 그의 설교를 읽으며 독자들은 복음의 의미에 대한 상세한 해설뿐 아니라 그 복음이 내 삶과 어우러지는 방식에 대해서도 많은 생각을 하게 될 것이다. 특히 복음의 탈을 쓴 욕망의 외침에 지치고 혼란스런 영혼들에게 값진 깨우침과 격려의 통로가 되리라 확신한다.

권연경 숭실대학교 기독교학과 교수

존 파이퍼 목사의 '로마서 강해'는 그의 신학적 통찰과 목회적 경건성이 잘 조화를 이루고 있으며, 복음의 진수를 배우고자 사모하는 이들에게 설득력 있는 문장으로 다가가는 잘 구성된 이야기다. 로마서는 복음의 비밀을 가장 분명하게 드러내는 성경 중의 성경으로, 최신 유행이나 문화적 흐름에 쉽게 반응하기 쉬운 가벼운 신앙과 신학을 경계하고 기독교 신앙과 신학을 바르게 안내하는 지침서라 할 수 있다. 더불어 이 책은 저자의 신학적 깊이와 목양적 소양이 함께 묻어나는 결과물로 복음의 영광과 복음의 기쁨을 잘 드러내고 있다. 저자는 자신의 회심과 부르심과 신학형성에 이르기까지 로마서에 빚지고 있음을 고백하고 있다. 로마서를 공부하는 이들에게 으뜸 길잡이가 될 책으로 기쁘게 추천한다. **김성희** 기독대학인회(ESF) 대표

복음주의적 성경해석으로 이름난 존 파이퍼 목사의 로마서 강해집은 오늘날 행위심판과 행위구원을 강조하는 한국 교회의 도덕주의자들과 윤리주의자들을 향해 울리는 경고와 깨우침의 종소리다. 그는 왜 인간이 자신의 내재적 능력과 자원으로 스스로를 구원할 수 없는지, 왜 인간은 하나님의 은혜로만 구원받을 수밖에 없는지 설득력 있게 설명한다. 그리고 그의 설명은 복잡한 추론이 아니라, 성경 본문이 말하는 바를 직설적으로 지적하는 것이어서 더욱 간명하다. 이 책은 평신도, 신학생, 목회자들에게 두루 도움을 줄 수 있다. 그의 로마서 강해집의 출간을 환영하며 구원에 관해 잘못된 설명을 하고 있는 사람들이 다시 복음으로 돌아오게 되길 기대한다.

김철홍 장로회신학대학교 신약학 교수

존 파이퍼의 로마서 설교는 어느 페이지를 읽어도 그냥 지나칠 수 있는 내용이 없다. 그의 강점은 로마서를 조금씩 잘라 설교하면서 본문을 철저하게 분석하고 있는 것에서부터 시작된다. 본문을 치밀하게 분석하는 것은 이미 하나님의 뜻을 제대로 이해할 확실한 토대를 마련했다는 사실을 의미한다. 그런데 존 파이퍼의 더욱 놀라운 모습은 로마서 전체를 통찰할 뿐 아니라 바울 서신 전부를 섭렵하면서 본문 해석을 종합한다는 것이다. 그래서 존 파이퍼의 로마서 설교를 읽다보면 사도 바울의 영혼에 흐르고 있던 생각의 주류가 무엇인지 깨닫게 된다. 하지만 그의 로마서 설교는 여기서 그 놀라움을 멈추지 않는다. 그는 본문으로부터 우리의 현실을 직시하게 만들면서 때로는 우리의 오류를 맹렬하게 공격하고 때로는 우리의 믿음을 열렬하게 위로한다. 그 결과로 우리는 자신에 대한 명료한 일깨움을 얻는다. 이것이 존 파이퍼의 로마서 강해다. **조병수** 합동신학대학원대학교 총장

존 파이퍼 목사는 학식과 영성 그리고 복음에 대한 열정을 겸비한 분이다. 전 세계 많은 그리스도인들로부터 인정과 존경을 받는 훌륭한 목회자요 저술가이기도 하다. 존 파이퍼 목사가 학술적 전문성과 목회 현장 체험을 토대로 집필한 바울 복음의 정수인 로마서 강해가 한국어로 출간되는 것을 매우 기쁘게 생각한다. 본문 해석에 충실하고 적절한 적용이 담긴 풍성한 강해설교를 원하는 목회자들에게 매우 유용한 책이다. 또한 바울의 복음과 로마서를 좀 더 깊이 이해하고 학습하려는 사람들에게도 적극 추천한다.

최흥식 횃불트리니티신학대학원대학교 신약학 부교수

ROMANS 3

John Piper

로마서 강해 3

(롬 5:12-7:25)

로마서 강해 3
복음과 하나님의 구원

초판 1쇄 | 2014년 12월 25일
초판 2쇄 | 2016년 7월 20일

지은이 | 존 파이퍼
옮긴이 | 이선숙
펴낸이 | 신은철
펴낸곳 | 좋은씨앗
출판등록 | 제4-385호(1999. 12. 21)
주소 | 서울시 서초구 바우뫼로 156(MJ 빌딩), 402호
주문전화 (02)2057-3041 주문팩스 (02)2057-3042
페이스북 | facebook.com/goodseedbook
ISBN 978-89-5874-232-6 04230
ISBN 978-89-5874-219-7(세트)

로마서 강해 3

복음과 하나님의 구원

존 파이퍼 지음 | 이선숙 옮김

좋은씨앗

| 차례 |

1장

20년, 그 이후 로마서

로마서 5:12-21

그러므로 한 사람으로 말미암아 죄가 세상에 들어오고 죄로 말미암아 사망이 들어왔나니 이와 같이 모든 사람이 죄를 지었으므로 사망이 모든 사람에게 이르렀느니라. 죄가 율법 있기 전에도 세상에 있었으나 율법이 없었을 때에는 죄를 죄로 여기지 아니하였느니라. 그러나 아담으로부터 모세까지 아담의 범죄와 같은 죄를 짓지 아니한 자들까지도 사망이 왕 노릇 하였나니 아담은 오실 자의 모형이라. 그러나 이 은사는 그 범죄와 같지 아니하니 곧 한 사람의 범죄를 인하여 많은 사람이 죽었은즉 더욱 하나님의 은혜와 또한 한 사람 예수 그리스도의 은혜로 말미암은 선물은 많은 사람에게 넘쳤느니라. 또 이 선물은 범죄한 한 사람으로 말미암은 것과 같지 아니하니 심판은 한 사람으로 말미암아 정죄에 이르렀으나 은사는 많은 범죄로 말미암아 의롭다 하심에 이름이니라. 한 사람의 범죄로 말미암아 사망이 그 한 사람을 통하여 왕 노릇 하였은즉 더욱 은혜와 의의 선물을 넘치게 받는 자들은 한 분 예수 그리스도를 통하여 생명 안에서 왕 노릇 하리로다. 그런즉 한 범죄로 많은 사람이 정죄에 이른 것 같이 한 의로운 행위로 말미암아 많은 사람이 의롭다 하심을 받아 생명에 이르렀느니라. 한 사람이 순종하지 아니함으로 많은 사람이 죄인 된 것 같이 한 사람이 순종하심으로 많은 사람이 의인이 되리라. 율법이 들어온 것은 범죄를 더하게 하려 함이라. 그러나 죄가 더한 곳에 은혜가 더욱 넘쳤나니 이는 죄가

사망 안에서 왕 노릇 한 것 같이 은혜도 또한 의로 말미암아 왕 노릇 하여 우리 주 예수 그리스도로 말미암아 영생에 이르게 하려 함이라. _롬 5:12-21

오늘 설교 제목에는 두 가지 의미가 담겨 있습니다. 하나는 제가 로마서 전체를 설교할 용기를 내기까지 20년이 걸렸다는 것입니다. 20년 만에 로마서 설교가 시작됐습니다. 그렇게 시작된 로마서 설교는 어느덧 3주 뒤면 로마서 5장을 마무리하는 시점에 이르렀습니다. 설교 제목의 두 번째 의미는 오늘 메시지에서 지난 20년을 되짚어 보는 것을 시작으로 로마서에 대한 개괄적 언급과 함께 앞으로의 방향을 살피는 것으로 마무리하겠다는 의도가 담겨 있습니다.

설교는 세 부분으로 나뉩니다. 지난 20년을 뒤로하고 그 다음 장으로 넘어가면서(하나님이 얼마나 오래 허락하실지 몰라도) 지금 제게 있는 감사와 후회 그리고 소망에 관한 내용을 말씀드리는 것입니다. 먼저 20주년을 맞아 20가지 감사 제목으로 시작해 보려 합니다.

감사하는 것

1. 가장 먼저 예수 그리스도를 허락하신 하나님께 감사합니다. 예수 그리스도는 우리를 사랑하셔서 우리 하나님 아버지의 뜻을 따라 이 악한 세대에서 우리를 구원하시기 위해 우리 죄를 대신해 자신을 내어주셨습니다. 저는 디모데후서 4장 17절 말씀으로 고백을 대신하고자 합니다. "주께서 내 곁에 서서 나에게 힘을 주심은 나로 말미암아 선포된 말씀이 온전히 전파되게 하심이라."(이 말씀은 베들레헴교회 사역 첫 해를 마무리하면서 제가 설교했던 본문입니다). 예수님께서 긍휼하심으로 제 곁에 서서 힘을 주시고 지난 20년을 신실하게 도우신 것

에 대해 하나님께 감사드립니다.

2. 하나님의 말씀인 성경을 주신 하나님께 감사합니다. 제가 하나님의 말씀을 연구하고 설교할 수 있도록 성도님들이 물심양면으로 도우신 사실은 절대 잊지 못합니다. 무엇보다 성경은 우리 교회의 기반이자 우리가 누리는 모든 참 되고 영속하는 기쁨의 근원입니다.

3. 합심하여 기도할 수 있게 하신 하나님께 감사합니다. 저는 동역자들과 함께, 또한 성도님들과 함께 기도하는 것을 무척 좋아합니다. 한 예를 들어, 제가 아는 한 6시 30분에 열리는 금요 아침 기도회를 지난 13년 간 단 하루도 거른 적이 없습니다(금요일이 성탄절이었던 몇 번을 제외하고 말입니다). 여기 계신 많은 분들이 저와 함께 이 기쁨을 맛보셨지요! 성도님들이 저와 제 가족을 위해 기도해 주신 것도 하나님께 감사합니다. 스펄전 목사님이 여행 중에 사역의 비결이 무엇이냐는 질문을 받았다고 합니다. 그러자 목사님은 이렇게 대답하셨습니다. "성도들이 저를 위해 기도해 주는 것입니다." 아멘.

4. 많은 영혼들이 그리스도의 영광의 복음으로 깨어난 것에 대해 하나님께 감사합니다. 많은 사람들이 살아 있고 불변하는 말씀으로 말미암아 다시 태어났습니다. 그들은 하나님을 알고 영적 냉담함이라는 잠에서 깨어나, 예수 그리스도를 통해 모든 사람의 기쁨을 위해 모든 것 안에서 하나님을 가장 높이는 일에 열정을 갖게 되었습니다. "강단에서 전하는 설교를 듣고 있을 때 하나님께서 제 인생에서 결정적인 일을 행하셨습니다"라고 고백하는 사람들을 여러분도 만나본 적이 있습니까?

5. 지난 20년 동안 우리 교회에 평화가 깨지지 않은 것으로 인해

하나님께 감사합니다. 6년 전 참 힘들고 고통스러운 갈등의 시기마저도 겸손과 연단을 위해 허락된 것이었음을 고백하며 하나님께 감사드립니다. 하지만 큰 그림으로 보면 하나님께서 긍휼을 베푸셔서 모든 동역자와 장로들과 성도들 사이에 소중한 평화와 하나됨을 이루게 하셨습니다.

6. 제가 오기 훨씬 전부터 이 교회를 지키셨던 분들로 인해 하나님께 감사합니다. 저는 그분들이 만들어 놓은 유산을 물려받았습니다. 어리고 경험이 부족한 목회자 중에 저처럼 많은 지지와 격려와 인내와 축복을 받은 사람도 드물 거라고 생각합니다. 이곳에 오래 계셨던 많은 원숙한 성도님들이 온유함과 선함으로 대해 주신 덕분에 모든 변화의 과정이 순적하게 이루어졌습니다.

7. 저희 아이들 모두 교회를 사랑하며 성장한 것에 대해 하나님께 감사합니다. 아이들 모두 교회를 사랑할 뿐 아니라 이곳에서 제 사역을 돕고 있습니다. 제가 이 교회에 처음 왔을 때, 칼스텐은 일곱 살, 벤자민은 네 살, 아브라함은 6개월이었습니다. 바나바는 3년 후에 태어났고, 탈리다는 5년 전에 태어났습니다. 우리 아이들에게는 오로지 베들레헴교회에 대한 기억만 있습니다. 휴가로 이곳을 떠나 있을 때조차 아이들은 늘 교회로 돌아가고 싶어 했습니다. 제 가족을 사랑해 주시고, 이곳이 아이들에게 기쁨의 거처가 되게 해 주셔서 감사합니다. 금요일 밤에 제 가족은 함께 모여 반 시간 정도 감사와 기도 제목을 나눕니다. 그때마다 베들레헴교회와 관련된 유익한 기억들을 떠올리며 함께 나누는 모습은 그리 어렵지 않게 볼 수 있습니다.

8. 흔들림 없이 오랫동안 동역자로 섬겨 준 목회자들로 인해 하나님께 감사합니다. 청소년 담당 목회자가 한 교회에서 15년 간 사역했다는 얘기는 들어 보지 못했습니다. 브래드 넬슨 목사님이 오셨을 때, 이제 27살이 된 우리 아들 칼스텐이 9학년이었습니다. 그 후로 13년 간 브래드 넬슨 목사님이 우리 네 아들들을 목양해 주셨습니다. 우리 아이들 모두 당신을 사랑합니다. 저도 그렇습니다. 데이빗 리빙스턴, 데이빗 마이클, 톰 스텔러, 브래드, 이렇게 우리 다섯이 베들레헴교회에서 사역한 기간을 합하면 무려 82년이나 됩니다. 제게는 너무 소중한 이 귀한 동역자들과 그들의 아내, 카린, 샐리, 줄리, 신디를 허락하신 하나님께 감사합니다.

9. 장례식을 주신 하나님께 감사합니다. 좀 더 개인적으로 말하자면, 죽어가는 이들을 목양할 수 있게 해주신 하나님께 감사합니다. 성도의 죽음은 하나님께서 보시기에 귀중합니다(시 116:15). 제가 베들레헴교회에 부임하기 전 장례식을 치러본 것이 아마 세 번 정도였을 것입니다. 이곳에 와서 처음 2년 반 동안 거의 3주에 한 번 꼴로 장례식에서 말씀을 전했습니다. 저는 결혼식 주례보다 장례식 설교가 더 좋습니다. 결혼보다 죽음을 더 좋아하기 때문이 아니라, 십자가에 못 박히시고 부활하신 그리스도의 복음이 장례식에서 더 빛을 발하기 때문입니다. 결혼식에서는 행복을 느낄 수 있는 세상적인 이유들이 많습니다. 장례식에서는, 그리스도의 복음이 참 되지 않다면 —그리스도의 보혈과 의가 우리를 하나님께 받아들여지게 하는데 충분치 못하다면— 우리가 행복해질 이유가 전혀 없습니다. 삶에서 마주친 죽음이 제 사역에 미친 영향력은 너무나 큽니다. 그래서

장례식을 허락하신 하나님께 감사하고, 죽음을 통해 저에게 많은 것을 가르쳐 준 모든 분들께 감사합니다.

10. 베들레헴교회의 선교 유산에 대해 하나님께 감사합니다. 침례교총회 세계선교부가 1940년대 중반 우리 교회에서 시작되었습니다. 1983년과 84년 어간에 일어난 선교 혁명으로 인해 제 인생이 바뀌고, 90년까지 90명을, 2000년까지 2000명의 선교사를 파송하는 결과로 이어지고, 지금도 세계 미전도 종족에게 복음을 전하려는 헌신과 열정이 계속되고 있음에 하나님께 감사합니다. 하나님의 지상명령에 열정을 품은 교회 중 하나가 된다는 것은 얼마나 큰 특권입니까!

11. 성도 여러분이 제게 쉬면서 글을 쓸 수 있는 시간을 선물로 주신 것에 대해 하나님께 감사합니다. 저는 그 시간을 결코 당연한 것으로 여기지 않습니다. 하나님께서 그 모든 열매를, 저를 지지하고 위해서 기도해 주신 여러분의 공로로 돌리시기를 기도합니다.

12. 건강을 주신 하나님께 감사합니다. 지난 20년 동안 아파서 설교를 할 수 없었던 주일이 딱 한 번 있었던 것으로 기억합니다. 어느 때는 주중에 후두염 때문에 말을 할 수 없다가 주일에 말문이 트인 적도 있었습니다. 사실 저희 온 가족이 건강했습니다. 그리고 저는 한 순간도 당연하다 여기며 살고 싶지 않습니다. 다만 제게 힘이 있는 동안 하나님께서 그 시간을 하나님을 위해 사용하도록 허락하시길 바랄 뿐입니다. 아무도 일할 수 없는 밤이 속히 올 것을 저는 알고 있습니다.

13. 장로회를 주신 하나님께 감사합니다. 지난 20년간 사역하면서

교회 어른들로부터 소외받는다고 느낀 적이 한 번도 없었습니다. 사실 이 표현은 조금 약하게 표현한 것이고, 좀 더 적극적으로 말하면, 저는 지난 20년 간 우리 교회 어르신들의 노련한 지혜와 겸손과 기도와 믿음과 교리적 건전함과 기쁨과 말씀에 온전히 부합하는 리더십 덕을 너무나 많이 본 사람입니다. 목회자와 교회에게 이런 자산이 주는 가치는 감히 값으로 매길 수 없습니다. 리더들이 서로 사랑하고, 서로를 위해 또 교회를 위해 목숨을 내놓을 준비가 되어 있을 때 그 가치는 값으로 매길 수 없습니다.

14. 이 건물과 1991년에 이 건물이 완공되기까지 그 무게를 함께 져 주신 분들로 인해 하나님께 감사합니다. 데니스 스미스, 로저 패스트, 딕 패스트, 카보 저스티스, 진 스프링클, 롤린 에릭슨, 그 외에도 많은 분들이 있습니다. 그리고 '환희의 교육'(Education for Exultation)이라는 비전을 펼칠 새 건물을 짓기 위해 전적으로 수고한, 현재 같은 분야에서 일을 하고 있는 키스 앤더슨, 로스 앤더슨, 미치 피어슨을 비롯한 많은 분들로 인해 하나님께 감사합니다. 20년 동안 저는 한 번도 건축 위원회 모임에 참석해 본 적이 없습니다.

15. 빚이 없는 교회가 되게 하심에 하나님께 감사합니다. 하나님께서 성도님들의 마음에 베푸는 은사를 부어 주신 까닭이라 생각합니다. 수많은 성도들이 받는 것보다 주는 것이 더 복되다는 그리스도의 말씀을 믿고 일 년 내내(특히 연말인 12월에) 하나님의 선하심을 높이기 위해 감사헌금을 하셨습니다.

16. 드러나지 않게 일하시는 분들로 인해 하나님께 감사합니다. 이 분들의 수고는 교회로서 우리 사역을 계속해 나가는 데 필수적입니

다. 예를 들어, 교회 건물과 터를 관리하는 해롤드와 주안, 브루스, 존, 마이크, 팀, 에이미가 있습니다. 또 자신의 하루하루를 다른 사람들에게 선을 행하는 것으로 채우고 계신 분들도 있습니다. 여러분을 축복합니다. 하나님께서 모든 것을 보고 계시기에 여러분의 수고가 하나도 헛되지 않을 것입니다.

17. 〈디자이어링 갓〉 사역을 허락하신 하나님께 감사합니다. 이 사역은 아니와 올리브 넬슨이 오랜 기간 드러나지 않게 해 온 사역에서 시작되어 존 블룸이 성장시켰습니다. 베들레헴교회에서 목회자들을 위한 총회가 열리게 하신 하나님께 감사하고, 매년 이 대회가 열리도록 수많은 성도님들이 애써 주신 그 노고에도 감사드립니다. 또한 데이빗과 샐리 마이클의 노고로 개발되어 지금은 전국적으로 사용되고 있는 하나님 중심적이고 성경 중심적인 어린이 커리큘럼이 폭발적으로 성장한 것에 대해서도 감사합니다.

18. 사랑하는 제 아내 노엘로 인해 하나님께 감사합니다. 지난 20년간 작성된 20건의 연례 보고서마다 아내의 이름이 포함되어 있습니다. 1982년, "아내가 써서 점심 도시락에 넣어 준 메모입니다. '기억하세요. 하나님은 우리가 감당할 만큼만 은혜를 주십니다. 그리고 한 주 후면 이 모든 것이 과거가 될 겁니다.'" …1988년, "글을 쓰는 제 모습을 바라보는 아내의 사진이 있습니다. 손으로 오른쪽 얼굴 반을 가리면 마치 아이 같이 행복한 소녀의 모습이 보입니다. 왼쪽 얼굴 반을 가리면 강하고 확신에 찬 여성의 모습이 보입니다. 그런 다음 손을 치우고 노엘의 모습을 봅니다. 제 온 마음을 다해 아내를 사랑합니다." …1994년(20년 중에서 제일 힘들었던 해입니다), "힘든 일이 유

독 많았던 올해, 아내 노엘에 대해 뭐라고 말할까요? 정말 든든한 바위였습니다! 정말 따스한 피난처였습니다! 떨리는 제 어깨를 꽉 안아 주던 손이었습니다! 경건하지 못한 감정의 늪에 빠져 있던 제가 단단한 길을 찾도록 반복해서 도와 주었습니다. 주님, 제게 주신 너무나 놀라운 선물입니다! 진심으로 감사합니다."

19. 구원하는 믿음을 계속해서 선물로 주시고 아침마다 제 안에서 일깨워 주시는 하나님께 감사합니다. 주님은 제가 다른 신들을 섬기려 돌아서지 않게 하시려고 하나님의 말씀에 제 마음이 기울게 하시고 그분의 진리와 영광과 가치를 드러내셨습니다. "너희는 그 은혜에 의하여 믿음으로 말미암아 구원을 받았으니 이것은 너희에게서 난 것이 아니요 하나님의 선물이라." 구원하는 믿음을 선물로 주신 하나님께 감사합니다. 그리고 무엇보다 특히, 지난 20년 동안 매주 토요일이면 다음 날(주일) 하나님의 위대하심에 대해 무엇을 전해야 할지 알기 위해 그리스도를 충분히 맛보게 하신 것에 감사합니다. 하나님께서 당신의 백성들에게 전할 말을 주시지 않은 적이 없습니다. 하나님께 감사합니다.

20. 예수 그리스도의 십자가로 인해 하나님께 감사합니다. 하나님께서는 그리스도의 십자가 외에 다른 어떤 것에 감사하거나 즐거워하거나 영광을 돌리지 못하게 하셨습니다. 그리스도의 십자가로 인해 세상은 제게 대하여 못 박혔고 저는 세상에 대하여 못 박혔습니다(갈 2:20). 저를 향한 하나님의 거룩한 진노가 사라진 곳, 저의 모든 죄가 씻긴 곳, 제가 영원히 감사해야 할 모든 축복인 하나님의 약속이 주어진 곳, 저와 여러분에게 누구도 빼앗을 수 없는 소망이 보장

된 곳, 바로 그 십자가로 인해 하나님께 감사합니다.

아직 말하지 못한 많은 귀한 것들이 있지만, 이 20가지 이유에서 멈추려고 합니다. 제가 말씀드리려던 첫 번째 요지는 감사였습니다.

후회하는 것

두 번째 요지는 제가 후회하는 것들입니다. 무엇보다 제 마음의 죄악과 제 입의 죄를 후회합니다. 야고보서 3장 1-2절은 이렇게 말씀합니다. “내 형제들아 너희는 선생된 우리가 더 큰 심판을 받을 줄 알고 선생이 많이 되지 말라. 우리가 다 실수가 많으니 만일 말에 실수가 없는 자라면 곧 온전한 사람이라. 능히 온 몸도 굴레 씌우리라.” 저는 완벽한 사람이 아닙니다. 저는 넘어졌고 마음과 입으로 죄를 지었습니다. 그리고 그것을 후회합니다. 여러분이 용서하시고 오래 참아 주셨습니다. 저를 향한 성도 여러분의 사랑이 허다한 죄를 덮었습니다(벧전 4:8).

하지만 이번 기회를 빌려 공개적으로 지은 죄 하나를 여러분 앞에 고백하는 기회로 삼으려고 합니다. 오래 전에 성도 한 분으로부터 편지를 받았습니다. 하나님의 예지(foreknowledge)와 관련한 논란에서 제가 그렉 보이드를 향해 제기했던 비판 내용을 회개하라고 요청하는 편지였습니다. 저는 제 마음에 자신을 방어하고 제 말과 행동을 정당화하려는 강한 경향이 있음을 압니다. 또한 제가 “열린 신학”을 강하게 비판하면서 그 관점에 집중하기보다 옆길로 벗어나 인격을 폄훼할 수 있었다는 점도 알고 있습니다. 그래서 제 자신의 판단을 믿을 수 없었기에, 이 편지를 교회 장로님들에게 보냈고, 제가 이 문제와 관련해 죄를 고백할 필요가 있는지 판단해 달라고 부탁드렸습니다.

여기 제가 진심으로 존경하는 장로님 한 분에게서 온 답장이 있습니다. 그분은 이렇게 쓰셨습니다. "제 기억에 '존 목사님이 (그렉의 신학이 아니라) 그렉 보이드를 공격한다'고 느낀 경우가 확실히 두 번 있었습니다. 한 번은 노스웨스턴 대학에서였습니다. 그때 목사님은 그렉을 노골적으로 무시하셨습니다. … 문제는 말한 내용이 아니라 그를 무시하는 듯한 태도였습니다." 장로님이 지적한 두 번째 사건은 수요일 저녁 예배 때 제가 그렉의 신학을 혐오한다고 언급했던 것이었습니다. 장로님은 이렇게 쓰셨습니다. "목사님이 화를 내듯 '심지어 그렉 보이드, 그 사람의 신학 이론을 저는 혐오하지만'이라고 말씀하셨을 때, 아주 신중한 몇몇 청중들만 목사님이 그 사람을 공격한 것이 아니라 그 사람의 신학을 반대한 것이라고 알아듣지 않았을까 싶습니다."

그래서 이 자리를 빌어 제가 입으로 지은 죄와 그 뒤에 숨겨진 깨끗하지 않은 마음에 대해 공개적으로 사과하고 싶습니다. 예수님께서는 "마음에 가득한 것을 입으로 말함이라"(마 12:34)고 말씀하셨습니다. 신학 이론을 적절하게 비판하겠다는 제 의도를 벗어나 선을 넘어 인격을 공격하는 표현을 한 것이 후회스럽습니다. 지난 20년의 사역을 뒤돌아보면, 제가 가장 많이 짓는 죄 하나가, 목사로서 불쌍히 여기고 가슴아파하기에 앞서 먼저 화를 내고 성급하게 비판을 한다는 것입니다. 따라서 여러분이 저와 함께 미래를 내다보실 때, 꼭 기도해 주셔야 할 부분이 있습니다. 저는 우리가 화내는 교회가 되기를 원치 않습니다. 저는 우리가 겸손하고, 기뻐하고, 노래하고, 그리스도를 높이고, 하나님 중심적이고, 성경을 믿고, 인내하고, 보살피고, 친절하고, 자비롭고, 진리를 말하고, 상한 심령을 가진 담대한 사람들이 되기를 원합니다. 제가 먼저 그렇게 되어야 할 것입니다. 저를 위해 기도해 주십시오. 그래서 20년이 된 지금, 저는 감사하고 후회하고 그리고 마지막으로 소망합니다.

소망하는 것

여기가 바로 우리가 다음 주에 로마서를 가지고 시작하려는 부분입니다. 저와 같은 죄인이 어떻게 소망을 품을 수 있을까요? 그것이 로마서가 전하는 내용입니다. 그것이 성경이 전하는 내용입니다. 그것이 복음입니다. 그것이 교회로서 우리가 어떤 존재인지에 대한 것입니다. 죄인이 어떻게 소망을 가질 수 있을까요? 그 답이 로마서 5장 12절부터 21절에 나와 있습니다. 로마서 3장 20절부터 5장 11절과는 다른 방식으로 알려 주고 있습니다. 요약하면, 그리스도를 믿는 모든 사람에게 소망을 주는 답은 이렇습니다.

아담이 범죄했을 때 우리도 범죄하여 죽었습니다. 그리스도가 순종하셨을 때, 우리도 순종하여 살았습니다. 아담의 죄가 우리에게 전가되어 우리가 죽은 것처럼, 그리스도의 의가 우리에게 전가되어 우리는 삽니다. 19절입니다. "한 사람이 순종하지 아니함으로 많은 사람이 죄인 된 것 같이 한 사람이 순종하심으로 많은 사람이 의인이 되리라." 다른 말로 하면, 우리가 다음 20년을 사는 동안, 아니 다음 20분을 살더라도, 혹은 영생을 내다보는 우리에게 있어서 참 소망은 우리 자신의 의가 아니라 그리스도의 의라는 것입니다. 그것이 바로 로마서가 전하는 내용입니다. 앞으로 몇 주 동안 이 사실에 집중해 보려고 합니다. 그리고 소망하기는, 이것이 다음 10년간 우리 사역의 핵심이 되었으면 합니다.

저는 예수 그리스도 안에서 감사하고 후회하고 소망합니다. 그곳이 제일 좋은 장소입니다. 여러분도 함께하시길 초대합니다.

2장

아담, 그리스도, 칭의 (1부)

로마서 5:12-21

그러므로 한 사람으로 말미암아 죄가 세상에 들어오고 죄로 말미암아 사망이 들어왔나니 이와 같이 모든 사람이 죄를 지었으므로 사망이 모든 사람에게 이르렀느니라. 죄가 율법 있기 전에도 세상에 있었으나 율법이 없었을 때에는 죄를 죄로 여기지 아니하였느니라. 그러나 아담으로부터 모세까지 아담의 범죄와 같은 죄를 짓지 아니한 자들까지도 사망이 왕 노릇 하였나니 아담은 오실 자의 모형이라. 그러나 이 은사는 그 범죄와 같지 아니하니 곧 한 사람의 범죄를 인하여 많은 사람이 죽었은즉 더욱 하나님의 은혜와 또한 한 사람 예수 그리스도의 은혜로 말미암은 선물은 많은 사람에게 넘쳤느니라. 또 이 선물은 범죄한 한 사람으로 말미암은 것과 같지 아니하니 심판은 한 사람으로 말미암아 정죄에 이르렀으나 은사는 많은 범죄로 말미암아 의롭다 하심에 이름이니라. 한 사람의 범죄로 말미암아 사망이 그 한 사람을 통하여 왕 노릇 하였은즉 더욱 은혜와 의의 선물을 넘치게 받는 자들은 한 분 예수 그리스도를 통하여 생명 안에서 왕 노릇 하리로다. 그런즉 한 범죄로 많은 사람이 정죄에 이른 것 같이 한 의로운 행위로 말미암아 많은 사람이 의롭다 하심을 받아 생명에 이르렀느니라. 한 사람이 순종하지 아니함으로 많은 사람이 죄인 된 것 같이 한 사람이 순종하심으로 많은 사람이 의인이 되리라. 율법이 들어온 것은 범죄를 더하게 하려 함이라. 그러나 죄가 더한 곳에 은혜가 더욱 넘쳤나니 이는 죄가

사망 안에서 왕 노릇 한 것 같이 은혜도 또한 의로 말미암아 왕 노릇 하여 우리 주 예수 그리스도로 말미암아 영생에 이르게 하려 함이라. _롬 5:12-21

남자들에게 주는 의미

오늘 설교는 아버지 주일을 위한 내용은 아닙니다만 방향을 조금만 틀어 잠시 살펴보고 돌아오겠습니다. 본문에서 바울은 첫 인간이자 인류의 조상인 아담과 두 번째 아담이자 새 인류의 조상인 예수 그리스도를 비교, 대조하고 있습니다. 12절은 이렇게 시작합니다. "그러므로 한 사람[아담]으로 말미암아 죄가 세상에 들어오고 죄로 말미암아 사망이 들어왔나니."

이 부분이 (바울의 중심 논지도 아니고 저의 중심 논지 또한 아니지만) 아버지들에게는 시사하는 바가 있습니다. 첫 번째 인간으로서 아담에게는, 하와에게는 없던, 리더십이라는 독특한 책임이 주어졌다는 것입니다. 창세기에서 사탄이 유혹한 대상은 하와였습니다. 어떤 의미에서 그 나무 열매를 먹지 말라는 구체적인 명령을 처음 어긴 사람은 하와였습니다. 하지만 하나님과 바울은 그 점을 별로 중요하게 여기지 않습니다. 하나님과 바울은 남자에게 책임을 묻습니다. 하나님께서 이유를 물으시려고 두 부부를 찾아오셨을 때를, 창세기 3장 9절은 이렇게 전합니다. "여호와 하나님이 아담을 부르시며 그에게 이르시되 네가 어디 있느냐." 또 바울도 죄가 어떻게 세상에 들어왔고 그 처음 죄 때문에 우리가 지금 어떻게 모두 죄인이 되었는지를 말하면서, 그 책임을 하와가 아닌 아담에게 직접 돌리고 있습니다.

여기서만 우연히 그런 것이 아닙니다. 성경 전체가 그렇습니다. 여자는 책임이 전혀 없다거나 하나님과 직접적인 관계를 맺지 않는다는 말씀을 드리는 것이 아닙니다. 요지는, 하나님께서 리더십과 보호와 지원이라는 독특한 역할을 남자가 책임지도록 하셨다는 사실입니다. 따라서 남자분들, 그리고 장차 남자가 될 소년들이여, 하나님께서 우리에게 이 책임의 짐을 감당하도록 하셨음을 기억하십시오. 그것이 우리의 부르심입니다. 우리가 겸손과 희생적인 사랑으로 그 부르심을 완수하면, 그것이 또한 우리의 영광이 될 것입니다.

이것은 본문의 요지는 아니고 부차적으로 살펴볼 수 있는 의미였습니다.

아담보다 훨씬 위대하신 그리스도

그리스도께서 그분 안에 있는 모든 사람을 위해 행하신 일은, 아담이 그 안에 있던 모든 사람을 위해 행한 일보다 훨씬 위대하다는 것이 본문의 핵심 요지입니다.

- 그리스도의 순종은 아담의 불순종과 병행을 이루지만, 훨씬 탁월합니다.
- 그리스도 안에 있는 사람들에게 전가된 의는 아담의 불순종 때문에 아담 안에 있는 사람들에게 전가된 죄와 병행을 이루지만, 훨씬 탁월합니다.
- 그 전가된 의를 통해 그리스도 안에 있는 우리에게 찾아온 생명은 그 전가된 죄를 통해 아담 안에 있는 사람들에게 찾아온 죽음과 병행을 이루지만, 훨씬 탁월합니다.

우리를 의롭다 하시는 칭의 행위에 있어서, 그리스도의 의가 우리에게 전가된다는 교리의 기반은 '그리스도의 순종' —바울은 빌립보서 2장 8절에서 그리스도가 죽기까지 순종하셨다고 말합니다— 에 있다는 것이 본문의 요지입니다. 다른 말로 하면, 로마서 1장 17절부터 계속된 중심 주제는 행위가 아닌 믿음을 통한 칭의 교리인데, 믿는 자들은 그들 안에 내재된 의에 근거하지 않고 오직 믿음을 통해 받는 그리스도의 의를 근거로 하나님과 화목할 수 있다는 것이었습니다. 그리고 오늘 본문에서 바울은 그리스도의 순종에 따른 결과와 아담의 불순종에 따른 결과를 비교하고 대비시키는 방식으로 이 같은 가르침을 보다 상세하게 설명하면서 절정으로 이끌고 있습니다.

바울이 이런 시도를 하는 이유가 무엇일까요? 왜 굳이 이렇게 복잡한 논증을 펼치는 것일까요?

아담은 모형이다

그에 답하기에 앞서, 먼저 확실히 해 둘 것은, 바울은 여기서 아담과 그리스도 사이의 유사성(parallel)을 끌어내려는 의도가 있다는 점입니다. 14절을 함께 보겠습니다. 일단 이 구절의 전체 맥락은 신경 쓰지 마십시오. 그에 대해서는 다음 주에 다루겠습니다. 지금은 14절에서 한 가지 중요한 서론에 해당하는 관점만 뽑아 보려 합니다. "그러나 아담으로부터 모세까지 아담의 범죄와 같은 죄를 짓지 아니한 자들까지도 사망이 왕 노릇 하였나니 아담은 오실 자의 모형이라." 맨 마지막 부분을 보십시오. 이 표현이 전체 단락의 의미를 좌지우지하는 경첩 역할을 합니다. 아담은 오실 자의 "모형"(type)입니다. 아담은 그리스도의 모형입니다.

"모형"은 무슨 뜻입니까? NIV 성경은 "표상"(pattern)이라고 표현합니다. 아담은 오실 그리스도의 표상이었습니다. 그는 그리스도의 예시, 전조 혹은 예표였습니다. 아이들도 이해할 수 있는 방식으로 설명해 보겠습니다. 때로 뭔가를 더 잘 알고 싶으면 그것과 완전히 똑같지 않지만 비슷한 것과 비교를 하면 됩니다. 예를 들어, 여러분이 저희 집에 오셨는데 제가 이렇게 말하는 겁니다. "저희 집에서 키우는 개 세이블의 모습을 설명해 보세요." 그러면 여러분은 아마 이렇게 대답할 것입니다. "검은색인데 발은 하얗고, 눈은 갈색에, 꼬리는 끝만 하얀색이군요." 아마 맞는 설명일 것입니다. 하지만 그때 제가 리빙스턴 목사님의 개 레이디를 데려와서 저희 집 개 옆에 두고 이렇게 말합니다. "제 개가 어떻게 다릅니까? 전에는 미처 생각지 못했던 점을 발견한 게 있습니까?" 그러면 여러분은 조금 전과 달리 이렇게 말할 것입니다. "음, 세이블이 더 크군요. 그리고 레이디는 좀 활달한 것 같고, 세이블은 느긋한 편인 것 같은데요. 레이디 꼬리는 아래로 쳐져 있고, 세이블은 위로 감겨 올라갔군요. 그리고 레이디는 털이 길고, 세이블은 털이 짧네요. 그리고 레이디의 주둥이가 더 길군요." 어떻습니까? 크기, 성격, 꼬리의 모양, 털의 길이, 주둥이의 길이에서 차이가 있는 다른 개와 비교할 때 세이블에 대해 새로운 것들을 알게 되었습니다. 이처럼, 뭔가를 더 잘 알기 위해서는 비슷하지만 조금 다른 것과 비교해 보면 됩니다.

바울이 본문에서 바로 그렇게 하고 있습니다. 14절 마지막 표현은 그리스도를 아담과 비교, 대조해 보겠다는 의미입니다. 아담을 모형 혹은 표상으로 삼겠다는 말입니다. 물론 그렇게 하는 목적은, 그리스도의 사역을 보다 분명하고 보다 온전하고 보다 깊이 있게 살펴보고, 그리스도가 어떻게 우리가 얻은 칭의의 기반이 되시는지를 보는 데 있습니다.

그러면 바울은 왜 이런 접근 방식을 취할까요? 칭의를 좀 더 충분히 그리고 좀 더 깊이 있게 설명하려면 다른 방법도 있었을 텐데 말입니다. 왜 첫 인간인 아담을 끌어와 그의 죄와 그것이 온 인류에게 미친 영향에 대해 언급하고, 그것을 그리스도와 그분의 의 그리고 그분의 의가 그 안에 있는 모든 사람에게 미친 영향과 비교하는 것일까요? 왜 이런 식으로 접근하고 있을까요?

아담은 모든 사람의 조상이다

한 가지 이상의 이유가 있습니다. 그리고 그 이유들은 전부 연결되어 있습니다. 저는 여기서 한 가지 이유만 말씀드릴 텐데, 다른 이유들은 모두 이것과 연결되어 있습니다. 바울은 그리스도의 순종이 아담의 불순종으로 발생한 파괴적 결과에 대한 치료책이라고 설명합니다. 여기서 바울이 우리에게 말하려는 바는, 믿음을 통해 은혜로 받는 칭의 교리는 어느 한 집단 혹은 어느 한 장소 혹은 어느 한 역사적 시기에 국한되지 않고 모든 시대, 모든 장소에 있는 모든 사람에게 상관이 있으며 또 필요하다는 사실입니다. 아담의 후손이 있는 곳이라면 어디든, 믿음으로 주어지는 칭의가 필요합니다. 아담의 죄로 발생한 파괴적 결과는 모든 시대, 모든 장소에서 모든 인간에게 영향을 미칩니다. 그리고 지금 우리는 로마서 5장 12-21절에 나오는 이 비교를 통해, 예수 그리스도의 순종과 그 순종으로 전가된 그분의 의가 모든 장소에 있는 모든 사람이 입은 손상을 위한 치료책임을 봅니다. 다른 치료책은 없습니다. 아담을 통해 모든 인류에게 가해진 치명적인 손상을 복구할 다른 구제 수단은 없습니다.

이 사실이 함축하는 바는 엄청납니다. 먼저 한 가지는, 예수 그리스도는 너무나 위대하셔서 우리가 드리는 최고의 존경과 신뢰와 사랑과 찬양을 받으시기에 합당한 분이라는 사실입니다. 주님은 위대하시고 높이 찬양받기에 합당하시고 그 위대함은 측량할 길이 없습니다. 자신을 신뢰하는 사람은 어디에 있는 누구든 그 가장 깊은 죄의 문제를 치료해 주실 수 있는 방법으로 사셨고 죽으셨던 분이 바로 그분이십니다. 오직 그분뿐입니다.

그리스도와 아담의 비교가 주는 또 다른 함의는, 예수 그리스도는 한 부족의 신이 아니라는 것입니다. 이것이 선교와 전도에 미치는 의미는 광대합니다. 예수 그리스도는 무슬림의 신과 힌두교의 신들, 유대인의 하나님과 더불어 또 하나의 신이 아닙니다. 그분은 온 우주의 주요 구원자시고 그분 외에 다른 구원자는 없습니다. 아담과의 비교를 통해 보여 주려는 한 가지 요지는, 모든 인간에게는 태초에 아담과 함께 시작된 하나의 근본적인 문제, 즉 죄 문제가 있다는 것입니다. 그리고 인간의 이 죄 문제는 단순히 개인적인 구제 수단을 강구해야 할 개인적 차원의 범죄가 아니라 아담 안에서 우리 모두가 연결되어 있는 데서 오는 더 치명적인 문제이기에, 본문에서 여러 차례 강조해 반복하고 있습니다.

• 15절, "한 사람[아담]의 범죄를 인하여 많은 사람이 죽었은즉."
• 16절, "심판은 한 사람으로 말미암아 정죄에 이르렀으나."
• 17절, "한 사람의 범죄로 말미암아 사망이 그 한 사람을 통하여 왕 노릇 하였은즉."
• 18절, "한 범죄로 많은 사람이 정죄에 이른 것 같이."
• 19절, "한 사람이 순종하지 아니함으로 많은 사람이 죄인 된 것 같이."

즉 인류가 안고 있는 문제는 모든 인간이 다양한 죄를 짓는다는 것이 아닙니다. 물론 그 죄들은 실제적이고 심각하기도 하며 우리를 정죄하기에 충분합니다. 바울은 그 죄들에 대해 매우 염려합니다. 하지만 가장 심각한 문제는 우리의 모든 악행과 모든 죄책과 모든 범죄 이면에, 아담과의 깊은 신비적 연합을 통해 그의 죄가 우리 죄가 되고 그의 심판이 우리 심판이 되었다는 점입니다. 그리고 이 상황과 이런 파괴적 결과로부터 우리를 구할 구원자는 한 분인데, 그분은 일종의 두 번째 아담(혹은 고린도전서 15장 45절 말씀대로 "마지막 아담")으로 아담의 자리에 서 계십니다. 그리고 위대한 순종의 삶과 죽음을 통해 아담이 행한 일을 없던 일로 만들어 버리셨습니다. 아담 안에서 모든 인간은 죄인이 되었지만(19절), 그리스도 안에 있는 모든 사람은 의롭다 함을 받습니다. 아담 안에서 모든 사람이 정죄를 받았지만(18절), 그리스도 안에 있는 모든 사람이 칭의를 받습니다.

이것을 선교사들과 국내에서 복음을 전하는 분들을 위해 적용해 보겠습니다. 행위가 아닌 믿음을 통해 그리스도의 순종이 전가된 것을 기반으로 은혜로 주어지는 칭의 교리가, 마르틴 루터라는 한 수

도사의 죄책감에서 잉태되어 유럽 세계관이 가공해 낸 꾸며낸 이야기라고 생각하지 마십시오. 결코 그렇지 않습니다. 칭의 교리는 역사적 사실에 기반을 둔 단 하나의 열쇠입니다. 왜냐하면 칭의 교리는, 모든 이의 첫 조상 아담이라는 인물 안에서 비롯된 '역사적 손상'을 해결하기 위해, 예수 그리스도라는 한 인격 안에 기반을 둔 '역사적 치료책'이기 때문입니다.

믿음을 통해 은혜로 주어지는 칭의 교리는 하나님의 구속을 쉽게 이해시키기 위해 창안해 낸 구속적 유비(redemptive analogy) 정도로 여겨져서도 안 됩니다. 예를 들어, 바울이 단순히 "죄는 바다에 빠진 것과 같고 구원은 힘센 사람에 의해 물에서 보트로 옮겨진 것과 같다"고 말했다면, 바다와 보트를 모르는 사람들에게는 이렇게 말할 수 있을 것입니다. "죄는 모래 구덩이에 빠진 것과 같고 구원은 힘센 사람에 의해 견고한 바위로 옮겨진 것과 같다." 이런 유비는 좋습니다. 하지만 칭의 교리는 그런 차원에서 다루어질 수 없습니다. 이 본문에서도 그렇고 이 본문 이후에도 마찬가지입니다.

왜 안 됩니까? 왜냐하면 지금 바울은 예수 그리스도를 통한 하나님의 구원을 아담과 연결시켰기 때문입니다. 그리고 아담은 지구상에 있는 모든 민족의 역사적 조상입니다. 이것은 신화가 아닙니다. 비유가 아닙니다. 예화가 아닙니다. 역사적 사실입니다. 첫 인간 아담은 죄를 지었고, 아담 안에서 모든 인간이 죄를 지었고 모두 죽었으며 모두 정죄를 받았습니다. 그리고 그에 대한 치료책은 또 다른 역사적 인물인, 신인(God-man) 예수 그리스도입니다. 그분은 아담이 행한 일을 무효화시키기 위해 역사의 공간과 시간 속으로 들어오셨습니다. 예수 그리스도는 하나님을 완전하게 신뢰하고 순종하셨습니다. 그래서 믿음으로 예수 그리스도 안에 있는 모든 사람에게는 그분의 순종이 전가되고 하나님과 영원히 화목하게 됩니다.

아담의 모든 후손과 관련된 예수님의 의

이 역사적 진리는 지구상 모든 민족 그리고 미국 내 우리가 아는 모든 사람과 관련이 있고 적용 가능합니다. 누군가 이렇게 말할지도 모르겠습니다. "하지만 인류와 그 조상과의 기업적 연합(corporate connection)이라든가, 다른 사람의 죄로 우리가 범죄할 수 있다거나, 다른 사람의 의로 우리가 의로워질 수 있다는 식의 내용을 이해할 수 있는 문화적 범주나 사고의 틀이 아예 없는 사람들에게는 어떻게 설명하겠습니까?" 여러분 그거 아십니까? 우리가 바로 그런 사람들입니다. 현대 미국에는 그런 식의 사고 개념이 없습니다. 오히려 제3세계 사람들이 우리보다 이 본문을 이해하기가 좀 더 수월할지 모릅니다.

제가 이 본문에 대한 몇 번의 설교를 마치기 전에 여러분 중에 "그건 말도 안 돼요! 우리가 아담 안에서 죄를 짓다니요. 아담의 죄책과 정죄 안에서 우리가 그와 동일시된다는 것은 말도 안 됩니다. 다른 누군가가 나와 하나님의 관계를 회복시키기 위해 나 대신 순종할 수는 없습니다. 다른 사람의 의가 우리에게 전가되다니 말도 안 돼요"라고 말하거나 그렇게 말하고 싶은 분이 있을 것입니다.

그래서 오늘 아침 마지막으로 드리고 싶은 말씀은 이것입니다. 모든 선교사들(그리고 모든 목회자와 복음전도자들)의 임무는 성경의 가르침을 그 문화에 접근 가능하고 도움이 되도록 문화적 범주에 맞추는 것입니다. 하지만 그것이 전부가 아닙니다. 성경의 진리를 충실하게 전달할 수 있는 문화적 범주가 없다면, 그에 맞는 성경적 범주를 만들어 내는 것도 우리의 몫입니다. 따라서 오늘 아침 여러분 중에는 매우 개인적으로, 다음의 메시지를 들으신 분이 있으리라 믿습니다.

- 성경은 우리의 가장 심각한 문제가, 우리가 아담의 죄와 정죄와 연결된 것이라고 말합니다. 우리는 인류의 일원으로서 그것을 공유하고 있습니다.
- 이런 정죄에 대한 온 우주에서 단 하나의 치료책은 죽기까지 완전하게 순종하셨던 예수 그리스도의 사역으로 주어진 칭의뿐입니다.
- 그리스도를 믿는 믿음이 그리스도와 연합되고 의롭다 여겨지고 하나님 앞에 받아들여지는 단 하나의 길입니다.

하지만 나머지 분들은 이렇게 말하실 겁니다. "잘 이해가 안 갑니다. 저는 이런 식으로 생각하지 않습니다. 제 머리로는 도저히 받아들일 수가 없습니다." 여러분, 감히 부탁드립니다. 본 그대로 받아들이십시오. 그리스도 안에서 하나님이 이루신 구원의 방법을 그대로 받아들이겠다고 하나님께 말씀드리십시오. 그리고 더 온전히 이해할 수 있도록 믿음을 구하십시오. 하나님은 겸손한 죄인들을 구원하시기를 좋아하십니다. 다 이해해야 유익을 얻는 것은 아닙니다.

모든 아버지들과 남자들에게 마지막으로 당부 한 마디만 하고 말씀을 맺겠습니다. 오늘 아침, 여러분들을 위해 기도하기 원합니다. 여러분이 가정과 교회에서 영적 리더로서 무거운 짐을 지고 있다면, 그 짐은 기도를 통해 얼마든지 가벼워질 수 있습니다. 앞으로 나오시면 예배 후에 여러분을 위해 기도해 드리겠습니다. 일종의 아버지 주일 선물입니다.

3장

아담, 그리스도, 칭의 (2부)

로마서 5:12-21

그러므로 한 사람으로 말미암아 죄가 세상에 들어오고 죄로 말미암아 사망이 들어왔나니 이와 같이 모든 사람이 죄를 지었으므로 사망이 모든 사람에게 이르렀느니라. 죄가 율법 있기 전에도 세상에 있었으나 율법이 없었을 때에는 죄를 죄로 여기지 아니하였느니라. 그러나 아담으로부터 모세까지 아담의 범죄와 같은 죄를 짓지 아니한 자들까지도 사망이 왕 노릇 하였나니 아담은 오실 자의 모형이라. 그러나 이 은사는 그 범죄와 같지 아니하니 곧 한 사람의 범죄를 인하여 많은 사람이 죽었은즉 더욱 하나님의 은혜와 또한 한 사람 예수 그리스도의 은혜로 말미암은 선물은 많은 사람에게 넘쳤느니라. 또 이 선물은 범죄한 한 사람으로 말미암은 것과 같지 아니하니 심판은 한 사람으로 말미암아 정죄에 이르렀으나 은사는 많은 범죄로 말미암아 의롭다 하심에 이름이니라. 한 사람의 범죄로 말미암아 사망이 그 한 사람을 통하여 왕 노릇 하였은즉 더욱 은혜와 의의 선물을 넘치게 받는 자들은 한 분 예수 그리스도를 통하여 생명 안에서 왕 노릇 하리로다. 그런즉 한 범죄로 많은 사람이 정죄에 이른 것 같이 한 의로운 행위로 말미암아 많은 사람이 의롭다 하심을 받아 생명에 이르렀느니라. 한 사람이 순종하지 아니함으로 많은 사람이 죄인 된 것 같이 한 사람이 순종하심으로 많은 사람이 의인이 되리라. 율법이 들어온 것은 범죄를 더하게 하려 함이라. 그러나 죄가 더한 곳에 은혜가 더욱 넘쳤나니 이는 죄가

사망 안에서 왕 노릇 한 것 같이 은혜도 또한 의로 말미암아 왕 노릇 하여 우리 주 예수 그리스도로 말미암아 영생에 이르게 하려 함이라. _롬 5:12-21

교사의 말을 이해하기 힘들 때

교사의 가르치는 내용이 복잡해진다면, 둘 중 하나일 것입니다. 본인도 헛갈려서 방향을 잃고 자신이 생각하는 바를 제대로 알고 있지 못하는 경우이거나, 아니면 평범한 인간의 언어와 생각으로는 이해할 수 없는 차원에서 어떤 실체를 다루고 있는 것입니다. 복잡하다고 해서 다 교사의 지식이 깊고 현명하다는 의미는 아닙니다. 오히려 교사가 혼동하고 방향을 잃은 것일 수 있습니다. 하지만 반면, 무언가 이해하기 어려울 때, 그것이 교사가 서툴러서 그런 것은 아닐 수 있습니다. 주제 자체가 매우 복잡하고 어려울 수 있습니다.

로마서 5장 12-21절에서 드러나는 바울의 사고는 난해하고 따라가기 어렵습니다. 하지만 바울이 방향을 잃었다고는 생각하지 않습니다. 그는 영감을 받은 사도로서 하나님의 높고 깊고 신비한 것을 말하고 있다고 우리는 믿습니다. 그는 혼동했거나 이해를 못한 것이 아닙니다. 반대로 그는 인간 지성의 한계에 도전이 될 만한 차원에서 예수 그리스도의 구속 사역을 다루고 있습니다. 그러니 이 구절들에 드러난 사고의 흐름이 따라가기 어렵더라도 너무 당황하거나 좌절하지 마십시오. 정말 어렵습니다. 바울이 우리를 구원, 역사, 인성, 신성이라는 엄청난 구조 속으로 깊숙이 이끌고 있기 때문입니다. 그러므로 우리는 더욱 시간을 내서 이 구절들을 오래 묵상하고 그 안에서 금은보화를 캐내기 위해 열심을 내야 합니다.

우주적인 그림

지난 주일에는 이 본문에 대한 큰 그림을 그려 보았습니다. 이 본문의 요지는, 예수 그리스도가 우리 같은 죄인들을 위해 의를 제공하심에 있어서 그분 사역의 위대성을 보여 주는 것이라고 했습니다. 그리고 바울이 그 위대성을 보여 주는 방식은 그리스도의 사역을 첫 인간 아담의 행한 일과 비교하면서 유사성과 차이점을 드러내는 것이라고 했습니다.

또 14절 마지막에 나오는 "아담은 오실 자의 모형이라"는 부분에 주목해 보았습니다. 단락 전체를 이해하는 열쇠가 되는 부분입니다. 첫 인간 아담은 예수 그리스도의 모형 혹은 표상 혹은 전조입니다. 바울은, 우리 주 예수 그리스도의 칭의 사역을 아담의 일(범죄)과 나란히 놓고 볼 때 더 잘 이해할 수 있고, 더 소중히 여기게 될 거라 믿고 있습니다. 그러면 우리가 그리스도를 더 경외하고 더 신뢰하고 더 사랑하게 될 거라 믿고 있습니다. 또 이 모든 것을 정하신 하나님께서 영광을 받으실 거라 믿고 있습니다. 또 그것이 우리의 목표가 되어야 한다고 믿고 있습니다.

지난주에 강조했던 또 다른 내용은, 바울이 그리스도의 사역이 갖는 우주적 차원의 의미를 보여 주는 '방식'이었습니다. 아담이 모든 인간의 조상이라면, 그리고 모든 인간의 가장 근본적인 문제가, 아담과 우리가 연결된 방식과 아담이 죄를 지었을 때 우리에게 벌어진 일에서 발견된다면, 세상에 있는 모든 사람, 즉 언제, 어디, 누구냐(어떤 부족, 어떤 언어, 어떤 문화, 어떤 인종이냐)와 상관없이 모든 사람이 동일한 근본적인 문제를 안게 된다는 것입니다. 그리고 이것이 의미하는 바는, 예수 그리스도가 그저 유대인들의 죄를 대속하려고 죽은 유대인에 그치지 않고, 또 아담 안에서 우리가 잃은 것보다 훨씬 탁월한 의를 제공하는 "마지막 아담" 혹은 "둘째 사람"(바울은 고린도전서 15장 45절, 47절에서 그를 이렇게 불렀습니다)이기도 하다면, 예수님은 특정 부족의 하나님이나 한 지역에 국한된 구원자가 아니라는 것입니다. 그분은 모든 인간 영혼에게 내려진 하나님의 정죄라는 심판을 해결할 단 하나의 치료책이자 유일한 구제 수단입니다. 이것이 의미하는 바는 그분이 모든 시대, 모든 장소, 모든 민족을 구원할 위대한 구원자시라는 것입니다.

오늘은 본문으로 들어가 아담에게 무슨 일이 있었는지 살펴보고, 바울이 어떻게 그리스도의 사역을 그것에 대한 치료책으로 제시하는지 알아보겠습니다.

모든 사람이 죄를 지었으므로

12절을 보겠습니다. 바울은 아담과 그리스도를 비교하면서 "이와 같이"(just as)라는 표현을 사용하고 있습니다. "그러므로 한 사람으로 말미암아 죄가 세상에 들어오고 죄로 말미암아 사망이 들어왔나니 '이와 같이' …" 그런 다음 바울은 여기서 말을 끊습니다. "이와 같이"라고 말했다면 그 다음에 "…또한 그러하다"(so also)는 말이 이어질 것을 기대하게 됩니다. 즉 "한 사람이 죄를 지어 죄가 세상에 들어왔나니 이와 같이… 또한 한 사람을 통해 의가 세상에 들어왔다"고 말해야 맞습니다.

실제로 바울은 18절에서는 이런 비교 용법의 표현을 사용하고 있습니다. 하지만 여기서는 문장을 끊고 완성하지 않습니다.

왜일까요? 아마도 자신이 자칫 오해하기 쉬운 말을 했다고 생각해서 뜻을 분명히 해야겠다고 판단한 것 같습니다. 오해하기 쉬운 말이 무엇입니까? 여러 가지가 있겠지만, 그 가운데 하나만 언급합니다. 이 표현만 확실히 짚고 가면 다른 것들은 자연히 바르게 이해될 수 있기 때문입니다. 그는 "모든 사람이 죄를 지었으므로"라는 12절 마지막 부분의 의미를 분명히 밝히고자 합니다.

바울은 아담 한 사람을 통해 죄가 인간 세상에 들어왔고 죄를 통해 죽음(죄에 대한 심판과 형벌)이 들어왔다고 방금 말했습니다. 그런 다음 범위를 확장시켜 이 죽음, 이 심판이 한 사람에게 국한되지 않고 모든 사람에게 미쳤다고 말합니다. 왜 그렇습니까? 이 대목에서 모호해집니다. 그는 "모든 사람이 죄를 지었으므로"라고 그 이유를 밝힙니다. 이 말은 "모든 사람이 아담 안에서 죄를 지었기 때문"이라는 의미입니까?

아담의 죄가 인류의 죄이고 그래서 그가 죄를 지었을 때, 실제적이고 심오하고 신비한 방법으로, 제가 죄를 짓고 여러분이 죄를 지었다는 의미입니까? 아담의 죄가 우리에게 전가되었고, 그러므로 우리는 아담 안에서 죄를 지은 것으로 간주된다는 의미입니까? 아니면, 우리에게 죽음의 심판과 형벌이 온 것은 우리에게 전가된 아담의 죄 때문이 아니라 우리가 개별적으로 저지른 죄 때문이라는 의미입니까?

제가 믿기로, 바울이 의도한 내용은 앞의 설명, 즉 아담이 죄를 지었는데 무언가 깊고 신비한 방식으로 우리가 아담과 연합되어, 아담 안에 우리가 있게 되었고, 아담의 죄가 우리에게 전가된 결과 하나님께서 우리 모두에게 죽음과 정죄라는 심판과 형벌을 내리셨다는 것입니다.

그것이 중요한 이유

누군가 이렇게 질문할지도 모르겠습니다. "그게 그렇게 중요한 문제인가요? 로마서 3장 23절에서 '모든 사람이 죄를 범하였으매 하나님의 영광에 이르지 못하더니'라고 가르치지 않았나요? 또 로마서 6장 23절에서 '죄의 삯은 사망이요'라고 가르치지 않았나요? 우리 각자가 날마다 저지르는 죄에 대해서도 하나님의 심판과 정죄를 받는 게 당연한데, 굳이 우리의 죄책과 죽음과 정죄의 원인을 더 깊은 것, 말하자면 태초에 아담이 죄를 지을 때 우리와 아담이 연합되었다는 것에서 찾고 이를 밝히는 것이 그렇게 중요한가요?"

바울이 12절에서 하던 비교를 잠시 멈추고, "모든 사람이 죄를 지었으므로"라는 말의 의미를 보다 분명히 하려고 했던 이유가 그 질문에 대한 답이 되리라 생각합니다. 그리스도와 아담에 대한 모든 비교에 있어서 가장 중요한 지점이 바로 여기입니다. "모든 사람이 죄를 지었으므로"를 "모든 사람이 '아담 안에서' 죄를 지었으므로"라고 이해하지 않으면, 그리스도와 아담의 비교 전체가 왜곡되고 우리는 믿음을 통해 은혜로 주어지는 칭의의 위대함을 실제 의미 그대로 보지 못하고 말 것입니다.

어떤 위험이 있는지 예를 들겠습니다. 만일 우리가 "한 사람으로 말미암아 죄와 사망이 세상에 들어오고, 또 모든 사람이 저마다 죄를 지었으므로 사망이 모든 사람에게 이르렀다"고 말한다면, 그에 비교되는 예수님의 사역도 이렇게 말할 수 있습니다. "마찬가지로[so also] 한 사람 예수 그리스도로 말미암아 의와 생명이 세상에 들어오고 또 모든 사람이 저마다 의를 행했으므로 생명이 모두에게 이르렀다." 다른 말로 하면, 칭의는 하나님이 그리스도의 의를 우리에게 전가하시는 것이 아니라, 그리스도의 도움을 받아 우리 각자가 의를 행하고 그것을 근거로 의롭다 여김을 받은 것이 됩니다. 바울은 자신의 진술이 이렇게 오해 받을 가능성이 있음을 알았기에, 잠시 멈춰 뜻을 분명히 하고자 한 것입니다.

하지만 "모든 사람이 죄를 지었으므로"를 "모든 사람이 아담 안에서 죄를 지었으므로"라는 의미로 받아들이게 되면, 그리스도의 사역에 대해서는 어떻게 말해야 합니까? 이런 식으로 말하면 됩니다. "한 사람으로 말미암아 죄가 세상에 들어오고 죄로 말미암아 사망이 들어오고 이와 같이 그의 죄가 모두에게 전가되어 사망이 그 안에 있는 모든 사람에게 이른 것처럼, 또한 한 사람 예수 그리스도로 말미암아 의가 세상에 들어오고 의를 통해 생명이 들어오고 그리스도의 의가 모든 사람에게 전가되었으므로 그리스도 안에 있는 모든 사람에게 생명이 이르렀다." 이것이 바로 믿음을 통해(through faith) 은혜로 받는(by grace) 칭의의 영광입니다. 우리가 하나님 앞에서 의롭다 여겨지고 받아들여진 것은 우리의 의로운 행실이 아닌 우리에게 전가된 그리스도의 의 때문입니다. 하지만 12절 끝에 나오는 "모든 사람이 죄를 지었으므로"라는 표현을 모든 사람이 아담 안에서 죄를 지었으므로 그의 죄가 우리에게 전가되었다는 의미로 이해하지 않고, "모든 사람이 저마다 개별적으로 죄를 지었으므로"라는 의미로 이해하게 되면 모든 것이 왜곡되고 맙니다.

바울은 우리가 이 병행 구조를 알아보고 기뻐하기를 원했습니다.

- 우리가 아담 안에 있었으므로 아담의 죄가 우리에게 전가되는 것처럼
- 우리가 그리스도 안에 있으므로 그리스도의 의가 우리에게 전가된다.

이렇게 판단하는 타당한 이유 중 하나는, 바울이 정말로 의도했던 내용으로, 여기서 시작한 비교를 사실상 마무리 짓는 18절을 보면 알 수 있기 때문입니다. "그런즉 한 범죄로 많은 사람이 정죄에 이른 것 같이 한 의로운 행위로 말미암아 많은 사람이 의롭다 하심을 받아 생명에 이르렀느니라." 아담 안에서 우리 모두는 정죄에 이르렀고 그리스도 안에서 우리 모두는 의롭다 하심을 받습니다. 아담의 범죄가 우리에게 전가되었고 그리스도의 의가 우리에게 전가됩니다(고전 15:22 참조).

하지만 12절 마지막에 나오는 "모든 사람이 죄를 지었으므로"를 아담 안에서 우리가 죄를 지었다는 의미가 아닌 우리가 저마다 죄를 지었다는 뜻으로 해석하게 되면 모든 의미가 틀어지고 맙니다. 그래서 바울은 그 대목에서 멈춰 뜻을 분명히 하는 것입니다. 그렇다면 바울은 이를 어떻게 풀어 가고 있는지 보겠습니다.

모든 사람이 죽었다—율법이 있기 전에도

13절과 14절은 이렇게 전합니다. "죄가 율법 있기 전에도 세상에 있

었으나 율법이 없었을 때에는 죄를 죄로 여기지 아니하였느니라. 그러나 아담으로부터 모세까지 아담의 범죄와 같은 죄를 짓지 아니한 자들까지도 사망이 왕 노릇 하였나니." 지금 무슨 말을 하고 있습니까? 정리하면 다음과 같습니다. 1) 죄는 모세의 율법 이전에도 세상에 있었습니다(13절상). 바울은 모세 이전 세상에도 아담의 죄뿐 아니라 다른 모든 사람들의 죄가 만연했음을 인정합니다. 2) 하지만 죄는 율법이 없는 곳에서는 전가되지(처벌받지, 인정되지) 않습니다(13절하). 3) "그러나 아담으로부터 모세까지 사망이 왕 노릇 했습니다"(14절상). 즉, 모든 사람이 죽었습니다. 모든 사람이 형벌을 받았습니다.

바울은 여기서 우리가 어떤 함의를 보기 원하는 것일까요? 바울은 인간의 보편적인 죽음이 모세의 율법을 개별적으로 어긴 죄 때문이 아니라, 아담 안에서 지은 죄 때문임을 보기를 원하고 있습니다. 이것이 바울이 분명히 하고자 하는 내용입니다. 12절은 이렇게 말합니다. "모든 사람이 죄를 지었으므로 사망이 모든 사람에게 이르렀느니라." 즉 바울이 주장하고 분명히 하려는 바는, 사람들이 저마다 개별적으로 모세 율법을 어기는 죄를 범한 것이 죽음의 근본 이유가 아님에도 불구하고(율법이 없었기에 죄로 인정되지 않았습니다) 모든 사람들이 죽었다는 것입니다. 오히려 모두에게 죽음이 찾아온 근본 이유는 아담 안에서 죄를 지었기 때문이라는 것입니다. 아담의 죄가 전가되었습니다.

이쯤 되면 바울의 주장에 대한 반박이 나올 법합니다. 바울도 그것을 알았습니다. 반대 의견은, 모세 율법 이전에도 하나님께서 노아와 아브라함과 다른 사람들에게 주신 명령이 있었다는 것입니다.

따라서 그들의 죽음은 하나님이 그들에게 주신 그 '율법'에 불순종한 탓이지, 아담 안에서 죄를 지었기 때문이 아니라는 주장입니다. 반박은 여기에 그치지 않고, 다음과 같이 이어질 수 있습니다. "바울 선생 스스로 로마서 1장 32절에서 모든 사람(이스라엘 밖의 이방인들도)이 그들의 양심으로 '이 같은 일을 행하는 자는 사형에 해당한다고 하나님께서 정하심을 안다'고 말했습니다. 이런 걸 감안해 볼 때, 바울 선생의 주장에서 빠진 것이 두 가지 있습니다. 모세 이전에는 비록 모세 율법은 없었으나 개인적으로 전달된 계시가 있었습니다. 그리고 모든 사람들 마음에 새겨진 법이 있었습니다. 더욱이, 바울 선생, 아담과 모세 사이에 살았던 사람들이 이 율법을 어긴 그들의 개별적인 죄 때문이 아니라 아담 안에서 지은 죄 때문에 죽었다는 증거가 있습니까?"

아담의 범죄와 같은 죄를 짓지 아니한 자들까지도

앞서 말씀드렸듯이, 바울은 이런 반박이 있을 것을 예상하고 14절에서 부연 설명을 한 것으로 보입니다. 그는 14절에서 "아담으로부터 모세까지 사망이 왕 노릇 하였다"고만 말하지 않았습니다. 그는 매우 중요한 말을 덧붙입니다. "아담의 범죄와 같은 죄를 짓지 아니한 자들까지도[사망이 왕 노릇 하였다]." 다른 말로 하면, 모세 율법 이전에 다른 종류의 법이 있었다는 것도 맞고, 사람들이 그 법을 어겼다는 것도 맞고, 이런 죄들이 세상에 존재하는 죽음과 정죄의 근본 원인이라고 주장한다면 그것도 맞다고 인정한다는 것입니다. 하지만 바울은 그 견해에 한 가지 문제가 있다고 말합니다. 왜냐하면 죽음이 "아담의 범죄와 같은 죄를 짓지 아니한 자들까지도" 다스렸기 때문입니다. 법을 알지도 못하고 그 법을 어기기로 선택할 수도 없는데 죽은 사람들이 있다는 것입니다.

그들이 누구입니까? 반드시 설명이 필요한 사람들이 바로 영아들입니다. 영아들도 죽었습니다. 그들은 개인적으로 전달된 계시를 이해할 수 없었습니다. 마음에 새겨진 법을 읽을 수도 없었고, 그것에 순종할지 불순종할지 선택할 수도 없었습니다. 하지만 그들은 죽었습니다. 왜 그렇습니까? 바울은 아담의 죄가 모든 인간에게 전가되었기 때문이라고 답변합니다. 다른 말로 하면, 일반 계시와 마음에 새겨진 법조차 어기지 않은 사람들을 포함한 모든 사람에게 죽음이 왕 노릇 했습니다. 따라서 결론은 18절 말씀을 빌어 다음과 같이 내릴 수 있습니다. "한 범죄로 많은 사람이[all men] 정죄에 이르렀다."

죽음이 왕 노릇 하는 가장 근본적 이유

바울은 12절 마지막 부분 "모든 사람이 죄를 지었으므로 사망이 모든 사람에게 이르렀느니라"는 말이 "모든 사람이 '아담 안에서' 죄를 지었으므로 사망이 모든 사람에게 이르렀느니라"는 의미임을 분명히 하려고 했습니다. 죽음이 모든 사람에게 임한 첫째 되고 가장 근본적인 이유는 우리가 개별적으로 지은 죄 때문이 아니라, 아담 안에서 일어난 일 때문이라는 것입니다.

여기서 가장 중요한 질문이 제기됩니다. 바울은 왜 바로 이 지점에서 —아담의 범죄와 같은 죄를 짓지 않은 사람들에게도 죽음이 임했다는 말을 한 직후인 14절 끝에서— "오실 자의 모형"이라는 무엇보다 중요한 문구를 삽입시켰을까요? 왜, 정확히 이 지점에서, 바울은 아담이 그리스도의 모형이라고 말한 것일까요?

다른 답을 알지 못한다면, 이 답을 받아들이십시오. 이것이 우리의 생명이기 때문입니다. 바로 여기서 바울은 아담이 그리스도를 위한 모형이라고 말합니다. 가장 중요한 유사성이 여기서 보이기 때문입니다. 무엇입니까? 그 유사성은 바로 이것입니다. 아담의 죄에 따른 법적 결과는 그의 모든 후손들이 경험하게 되는데, 이는 그들이 개별적으로 아담과 같은 죄를 범했다는 사실에 근거해서가 아니라 그들이 아담 안에 있다는 사실 그리고 아담의 죄가 그들에게 전가된다는 사실에 근거해서 경험하게 된다는 것입니다. 바울은 이 점을 명확히 한 후, 병행구조를 사용해 그리스도를 끌어들입니다. 즉, 그리스도가 행하신 의에 대한 법적 결과는 그의 모든 백성들이 경험하게 되는데, 이는 그들이 개별적으로 그리스도와 같은 의를 행했다는 사실에 근거해서가 아니라 그들이 그리스도 안에 있다는 사실 그리고 그리스도의 의가 그들에게 전가된다는 사실에 근거해서 경험하게 된다는 것입니다.

영생이 왕 노릇 하는 가장 근본적 이유

이것이 병행구조를 통해 살펴볼 수 있는 가장 중요한 내용입니다. 왜 죽음이 모든 사람에게 왕 노릇 하는가에 대한 가장 근본적인 이유는 우리의 개인적인 죄 때문이 아니라 우리에게 전가된 아담의 죄 때문입니다. 따라서 영생이 왕 노릇 하는 가장 근본적인 이유 역시 우리가 개별적으로 행한 의 때문이 아니라 믿음을 통해 은혜로 우리에게 전가된 그리스도의 의 때문입니다. 이것이 바울이 이 본문에서 드러내고자 한 의미입니다! 우리의 믿음과 우리의 확신과 우리의 기쁨을 위해 바울이 병행 구조를 통해 시도한 작업입니다. 우리가 하나님과 화목을 이루고 정죄로부터 자유를 얻게 된 것은, 우리의 의로운 행위가 아닌 그리스도의 의로운 행위에 근거한 것임을 바울은 강조하고 싶었던 것입니다.

이것이 바로 오직 믿음을 통해 오직 은혜로 주어지는 칭의라는 위대한 성경적 진리의 근간입니다. 이 진리 덕분에 수많은 성도들이 율법주의가 주는 좌절과 자신의 불완전함에서 오는 가공할 두려움으로부터 건짐을 받을 수 있었습니다. 그리스도가 죽기까지 순종을 하셨기에 우리는 그분 안에서 하나님의 의가 되었습니다(고후 5:21 참조). 이곳이 우리 영혼이 쉼을 누릴 수 있는 자리입니다. 이것이 우리 모두가 들어야 할 메시지입니다. 그리스도는 우리의 의가 되십니다. 그분을 신뢰하십시오. 그분을 신뢰하십시오. 그분을 신뢰하십시오.

4장

아담, 그리스도, 칭의 (3부)

로마서 5:12-21

그러므로 한 사람으로 말미암아 죄가 세상에 들어오고 죄로 말미암아 사망이 들어왔나니 이와 같이 모든 사람이 죄를 지었으므로 사망이 모든 사람에게 이르렀느니라. 죄가 율법 있기 전에도 세상에 있었으나 율법이 없었을 때에는 죄를 죄로 여기지 아니하였느니라. 그러나 아담으로부터 모세까지 아담의 범죄와 같은 죄를 짓지 아니한 자들까지도 사망이 왕 노릇 하였나니 아담은 오실 자의 모형이라. 그러나 이 은사는 그 범죄와 같지 아니하니 곧 한 사람의 범죄를 인하여 많은 사람이 죽었은즉 더욱 하나님의 은혜와 또한 한 사람 예수 그리스도의 은혜로 말미암은 선물은 많은 사람에게 넘쳤느니라. 또 이 선물은 범죄한 한 사람으로 말미암은 것과 같지 아니하니 심판은 한 사람으로 말미암아 정죄에 이르렀으나 은사는 많은 범죄로 말미암아 의롭다 하심에 이름이니라. 한 사람의 범죄로 말미암아 사망이 그 한 사람을 통하여 왕 노릇 하였은즉 더욱 은혜와 의의 선물을 넘치게 받는 자들은 한 분 예수 그리스도를 통하여 생명 안에서 왕 노릇 하리로다. 그런즉 한 범죄로 많은 사람이 정죄에 이른 것 같이 한 의로운 행위로 말미암아 많은 사람이 의롭다 하심을 받아 생명에 이르렀느니라. 한 사람이 순종하지 아니함으로 많은 사람이 죄인 된 것 같이 한 사람이 순종하심으로 많은 사람이 의인이 되리라. 율법이 들어온 것은 범죄를 더하게 하려 함이라. 그러나 죄가 더한 곳에 은혜가 더욱 넘쳤나니 이는 죄가

사망 안에서 왕 노릇 한 것 같이 은혜도 또한 의로 말미암아 왕 노릇 하여 우리 주 예수 그리스도로 말미암아 영생에 이르게 하려 함이라. _롬 5:12-21.

그리스도는 아담과 같다

지난주는 14절 마지막 부분의 "아담은 오실 자의 모형"이라는 문구를 살펴보았습니다. 즉, 첫 인간 아담은 역사 속에서 훨씬 나중에 오실 그리스도의 모형, 표상, 전조라는 내용입니다. 또 바울이 왜 바로 그 지점에서 이 표현을 삽입시켰는지 질문해 보았습니다. "아담으로부터 모세까지 '아담의 범죄와 같은 죄를 짓지 아니한 자들까지도' 사망이 왕 노릇 하였나니"라고 언급한 직후에 왜 아담을 그리스도의 모형이라고 말하는 것일까요? 다시 말해, 아담의 모든 후손이 개별적으로 저지른 죄가 그들의 죽음을 야기한 근본 원인이 아니라, 그들이 아담의 죄 안에서 아담과 연합되었기 때문이라고 한 직후에 그런 이야기를 하는 것일까요?

저는 이렇게 대답했습니다. "이것이 바로 바울이 그리스도에 대해, 그리고 우리가 어떻게 그리스도 안에서 의롭다 함을 얻는지에 대해 말하고 싶었던 요지이기 때문입니다." 아담 안에 있는 사람들이 그들에게 전가된 아담의 죄 때문에 죽은 것처럼, 그리스도 안에 있는 사람들은 그들에게 전가된 그리스도의 의로 말미암아 살게 됩니다. 아담 안에 있는 사람들에게 죽음이 이른 것이 그들의 개인적인 죄 때문이 아닌 것처럼, 그리스도 안에 있는 사람들이 의롭다 함을 얻는 것도 그들의 개인적인 선함 때문이 아닙니다. 바로 이 지점에서 아담이 그리스도의 모형이라고 말한 것은, 칭의가 우리의 순종을 기반으로 주어지는 것이 아니라 그리스도의 순종을 기반으로 그리고 오직 믿음으로 말미암아 그리스도와의 연합을 기반으로 주어지는 것임을 나타내기 위해서였습니다.

그리스도는 아담과 같지 않다

지난주는 여기까지 다뤘습니다. 오늘은 15절부터 17절까지를 다루려고 합니다. 왜 이 세 구절입니까? 왜냐하면 이 세 구절은 독특한 목적을 가지고 매우 독특하게 하나로 묶여 있기 때문입니다. 15절 첫 부분과 16절 첫 부분을 보면 그 목적을 알 수 있습니다. 바울은 14절 끝에서 아담이 그리스도의 모형이라고 말했습니다. 그런데 15절에 들어와서 "그러나 이 은사는 그 범죄와 '같지 아니하니'"라고 말하고, 16절에서는 "또 이 선물은 범죄한 한 사람으로 말미암은 것과 '같지 아니하니'"라고 말하고 있습니다. "같지 아니하니"라는 표현에 주목하십시오.

15절부터 17절까지의 요지는 그리스도가 아담과 어떻게 같지 않은지를 보여 주는 데 있습니다. 그리스도와 아담 사이에는 유사성과 일치점이 있습니다. 하지만 그 유사성과 일치점이 오히려 그리스도와 그분의 사역이 갖는 우월함과 차이점을 더욱 부각시키고 있음을 깨닫지 못한다면 핵심을 놓치고 맙니다. 요지는 단순히 아담·죄·정죄·죽음이 그리스도·의·칭의·생명과 다르다는 것이 아닙니다. 의는 죄가 아니고, 칭의는 정죄가 아니고, 생명은 죽음이 아니라는 것은 너무나 분명하기에 이 세 구절이 그것을 말하려는 것이 아님은 분명합니다.

오히려 요지는 이렇습니다. 누군가 아담·죄·정죄·죽음은 -10과 같고, 그리스도·의·칭의·죽음은 +10과 같다고 말했다고 합시다. 둘이 서로 대응되지만, 서로 다르다는 점은 분명히 드러낸 표현입니다. 하지만 바울이 여기서 말하려는 바는 '아닙니다.' 바울은 여기서 둘이 서로 대응되는 것은 맞지만 긍정적인 측면이 부정적인 측면에 비해 월등히 탁월하다는 사실을 지적합니다. 다시 말하면, 더하기 빼기를 해서 영이 되는 그런 계산이 아니라는 말입니다. 그리스도와 그분의 의와 칭의와 생명은 아담과 그의 죄와 정죄와 죽음보다 월등히 탁월니다. 그리스도와 그분의 의와 칭의와 생명은 그저 +10정도가 아니라 +10000정도는 된다는 말입니다.

이 세 구절을 하나씩 살펴보면서 '그리스도와 그분의 사역이 아담과 그의 일과 어떻게 다르며 그리스도가 어떻게 더 탁월하신가?'라는 질문을 던져 보면, 이에 대해 분명히 알 수 있습니다.

15절부터 보겠습니다. "그러나[이 말에 주목하십시오! '아담이 그리스도의 모형인 것은 맞지만, 그러나'라는 의미입니다] 이 은사는[이 은사가 무엇일까요? 17절 거의 끝부분에는 '의의 선물'이라고 나옵니다] 그 범죄[즉, 아담의 범죄를 말합니다]와 같지 아니하니 곧 한 사람의 범죄를 인하여 많은 사람이 죽었은즉 더욱 하나님의 은혜와 또한 한 사람 예수 그리스도의 은혜로 말미암은 선물은 많은 사람에게 넘쳤느니라."

세 구절(15-17절) 각각에 대해 부차적인 요지와 중심 요지를 살펴보려고 합니다. 여기서 부차적인 요지를 확인하려면 "한 사람"과 "많은 사람"이라는 단어에 주목해야 합니다. 15절입니다. "곧 '한 사람'의 범죄를 인하여 '많은 사람'이 죽었은즉 더욱 하나님의 은혜와 또한

'한 사람' 예수 그리스도의 은혜로 말미암은 선물은 '많은 사람'에게 넘쳤느니라." 이것이 이 단락에서 나타나는 진짜 병행 구조입니다. 많은 사람이 아담 안에 있고 많은 사람이 한 사람의 범죄로 죽습니다. 많은 사람이 그리스도 안에 있고 많은 사람이 한 사람의 의로 은혜를 경험합니다. 이 구절의 부차적인 요지가 단순하게 나타납니다. 즉 심판이 한 사람으로 인해 왔고, 구원이 한 사람으로 인해 왔다는 것입니다. 모든 사람이 죄와 죽음에 빠진 것은 오직 한 길, 아담 안에 있었습니다. 모든 사람이 구원받는 것은 오직 한 길, 그리스도 안에 있습니다. 이것이 다른 누구와도 구별되는 그리스도의 유일성을 드러낼 뿐 아니라 바울은 우리가 그리스도의 그 은혜와 의를 깨달아 맛보기를 원하고 있습니다. 이 본문에서 드러나는 그리스도의 독특성과 유일성과 위대하심을 보십시오. 거기에 더해 그리스도를 경배하고 사랑하고 신뢰하십시오.

더욱

이제 15절의 중심 요지를 살펴보겠습니다. 이 구절에서 바울은 우리가 어떤 차이점을 보기 원합니까? 15절에서 아담과 그리스도 사이에 단순 병행을 이루지 않는 부분은 무엇입니까? 15절은 이렇게 시작합니다. "그러나 이 은사는 그 범죄와 같지 아니하니." 너무 자명한 일이라 반복할 필요가 없을 것 같아 보입니다. 이 은사는 17절에 따르면 의의 선물을 가리키고, 이 의의 선물은 물론 그 범죄와 같지 않습니다. 의는 범죄와 정반대입니다. 이것이 바울이 말하려던 전부일까요? 그렇지 않습니다. 바울은 범죄와 의를 대비시키면서도, 의(그것을 주는 은혜)가 범죄보다 확실하고 월등히 탁월하다는 사실을 말하고 싶었습니다.

"곧"으로 시작하는 15절 후반절에서 이 사실을 확인할 수 있습니다. "곧 한 사람의 범죄를 인하여 많은 사람이 죽었은즉 더욱[much more, 이 중요한 표현에 유념하십시오!] 하나님의 은혜와 또한 한 사람 예수 그리스도의 은혜로 말미암은 선물은 많은 사람에게 넘쳤느니라." 의미를 보충설명해 주는 이 부분을 참고해서, 15절 상반절 내용을 이렇게 풀어볼 수 있습니다. "그러나 우리는 단순히 '한 범죄와 한 은사가 같다'고 말해서는 안 됩니다. 절대 안 됩니다. 우리는 '한 범죄보다 한 은사와 은혜가 더욱 넘친다'고 말해야 합니다."

"더욱"은 무슨 의미입니까? "많은 사람이 죽었은즉 '더욱' 하나님의 은혜가 … 많은 사람에게 넘쳤느니라." 이에 대한 답을 찾기 위해 10절을 보십시오. "곧 우리가 원수 되었을 때에 그의 아들의 죽으심으로 말미암아 하나님과 화목하게 되었은즉 화목하게 된 자로서는 '더욱' 그의 살아나심으로 말미암아 구원을 받을 것이니라." 바울이 생각하는 "더욱"은 수량적으로 많다는 의미가 아니라 "더욱" 확실하다는 의미입니다. "더욱 [확실히] 그의 살아나심으로 말미암아 구원을 받을 것이니라."

궁극적인 목적—하나님 은혜의 영광을 찬양하는 것

15절에서도 그런 의미입니다. "곧 한 사람의 범죄를 인하여 많은 사람이 죽었은즉 '더욱' [확실히] 하나님의 은혜와 또한 한 사람 예수 그리스도의 은혜로 말미암은 선물은 많은 사람에게 넘쳤느니라." 이제

15절의 중심 요지에 거의 다다랐습니다. 즉, '범죄로 인한 죽음의 심판보다 하나님의 은혜가 넘치는 것이 왜 더욱 확실한가?'가 15절의 요지입니다.

그 이유는, 하나님의 궁극적인 목적은 심판이 아니라 하나님 은혜의 영광을 드러내는 것이기 때문입니다. 에베소서 1장 3-6절을 보면 알 수 있습니다. 여기서 바울은 모든 인류 역사의 목표가 "그[하나님]의 은혜의 영광을 찬송하게 하려는 것"이라고 말합니다. 로마서 9장 22-23절에서도 이에 대해 알 수 있습니다. 여기서 바울은 하나님께서 진노의 그릇을 오래 참으신 것은 긍휼의 그릇에 대하여 그 영광의 풍성함을 알게 하시려던 것이라고 말합니다. 로마서 8장 20-21절에서도 바울은 피조물에게 심판이 임한 것은 심판보다 더 큰 소망을 바라서였다고 말합니다. "피조물이 허무한 데 굴복하는 것은 자기 뜻이 아니요 오직 굴복하게 하시는 이로 말미암음이라. 그 바라는 것은 피조물도 썩어짐의 종 노릇 한 데서 해방되어 하나님의 자녀들의 영광의 자유에 이르는 것이니라."

따라서 로마서 5장 15절의 중심 요지는 다음과 같습니다. 심판이 아담의 범죄를 따라왔지만, 하나님의 은혜가 더 풍성했고 더 풍성할 것은 "더욱" 확실합니다. 왜냐하면 심판은 온 우주에 대한 하나님의 궁극적인 목적이 아니기 때문입니다. 오히려 세상을 창조하고 다스리시는 데 있어 하나님의 궁극적인 목적은 풍성한 은혜를 나타내시는 데 있습니다. (그리고 이것이 15절의 요지입니다.) 공의와 심판과 분노를 드러내시지 않는 것이 아니라, 심판과 분노를 배경으로 풍성한 은혜를 더욱 분명히 보여 주시는 것입니다. 하나님 은혜의 영광을 드러내는 것은 세상에서 하나님이 궁극적으로 이루고자 하시는 목적입니다. 그리고 여기서 강조점은 이 모든 것이 "한 사람 예수 그리스도"를 통해 온다는 사실에 있습니다. 하나님 은혜의 영광은 그리스도 안에 있는 모든 사람에게 부어진 그리스도의 영광입니다. (죄와 구속으로 점철된) 인류 역사는 사실은 한 분 예수 그리스도 안에서 드러난 하나님 은혜의 영광과 관련이 있습니다. 그것이 역사의 의미입니다. 그것이 15절의 중심 요지입니다.

이제 16절을 보겠습니다. 여기서도 아담과 그리스도가 같지 않은 점이 또 나옵니다. "또 이 선물은[의의 은사, 17절 하반절] 범죄한 한 사람으로 말미암은 것과 같지 아니하니 심판은 한 사람으로 말미암아 정죄에 이르렀으나 [의의] 은사는 많은 범죄로 말미암아 의롭다 하심에 이름이니라."

먼저 부차적인 요지는 이렇습니다. 16절 하반절에 나오는 "은사"는 —17절에서는 "의의 선물"로 표현되었습니다— "의롭다 하심"이라는 결과를 낳습니다. "은사는 많은 범죄로 말미암아 의롭다 하심에 이름이니라." 이것이 중요한 이유는, 칭의의 근거를 보여 주기 때문입니다. 말하자면, 17절에 나오는 그리스도의 "의의 선물" 혹은 18절에 나오는 "한 의로운 행위", 혹은 19절에 나오는 "한 사람의 순종"이 칭의의 근거입니다. 칭의는 단순히 하나님과의 새로운 관계 혹은 하나님 앞에서의 새로운 지위라는 개념이 아닙니다. 칭의는 그리스도의 의 혹은 그리스도의 순종을 기반으로 얻어지는 새로운 법적 지위입니다. "은사는 의롭다 하심에 이름이니라"는 표현이 16절의 부차적인 요지입니다. "은사"는 칭의 그 자체가 아닙니다. 은사는 칭의의 기반입니다. 우리는 의의 선물(18절에서는 그리스도의 "의", 19절에서는 그리스도의 "순종")을 기반으로 의롭다 선포됩니다. 복음을 들을 때, 그리스도가 완전히 의로운 삶을 사신 것을 알게 될 때 기뻐하십시오. 주님이 우리에게 어떻게 살아야 할지 완벽한 본을 보이셨을 뿐 아니라 오직 믿음을 통해 은혜로 하나님께 받아들여질 수 있는 기반을 놓으셨기 때문입니다.

하나님의 은혜는 한 범죄가 아닌 많은 범죄를 이기신다

16절의 중심 요지는 무엇일까요? 바울은 그리스도의 사역과 아담의 죄 사이에서 어떤 차이점을 보고 있습니까? "또 이 선물은 범죄한 한 사람으로 말미암은 것과 같지 아니하니." 바울은 여전히 아담과 그리스도가 같지 않은 점을 말하고 있습니다. 16절 하반절이 그에 대해 설명하고 있습니다. "심판은 한 사람으로 말미암아 정죄에 이르렀으나 은사는 많은 범죄로 말미암아 의롭다 하심에 이름이니라."

여기서 대조가 이루어집니다. 정죄에 이르게 한 (아담의) 한 범죄와 칭의에 이르게 한 (우리 모두의) 많은 범죄입니다. 요점이 무엇입니까? 심판을 훨씬 능가하는 '은혜의 위대함'을 다시 한번 보여 주는 데 있습니다. 어떻게 그렇습니까?

정죄는 범죄에 대한 자연스럽고 합당한 반응입니다. 하지만 칭의는 많은 범죄는 고사하고 한 범죄에 대해서도 자연스럽고 합당한 반응이 아닙니다. 따라서 칭의가 존재하기 위해서는, 은혜가 극복해야 할 것이 적어도 두 가지가 있는 셈입니다. 하나는 범죄에는 정죄가 따른다는 사실이고, 또 하나는 많은 범죄는 더 큰 정죄를 부른다는 사실입니다. 이 구절에서 하나님의 은혜가 빛나는 이유는 하나님의 은혜가 이 두 가지 장애물을 모두 극복하고 이겨냈기 때문입니다. 어떻게 이겼습니까? 대체 의(substitute righteousness)를 제공함으로써 이겼습니다. 그리스도는 우리를 위해 의로우셨기에, 하나님은 '많은' 범죄에도 불구하고 우리를 의롭다 하실 수 있습니다.

바울은 우리의 믿음을 굳게 하고자 애쓰고 있습니다. 단순히 말로 하는 위로가 아니라, 하나님 은혜의 위대함과 그리스도께서 자기를 믿는 모든 사람에게 주시는 의의 선물을 제시하고 있습니다. 그러니 여기서 힘을 얻으십시오. 이 말씀 속에서, 우리의 허다한 죄악들이 하나님이 우리를 의롭다 하시는 데 장애가 되지 않는다는 사실을 일깨우시는 하나님의 따스한 마음을 느껴보십시오. "의롭다 하심에 이르게 하는" "은사"가 있습니다. 바로 그리스도의 의라는 선물입니다.

16절의 중심 요지는 다음과 같습니다. "하나님께서 그리스도 안에서 우리를 위해 '대체 의'를 제공하시므로 하나님의 은혜는 많은 범죄(하나가 아니라)를 이깁니다."

다가올 세대의 왕과 왕비

마지막으로, 17절의 부차적인 요지와 중심 요지를 살펴보겠습니다. "한 사람의 범죄로 말미암아 사망이 그 한 사람을 통하여 왕 노릇 하였은즉 더욱 은혜와 의의 선물을 넘치게 받는 자들은 한 분 예수 그리스도를 통하여 생명 안에서 왕 노릇 하리로다."

먼저 부차적인 요지입니다. 바울이 17절 하반절에서 "의의 선물을 넘치게 받는 자들"이라고 말할 때, 그 안에는 그 선물을 '받지 않는' 자들이 있다는 의미가 함축되어 있다고 생각합니다. 다른 말로 하면, 바울은 여기서 15절에서 말한 아담의 죄로 인해 죽은 "많은 사람"과 하나님의 은혜를 경험한 많은 사람이 같은 그룹이 아니라고 말하고 있습니다. 왜냐하면 모든 인간은 아담 안에 있지만, 모든 사람이 그리스도 안에 있는 것은 아니기 때문입니다. 어떤 사람은 은혜를 받고 어떤 사람은 받지 못합니다. 그래서 15절, 19절에서 말하는 "많은 사람"에 속하는 사람이 있고, 18절에서 말하는 그리스도 안에 있는 "모든 사람"에 속하는 사람도 있습니다.

17절의 중심 요지는 무엇입니까? 주의 깊게 보아야 합니다. 바울은 "죽음이 한 사람[아담]을 통해 왕 노릇 했다면, 더욱 '생명이' 그리스도를 통해 왕 노릇 할 것"이라고 말하지 않습니다. 우리에게 왕 노릇 하는 왕이 바뀐다는 말을 하려는 것이 아닙니다. 죽음 대신 생명이 그 자리에 들어오는 것으로 끝나지 않습니다. 그 이상의 것을 말하고 있습니다. 언젠가 예수 그리스도를 통해 '우리'는 죽음이 왕 노릇 하던 상태에서 옮겨져 생명 안에서 '우리' 자신이 왕 노릇 하게 될 것이라고 바울은 말하고 있습니다. 17절 하반절입니다. "더욱 은혜와 의의 선물을 넘치게 받는 자들은 한 분 예수 그리스도를 통하여 생명 안에서 왕 노릇 하리로다"(딤후 2:12 참조).

따라서 본문에서 마지막으로 선포하고 있는 하나님 은혜의 우월성과 영광은, 하나님의 은혜를 받은 우리 같은 죄인들을 취하여 오는 세대의 왕과 왕비로 삼는다는 점입니다. 너무 황홀한 말이라 사실일 것 같지 않습니다. 하지만 우리가 이 사실을 믿고, 겸손히 이 진리 안에 거한다면, 이 영광된 진리가 우리의 삶을 변화시킬 것입니다. 단지 결혼생활이 바뀌는 것으로 그치지 않고 모든 것이 변화될 것입니다.

연약한 그리스도인들이여(우리는 모두 연약한 그리스도인입니다), 이 진리에 거하십시오. 우리가 받을 유업은 하나님 앞에서 왕과 왕비로서 다스리는 것입니다(계 3:21 참조). 이 진리를 붙들고 현재의 삶에서 경험하는 모든 좌절과 아픔과 고통을 이겨내시기 바랍니다.

요약

15절의 요지: 하나님의 궁극적인 목적은 심판에 비해 하나님의 은혜가 얼마나 탁월하고 영광스러운지를 보여 주시는 데 있습니다.

16절의 요지: 하나님의 은혜는 하나의 범죄만 이기는 것이 아니라 많은 범죄를 이기고, 그리스도의 대체 의를 기반으로 우리를 의롭다 하십니다.

17절의 요지: 하나님 은혜의 승리는 단순히 죽음을 생명으로 대체하는 것이 아니라, 우리가 하나님 아버지의 임재 가운데 생명 안에서 영원히 왕 노릇 하게 될 것입니다.

하나님의 은혜에 대한 이 위대한 진리들을 단단히 붙드십시오. 그리스도를 신뢰하십시오. 그분을 믿으십시오. 그분은 우리의 의요 생명이요 기쁨이 되십니다.

5장

아담, 그리스도, 칭의 (4부)

로마서 5:12-21

그러므로 한 사람으로 말미암아 죄가 세상에 들어오고 죄로 말미암아 사망이 들어왔나니 이와 같이 모든 사람이 죄를 지었으므로 사망이 모든 사람에게 이르렀느니라. 죄가 율법 있기 전에도 세상에 있었으나 율법이 없었을 때에는 죄를 죄로 여기지 아니하였느니라. 그러나 아담으로부터 모세까지 아담의 범죄와 같은 죄를 짓지 아니한 자들까지도 사망이 왕 노릇 하였나니 아담은 오실 자의 모형이라. 그러나 이 은사는 그 범죄와 같지 아니하니 곧 한 사람의 범죄를 인하여 많은 사람이 죽었은즉 더욱 하나님의 은혜와 또한 한 사람 예수 그리스도의 은혜로 말미암은 선물은 많은 사람에게 넘쳤느니라. 또 이 선물은 범죄한 한 사람으로 말미암은 것과 같지 아니하니 심판은 한 사람으로 말미암아 정죄에 이르렀으나 은사는 많은 범죄로 말미암아 의롭다 하심에 이름이니라. 한 사람의 범죄로 말미암아 사망이 그 한 사람을 통하여 왕 노릇 하였은즉 더욱 은혜와 의의 선물을 넘치게 받는 자들은 한 분 예수 그리스도를 통하여 생명 안에서 왕 노릇 하리로다. 그런즉 한 범죄로 많은 사람이 정죄에 이른 것 같이 한 의로운 행위로 말미암아 많은 사람이 의롭다 하심을 받아 생명에 이르렀느니라. 한 사람이 순종하지 아니함으로 많은 사람이 죄인 된 것 같이 한 사람이 순종하심으로 많은 사람이 의인이 되리라. 율법이 들어온 것은 범죄를 더하게 하려 함이라. 그러나 죄가 더한 곳에 은혜가 더욱 넘쳤나니 이는 죄가

사망 안에서 왕 노릇 한 것 같이 은혜도 또한 의로 말미암아 왕 노릇 하여 우리 주 예수 그리스도로 말미암아 영생에 이르게 하려 함이라. _롬 5:12-21.

어제 신문 두 면

도움을 얻기 위해 로마서 5장 12-21절의 메시지를 어제 신문과 연결시켜 보겠습니다. 우리가 사는 이 도시뿐 아니라 전 세계적으로 살인과 죽음이 너무 흔한 일이 되어 버렸습니다. 때로는 살인 범죄가 너무 만연해서 마치 악에 압도당하는 느낌이 들기도 합니다. 지금 제가 들고 있는 어제 날짜 〈스타트리뷴〉 메트로 섹션을 보면 바로 그렇습니다.

- 카티에 포이리에 살인 사건이 아직도 무용담처럼 떠돌고 있다.
- 24살의 킨지 오토가 마약류 엑스터시와 관련해서 살해됐을 가능성이 높다.
- 수요일 레이크빌에서 17세의 스티브 템플이 살해당했고, 이와 관련해 세 명이 구속되었다.
- 에스겔 칼리구이리가 5월에 저지른 살인으로 판결을 받았다.
- 신원불상의 한 남자가 금주 초 버스에서 떠밀리는 사고를 당한 후, 금요일에 결국 숨졌다.
- 수요일 아침 킴벌리 하몬이 칼에 찔려 사망했다.

게다가 이 사건들이 모두 하루 치 신문 두 면에 나오는 기사입니다. 이런 끔찍한 실제 이야기들이 우리에게 고통스럽게 일깨우는 사실은 이 세상에는 분명 악이 존재하고 죽음이 있다는 것입니다. 살인은 인간의 마음에 있는 죄가 겉으로 드러난 것입니다. 그리고 그 결과는 죽음입니다. 누군가는 죽이고, 누군가는 죽습니다.

신문이나 TV를 통해 우리는 날마다 죽음과 죄를 접합니다. 그럴 때면, 지난 번 휴가를 보내면서 크게 깨달은 바 있는 잠언 말씀이 떠오릅니다. "지혜가 길거리에서 부르며 광장에서 소리를 높이며"(잠 1:20). 지혜가 길거리에서 외칩니다. 뭐라고 외칩니까? "아! 사람들이여, 쌍둥이 도시여(미네아폴리스와 세인트폴 — 옮긴이)! 남은 날을 계수하고 지혜를 얻으라. 당신들에게도 언젠가 죽음이 임할 것이고 그 날은 뜻하지 않게 올 것이다. 준비되어 있는가? 그 날을 준비하라." 지혜는 이렇게 말합니다. "증오와 슬픔과 욕심과 살인하는 데서 돌이키라. 죄에서 돌이키고 하나님을 두려워하라. 복수는 나의 것이다. 내가 갚을 것이다. 나를 믿고 나의 가르침을 따르라. 더 이상 어리석은 자로 살지 말라." 이것이 바로 지혜가 말하는 내용입니다. 지혜가 거리에서 어떤 방식으로 이렇게 외칩니까? 신문을 읽어 보십시오. 뉴스를 들어보십시오. 그리고 생각하십시오. 사건의 전말을 끝까지 추적해 보십시오. 분노를 끝까지 따라가서 그것이 어디로 이끄는지 보십시오. 욕심과 중독을 끝까지 따라가서 그것이 어디로 이끄는지 보십시오. 죽어서 창백히 누워 있는 십대들의 얼굴을 들여다보고 그 영혼이 천국으로 갔는지 지옥으로 갔는지 헤아려 보십시오. 지혜가 거리에서(신문과 TV에서) 외치고 있습니다. "너희는 언제까지 어리석겠느냐? 언제까지 눈을 가리고 '죄가 더 좋다. 죄가 더 좋다!'라고 말하겠느냐?" 지혜가 거리에서 외치고 있습니다. 들립니까?

이것이 로마서와 무슨 관련이 있는가?

그렇다면 이것이 로마서 5장 12-21절 말씀과 무슨 관련이 있을까요? 모든 면에서 많은 관련이 있습니다! 그 가운데 두 가지만 말해 보겠습니다.

먼저, 한 사람이 살인을 저지르고 마음 깊은 곳으로부터 자신이 하나님의 정죄 아래 있음을 알 때(비록 세상에서는 발각되지 않았을지라도, 롬 1:32 참조), 자신의 짓눌린 양심을 진정시키고 하나님과 화목을 이루어 지옥에 떨어지지 않고 영원한 기쁨을 얻기 위해 그가 할 수 있는 일은 무엇일까요? 살인자가 하나님이 재판관으로 앉아 계시는 우주 최고 법정에서 무죄를 선고받고 의롭다 여겨지고 심지어 영생과 함께 사랑을 받는 것이 가능한 일일까요? 그런데 바로 그것이 오늘 본문이 말하는 내용입니다.

두 번째, 누군가 살해를 당했다면, 그 사람은 어떻게 됩니까? 그냥 무(無, nothingness)가 되는 것일까요? 의식도 사라지고 존재도 영원히 사라지는 걸까요? 하나님의 형상을 따라 의지와 양심과 이성을 가진 존재로 창조되었던 인간이 나뭇잎이나 나무 막대기와 같은 존재가 되는 것일까요? 그저 죽어서 부패하고 흙으로 돌아가는 것일까요? 그게 전부일까요? 아니면, 결산이 있을까요? 정죄를 받거나 구원을 받는 결산이 있을까요? 우리를 만드시고 만물의 재판관이 되시는 그분과 만나게 될까요? 끔찍한 죽음 이후에도 영원한 생명을 얻을 수 있을까요? 오늘밤 살해를 당한다면, 내일은 예수 그리스도의 임재 안에서 다시 일어나 행복할 수 있을까요? 이것이 오늘 본문이 말하려는 내용입니다. 18절에서 말하는 "의롭다 하심을 받아 생명에 이른다"는 멋진 구절이 바로 이 내용입니다.

이 강단은 거리는 아닙니다. 하지만 이 본문은 지혜의 목소리입니다. 하나님의 지혜입니다. 그리고 그 지혜가 듣는 모든 이에게 외치고 있습니다. "모든 살인자, 도둑, 거짓말하는 자, 간음한 자, 우상 숭배자, 탐욕을 부린 자, 신성모독 자들은 다 오라. 와서 너희들이 어떻게 해야 하나님과 화해할 수 있는지 들으라. 어떻게 해야 너희의 죄가 말소되고 너희의 양심이 깨끗해질 수 있는지 들으라. 죽게 될 모든 자들아 오라. 와서 너희가 어떻게 이 일에 준비될 수 있는지 들으라. 너희의 재판관이요 너희를 창조하신 분을 어떻게 두려움 없이 만날지 와서 배우라." 그럴 수 있다면 위대한 찬송이 울리고 우리는 결국 그 찬송을 부르게 될 것입니다.

몇 주간 내용의 요약

로마서 5장 17절을 끝으로 그간 살펴보았던 내용을 짧게 요약하고 넘어가는 것이 좋겠습니다. 그런 후 18절과 19절을 간단하게 다루겠습니다.

본문의 요지는 그리스도가 믿음으로 그 안에 있는 모든 사람을 위해 행하신 일이, 아담이 본질상 그 안에 있는 사람들을 위해 행한 일보다 훨씬 위대하다는 것입니다. 아담의 불순종은 그 안에 있는 모든 사람(고전 15:22은 "아담 안에서 모든 사람이 죽었다"고 말합니다)을 정죄와 죽음으로 몰아갔습니다. 그리고 그리스도의 순종은 그 안에 있는 모든 사람(고후 5:2)에게 칭의와 생명을 가져다 주었습니다.

로마서 5장까지 오면서 바울은 죄인들이 자기 안에 있는 내재적인 의가 아닌 오직 믿음으로 받는 그리스도의 의를 기반으로 하나님과 화목하게 된다는 점을 분명히 하고 또 강조하고자 애쓰고 있습니다. 이제 이 본문에서 바울은 왜 하나님이 우리를 이런 방식으로 구원하시는지에 대한 근본 이유를 말합니다.

하나님이 그리스도를 통해 우리를 이런 방식으로 구원하시는 이유는 그것이 우리가 아담을 통해 정죄를 받은 방식과 상응하기 때문입니다. 생명으로 이어지는 칭의는 죽음으로 이어지는 정죄와 상응합니다. 그리고 우리의 정죄는, 가장 깊은 근원으로 들어가면, 우리가 개별적으로 행한 어떤 죄로부터 비롯된 것이 아니라 우리의 대표자로서 아담이 행한 일에서 비롯됩니다. 아담과 그리스도를 비교하는 방법을 택한 이유는, 우리가 의롭다 여김을 받은 근본 원인이 그리스도의 의, 즉 그리스도의 순종 때문임을 분명히 하기 위해서입니다. 우리 정죄의 근본 원인이 아담의 죄, 즉 아담의 불순종이었던 것과 동일한 방식입니다.

그리고 제가 생각하기에, 인간의 제한된 이성으로는 이 어려운 원죄 교리를 이해하기 어렵다는 것을 하나님께서 아심에도 불구하고 이렇게 하신 이유는 하나님께서 우리의 속성을 잘 아셨기 때문인 것 같습니다. 우리 인간이라는 존재는 오직 그리스도의 의에 의지하여 하나님의 긍휼하심을 구할 수밖에 없는 무력한 죄인임을 인정하는 대신, 스스로의 의로운 행위를 통해 하나님과 화목할 수 있고 또 그렇게 해야 한다고 생각하는 속성이 있습니다. 그래서 하나님은 본문 말씀을 통해 그것이 아니라고 말씀하십니다. "우리를 구원하시되 우리가 행한 바 의로운 행위로 말미암지 아니하고"(딛 3:5).

이제 몇주 전에 살펴보았던 본문으로 돌아가 보겠습니다. 18절과 19절입니다.

"그런즉[여기서 요약을 하고 있습니다.] 한 범죄로[아담의 첫 번째 죄] 많은 사람이 정죄에 이른 것 같이 한 [그리스도의] 의로운 행위로 말미암아 많은 사람이 의롭다 하심을 받아 생명에 이르렀느니라. 한 사람[아담]이 순종하지 아니함으로 많은 사람이 죄인 된 것 같이 한 사람[그리스도]이 순종하심으로 많은 사람이 의인이 되리라."

하나님과 화목하기

여기서 본문의 요지를 알 수 있습니다. 본문의 요지는 단순히 원죄 교리(아담 안에서 우리 모두가 넘어지고 범죄하여 죄인이 되었다는 진리)를 가르치는 데 있지 않습니다. 원죄 교리는 맞지만 그것을 우리에게 드러내신 ―그래서 인간 이성의 한계에 도전하신― 이유는 그 교리가 우리가 어떻게 해야 하나님과 화목할 수 있는지를 보여 주기 때문입니다. 그것이 핵심입니다. 따라서 원죄 교리를 놓고 고민하기에 앞서, 왜 하나님께서 그 진리를 우리에게 드러내시는지 그리고 그것이 우리에게 어떤 의미가 있는지 확실히 알아야 합니다. 인간을 정죄하시는 하나님의 방법에 대해 판단하기에 앞서, 우리에게 칭의를 허락하시는 하나님의 방법에 담긴 영광을 명확히 볼 수 있어야 합니다.

다음 주에 이 원죄 교리에 대해 더 살펴보겠습니다. 오늘은 본문의 주된 요지, 말하자면, 우리가 어떻게 하나님과 화목하는지를 ―살인자, 도둑, 거짓말쟁이, 우상숭배자, 간음한 자, 탐욕을 부린 자, 신성모독한 자들이 어떻게 무죄를 선고받아 하나님과 화목을 이루고 정죄에서 벗어나 영생을 받을 수 있는지를— 중점적으로 살펴보고 싶습니다.

18절과 19절을 주의 깊게 살펴보겠습니다. 18절 말씀입니다. "그런즉 한 범죄로 많은 사람[all man]이 정죄에 이른 것 같이 한 의로운 행위로 말미암아 많은 사람[all man]이 의롭다 하심을 받아 생명에 이르렀느니라." 잠시 후 "많은"(all)이라는 단어에 대해 말씀드리기에 앞서, 먼저 칭의에 관련한 요지에 주목해 보겠습니다. 칭의는 정죄가 아담과 연결된 모든 사람에게 일어나는 것과 마찬가지 방식으로 그리스도와 연결된 모든 사람에게 일어납니다. 어떻게 그렇습니까? 아담은 죄악되게 행동했고, 우리는 그와 연결되어 있으므로, 우리는 아담 안에서 정죄를 받았습니다. 그리스도는 의를 행하셨고, 우리는 그리스도와 연결되어 있으므로, 우리는 그리스도 안에서 의롭다 여겨졌습니다. 아담의 죄는 우리의 죄로 여겨집니다. 그리스도의 의는 우리의 의로 여겨집니다.

한 의로운 행위

바울이 우리의 칭의를 가능하게 한 것이 "한 의로운 행위"(one act of righteousness)였다고 말할 때, 그가 의미한 것은 예수님의 전 생애와 사역이었습니다. 즉 예수님이 살면서 행한 한 번의 행동이라기보다 예수님의 전 생애를 하나의 위대한 의로운 행위로 언급한 것입니다. 여러분은 예수님의 어떤 행동을 의로운 행동으로 고르시겠습니까? 그분의 죽음이라고 말한다면, 겟세마네 동산에서의 순종을 의미합니까? 아니면 무리들이 예수님을 잡으러 왔을 때 보이신 순종을 의미합니까? 아니면 심문을 당하실 때 보이신 순종을 의미합니까? 가시관을 쓰셨을 때 보이신 순종을 의미합니까? 채찍을 맞으실 때 보이신 순종을 의미합니까? 십자가에 못 박힐 때 보이신 순종을 의미합니까? 자신을 대적하는 사람들을 향해 사랑의 말씀을 하시면서 보이신 순종을 의미합니까? 아니면 자신의 영혼을 아버지께 의탁하시면서 보이신 순종을 의미합니까? 따라서 "의로운 행위"가 그분의 죽음을 가리킨다고 말할 때조차, 그것이 죽음에 이르기까지 예수님이 보이신 일련의 모든 의로운 행위를 아우르는 의미임을 알 수 있습니다. 한 가지 위대한 총체적 행위인 죽음에도 예수님의 많은 행위가 포함되어 있다는 것입니다.

저는 예수님의 전 생애가 그렇다고 생각합니다. 왜냐하면 예수님의 생애에 단 한 번의 불의가 있다 해도 그것 때문에 우리의 의가 되실 자격을 박탈당하기 때문입니다. 그리고 마태복음 3장 15절에서 예수님은 세례를 받으실 때 세례 요한에게 이렇게 말씀하십니다. "이와 같이 하여 모든 의를 이루는 것이 합당하니라." "많은 의로운 행위들"(many acts of righteousness)이 아니라 "모든 의"(all righteousness)라고 말씀하십니다. 마치 모든 것이 총체적으로 하나인 것처럼 말입니다. 그러므로 예수님은 처음부터 끝까지 그분의 사역 내내, 한 위대한 "의의 요구"(로마서 5장 18절의 '디카이오마'[dikaioma, 의로운 행위]가 의미하는 바입니다)를 성취하고 계셨습니다.

바울은 18절에서 그 의로 인해 "많은 사람이 의롭다 하심을 받아 생명에 이르렀다"고 말합니다. 예수님의 그 의가 창조주이자 심판관이신 하나님께 우리가 받아들여지는 근거가 되었습니다. 우리가 그리스도와 연결되어 있기에 그분의 의는 우리의 의로 여겨집니다. 우리는 그분 안에 있습니다(고후 5:21 참조). 그것이 칭의가 의미하는 바입니다.

19절은 이 내용을 다른 방식으로 말함으로써 우리가 요점을 놓치지 않도록 도와 줍니다. "한 사람이 순종하지 아니함으로 많은 사람이 죄인 된 것 같이 한 사람이 순종하심으로 많은 사람이 의인이 되리라." 18절과 다른 점은 "의로운 행위"라는 말 대신 "순종"이라는 단어가 사용된 것입니다. 이것은 18절에서 말한 의의 속성이 하나님의 뜻을 따르는 것임을 보여 주기 위함입니다. 아담이 하나님의 뜻을 따르지 않았기에 우리는 그 안에서 죄인으로 여겨지고 지목되었습니다. 그리스도는 아버지의 뜻을 따르셨기에 우리는 그리스도 안에서 의롭다고(순종한다고) 여겨졌습니다.

따라서 요점은 다음과 같습니다. 하나님 앞에서 우리의 의, 즉 칭의는 우리의 행위에 근거하지 않고 그리스도의 행위에 근거합니다. 그분의 의로운 행위, 즉 그분의 순종은 우리의 것으로 여겨집니다. 우리는 그리스도 안에서 의로워지거나 의롭다 여겨지거나 의롭다 정해집니다. 그것이 진짜 의이고, 그것이 정말로 우리 소유가 됩니다. 단, 오직 전가를 통해 우리의 것이 됩니다. 혹은 로마서 초반에 바울이 사용한 언어를 사용하자면, "의롭다 하심을 얻은" 것입니다.

여기서 말하는 '우리'는 누구인가?

이제 여기서 말하는 "우리"가 누구인지를 말하면서 결론을 맺으려고 합니다. 우리는 이렇게 질문해야 합니다. "나는 이 칭의에 포함되는가?" 19절에서 "의인이 된" 사람들이 "많다"(the many)고 말합니다. "한 사람이 순종하심으로 '많은 사람'이 의인이 되리라." 18절에서도 "의롭다 하심을 받아 생명에 이른" 사람들이 "많다"(all men)고 말합니다. 이 "많은 사람"(all men)은 누구입니까? 아담 안에 있는 모든 사람이 전부 의로워져서 한 명도 잃어버린 바 되지 않는다는 의미입니까? 그래서 누구도 영원한 형벌 같은 것은 받지 않는다는 의미입니까? 이것이 보편주의(만인구원설)로 불리는 생각입니다.

저는 이 생각에 동의하지 않습니다. 거기에는 몇 가지 이유가 있습니다.

1) 17절에서 이 의의 선물을 "받는"(receiving)이라는 표현이 나오는데, 이는 받는 사람이 있고 받지 못하는 사람이 있다는 의미입니다. 17절은 이렇게 전합니다. "한 사람의 범죄로 말미암아 사망이 그 한 사람을 통하여 왕 노릇 하였은즉 더욱 '은혜와 의의 선물을 넘치게 받는 자들'은 한 분 예수 그리스도를 통하여 생명 안에서 왕 노릇 하리로다." 모든 사람이 그것을 받는다는 의미로는 보이지 않습니다.

2) 로마서 5장 18절에서 "많은 사람이 의롭다 하심을 받아 생명에 이르렀다"는 말은 모든 인간이 의롭다 함을 받았다는 의미가 아닙니다. 바울은 이곳 로마서뿐 아니라 다른 책에서도(살후 1:9) 영원한 형벌이 있고 모든 인간이 의롭다 함을 받는 것은 아니라고 분명히 가르칩니다. 예를 들어, 로마서 2장 5절에서 이렇게 말합니다. "다만 네 고집과 회개하지 아니한 마음을 따라 진노의 날 곧 하나님의 의로우신 심판이 나타나는 그 날에 임할 진노를 네게 쌓는도다." 그리고 2장 7-8절에서 "영원한 생명"과 이 진노를 대조하면서 그것이 일시적

인 진노가 아니라 영원한 진노임을 보여줍니다. 따라서 의롭다 함을 받지 않고 영원히 하나님의 진노 아래 떨어지는 자들과 영원한 생명을 얻는 자들이 따로 있음을 알 수 있습니다.

3) 로마서 5장 18절에서 "많은 사람이 의롭다 하심을 받아 생명에 이르렀다"는 말이 '모든' 인간이 의롭다 함을 받는다는 의미가 아닌 이유는, 로마서 처음부터 지금까지 살펴본 바에 따르면, 칭의는 모든 인간이 자동으로 받는 것이 아니라 '믿음으로' 받기 때문입니다. 로마서 5장 1절은 "그러므로 우리가 '믿음으로 의롭다 하심을' 받았으니"라고 전합니다. 로마서 3장 28절은 "그러므로 사람이 '의롭다 하심을 얻는 것은 율법의 행위에 있지 않고 믿음으로 되는 줄' 우리가 인정하노라"고 말합니다.

따라서 오늘 아침 우리에게 주시는 교훈은 이것입니다. 살인자, 도둑, 거짓말하는 자, 우상숭배자, 간음한 자, 탐욕을 부린 자, 신성모독자, 즉 모든 인간은 그들이 무슨 일을 했든 하나님과 화목할 수 있습니다. 단 그들의 행위에 근거해서가 아니라 그리스도의 의로운 행위에 근거해서 그렇게 할 수 있습니다. 그들이 행한 순종이 아니라 그리스도가 행하신 순종을 근거로 그렇게 할 수 있습니다. 인간이라는 이유 때문이 아니라 믿기 때문에 그렇게 할 수 있습니다.

그러므로 저는 오늘 이렇게 강권합니다. 살인과 죽음이 판치는 너무나 불확실한 세상을 살아가면서 아직 시간이 있을 때, 하나님께서 그리스도 안에서 우리를 위해 행하신 모든 일에 대해, 그리스도를 신뢰하시기를 촉구합니다. 그분이 우리의 의가 되심을 믿으십시오. 만일 우리가 평생 그분을 신뢰할 수 있을지 의문이 든다면, 그것을 위해서도 지금 그분을 신뢰하십시오. 그러면 이전에 무슨 일을 행하였든 관계 없이, 우리는 심판자이자 창조주이신 그분 앞에 아무 두려움 없이 설 수 있게 될 것입니다.

마가렛 클락슨의 찬송 "오 그리스도, 주께로 나옵니다"(We Come O Christ to You)의 두 번째 소절이 바로 그 내용입니다. 이 찬송을 부르면서 말씀을 마쳤으면 합니다. 지금 그분을 신뢰하고 있다면 이 찬송을 신앙고백으로 올려드리십시오. 그리고 한 주를 사시면서 우리의 신앙을 다른 사람에게도 전할 수 있기 바랍니다.

하나님께로 가는 길, 주 보혈로 우리 대속하셨네
주 안에서 두려움 없이 심판자요 창조주를 대하리
우리는 보좌 앞에 사함 받아 서 있네
주의 사랑이 율법의 요구를 만족시켰네

6장

아담, 그리스도, 칭의 (5부)

로마서 5:12-21

그러므로 한 사람으로 말미암아 죄가 세상에 들어오고 죄로 말미암아 사망이 들어왔나니 이와 같이 모든 사람이 죄를 지었으므로 사망이 모든 사람에게 이르렀느니라. 죄가 율법 있기 전에도 세상에 있었으나 율법이 없었을 때에는 죄를 죄로 여기지 아니하였느니라. 그러나 아담으로부터 모세까지 아담의 범죄와 같은 죄를 짓지 아니한 자들까지도 사망이 왕 노릇 하였나니 아담은 오실 자의 모형이라. 그러나 이 은사는 그 범죄와 같지 아니하니 곧 한 사람의 범죄를 인하여 많은 사람이 죽었은즉 더욱 하나님의 은혜와 또한 한 사람 예수 그리스도의 은혜로 말미암은 선물은 많은 사람에게 넘쳤느니라. 또 이 선물은 범죄한 한 사람으로 말미암은 것과 같지 아니하니 심판은 한 사람으로 말미암아 정죄에 이르렀으나 은사는 많은 범죄로 말미암아 의롭다 하심에 이름이니라. 한 사람의 범죄로 말미암아 사망이 그 한 사람을 통하여 왕 노릇 하였은즉 더욱 은혜와 의의 선물을 넘치게 받는 자들은 한 분 예수 그리스도를 통하여 생명 안에서 왕 노릇 하리로다. 그런즉 한 범죄로 많은 사람이 정죄에 이른 것 같이 한 의로운 행위로 말미암아 많은 사람이 의롭다 하심을 받아 생명에 이르렀느니라. 한 사람이 순종하지 아니함으로 많은 사람이 죄인 된 것 같이 한 사람이 순종하심으로 많은 사람이 의인이 되리라. 율법이 들어온 것은 범죄를 더하게 하려 함이라. 그러나 죄가 더한 곳에 은혜가 더욱 넘쳤나니 이는 죄가

사망 안에서 왕 노릇 한 것 같이 은혜도 또한 의로 말미암아 왕 노릇 하여 우리 주 예수 그리스도로 말미암아 영생에 이르게 하려 함이라. _롬 5:12-21

긍정적인 면, 그리스도의 사역

지금까지 네 차례에 걸쳐 이 본문이 담고 있는 긍정적인 측면을 살펴보았습니다. 그것이 이 본문의 중심 요지이기 때문입니다. 아담의 죄가 미치는 부정적인 영향은, 우리가 그리스도의 의가 미치는 긍정적인 영향을 보도록 돕는 데 주 목적이 있습니다. 그리스도의 사역에 대한 긍정적인 언급들을 다시 한 번 눈여겨보십시오.

- 로마서 5:15 - "더욱 하나님의 은혜와 또한 한 사람 예수 그리스도의 은혜로 말미암은 선물은 많은 사람에게 넘쳤느니라."
- 로마서 5:16 - "은사[그리스도의 의의 선물, 17절]는 많은 범죄로 말미암아 의롭다 하심에 이름이니라."
- 로마서 5:17 - "더욱 은혜와 의의 선물을 넘치게 받는 자들은 한 분 예수 그리스도를 통하여 생명 안에서 왕 노릇 하리로다."
- 로마서 5:18 - "[예수의] 한 의로운 행위로 말미암아 많은 사람이 의롭다 하심을 받아 생명에 이르렀느니라."
- 로마서 5:19 - "한 사람[예수]이 순종하심으로 많은 사람이 의인이 되리라."
- 로마서 5:21 - "은혜도 또한 의로 말미암아 왕 노릇 하여 우리 주 예수 그리스도로 말미암아 영생에 이르게 하려 함이라."

여기서 잠시 멈춰, 이 모든 긍정적인 언급들 이면에 자리한 부정적인 상황에 대해 살펴볼 필요가 있습니다. 아담의 죄가 어떻게 인류에게 영향을 미치는지 이해하려고 애쓸 필요가 있습니다. 이렇게 함으로써 우리가 얻을 수 있는 실제적인 유익을 여섯 가지 짚어보려고 합니다. 물론 칭의의 속성을 좀 더 분명히 알게 되는 것이 가장 주된 유익일 텐데, 이에 대해서는 지난 네 차례의 설교를 통해 강조했습니다.

우리가 지금까지 다룬 내용은, 아담의 죄가 그 안에 있는 모든 사람에게 정죄를 가져온 것처럼 예수님의 의가 그 안에 있는 모든 사람에게 칭의를 가져온다는 것이었습니다. 그러면서 우리의 칭의는 "우리가 행한 바 의로운 행위"(딛 3:5)가 아니라 그리스도가 행하신 의에 근거해서 주어지는 것임을 강조했습니다.

그리고 하나님께서 이런 방법으로 우리를 구원하시는 이유는, 그것이 아담과의 관계 속에서 우리에게 일어났던 일과 상응하기 때문임을 살펴보았습니다. 우리에게 내린 최초의 정죄(original condemnation)는 죄 가운데 우리가 저지른 개별적인 행위에 근거한 것이 아니라 아담이 저지른 최초의 죄악된 행위에 근거합니다. 정죄가 아담의 죄를 통해 우리에게 왔기 때문에 칭의도 그리스도의 의를 통해 우리에게 옵니다.

부정적인 면, 아담과 우리의 관계

이제 우리와 아담의 관계를 살펴보고, 그것이 우리와 세상에 미치는 영향이 무엇인지 생각해 보려고 합니다. 지금 우리가 생각해 보려는 문제는, 인간이 된다는 것은 무슨 의미인지 그리고 세상은 왜 지금과 같은 모습인지에 대한 크고 무거운 질문임을 알아야 합니다. 이 문제에 대해 어떻게 생각하는지가 우리의 사고방식과 행동방식에 엄청난 영향을 미칩니다. 예를 들어, 자녀를 키우는 방식부터 전도, 교육뿐 아니라 법률 문제와 정부에 이르기까지 거의 모든 영역에 영향을 미칩니다.

본문이 말하는 부정적인 측면들을 살펴보고, 우리 삶을 위한 몇 가지 실질적인 유익들을 끄집어내 보겠습니다.

- 로마서 5:12 – "한 사람으로 말미암아 죄가 세상에 들어오고 죄로 말미암아 사망이 들어왔나니."
- 로마서 5:14 – "아담으로부터 모세까지 아담의 범죄와 같은 죄를 짓지 아니한 자들까지도 사망이 왕 노릇 하였나니."

매우 중요한 대목입니다. 바울은 아담의 범죄와 같은 죄를 짓지 않은 사람들도 아담이 저지른 죄의 결과로 죽음을 경험했다고 말합니다. 달리 말해, 우리에게 최초의 정죄를 가져온 것은 우리의 개별적인 죄가 아님을 바울은 강조하고 있습니다. 아담의 범죄와 같은 죄를 짓지 않은 사람들도 죽습니다. 요지는, 우리의 의가 아닌 그리스도의 의가 가장 근본적인 해결책인 것처럼, 우리의 죄가 아닌 아담의 죄가 가장 근본적인 문제라는 것입니다.

- 로마서 5:15 – "한 사람[아담]의 범죄를 인하여 많은 사람이 죽었은즉."

- 로마서 5:16 – "심판은 한 사람[아담]으로 말미암아 정죄에 이르렀으나."
- 로마서 5:17 – "한 사람[아담]의 범죄로 말미암아 사망이 그 한 사람을 통하여 왕 노릇 하였은즉."
- 로마서 5:18 – "[아담의] 한 범죄로 많은 사람이 정죄에 이른 것 같이."
- 로마서 5:19 – "한 사람이 순종하지 아니함으로 많은 사람이 죄인 된 것 같이."

바울은 여기서 아담과의 관계에 있어서 우리가 처한 상황에 대해 두 가지를 가르쳐 주고 있습니다. 첫째, 죄의 세력이 들어와 인간의 본성을 타락 혹은 부패시켰다는 점과 둘째, 그럼에도 불구하고 우리의 정죄는 가장 먼저 아담의 죄로 인한 것이지 우리 개개인의 죄악된 행위 때문이 아니라는 점입니다. 이제 이에 대해 한 가지씩 살펴볼 텐데, 먼저 두 번째 내용부터 살펴보겠습니다.

아담의 범죄 안에서 범죄한 인간

우리는 아담의 범죄 안에서 죄를 범했습니다. 이것이 바로 로마서 5장 12절에서 "모든 사람이 죄를 지었으므로"가 의미하는 바입니다. 이것을 어떻게 설명할까요? 구체적인 내용은 몰라도, 아담의 죄가 우리 죄가 되게 하는 일종의 연합이 있어서 우리 정죄가 정당한 것이 되도록 하나님께서 정하신 것이라 말할 수 있습니다. 16절은 우리 정죄의 근거에 대해 말합니다. "심판은 한 사람[아담]으로 말미암아 정죄에 이르렀으나." 세 단계에 주목해 보십시오. 첫 번째, 한 사람의 범죄가 있었습니다. 두 번째, 그 결과로 심판이 있었습니다. 세 번째, 정죄에 이르렀습니다. 정죄에 이르게 하는 '심판'이란 무엇입니까?

정죄에 이르도록 심판 받은 것은 '우리의 타락한 본성과 우리가 개별적으로 지은 죄'라고 대답했다고 합시다. 그러면 바울이 14절에서 이 정죄인 죽음이 "아담의 범죄와 같은 죄를 짓지 아니한 자들에게까지도" 왕 노릇 했다고 말한 부분과 일치하지 않습니다. 다른 말로 하면, 바울은 정죄를 가져온 것이 우리의 개별적인 행위가 아닌 아담의 행위였음을 강조하고 싶은 것입니다. 그는 이에 대해 18절에서 드러내 말하고 있습니다. "'한' 범죄로 많은 사람이 정죄에 이른 것 같이."

16절에서 "정죄에 이르게 한" 심판은 무엇입니까? 그것은 하나님께서 우리와 아담 사이에 놓으신 연합을 근거로 아담의 죄가 우리 죄로 여겨진 것이라고 저는 대답하겠습니다. 하나님께서는 아담과 그의 후손들 사이에 정확히 들어맞는 연합을 이루셨고, 그 근거 위에서 아담이 범죄했을 때, 정죄에 이르는 심판은 아담의 죄를 우리 죄와 죄책으로 간주하는 것이었습니다. 바울은 그 심판이 정죄에 이르게 했다고 말합니다. 그러므로 우리에게 내리는 정죄는 '우리' 죄 안에 그 근거를 찾습니다만 우리가 개별적으로 저지른 죄를 우리의 죄로 본다고 본다면 그것은 우리의 죄가 아닙니다. 이 죄는 우리가 아담과 연합되었다는 사실에 근거해 우리에게 전가되었다는 측면에서 우리의 죄인 것입니다. 모든 사람을 정죄에 이르게 한 "한 범죄"(아담의 범죄)로 말미암아 그렇게 되었습니다(18절). 이것이 본문이 우리와 아담의 관계에 대해 가르쳐 주는 첫 번째 내용입니다.

부패하고 악한 존재인 모든 인간

본문에서 말하는 두 번째 내용은, 아담의 죄를 통해 모든 인간이 실제로 마음이 부패하고 행위가 악한 존재가 되었다는 점입니다. 이것은 로마서 5장의 요지는 아닙니다. 제가 보기에 바울은, 우리가 정죄받은 것이 개인적으로 지은 죄 때문이라고 생각하거나 우리가 받은 칭의가 개별적인 의에 기반한 것이라고 생각하지 않도록, 그래서 칭의에 대한 잘못된 견해를 갖지 않게 하려고 애쓰고 있습니다. 바울이 14절에서 다음과 같이 말하는 이유이기도 합니다. "그러나 아담으로부터 모세까지 아담의 범죄와 같은 죄를 짓지 아니한 자들까지도 사망이 왕 노릇 하였나니." 즉, 죽음이 모든 사람에게 왔지만, 그것은 그들이 개별적으로 지은 죄 된 행위 때문이 아니라는 것입니다. 그래서 예를 들면 유아들이 죽었습니다.

이는 본문의 부차적인 요지이긴 해도, 분명 본문이 말하고 있는 내용입니다. 로마서 5장 13절을 주목해 보십시오. "'죄가' 율법 있기 전에도[즉 아담으로부터 모세까지] '세상에 있었으나.'" 따라서 바울은 인간의 마음속에 지속되는 죄가 아담을 통해 세상에 들어왔던 것의 일부라고 보고 있음이 분명합니다. "죄가 세상에 있었으나." 모든 인간이 본성상 그리고 행위로도 죄 있는 존재가 되었습니다. 이 사실이 비록 이 단락에서는 분명히 드러나거나 주된 메시지로 인식되지 않더라도, 바울의 다른 글이나 나머지 성경 전반(시 51:6, 시 58:3, 욥 15:14, 렘 13:23, 겔 11:19)에 걸쳐 분명히 드러납니다. 또 다른 예로, 에베소서 2장 3절 말씀이 있습니다. "전에는 우리도 다 그 가운데서 우리 육체의 욕심을 따라 지내며 육체와 마음의 원하는 것을 하여 다른 이들과 같이 '본질상 진노의 자녀'이었더니." 핵심 어휘는 "본질상" 우리가 진노의 자녀라는 부분입니다. 다른 말로 하면, 아담의 죄 안에서 우리에게 어떤 일이 일어났는데 그것이 우리 인간 본성을 바꾸어 놓았다는 말입니다. 우리는 단순히 죄를 저지르는 것만이 아닙니다. 우리는 '본질상' 죄인이고, 부패했고, 타락했고, 뒤틀려 있고, 반항적입니다. 로마서에서 바울은 이에 대해 다음과 같이 말합니다. "유대인이나 헬라인이나 다 죄 아래에 있다"(롬 3:9). 9절부터 18절까지의 요지는 "의인은 없나니 하나도 없다"(롬 3:10)는 것입니다. 우리는 그저 죄만 저지르는 것이 아닙니다. 우리는 죄의 권세 아래 있습니다. 우리는 본질상 불의합니다. 그리고 로마서 6장 6절, 17절, 20절에서 우리는 죄인일 뿐 아니라 "죄의 종"으로도 불리고 있습니다. 첫 인간이 죄를 지은 이래 모든 인간의 상태가 바로 이렇습니다.

치료책이 필요한 두 가지

지금까지 치료책이 필요한 두 가지에 대해 살펴보았습니다. 하나는 우리를 죄에 얽매이게 만드는 우리의 죄된 본성이고, 다른 하나는 우리의 개별적인 범죄가 아닌 아담의 죄 안에서 그와의 연합으로부터 비롯된 원죄와 정죄입니다. 로마서는 —아니 사실은 성경 전체가— 하나님께서 이 두 가지 문제를 고치시기 위해 역사 속에서 어떻게 일하셨는지에 대한 이야기입니다. 아담 안에서 우리가 받은 정죄라는 문제를, 하나님은 그리스도 안에서의 칭의를 통해 치유하십니다. 우리의 본성이 부패하고 타락한 문제에 대해서는, 성령에 의한 성화를 통해 치유하십니다. 혹은 이렇게도 말할 수 있습니다. 하나님 앞에서 우리가 법적으로 받는 죄책과 정죄의 문제는 하나님께서 그리스도의 의를 우리의 것으로 간주하심으로써 해결되고, 우리의 도덕적인 타락과 습관적인 범죄 문제는 하나님께서 성령의 역사를 통해 우리를 정결하게 하심으로 해결됩니다. 첫 번째 치료책인 칭의는 전가된(imputed) 의를 통해 주어집니다. 두 번째 치료책인 성화는 나누어 주시는(imparted) 의를 통해 주어집니다. 칭의는 즉각적이지만 성화는 점진적입니다. 그리고 칭의 문제를 로마서 3-5장에서 다루었던 것처럼, 성화 문제는 로마서 6장-8장에서 심도 깊게 다룰 예정입니다.

이 둘은 동일하지는 않지만 따로 분리될 수 없습니다. 칭의는 우리가 행한 의로운 행위에 앞서 가장 먼저 믿음으로 주어집니다. 이를 통해 우리는 용서를 받고 하나님과 법적으로 화목을 이룹니다. 우리는 무죄를 선고 받고 그리스도의 의로 의롭다 여겨집니다. 그런 다음 하나님과의 이런 안전하고 화목한 관계를 바탕으로, 우리는 성령에 의해 점진적으로 그분의 아들의 형상으로 변해 갑니다. 칭의와 성화는 둘 다 같은 믿음으로 얻어지는 것이기에 서로 분리될 수 없습니다. 칭의를 얻도록 우리를 그리스도와 연합시키는 그 믿음이 또한 우리 삶에서 죄의 세력을 끊어 냅니다. 오직 믿음으로 하나님과의 관계가 회복된 후에도 어떤 다른 수단으로 선한 사람이 되려고 노력하는 사람에게는 화가 임할 것입니다. 하나님께서 그리스도 안에서 우리를 위해 행하시는 모든 것에 대해 그리스도를 신뢰하면 하나님의 의롭다 하시는 은혜로 연결되고, 하나님께서 그리스도 안에서 우리를 위해 행하시는 모든 것에 대해 그리스도를 신뢰하면 하나님의 성화시키시는 은혜로 연결됩니다. 우리가 우리 죄를 용서 받고 또한 정결해지는 것은 동일한 믿음을 통해서입니다.

본문의 부정적인 측면에 초점을 맞추려고 했는데, 계속 긍정적인 측면으로 넘어가고 말았습니다. 그 이유는 하나님의 구원 계획이 우리의 타락한 상태를 해결하는 데 너무나 완벽하게 들어맞기 때문입니다. 그러므로 그리스도인으로서 인간의 타락 상태를 생각할 때 우리가 경험한 하나님의 치유를 기뻐하지 않을 수 없습니다.

우리의 부패함을 깊이 들여다 볼 때 얻는 유익

마지막으로, 아담 안에서 본질상 타락하고 법적으로는 정죄를 받은 우리 인간의 상태를 깊이 살펴봄으로써 얻을 수 있는 몇 가지 유익을 살펴보겠습니다.

1) 먼저, 그렇게 할 때 우리는 도덕적으로, 지적으로 겸손해집니다. 도덕적으로라 함은, 우리는 나쁜 일을 행할 뿐 아니라 본성상 악한 존재임을 인정해야 하기 때문입니다. 인간으로서 당연히 해야 할 훈련도 필요하겠지만, 우리에게는 초자연적인 재탄생이 필요합니다. 우리 안에 있는 어떤 것은 죽어야 하고 새로운 무언가가 창조되어야 합니다. 우리 힘으로는 만들어낼 수 없는 무언가가 절실히 필요합니다. 그리고 (지금까지 우리가 살펴보았던) 이 원죄 교리가 우리의 이성으로는 다 이해할 수 없는 것이기에 우리는 지적으로도 겸손해집니다. 대부분의 사람들이 여기서 거대한 미스터리를 푸는 기분일 것입니다. 아담의 죄가 우리 죄로 여겨지고, 그래서 우리가 정죄를 받는다니 어떻게 그렇게 연결될 수 있다는 말입니까? 바울은 이에 대해 분

명하게 설명하지 않습니다. 그렇다고 우리는 하나님의 공의를 의심하지 않습니다. 다만 그것을 설명하려는 우리의 능력에 회의를 가질 뿐입니다. 원죄 교리는 따라서 도덕적으로, 지적으로 우리를 겸손하게 만드는 진리입니다.

2) 그렇게 할 때, 구원에 대해 더 감사할 수 있습니다. 우리의 타락 상태를 알면 알수록 우리가 받은 구원에 대해 더 감사하게 됩니다. 이런 이유로 바울은 로마서 6장 17절에서 감사의 마음을 표출하고 있습니다. "하나님께 감사하리로다. 너희가 본래 죄의 종이더니 너희에게 전하여 준 바 교훈의 본을 마음으로 순종하여." 우리가 죄인이라는 사실에서 그치지 않고 "죄의 종"임을 알게 될 때, 그 죄와 죄책으로부터 의롭다 함을 얻고 죄의 권세에서 해방된 것이 얼마나 기쁜 일인지 더욱 절감하게 될 것입니다.

3) 아담 안에서 본질상 타락하고 법적으로는 정죄를 받은 우리 인간의 상태를 깊이 살펴볼 때, 우리가 사는 세상을 설명할 수 있습니다. 원죄 교리에 있어서 아이러니한 점은, 이것이 우리가 받아들이기 제일 어려운 교리 중 하나인 반면, 세상에서 우리가 목격하는 대부분의 일들, 말하자면 죄악의 보편성(universality)을 이 교리가 가장 잘 설명해 준다는 사실입니다. 성경이 이 교리에 대해 가르치는 내용을 믿는 사람들은 왜 역사가 시체로 가득한지 그리고 왜 지금까지 존재했던 모든 사회가 사람들의 악함 때문에 씨름해야 했는지에 대해 머뭇거리지 않습니다.

4) 따라서 인간의 상태를 깊이 들여다볼 때, 어떤 정부의 형태가 가장 좋은지 통찰력을 얻게 됩니다. G. K. 체스터튼과 C. S. 루이스는

원죄 교리가 민주주의 정부 형태 —즉 권력이 모든 사람에게 분산된 형태— 의 근거가 된다고 말했습니다. 왜냐하면 원죄 교리만이 한 명의 통치자에게 절대 권력을 주지 않을 이유가 되기 때문입니다. 다른 말로 하면, 민주주의에 대한 최고의 변론은 시민들이 스스로를 다스릴 만큼 선하다는 주장이 아니라 사람들은 너무 악해서 어느 누구에게도 절대 권력을 맡길 수 없다는 주장일 것입니다.

5) 인간의 타락 상태를 깨달을 때, 서로를 불쌍히 여길 수 있습니다. 조나단 에드워즈는 이렇게 말했습니다.

> 이 교리는 우리 자신보다 다른 사람이 더 나쁘다고 생각할 수 없도록 우리를 가르친다. 이 교리는 우리 모두, 본성상, 구제 불가능한 비참함 속에 있음을 가르친다. 이로써 하나님의 자비하심 아래서 서로를 불쌍히 여기려는 경향을 갖게 된다. 자신이 얼마나 쓸모없고 비참한 존재인지를 깨닫고, 하나님의 긍휼을 얻을 수 있다는 소망과 더불어 하나님의 자비와 오래 참으심과 용서가 무한히 필요하다는 사실을 깨달을 때 우리 안에는 비로소 그 어느 때보다 자비, 인내, 오래참음, 양선, 용서 같은 따스한 성품들이 촉진된다.*

우리 자신의 타락한 본성을 깊이 깨달았을 때, 다른 사람을 경멸하거나 사랑 없이 대하기는 매우 어렵습니다.

*조나단 에드워즈, "원죄", [The Works of Jonathan Edwards], vol. 3 (New Haven: Yale University Press, 1970), p. 424.

6) 이 교리는 우리가 복음 전도와 세계 선교에 뛰어들도록 동기를 부여할 것입니다. 이 교리는 인간의 죄악됨에 예외가 없음을 가르쳐 줍니다. 아담에게서 난 모든 사람은 두 번째 아담이 필요합니다. 예수 그리스도, 단 한 분입니다. 우리가 하나님과 관계를 회복할 다른 길은 없습니다. 하나님이 제시한 유일한 치료책은 예수 그리스도의 의이고 믿음을 통한 성령의 능력입니다. 성경적 기독교 외에 어떤 종교도 이런 치료책을 가르치지 않습니다. 하나님은 우리에게 진단서를 보여 주셨고 그에 대한 처방도 나타내 주셨습니다. 그것을 우리에게 알게 하셨습니다. 우리가 그 치료책을 사랑하고 그 안에서 즐거워하게 하셨습니다. 우리가 할 일은 단순합니다. 세상 모든 사람에게 이 좋은 소식을 전하고 그리스도를 높이는 기쁨이 확산되는 것을 보며 즐거워하면 됩니다.

7장

아담의 불순종과 그리스도의 순종

로마서 5:12-21

그러므로 한 사람으로 말미암아 죄가 세상에 들어오고 죄로 말미암아 사망이 들어왔나니 이와 같이 모든 사람이 죄를 지었으므로 사망이 모든 사람에게 이르렀느니라. 죄가 율법 있기 전에도 세상에 있었으나 율법이 없었을 때에는 죄를 죄로 여기지 아니하였느니라. 그러나 아담으로부터 모세까지 아담의 범죄와 같은 죄를 짓지 아니한 자들까지도 사망이 왕 노릇 하였나니 아담은 오실 자의 모형이라. 그러나 이 은사는 그 범죄와 같지 아니하니 곧 한 사람의 범죄를 인하여 많은 사람이 죽었은즉 더욱 하나님의 은혜와 또한 한 사람 예수 그리스도의 은혜로 말미암은 선물은 많은 사람에게 넘쳤느니라. 또 이 선물은 범죄한 한 사람으로 말미암은 것과 같지 아니하니 심판은 한 사람으로 말미암아 정죄에 이르렀으나 은사는 많은 범죄로 말미암아 의롭다 하심에 이름이니라. 한 사람의 범죄로 말미암아 사망이 그 한 사람을 통하여 왕 노릇 하였은즉 더욱 은혜와 의의 선물을 넘치게 받는 자들은 한 분 예수 그리스도를 통하여 생명 안에서 왕 노릇 하리로다. 그런즉 한 범죄로 많은 사람이 정죄에 이른 것 같이 한 의로운 행위로 말미암아 많은 사람이 의롭다 하심을 받아 생명에 이르렀느니라. 한 사람이 순종하지 아니함으로 많은 사람이 죄인 된 것 같이 한 사람이 순종하심으로 많은 사람이 의인이 되리라. 율법이 들어온 것은 범죄를 더하게 하려 함이라. 그러나 죄가 더한 곳에 은혜가 더욱 넘쳤나니 이는 죄가

사망 안에서 왕 노릇 한 것 같이 은혜도 또한 의로 말미암아 왕 노릇 하여 우리 주 예수 그리스도로 말미암아 영생에 이르게 하려 함이라. _롬 5:12-21.

으뜸이신 예수

오늘 설교의 목표 하나는 우리 마음에 예수 그리스도가 우주에서 가장 중요한 분이라는 사실에 대한 선명한 인상을 남기는 것입니다. 물론 성부 하나님이나 성령 하나님보다 더 중요하다는 말은 아닙니다. 그분들과 그리스도는 가치와 아름다움과 지혜와 의와 사랑과 능력에 있어 동등되십니다. 그러나 그분은 그 밖의 다른 모든 자들보다 더 중요하십니다. 천사나 마귀나 왕이나 사령관이나 과학자나 예술가나 철학자나 운동선수나 음악가나 배우 등 현재 살고 있는 자, 과거 살았던 자, 장래에 살아갈 자 누구보다도 더 중요하십니다. 예수 그리스도는 으뜸되십니다.

모든 것이 —심지어 악조차— 예수님을 위해 존재한다

오늘 설교를 통해 또한 보여 주고자 하는 것이 있습니다. (악을 포함한) 모든 것은 무한히 거룩하고 완전하고 지혜로우신 하나님께서 그리스도의 영광을 더 밝게 빛나도록 하시려고 세상에 존재하게 하셨다는 사실입니다. 우리 교회의 성경 읽기 계획표에 따라 이번 주에 잠언 16편 4절을 읽은 분이라면 기억나실 것입니다. "여호와께서 온갖 것을 그 쓰임에 적당하게 지으셨나니 악인도 악한 날에 적당하게 하셨느니라." 하나님은 악인이 악을 행하는 것도 섭리하십니다. 그러면서도 그분의 신비한 방법을 따라 악인의 책임이 사라지지 않고 동시에 죄에 대한 하나님의 책임 없으심이 유지되게 하시면서 이를 행하십니다. 얼마 전 설교를 통해 우리는 만물이 그리스도로 말미암고 그리스도를 위하여 만들어졌다는 것을 보았습니다(골 1:16). 여기서 지칭하는 만물에는 십자가 상에서 그리스도에 의해 패배한 "왕권들이나 주권들이나 통치자들이나 권세들"이 포함된다고 바울은 말합니다. 그들은 환난의 날을 위해 만들어졌습니다. 그리고 그 날에 그리스도의 능력과 의와 진노와 사랑이 나타날 것입니다. 조만간 그분을 대항하는 모든 반역은 파멸할 것입니다.

거기 계시는 하나님

또 오늘 설교는 기독교가 단지 우리의 심리적 웰빙을 위해 고안된—하나님께서 고안하셨든 사람이 고안했든— 일련의 개념과 실천과 감정의 혼합체가 아니라는 확신을 굳게 하는 데 목표가 있습니다. 기독교는 결코 그런 것이 아닙니다. 기독교는 하나님이 우리 바깥에 존재하시는 객관적인 실재라는 확신에서 출발합니다. 우리만의 어떤 사고행위를 거치면서 특정한 하나님을 만들어낸 것이 아닙니다. 프란시스 쉐퍼가 말했듯, 하나님은 거기 계시는 하나님이십니다. 우리는 그분을 만들지 않았습니다. 하나님이 우리를 만드십니다. 그분이 어떤 분이 되실지는 우리가 결정하지 않습니다. 우리가 어떤 존재가 될지 그분이 결정하십니다. 하나님은 우주를 창조하셨고 따라서 우주는 우리가 아닌 하나님이 부여하신 의미를 간직하고 있습니다. 우리가 우리 마음대로 우주에 하나님이 부여하신 것과 다른 의미를 부여한다면, 우리는 어리석은 자입니다. 또 우리의 삶도 비극적인 종 말을 맞게 될 것입니다. 기독교는 게임이 아닙니다. 일종의 치료법도 아닙니다. 기독교의 모든 교리는 하나님이 어떤 분이신지 그리고 그분이 역사 속에서 무엇을 행하시는지에 대한 객관적 사실로부터 흘러 나옵니다. 이 교리들은 엄격한 사실에 부합합니다. 기독교는 사실 이상의 것입니다. 믿음과 소망과 사랑이 있습니다. 그러나 이것들은 공중에 떠다니는 것이 아닙니다. 하나님의 진리의 반석에서 거대한 백향목처럼 자랍니다.

방금 언급한 내용을 설교의 목표 가운데 하나로 잡은 이유는 우리의 영원한 기쁨과 능력과 거룩은 이 세계관이 얼마나 견고한가에 달렸음을 성경으로부터 깊이 확신하기 때문입니다. 견고한 세계관은 우리 믿음 안에 질기고 강인한 뼈대가 형성되게 합니다. 유약한 세계관은 유약한 그리스도인을 만듭니다. 그리고 유약한 그리스도인은 다가올 날들에 살아남지 못할 것입니다. 기독교를 마치 치료용 선택 옵션처럼 생각하는 뿌리 없는 감정주의는 마지막 날에 소멸될 것입니다. 예수 그리스도를 모든 것의 근원이요 중심이요 목적으로 삼는 거대한 객관적 진리의 반석 위에 자신의 집을 세운 사람들만이 선 채로 남아 있을 것입니다.

아담의 죄 안에 계획된 예수님의 영광

오늘의 초점은 첫 사람 아담의 두드러진 죄와 이것이 어떻게 예수 그리스도의 더 극적인 반전의 무대를 마련했는가에 맞춰져 있습니다. 로마서 5장 12-21절로 돌아갑시다. 2000년 여름에도 우리는 5주 동안 이 구절들을 공부했습니다. 오늘은 그때 살펴보았던 것과는 초점이 사뭇 다릅니다.

하나님께서 아담의 죄와 그와 함께한 모든 인류의 타락에 대해 계획하시고 허락하실 때 의도하셨던 주된 목적이 '그리스도의 영광'에 있다는 사실에 초점을 맞추기 원합니다. 하나님께서 무엇을 허락하시든, 그분은 이유가 있어서 그것을 허락하십니다. 그리고 하나님의 이유에는 언제나 그분의 무한한 지혜와 분명한 목적이 존재합니다. 하나님은 어쩔 수 없이 인간의 타락을 허락하신 게 아닙니다. 하나님은 사탄의 타락을 막으실 수 있었던 것과 마찬가지로, 인간의 타락도 막으실 수 있었습니다. 하나님께서 이를 막지 않으셨다면 그분에게 이것에 대한 어떤 이유와 목적이 있었음을 의미합니다. 그리고 하나님은 일들을 겪어 가면서 계획을 만들어 가시지 않습니다. 그분이 지금 지혜로우시다면, 도중에 지혜로워진 게 아니라 처음부터 언제나 지혜로운 분으로 계셨다는 말입니다. 그러므로 아담의 죄뿐 아니라 그와 함께한 인류가 죄와 비참함으로 떨어진 일은 결코 하나님에게 당황스러운 일이 아니었습니다. 오히려 예수 그리스도의 영광의 충만을 나타내시려는 그분의 무엇보다 소중한 계획의 일환이었습니다.

이러한 계획에 대해 성경으로부터 명확히 알 수 있는 방법 가운데 하나는(여기서 자세히 다루지는 않겠습니다), 세상이 창조되기 이전부터 하나님께서 그리스도의 (죄를 이기는) 희생을 염두에 두고 계셨음을 보여 주는 본문들을 찾아보는 것입니다. 예를 들어, 요한계시록 13장 8절에서 사도 요한은 "죽임을 당한 어린 양의 생명책에 창세 이후로 이름이 기록되지 못하고 이 땅에 사는 자들은 다 그 짐승에게 경배하리라"고 기록하고 있습니다. "죽임을 당한 어린 양의 생명책"이라고 불리는 책이 창세 이전부터 있었다는 말입니다. 창세 전에 하나님께서는 이미 그분의 아들이 그 책에 기록된 자들을 구원하기 위해 어린 양처럼 죽임을 당할 것을 계획하셨습니다. 죄를 위한 그리스도의 수난과 죽음이 아담의 범죄 이후가 아닌 그 이전에 계획된 것이라는 성경의 시각은 다른 여러 본문(엡 1:4-5, 딤후 1:9, 딛 1:1-2, 벧전 1:20)에서도 볼 수 있습니다. 그러므로 아담의 죄가 발생했을 때 하나님은 놀라지 않으셨습니다. 이미 그분의 계획 —즉, 구속 역사 속에서 그분의 놀라운 인내와 은혜와 공의와 진노를 나타내시고 그런 다음 결정적인 순간에 첫 번째 아담보다 모든 면에서 뛰어난 두 번째 아담, 곧 하나님의 아들의 위대성을 나타내시려는 계획— 안에 아담의 범죄가 들어 있었던 것입니다.

따라서 오늘 우리는 아담의 극적인 죄가 하나님의 목적, 곧 그리스도를 높이시려는 목적을 좌절시킨 것이 아니라 오히려 그 목적을 위하는 것이었음을 기억하면서 로마서 5장 12-21절을 보겠습니다. 여기 이 구절들을 보는 방법이 있습니다. 그리스도에 대한 다섯 개의 명시적인 언급이 있습니다. 그 중 하나는 바울이 그리스도와 아담을 어떤 방식으로 이해하고 있는지를 보여 줍니다. 그리고 나머지는 그리스도가 아담보다 얼마나 더 위대한가를 보여 줍니다. 그 중 두 가지는 매우 유사해서 이것들을 한데 묶겠습니다. 결국 우리는 그리스도의 으뜸됨에 대한 세 가지 측면을 살펴볼 수 있을 것입니다.

예수님, "오실 자"

먼저 그리스도가 14절에서 언급되는 방식을 살펴보고 문맥을 위해 12-13절을 읽겠습니다. "그러므로 한 사람으로 말미암아 죄가 세상에 들어오고 죄로 말미암아 사망이 들어왔나니 이와 같이 모든 사람이 죄를 지었으므로 사망이 모든 사람에게 이르렀느니라. 죄가 율법 있기 전에도 세상에 있었으나 율법이 없었을 때에는 죄를 죄로 여기지 아니하였느니라. 그러나 아담으로부터 모세까지 아담의 범죄와 같은 죄를 짓지 아니한 자들까지도 사망이 왕 노릇 하였나니 아담은 오실 자의 모형이라."

14절은 본문의 나머지 부분에서 바울이 어떤 생각을 관철해 가는지 확인할 수 있습니다. 아담은 오실 자의 "모형", 즉 그리스도의 모형으로 불립니다. 우선 가장 명백한 내용을 주목하십시오: 그리스도는 "오실 자"이십니다. 창세로부터, 그리스도는 "오실 자"이셨습니다. 바울 사도는 그리스도의 오심은 사건이 벌어진 후 생각해 낸 대처법이 아니라고 말합니다. 바울은 그리스도가 아담의 복사판으로 고안된 것이 아니라 오히려 아담이 그리스도의 모형이었다고 말합니다. 하나님은 그의 아들을 영광스럽게 하기 위해 계획하신 방법대로 아담이 그리스도의 모형이 되도록 다루셨습니다. 모형이란 무엇입니까? 모형은 그 모형과 유사하면서도 더 위대하고 그리고 나중에 올 어떤 것의 그림자라고 할 수 있습니다. 그래서 하나님은 아담을 그리스도의 모형이 되게 하는 방식으로 다루셨습니다.

이제, 바울의 생각을 염두에 두고서, 아담은 그리스도의 모형이라고 적시하는 바로 그 부분을 더 자세히 주목해 봅시다. 14절입니다.

"그러나 아담으로부터 모세까지 아담의 범죄와 같은 죄를 짓지 아니한 자들까지도 사망이 왕 노릇 하였나니 아담은 오실 자의 모형이라." 바울 사도는 아담과 같은 죄를 짓지 아니한 자들까지도 아담이 받는 형벌을 받게 된다고 말한 바로 직후에 아담이 그리스도의 모형이라고 말합니다. 왜 바울은 바로 이 시점에 아담이 그리스도의 모형이라고 말하는 것일까요?

예수님, 우리의 대표적 머리

바울이 방금 말한 바가 그리스도와 아담이 어떻게 서로 닮았지만 다른지에 대한 핵심을 포착하고 있기 때문입니다. 유사성은 이것입니다. 아담과 같은 죄를 짓지 않은 사람들이 아담처럼 죽었습니다. 왜 그렇습니까? 그들은 아담과 연결되어 있었기 때문입니다. 아담은 그들 인류의 대표적 머리였으며, 아담의 죄는 그들의 죄로 간주됩니다. 바로 아담과의 연결 때문입니다. 이것이 바로 아담이 그리스도의 모형이라고 불리는 이유의 핵심입니다. 마찬가지로 우리의 순종이 그리스도의 순종과 같지 않으나 우리는 그리스도와 함께 영원한 생명을 소유합니다. 왜 그렇습니까? 우리는 믿음으로 말미암아 그리스도와 연결되어 있기 때문입니다. 그분은 새로운 인류의 대표적 머리이시며 그분의 의는, 우리와 그분의 연결 때문에, 우리의 의로 간주됩니다(롬 6:5).

아담이 그리스도의 모형으로 불리는 것에 함축된 유사성이 있습니다.

아담 → 아담의 죄 → 그 안에서 정죄받는 인류 → 영원한 죽음

그리스도 → 그리스도의 의 → 그 안에서 의롭다 함을 받는 새로운 인류 → 영원한 생명

본문의 나머지 부분에서는 그리스도와 그분의 구원하시는 사역이 아담과 그의 멸망시키는 일보다 얼마나 더 위대한지를 보여 줍니다. 처음에 제가 말한 것을 기억하십시오. 여기서 우리가 다루는 내용은 지구상 모든 사람이 살아가는 세상을 규정짓는 실체들에 대한 하나님의 계시입니다. 지구상의 모든 사람은 이 본문이 지적하는 범주 안에 포함됩니다. 아담이 모든 이들의 조상이기 때문입니다. 그러므로 우리가 미국 혹은 다른 어떤 나라에서든 만나게 되는 모든 사람은 이 본문이 말하는 내용, 즉 아담 안에서의 죽음과 그리스도 안에서의 생명과 맞닥뜨리고 있는 겁니다. 이는 온 세계를 아우르는 본문입니다. 그러니 놓쳐서는 안 됩니다. 우리가 장차 만나게 될 모든 사람들 하나하나의 현실을 규정짓는 내용입니다. 유약한 세계관은 유약한 그리스도인을 낳습니다. 그러나 이것은 유약한 세계관이 아닙니다. 이것은 모든 역사에 걸쳐, 그리고 세상 전체를 아우르는 진실입니다. 세상 모든 사람들과 인터넷 상의 모든 헤드라인에 지대한 영향을 미치는 진실입니다.

그리스도의 우월성을 기리기

이제 바울이 아담과 그의 일을 넘어서는 그리스도와 그분의 사역의 우월성을 기리고 잘 드러내는 세 가지 방법을 살펴보겠습니다. 세 개

의 문구로 요약할 수 있습니다. 첫째, 은혜의 풍성함, 둘째, 순종의 완전함, 셋째, 생명의 왕 노릇입니다.

은혜의 풍성함

첫째, 15절에 나오는 은혜의 풍성함입니다. "그러나 이 은사[즉, 의의 선물, 17절]는 그 범죄와 같지 아니하니 곧 한 사람의 범죄를 인하여 많은 사람이 죽었은즉 더욱 하나님의 은혜와 또한 한 사람 예수 그리스도의 은혜로 말미암은 선물은 많은 사람에게 넘쳤느니라." 여기서의 요점은 하나님의 은혜가 아담의 범죄보다 더 강력하다는 것입니다. 그것이 "더욱"이라는 단어가 나타내는 바이기도 합니다. "더욱 하나님의 은혜 … 많은 사람에게 넘쳤느니라." 만일 사람의 범죄가 죽음을 가져왔다면, 하나님의 은혜는 얼마나 더 생명을 가져올 것인지요.

바울은 보다 구체적으로 말합니다. 하나님의 은혜는 특정적으로 "한 사람 예수 그리스도의 은혜"입니다. "더욱 하나님의 은혜와 또한 '한 사람 예수 그리스도의 은혜로 말미암은' 선물은 많은 사람에게 넘쳤느니라." 여기에 두 가지의 서로 다른 은혜가 있는 것이 아닙니다. "한 사람 예수 그리스도의 은혜"는 하나님의 은혜가 성육신되어 나타난 것입니다. 이것이 바울이 말하는 방식입니다. 예를 들어, 디도서 2장 11절에서도 "모든 사람에게 구원을 주시는 하나님의 은혜가 [즉, 예수님 안에서] 나타"났다고 말합니다. 그리고 디모데후서 1장 9절에서 "그리스도 예수 안에서 우리에게 주신 은혜"라고 말합니다. 따라서 예수님 안에 있는 은혜는 하나님의 은혜입니다.

이 은혜는 주권적 은혜입니다. 이 은혜는 방해하는 모든 것을 정복합니다. 우리는 머지 않아 이 은혜에 우주를 지배하는 왕의 능력이 있음을 볼 것입니다. 이것은 왕 노릇 하는 은혜입니다. 이 풍성한 은혜는 아담을 넘어서는 그리스도의 우월성을 기리며 잘 드러내는 첫 번째 방법입니다. 한 사람 아담의 범죄와 한 사람 예수 그리스도의 은혜가 만날 때, 아담과 그의 범죄는 패배합니다. 그리스도와 은혜가 이깁니다. 이것이 그리스도에게 속한 자들을 위한 복된 소식입니다.

순종의 완전함

둘째, 바울은 그리스도의 은혜가 아담의 범죄와 죽음을 어떤 식으로 정복하는지를 보임으로써 그리스도의 우월성을 잘 드러내고 있습니다. 그것은 그리스도의 완전한 순종입니다. 19절을 보겠습니다. "한 사람이 순종하지 아니함으로[즉, 아담이 순종하지 아니함으로] 많은 사람이 죄인 된 것 같이 한 사람이 순종하심으로[즉, 그리스도가 순종하심으로] 많은 사람이 의인이 되리라." 그러므로 한 사람 예수 그리스도의 은혜가 그분으로 범죄하지 않게 —심지어 십자가에서 죽기까지 순종하게(빌 2:8) 함으로 그분과 믿음으로 연결된 자들을 대신해 흠없고 완전한 순종을 하나님께 드리게 합니다. 아담은 순종에 실패했습니다. 그리스도는 완전하게 성공하셨습니다. 아담은 죄와 사망의 근원이었습니다. 그리스도는 순종과 생명의 근원이십니다.

그리스도는 (그리스도의 모형인) 아담과 유사합니다. 그리스도와 아담은 모두 새 인류와 옛 인류의 대표적 머리입니다. 하나님은 아담의 실패를 그의 인류에게 전가하시고 그리스도의 성공을 그의 인류에게 전가하십니다. 이들 두 인류는 그들 각각의 머리와 연합되어 있기 때문입니다. 그리스도는 완전한 순종에 성공하셨을 뿐 아니라 그분의 순종 때문에 수많은 사람들이 의롭다고 여겨지는 방식으로 그렇게 행하셨습니다. 여기서 그리스도의 위대한 탁월성이 드러납니다. 여러분은 아담에게만 연결되어 있습니까? 그래서 죽음을 향해 가는 첫 번째 인류의 구성원에 불과합니까? 아니면 그리스도에게도 연결되어 영생을 향해 가는 새 인류의 구성원으로 살고 있습니까?

생명의 왕 노릇

셋째, 바울은 그리스도의 풍성한 은혜와 그리스도의 완전한 순종을 기릴 뿐 아니라, 최종적으로, 생명의 왕 노릇에 대해 말하고 있습니다. 은혜는 그리스도의 순종으로 말미암아 영생의 승리로 인도합니다. 21절입니다. “이는 죄가 사망 안에서 왕 노릇 한 것 같이 은혜도 또한 의로 말미암아 왕 노릇 하여 우리 주 예수 그리스도로 말미암아 영생에 이르게 하려 함이라.” 은혜는 의로 말미암아 (즉, 그리스도의 완전한 의로 말미암아) 왕 노릇 하여 영생의 위대한 절정에 이르게 합니다. 그리고 이 모든 것은 “주 예수 그리스도로 말미암아” 이루어집니다.

17절에 동일한 메시지가 한 번 더 나옵니다. “한 사람의 범죄로 말미암아 사망이 그 한 사람을 통하여 왕 노릇 하였은즉 더욱 은혜와 의의 선물을 넘치게 받는 자들은 한 분 예수 그리스도를 통하여 생명 안에서 왕 노릇 하리로다.” 동일한 패턴입니다. 의의 선물로 말미암는 은혜는 생명의 승리에 이르게 하고, 이 모든 것은 예수 그리스도로 말미암습니다.

앞에서 언급했듯, 바울 사도가 이 구절에서 말하는 그리스도 안에 있는 하나님의 은혜는 주권적 은혜입니다. 여기 왕 노릇(reign)이라는 단어 안에서 보게 되는 것이 이것입니다. 죽음도 사람을 다스리는 일종의 주권이 있으며 모든 자 위에 왕 노릇 합니다. 모든 사람은 죽습니다. 그러나 은혜는 죄와 죽음까지 정복합니다. 은혜는 생명 안에서 왕 노릇 합니다. 심지어 한 번 죽었던 자들에게도 왕 노릇 합니다. 이것이 주권적 은혜입니다.

예수님의 극적인 순종

이것이 그리스도의 위대한 영광입니다. 그분은 첫 사람 아담을 크게 뛰어 넘습니다. 아담의 극적인 죄는 그리스도의 극적인 은혜와 순종과 영생의 선물만큼 위대하지 않습니다. 실로, 하나님의 완전한 의로우심 안에서, 하나님이 태초에 작정하신 계획은 인류의 대표적 머리로서의 아담이 새 인류의 대표적 머리이신 그리스도의 모형이 되는 것이었습니다. 하나님의 계획은 이러한 비교와 대조에 의해 그리스도의 영광이 더욱 찬란히 빛나는 것이었습니다.

17절은 이 문제를 우리 앞에 개인적으로 그리고 매우 간절하게 제시하고 있습니다. 여러분은 과연 어느 쪽에 서 있습니까? "한 사람의 범죄로 말미암아 사망이 그 한 사람을 통하여 왕 노릇 하였은즉 더욱 '은혜와 의의 선물을 넘치게 받는 자들은' 한 분 예수 그리스도를 통하여 생명 안에서 왕 노릇 하리로다." 사용된 단어 하나하나를 매우 조심스럽게 그리고 개인적 차원에서 살펴보시기 바랍니다.

죄인을 위한 소중한 말씀

"은혜와 의의 선물을 넘치게 받는 자." 이 구절은 죄인을 위한 소중한 말씀입니다. 은혜는 값없습니다, 선물은 값없습니다, 그리스도의 의는 값없습니다. 이를 여러분 삶의 소망과 보화로 받으시겠습니까? 그렇게 한다면, 한 분 예수 그리스도로 말미암아 생명 안에서 왕 노릇할 것입니다. 지금 받으십시오. 세례를 받음으로 이를 증거하십시오. 그리고 그리스도께 속하여 생명이 있는 사람들의 일원이 되십시오.

8장

의를 통한 은혜의 승리

로마서 5:20-21

율법이 들어온 것은 범죄를 더하게 하려 함이라. 그러나 죄가 더한 곳에 은혜가 더욱 넘쳤나니 이는 죄가 사망 안에서 왕 노릇 한 것 같이 은혜도 또한 의로 말미암아 왕 노릇 하여 우리 주 예수 그리스도로 말미암아 영생에 이르게 하려 함이라. _롬 5:20-21

산술 문제

계산 문제를 하나 내겠습니다. 무한수(無限數)가 있는데 거기서 유한수(有限數)를 뺀다면, 답은 무엇일까요? 아니면 좀 더 구체적으로, 다음 산술 문제의 답은 무엇일까요?

무한 - 10,000 = ?

답은 무한입니다. 유한수일 때만 어떤 수를 뺄 때 더 작아집니다.

"무한"이라는 의미 자체가 거기서 얼마를 빼도 처음보다 작아지지 않는다는 의미입니다. '나 같은 죄인 살리신'(Amazing grace)의 5절 가사 —존 뉴튼이 쓴 것은 아니지만 정말 훌륭한 가사 중 하나입니다— 가 이를 정확하게 표현하고 있습니다.

그곳에서 만년을 머물러도
해처럼 밝게 빛나고
주님을 찬송할 날은
처음 시작한 날에 못지 않으리.

이생에서, 하루하루 시간이 간다는 것은 살 날이 그만큼 짧아졌음을 의미합니다. 내세에서는, 하루가 지나고 한 세기가 지나고 천년이 지나도 우리에게 남은 미래의 분량은 결코 줄어들지 않습니다. 왜 이 점이 중요할까요?

영생이라는 무한 실체

왜냐하면 로마서 5장은 두 가지의 무한한 실체로 시작해서 끝나기 때문입니다. 또 이 무한한 실체들 각각은 서로를 이해하는 데 필요하며, 하나님이 사용하신 구원의 방법이 얼마나 장엄한지 우리로 느끼게 해주기 때문입니다. 로마서 5장은 영생이라는 무한한 실체를 언급하면서 21절에서 끝납니다. "이는 죄가 사망 안에서 왕 노릇 한 것같이 은혜도 또한 의로 말미암아 왕 노릇 하여 우리 주 예수 그리스도로 말미암아 '영생'[eternal life]에 이르게 하려 함이라." 구속 사역에서 하나님의 목적은 예수 그리스도를 통해 죄와 죽음을 이기고 영생에 이르도록 은혜가 승리하는 것입니다. "영원한"(eternal)이란 결코 끝나지 않는 삶을 언급합니다. 무한한 삶입니다. 영원히 지속되는 삶입니다.

하지만 이것은 지루한 삶의 무한한 지속일까요? 평범한 일상이 무한히 지속되는 것일까요? 우리가 아는 대부분의 삶은 (영원히 지속된다고 할 때) 별로 좋을 것 같지 않습니다. 사실, 우리가 아는 삶 중에 영원히 지속할 가치가 있는 삶은 하나도 없어 보입니다. 그런 식으로 영원히 산다면 그다지 좋은 소식으로 들리지 않습니다. 이 땅에서 누리는 최고의 즐거움도 만 번을 되풀이 하면 거의 고문이 될 것입니다.

하나님의 영광이라는 무한 실체

그렇기 때문에 본문에 나오는 (5장 처음에 나오는) 두 번째 무한한 실체가 매우 중요합니다. 로마서 5장은 이렇게 시작합니다. "그러므로 우리가 믿음으로 의롭다 하심을 받았으니 우리 주 예수 그리스도로 말미암아 하나님과 화평을 누리자. 또한 그로 말미암아 우리가 믿음으로 서 있는 이 은혜에 들어감을 얻었으며 '하나님의 영광'을 바라고 즐거워하느니라."

여기서 바울은, 우리가 바라는 것이 영생이 아니라 '하나님의 영광'이라고 말합니다. "하나님의 영광을 바라고 즐거워하느니라." 매우 중요합니다. 우리 미래의 삶이 영원할 뿐 아니라 지루할 수 없는 이유를 말해 주는 대목입니다. 영원에 못 미치는 시간의 양으로는 유한한 존재가 하나님의 영광을 경험하기에 부족합니다. 보아야 할 것을 다 보고, 칭송해야 할 것을 다 칭송하고, 즐겨야 할 하나님의 영광을 다 즐기기 위해서는 영원이라는 시간이 필요합니다. 그래서 하나님께서 우리에게 영생을 주시는 겁니다.

우리는 하나님의 영광이 얼마나 강력한지 알아야 합니다. 하나님의 영광이란 하나님이 그분의 능하심과 탁월하심 가운데 우리를 위해 허락하시는 모든 것을 말합니다.

그리고 하나님은 무한하십니다. 따라서 그분의 영광도 무한합니다. 경계도 없고 제한도 없고 끝도 없습니다. 때로 바울은 "영광의 풍성함"이라는 표현으로 이 점을 강조합니다. 예를 들어, 로마서 9장 23절에서 바울은 하나님의 목적이 "영광 받기로 예비하신 바 긍휼의 그릇에 대하여 '그 영광의 풍성함'을 알게 하려는 것"이라고 말합니다. 에베소서 1장 18절에서, 바울은 우리가 "성도 안에서 그 기업의 '영광의 풍성함'이 무엇"인지 알기를 기도합니다. 빌립보서 4장 19절에서는 "나의 하나님이 그리스도 예수 안에서 '영광 가운데 그 풍성한 대로' 너희 모든 쓸 것을 채우시리라"고 말합니다.

여기서 제가 말씀드리려는 요지는, 하나님의 영광은 하나님만큼 거대하다는 것입니다. 따라서 하나님의 영광은 소진되지 않으며 소진될 수도 없습니다. 하나님의 영광은 하나님만큼 풍성합니다. 무한합니다. 우리 같은 유한한 존재가 그 영광을 알고 맛보고 칭송하고 즐거워하려면 영원이라는 시간이 필요합니다. 골무로 태평양 바닷물을 한 번에 전부 담을 수 없듯이, 유한한 피조물이 하나님의 무한한 영광을 한 번에 전부 다 담아낼 수 없습니다. 그리고 골무를 태평

양 크기만큼 확장한다 해도, 하나님의 영광이라는 (깊이와 넓이에 제한이 없는) 바다에서 그 영광을 퍼내려면 무한한 날이 필요할 것입니다.

따라서 그 무한한 날들은 지루함의 연속일 수 없습니다. 옛날에 좋았던 것을 단순 반복하는 식이 아닙니다. 늘 새로운 볼거리에, 새로운 맛, 새로운 경이, 새로운 경험, 새로운 기쁨을 영원히 누리는 삶입니다.

그래서 로마서 5장은 하나님의 영광을 바라는 것으로 시작해서 영생(하나님과 함께 누릴 미래의 내용과 기간)이라는 승리로 끝을 맺습니다.

인류 역사를 생략하고 곧바로 영광으로 가지 않은 이유

여기서 저는 이런 질문이 생깁니다. '하나님의 목적이 우리로 하여금 하나님의 영광을 알고 맛보며 영생을 살게 하려는 것이었다면, 왜 이 끔찍한 인류 역사를 그냥 생략해 버리고 곧바로 그 목적을 달성하지 않으시는 걸까요?'

아담의 창조와 범죄, 인류의 타락과 부패 그리고 홍수 심판, 그후 죄와 비극으로 얼룩진 이스라엘 2천 년 역사, 하나님 아들의 성육신, 예수님의 끔찍한 죽음, 부활, 성령강림, 그후 불완전한 교회를 통해 전 세계에 (아! 너무나 느리게) 복음이 전파되는 죄와 비극으로 가득 한 2천 년이 넘는 세월. 왜 이 모든 역사를 허락하신 걸까요? 하나님의 자녀가 영생을 얻기까지 온 우주를 왜 이런 식으로 흘러가게 하셨을까요?

어떤 사람들은 하나님께서 그렇게 정하신 것이 아니라고 말하기도 합니다. 하나님은 더 나은 것을 기대하며 시작하셨는데, 인류 역사가 하나님이 생각했던 것과 다른 방향으로 흘러간 것이라고 주장합니다. 만일 그렇다면, 하나님이 세상을 창조하시기 전에 모든 것을 계획하셨다는 성경의 가르침은 어떻게 해석하겠습니까? 예를 들어, 로마서 5장 21절에 약속된 '영생'에 대해, 바울은 "이 영생은 거짓이 없으신 하나님이 영원 전부터[문자 그대로 하면 시간이 생기기 전부터] 약속하신 것"(딛 1:2)이라고 말합니다.

또 바울은 영생이 아담의 의로운 행위가 아닌 예수님의 피로 사신 은혜로 오는 것임을 알았습니다. 왜냐하면 디모데후서 1장 9절에서 우리가 구원받은 것은 "영원 전부터[문자 그대로 하면 시간이 생기기 전부터] 그리스도 예수 안에서 우리에게 주신 은혜" 때문이라고 말하기 때문입니다. 세상이 창조되기 전부터 은혜도 계획되었고 예수님의 죽음도 계획되었습니다.

왜 율법인가?

따라서 아직 해소되지 않은 질문, '왜 하나님은 이 끔찍한 인류 역사를 생략하고 곧바로 영생이라는 목표로 가지 않으신 것일까요?'

그래서 로마서 5장 20-21절 말씀을 하나님 마음을 엿보는 창문으로 삼아 부분적으로나마 이 질문에 답해 보려고 합니다. 바울은 다음의 질문들에 답함으로써 이 거대한 질문에 어렴풋이 답하고 있습니다. "그렇다면 왜 율법인가? 그 율법이 왜 모세에게 주어졌는가? 사람들을 하나님 영광의 임재 안에서 영원히 살게 하려는 구원 계획을 수행하는 중에 하나님은 왜 이 특별한 일을 행하셨을까?" 이 작은 역사의 편린에 답을 구할 수 있다면, 아마도 그 답이 다른 역사들에도 적용될 것입니다.

본문을 다시 읽어 보겠습니다. 바울은 로마서의 이 위대한 부분을 칭의로 끝맺으면서, '왜 하나님께서 모세 율법을 주셨는지, 왜 하나님께서 백성들에게 영생을 주시려는 자신의 목적을 이런 식으로 추구하셨는지'에 대한 답을 통해 자신의 의중을 요약하고 있습니다. 로마서 5장 20-21절에서 바울이 말하는 바는 다음과 같습니다. "율법이 들어온 것은 범죄를 더하게 하려 함이라. 그러나 죄가 더한 곳에 은혜가 더욱 넘쳤나니 이는 죄가 사망 안에서 왕 노릇 한 것 같이 은혜도 또한 의로 말미암아 왕 노릇 하여 우리 주 예수 그리스도로 말미암아 영생에 이르게 하려 함이라."

바울은 첫 번째로 모세 율법이 범죄를 더하기 위해 주어졌다고 대답합니다. 20절입니다. "율법이 들어온 것은 범죄[the transgression]를 더하게 하려 함이라." "범죄"라는 단어가 단수로 쓰이고 있는데, 이는 바울이 이 문단에서 계속 언급했던 아담이 지은 죄를 가리킵니다. 15절입니다. "한 사람의 범죄[the transgression]를 인하여 많은 사람이 죽었은즉." 17절입니다. "한 사람의 범죄[the transgression]로 말미암아 사망이 그 한 사람을 통하여 왕 노릇 하였은즉." 18절입니다. "한 범죄[one transgression]로 많은 사람이 정죄에 이른 것 같이."

바울은 20절에서 이렇게 말합니다. "율법이 들어온 것은 범죄[the transgression]를 더하게 하려 함이라." 즉 율법의 결정적인 기능 하나는, 우리 원죄를 구체적인 계명을 어기는 실제 범죄 행위들로 나타나게 하는 것이라는 의미입니다. 먼저, 우리는 아담 안에서 유죄이고 본성상 악합니다. 그런데 율법이 들어옴으로 우리는 "도둑질 하지 말라. 탐내지 말라"와 같은 하나님의 구체적인 계명 앞에 서게 됩니다. 그리고 그 결과, 죄된 본성이 범죄라는 구체적인 악한 행동으로 드러나게 됩니다. 한 작가가 이를 잘 표현했습니다. '율법은 우리 모두에게서 작은 아담들을 만들어 낸다.'*

그래서 한때는 하나님께서 모든 인류에게 정하신 대로 아담과의 연합으로 인해 우리 모두가 공유하는 "한 범죄"였던 것이, 지금은 율법으로 인해 수없이 많은 구체적인 범죄들이 되었습니다("은사는 많은 범죄로 말미암았다"고 한 16절 말씀처럼). 따라서 모세 율법은, 본성상 하나님의 법에 순종하기를 거부하는 우리 모두의 내면에서 아담의 원죄가 수없이 많은 구체적인 범죄 행위로 증가되도록 하기 위해 주어졌습니다.

더욱 넘치는 은혜

여기서 남는 의문은, 하나님이 모세 율법을 그런 목적으로 사용하신 이유가 무엇일까 하는 것입니다. 모세의 율법을 주셔서 결과적으로 불어난 이 수많은 죄와 비극이 향하고 있는 곳은 어디입니까? 20절 하반절이 가리키고 있습니다. "그러나 죄가 더한 곳에 은혜가 더욱 넘쳤나니." 죄가 늘어난 곳에서 "더욱 넘치는" 은혜였습니다. 따라서 죄의 증가(수많은 구체적인 범죄)는 율법의 궁극적인 목표가 아니

* "율법에는 그것을 듣는 사람들을 '또 다른 아담'으로 바꾸는 기능이 있다." 더글라스 무, 「로마서」(Grand Rapids: William B. Eerdmans Publishing Co., 1996), p. 348.

었습니다. 죄의 증가는 오히려 하나님이 원하셨던 더 중요하고 훨씬 위대한 일, 말하자면 그분의 "더욱 넘치는" 은혜를 보여 주기 위한 계기가 되었습니다. "그러나 죄가 더한 곳에 은혜가 더욱 넘쳤나니."

하지만 바울은 율법이 들어온 이유에 대해 거기서 더 나아갑니다. 21절에서 "이는"(so that)이라는 문구를 사용해, 뭔가 더 설명할 것이 있음을 알립니다. 율법을 주신 하나님의 목적이 은혜를 "더욱 넘치게" 하기 위함이라는 설명으로는 충분치 않을 뿐 아니라 충분히 구체적이지가 않습니다. 그래서 또 다른 설명을 덧붙입니다.

21절입니다. "[죄가 더한 곳에 은혜가 더욱 넘쳤나니] 이는 죄가 사망 안에서 왕 노릇 한 것 같이 은혜도 또한 의로 말미암아 왕 노릇 하여 우리 주 예수 그리스도로 말미암아 영생에 이르게 하려 함이라."

여기서 바울은 로마서 5장의 절정이자 칭의를 다룬 로마서 첫 단원의 절정으로 치닫고 있습니다. 구원 역사 속 하나님의 궁극적인 목적들이 한 곳에 어우러지면서, 심벌즈가 부딪히고, 팀파니가 큰 소리를 내고, 트럼펫이 울리고, 현악기 소리가 고조됩니다.

더욱 넘치는 은혜에서 그치지 않고, 더욱 넘치는 은혜가 죽음과 죄와 지옥의 권세를 이기고 당당하게 다스리는 모습이 그려집니다. "이는 죄가 사망 안에서 왕 노릇 한 것 같이 은혜도 또한 의로 말미암아 왕 노릇 하여." 율법을 주시고 모든 역사를 허락하신 하나님의 목적은 은혜가 승리하여 다스리는 데 있습니다.

하지만 이것으로도 설명이 부족합니다. 하나님의 목적은 은혜가 승리하여 왕 노릇 하며 "영생에 이르게 하는 것"입니다. "이는 죄가 사망 안에서 왕 노릇 한 것 같이 은혜도 또한 … 영생에 이르게 하려 함이라." 그리고 이 "영생"은 우리가 하나님의 영광(지금까지 살펴 본 바대로 말하면 "은혜의 영광"이라 할 수 있습니다. 엡 1:6 참조)을 보고 알고 맛보고 경외하고 즐기는 데 필요한 끝없이 계속되는 시간임을 기억하십시오.

"우리 주 예수 그리스도로 말미암아"

이것 역시 충분히 구체적이지 않습니다. 전 역사의 최종 목표와 경험 그리고 영생의 기반이 예수 그리스도임을 밝히는 데까지 바울은 나아갑니다. "이는 죄가 사망 안에서 왕 노릇 한 것 같이 은혜도 … 왕 노릇 하여 우리 주 예수 그리스도로 말미암아 영생에 이르게 하려 함이라." 온 역사가 예수 그리스도를 높이려는 목적을 지향하고 있습니다. (바울이 5장 첫 단락, 즉 1-11절을 끝맺음한 방법과 비교해 보십시오). 이것이 바로 하나님께서 온 우주를 창조하신 이유입니다. 하나님께서 예수 그리스도를 위해 수천 년을 기다리신 이유가 바로 이것입니다. 예수 그리스도의 성육신과 죽음, 부활이 있어야 했던 이유도 바로 이것입니다. "만물이 다 그로 말미암고 그를 위하여 창조되었습니다"(골 1:16). 은혜가 승리하여 왕 노릇 하며 영생에 이르는 것은 "우리 주 예수 그리스도를 말미암아"입니다.

하지만 이것도 완전하지 않습니다. 요약 진술에 해당하는 21절 말씀에는 한 가지가 더 담겨 있습니다. 예수 그리스도의 의(우리 의가 아닌 그리스도의 의)가 우리가 얻는 영생의 기반이라는 것이 12절 이후부터 마지막 절까지 내용의 핵심이었기에 바울이 결코 간과할 수 없는 내용입니다. 하나님께서 율법을 주시고 죄를 더하게 하시고 또한 더욱 넘치는 은혜를 주신 목적은 "죄가 사망 안에서 왕 노릇 한 것 같이 은혜도 또한 의로 말미암아 왕 노릇 하여 우리 주 예수 그리스도로 말미암아 영생에 이르게 하려 함입니다."

여기에 나온 "의"는 18절에서 "한 의로운 행위로 말미암아 많은 사람이 의롭다 하심을 받았다"고 할 때와 동일한 의입니다. 은혜가 "의로 말미암아 영생에 이르기까지" 왕 노릇 한다는 것은, 은혜가 예수님의 의, 즉 예수님의 순종(19절)에 근거해서 불경건한 자들을 의롭다 한다는 의미입니다.** 은혜는 이런 방법으로 죄와 죄책과 정죄를 이깁니다.

로마서 1장부터 5장까지의 요약

의인은 단 한 명도 없습니다(롬 3:10). 모든 인간은 아담의 첫 범죄와

**이 설교(2000년 9월 3일)에서, 로마서 5장 21절에 나오는 은혜의 왕 노릇에 대한 해석은 로마서 5장 1-2절을 설교할 때(1999년, 10월 24일) 이 본문을 다루며 시도했던 해석과 다릅니다. 그때는 로마서 5장 21절에 나오는 은혜가 우리 삶을 변화시키고 보호하는 능력이라고 생각했습니다. 그때 제가 이렇게 말씀드렸습니다. "은혜가 왕 노릇 한다는 점에 주목하십시오. 그것은 단순한 성향이 아니라 힘을 사용하는 것입니다. 은혜는 우리를 대적하는 것이 아니라 우리를 위해 역사하는 하나님의 무한한 능력의 영역이고 통치입니다." 은혜가 실제로 우리를 변화시키고 보호하는 능력임에는 의심의 여지가 없습니다. 하지만 그것이 로마서 5장 21절이 강조하려는 요지는 아니라고 생각합니다. 여기서 말하는 은혜는 믿음을 통해 "의"(5장 18절, 19절, 16절, 17절에 언급된)의 기반 위에서 불경건한 자들을 의롭다 하시려는 하나님의 의지이자 행위라고 생각합니다. 다른 말로 하면, 바울은 5장에서 계속해서 믿음으로 주어지는 법적 지위로서의 칭의에 대해 말하고 있지 우리의 변화에 대해 말하는 것이 아니라는 말씀입니다. 변화라는 주제는 6장에 가서야 꺼냅니다.

〈이런 주해적 결정을 내린 이유〉

1) 은혜가 "왕 노릇" 한다고 말했다고 해서, 그것을 변화시키는 능력으로 반드시 생각해야 하

연결되어 있어서 하나님 앞에서 다 죄인입니다(5:12-14). 그리고 우리의 부패함이 하나님의 율법을 만날 때 우리 모두는 "나름의 작은 아담들"이 되고 구체적인 범죄 행위들이 범람하게 됩니다(5:16, 20). 그러므로 의에 있어서 우리가 한 행동을 기반으로 해서는 하나님과 화목을 이룰 수(칭의를 얻을 수) 없습니다(3:20). 대신 죄인들을 위한 단 하나의 소망이 있습니다. 바로 두 번째 아담 예수 그리스도가 세상에 오셔서 피를 흘리셨고(5:9) 의를 주셨다는 사실(5:18)입니다. 우리의 모든 죄를 덮는 피를 흘리셨고 의를 주셨기에, 우리 잔고는 텅 비지 않고 완전한 순종, 즉 예수님의 순종(5:19)으로 가득 차게 되었

는 것은 아닙니다. 예를 들어, 은혜가 법적 무죄 선언을 통해 또한 다른 이의 의를 전가함을 통해 불경건한 자를 의롭다 하려는 의지이자 행위이고, 그 사람도 죄책과 정죄를 이기고 생명 안에서 당당하게 왕 노릇 한다면, 은혜가 거기서 승리했고 의로 말미암아 영생에 이르기까지 "왕 노릇" 한다고 말해도 자연스럽습니다.

2) 로마서 5장 21절에 나오는 "의"라는 용어는 17절, 18절, 19절 내용을 자연스럽게 담고 있습니다(15절, 16절에 나오는 "은사" 참조). 저는 다른 설교에서 이 "의"가 우리의 실질적인 순종이 아니라 그리스도의 의이고 우리에게 전가된 순종임을 드러내려고 애를 썼습니다(특히 18절, 19절, 16절에서 "의롭다 하심에 이른 은사").

3) 17절은 21절과 매우 비슷해서, 실제로 21절의 모든 부분이 17절과 상응을 이룹니다. 17절은 전가된 의를 선물로 주신다는 내용입니다. 따라서 매우 비슷한 구조를 가진 21절도 그렇게 해석하는 것이 당연합니다.

4) 바울이 로마서 6장 1절에서 제기한 문제는 "그런즉 우리가 무슨 말을 하리요 은혜를 더하게 하려고 죄에 거하겠느냐?"입니다. 이는 로마서 5장 21절의 은혜를 하나님의 변화시키는 행위라고 해석하기 보다 경건치 아니한 자를 용서하시고 의롭다 선포하시려는 하나님의 의지라고 해석할 때 좀 더 자연스럽게 연결됩니다. 로마서 5장 21절의 은혜를 우리가 죄를 짓지 못하도록 막는 힘이라고 한다면 아무도 그렇게 묻지 않을 것입니다. 왜냐하면 "계속 죄를 지어서 우리가 죄를 짓지 못하게 막는 그 힘을 더 커지게 하겠는가?"라고 묻는 것은 말이 되지 않기 때문입니다. 오히려 "계속 죄를 지어서 불경건한 자들을 의롭다 하시려는 하나님의 의지와 행위를 더하게 하겠는가?"라고 말하는 것이 훨씬 말이 됩니다. 저는 이것이 바울이 로마서 5장 21절에서 의미한 바이고 6장에서 다루게 되는 문제를 야기했다고 생각합니다.

습니다. 따라서 우리가 이 칭의의 은혜(3:28, 5:17)를 받고 영생, 즉 영광의 소망을 얻는 것은 오직 믿음을 통해서입니다.

하나님의 영광! 예수 그리스도의 영광!

모든 창조세계, 모든 역사, 모든 구원의 목표는 그리스도의 의를 통해 하나님의 승리하시는 은혜의 영광을 드러내는 것입니다. 그리스도의 의는 우리를 죄와 죄책과 정죄에서 자유하게 하고, 우리에게 영원히 끝나지 않는 생명을 줍니다. 또 영원히 끝나지 않는 생명을 누리는 그곳에서는 그리스도의 영광을 보고 흠모하고 즐기며 만 년을 보낸다 해도 시작할 때와 마찬가지일 것입니다.

함께 찬양하겠습니다.

천 개의 입술이 일제히 내 크신 구속자를 노래하네
내 하나님 내 왕의 영광과 그 은혜의 승리를 찬양하네
그곳에서 만년을 머물러도 해처럼 밝게 빛나고
주님을 찬송할 날은 처음 시작한 날에 못지 않으리

9장

세례가 보여 주는 것

로마서 5:20-6:4

율법이 들어온 것은 범죄를 더하게 하려 함이라. 그러나 죄가 더한 곳에 은혜가 더욱 넘쳤나니 이는 죄가 사망 안에서 왕 노릇 한 것 같이 은혜도 또한 의로 말미암아 왕 노릇하여 우리 주 예수 그리스도로 말미암아 영생에 이르게 하려 함이라. 그런즉 우리가 무슨 말을 하리요 은혜를 더하게 하려고 죄에 거하겠느냐. 그럴 수 없느니라 죄에 대하여 죽은 우리가 어찌 그 가운데 더 살리요. 무릇 그리스도 예수와 합하여 세례를 받은 우리는 그의 죽으심과 합하여 세례를 받은 줄을 알지 못하느냐. 그러므로 우리가 그의 죽으심과 합하여 세례를 받음으로 그와 함께 장사되었나니 이는 아버지의 영광으로 말미암아 그리스도를 죽은 자 가운데서 살리심과 같이 우리로 또한 새 생명 가운데서 행하게 하려 함이라. _롬 5:20-6:4

오늘은 세례에 관한 짧은 설교를 하겠습니다. 세례에 관해서는 해야 할 말이 많다는 것을 저도 알고 있습니다. 많은 사람들의 궁금증을 한번에 해소하지 못하기에 또 다른 기회에 이 문제를 다룰 수 있으리라 믿습니다.

여름이 시작되는 이 시기에 세례를 주제로 설교를 행하는 주된 동기 중 하나는, 신약성경이 사람들을 향해 공개적으로 담대하게 그리스도께 나오라고 요청하고 있다고 믿기 때문입니다. 이 설교를 통해, 이미 신자인 분들도 대중 앞에서 신앙을 공개적으로 드러낼 수 있었으면 좋겠습니다. 또 우리의 신앙고백을 통해, 여름 내내 이곳에서 이루어질 말씀 사역을 통해 많은 사람들이 믿음을 갖게 되기를 바랍니다.

예수님이 세례를 명하신 이유

때로 예수님이 우리에게 왜 세례를 받게 하셨는지 의문이 들 때가 있습니다. 왜 세례 같은 것이 생겼을까요? 믿음을 통해 은혜로 구원을 받는다면, 굳이 의례가 필요한 걸까요? 왜 믿음을 드러내는 상징이 필요할까요? 이 질문에 대해 성경은 답해 주지 않습니다. 하지만 경험을 통해 몇 가지 흥미로운 점을 배우게 됩니다.

한 가지 예를 들면, 3주 전에도 세례를 주제로 한 설교를 마치고 내려왔는데, 예전에 필리핀 선교사였던 한 자매가 다가와 이런 설교를 해주어서 고맙다며 그 이유를 들려 주었습니다. 자매의 말에 의하면, 필리핀은 이름만 가톨릭이지 실상은 여러 종교가 혼합된 신앙이어서 기독교로 개종해도 용인이 되고 그들이 세례를 받기 전까지는 가족들도 거의 그 사실을 눈치 못 챈다고 합니다. 하지만 세례를 받으면 성경이 예언하는 적대감과 분리가 생겨난다고 합니다. 공개적으로 세례 의식을 치를 때 그들이 새로운 신앙을 갖게 되었음이 분명히 드러나기 때문입니다. 이는 오늘날 많은 문화들이 세례 요한 때의 상황과 크게 다르지 않음을 보여줍니다. 세례 요한이 회개의 세례를 설교했을 때, 당시 기득권을 누리던 사람들은 많은 경우 격분했습니다.

그 주에 선교 잡지 〈더 돈 리포트〉(The Dawn Report) 한 권을 받았습니다. 7면에 한 남자가 강에서 세례를 받는 사진이 있었는데, 사진 밑에 이렇게 적혀 있었습니다. "장외 예배와 강에서 받는 세례가 때로는 성장을 위한 최상의 도구다." 하나님께서 하나님의 지혜로, 그리스도를 향한 믿음과 그리스도와 그분의 백성이 하나임을 표현하는 규범적인 방법으로 세례를 제정하셨는데, 우리는 그 모든 이유를 다 알지는 못합니다. 왜 그것이 좋은지 몇 가지 이유는 생각할 수 있지만, 하나님이 의도하신 모든 좋은 효과들을 다 아는 것은 불가능합니다. 결국 하나님은 그 행하시는 일을 알고 계시고 우리는 그분의 명령을 따를 때 복되다는 사실을 신뢰한다는 우리 믿음의 표현이 세례라 할 수 있습니다.

침례인가 물뿌림인가?

오늘은 로마서 5장 20절부터 6장 4절까지의 말씀을 통해 세례에 대해 조금 더 깊은 내용을 다루려고 합니다. 여러분 중에는 세례의 방법, 즉 물뿌림보다 침례가 맞는지에 대한 질문이 있으실 텐데 그에 대한 답도 될 것입니다. 먼저 물뿌림과 대립되는 방법으로 침례를 주장하는 일반적인 견해로 시작하겠습니다. 신약성경이 말하는 세례의 의미와 방법이 침례라고 믿을 수 있는 적어도 세 가지 증거가 있습니다. 첫째, 헬라어 '밥티조'(baptizo)라는 단어의 의미는 핵심적으로 "담그다" 혹은 "빠지다"입니다. 물을 뿌리는 것이 아닙니다. 둘째, 신약성경에서 세례를 묘사한 부분을 보면 물을 붓거나 뿌리기 위해 용기에 담아 사람들에게 가져왔다기보다는 사람들이 물로 내려가 빠졌다는 것이 맞습니다(마 3:6 "요단강에서", 3:16 "물에서 올라오실새", 요 3:23 "거기 물이 많음이라", 행 8:38 "물에 내려가"). 셋째, 침례가 그리스도와 함께 장사되었다는 상징에 더 들어맞습니다(롬 6:1-4, 골 2:12).

이에 대해서 더 다루지는 않겠습니다. 다만 우리 교회와 우리 교파가(그리스도의 보편적인 몸이 아니라) 침례 세례를 통해 지역 교회의 일원을 받아들이는 것에 대해 어떻게 바라보아야 할지에 대해 한 마디만 하겠습니다. 우리는 세례를 행하는 방식이 구원을 결정하는 핵심적인 요소라고 믿지 않습니다. 그래서 그리스도인으로서의 지위를 그가 받은 세례의 방법에 근거해서 의문시하지 않습니다. 그러면 어떤 분은 이렇게 질문할지 모릅니다. "그러면 물뿌림을 통해 신자가 된 사람일지라도 진실로 거듭난 사람이라면 당신들 교회 일원으로 받아들여야 하지 않습니까?" 우리가 그렇게 하지 않는 이유를 두 가지로 설명할 수 있습니다.

첫째, 그리스도께서 시작하셨던 방법과 다른 것이 분명한데, 인간이 만든 세례 방법을 "세례"라고 불러야 할까요? 그렇게 되면 그리스도께서 친히 그 규례에 부과하신 의미를 축소시키는 위험을 무릅쓰는 것 아닐까요?

둘째, 교회라고 불리는 지역 기독교 공동체들은 공통된 성경적 신념을 중심으로 세워집니다. 그중에는 구원에 핵심적인 신념도 있고 그렇지 않은 것도 있습니다. 우리는 우리의 언약적 삶을 구원을 위해 반드시 필요한 가장 좁은 의미의 신념들로만 좁혀서 규정하지 않습니다. 오히려 기독교 신앙 공동체가 일련의 성경적 신념들로 자신들을 규정하고 그것을 지켜나가다가, 한 신념이 논란이 될 때마다 매번 회원 자격의 의미를 재규정하기 보다는 진리의 중요성과 성경의 권위를 더 높여야 한다고 우리는 믿습니다. 그리스도인 공동체들이 다른 그리스도인 공동체 신자들을 향해 사랑과 형제애를 표현하면서 이렇게 할 수 있을 때, 진리와 사랑이 모두 지켜질 수 있습니다. 예를 들어, 저희 교회에서 열리는 목회자들을 위한 베들레헴 컨퍼런스에는 저희 교단 목사님들만 강사로 초빙하지 않습니다. 이는 우리 교회가 사랑과 연합을 진지하게 받아들이고 진리를 진지하게 받아들인다는 사실을 말해 줍니다.

공동체를 규정하는 비핵심적인 신념들은 세대별로도 다르게 포함될 수 있는데, 이는 세대마다 상황이 다르고 강조하는 진리에 대한 판단 기준이 다르기 때문입니다.

세례가 보여 주는 것

이런 점을 염두에 두고, 로마서 5장 20절부터 6장 4절을 통해 세례가 보여 주는 것이 무엇인지 그리고 부차적으로는 그것이 세례 방법과 관련해 우리에게 암시하는 것은 무엇인지 살펴보겠습니다. 이를 통해 세례가 가리키는 영광스러운 실체를 우리가 볼 수 있기를 소망합니다. 그래서 먼저는 그 영광스러운 실체가 우리를 사로잡기를 원합니다. 그리고 두 번째로는 세례라는 행위가 얼마나 아름답고 중요한지 우리 스스로 느낄 수 있었으면 좋겠습니다. 로마서 5장 20절부터 6장 4절까지 말씀입니다.

> 율법이 들어온 것은 범죄를 더하게 하려 함이라. 그러나 죄가 더한 곳에 은혜가 더욱 넘쳤나니 이는 죄가 사망 안에서 왕 노릇 한 것 같이 은혜도 또한 의로 말미암아 왕 노릇 하여 우리 주 예수 그리스도로 말미암아 영생에 이르게 하려 함이라. 그런즉 우리가 무슨 말을 하리요? 은혜를 더하게 하려고 죄에 거하겠느냐? 그럴 수 없느니라. 죄에 대하여 죽은 우리가 어찌 그 가운데 더 살리요? 무릇 그리스도 예수와 합하여 세례를 받은 우리는 그의 죽으심과 합하여 세례를 받은 줄을 알지 못하느냐? 그러므로 우리가 그의 죽으심과 합하여 세례를 받음으로 그와 함께 장사되었나니 이는 아버지의 영광으로 말미암아 그리스도를 죽은 자 가운데서 살리심과 같이 우리로 또한 새 생명 가운데서 행하게 하려 함이라.

이 본문이 보여 주는 위대한 진리 중 하나는, 세례를 이해하게 되면 그리스도인이 된다는 것의 의미를(우리에게 무슨 일이 일어났는지) 알게 된다는 것입니다. 우리 중 많은 사람이 믿음을 갖고 아직 뭐가 뭔지 잘 모를 때 세례를 받았습니다. 좋습니다. 세례는 그리스도인으로서 첫 발을 뗄 때, 아직 잘 모를 때 받습니다. 그래서 세례의 의미에 대해서는 나중에 더 많이 알게 되는 게 당연합니다.

"아, 돌아가서 다시 세례를 받아야 해. 그때는 세례가 무슨 의미인지 전혀 몰랐어"라고 생각하지 마십시오. 그건 아닙니다. 안될 말입니다. 그렇게 되면 성경신학에서 새로운 과정을 들을 때마다 재세례를 받아야 한다는 의미가 됩니다. 오히려 단순한 믿음으로 예수님께 순종했고 지금은 그것이 의미하는 바를 더 많이 알아가고 있음에 기뻐하십시오. 바울도 여기서 그렇게 하고 있습니다. 바울은 독자들이 자신들이 받은 세례의 의미를 알고 있기를 바라면서도, 혹시 모르거나 잊었을 경우를 대비해 어찌되었든 그 의미를 가르칩니다. 이 구절들을 공부하면서 우리가 예전에 하나님의 눈에 어떤 모습이었는지 그리고 우리가 그리스도인이 되었을 때 실제로 어떤 일이 일어났는지 배워 보십시오. 본문에서 세례가 보여 주는 바를 두 가지만 다루겠습니다.

1. 세례는 '그리스도의 죽음 안에서 우리가 죽었음'을 보여 줍니다. 3절과 4절 상반절입니다. "무릇 그리스도 예수와 합하여 세례를 받은 우리는 그의 죽으심과 합하여 세례를 받은 줄을 알지 못하느냐? 그러므로 우리가 그의 죽으심과 합하여 세례를 받음으로 그와 함께 장사되었나니." 여기에 우리 그리스도인들을 위한 위대한 진리가 있습니다. 우리는 죽었습니다. 그리스도가 죽으셨을 때, 그분은 우리의 죽음을 당하셨습니다.

이것은 적어도 두 가지 의미가 있습니다. 하나는, 이제 우리는 옛날의 우리가 아닙니다. 우리 옛 자아는 죽었습니다. 우리는 예전과 같지 않습니다. 또 하나는, 미래에 맞게 될 육체적 죽음의 의미가 달라졌습니다. 그리스도가 우리 대신 죽지 않았다면 우리가 맞게 될 육체적 죽음도 달라졌습니다. 우리는 그리스도와 함께 죽었고 그리스도가 우리를 위해 우리의 죽음을 당하셨기 때문에, 미래의 육체적 죽음은 이전처럼 끔찍하지 않을 것입니다. "사망아 너의 승리가 어디 있느냐? 사망아 네가 쏘는 것이 어디 있느냐?"(고전 15:55). 죽음의 쏘는 것과 승리는 그리스도에 의해 삼킨 바 되었습니다. 그분이 다 마셔버리셨습니다.

3절과 4절에서 "합하여"라는 말이 반복되고 있는 점에 주목하십시오. "그리스도 예수와 합하여", "그의 죽으심과 합하여"(3절), "죽으심과 합하여(4절)" 세례를 받았습니다. 세례는 우리와 그리스도의 연합을 보여 준다는 말입니다. 즉 우리가 그분과 영적으로 연합되어 그분의 죽으심이 우리 죽음이 되고 그분의 생명이 우리 생명이 됨을 보여 줍니다. 우리는 이것을 어떻게 경험할까요? 이런 일이 우리에게 일어났는지 어떻게 알 수 있습니까? 답은 '믿음으로 경험된다'는 것입니다. 다른 말씀들에서도 이에 대해 알 수 있습니다. 갈라디아서 2장 20절도 믿음과 연결시킵니다. "내가 그리스도와 함께 십자가에 못 박혔나니 그런즉 이제는 내가 사는 것이 아니요 오직 내 안에 그리스도께서 사시는 것이라. 이제 내가 육체 가운데 사는 것은 나를 사랑하사 나를 위하여 자기 자신을 버리신 하나님의 아들을 믿는 믿음 안에서 사는 것이라." 다른 말로 하면, 죽은 "나"는 예전에 믿음 없이 대적하던 "나"였고, 살아난 "나"는 믿음 있는 "나"입니다. 즉 "이제 내가 사는 것은 하나님의 아들을 믿는 믿음 안에서 사는 것입니다." 그리고 이 모든 것의 기반은 그리스도와의 연합입니다. 즉 "그리스도께서 내 안에 사십니다." 그리고 나는 그분 안에 삽니다. 그분과 영적 연합을 이룹니다. 그분의 죽음은 나의 죽음이고, 그분의 생명은 내 삶에서 살아 역사합니다.

또 다른 예로, 골로새서 2장 6절부터 7절 상반절까지의 말씀입니다. "그러므로 너희가 그리스도 예수를 주로 받았으니 그 안에서 행하되 그 안에 뿌리를 박으며 세움을 받아." 여기서 다시 한 번, 그리스도를 믿는 믿음이 그리스도와의 연합을 경험하게 하는 방법임을 알 수 있습니다. 우리는 그분을 주요 구세주로 영접하고, 그 믿음 안에서 그분과 연합되고, "그분 안에서" 걸어가고, "그분 안에서" 세워져 갑니다.

따라서 로마서 6장 3-4절에서 우리가 그리스도와 합하고 그분의 죽으심과 합하여 세례를 받는다고 말한 것은, 믿음 안에서 그리스도와의 연합을 경험하는 것을 세례로 표현한다는 의미입니다. 아마도 이런 이유로, 하나님께서는 장사되는 모습으로 그려지는 세례 방법을 고안하셨을 것입니다. 세례는 그리스도와 연합될 때 우리가 경험하는 죽음을 상징합니다. 이런 이유로 우리는 물속에 잠김으로써 장사되는 것을 상징하는 침례를 받습니다.

따라서 우리는 이미 죽었음을 알아야 합니다. 믿음 없이 반역하던 예전의 "나"는 그리스도와 함께 못 박혔습니다. 이것이 우리가 받은 세례의 의미입니다.

2. 세례는 우리가 그리스도 안에서 '새 생명을 얻었음'을 보여 줍니다. 4절 말씀입니다. "그러므로 우리가 그의 죽으심과 합하여 세례를 받음으로 그와 함께 장사되었나니 이는 아버지의 영광으로 말미암아 그리스도를 죽은 자 가운데서 살리심과 같이 우리로 또한 새 생명 가운데서 행하게 하려 함이라." 세례 받은 물 아래에 계속 머무는 사람은 없습니다. 물에서 밖으로 나옵니다. 죽음 이후 새로운 생명이

옵니다. 불신하고 대적하던 옛 '나'는, 믿음으로 그리스도에게 연합되었을 때 죽었습니다. 옛 '나'가 죽는 순간, 새로운 '나'가 살아났습니다. 말하자면, 새롭고 신령한 '나'가 죽은 자 가운데서 살아났습니다.

이 진리를 보여 주는 가장 중요한 말씀으로 골로새서 2장 12절이 있습니다. "너희가 세례로 그리스도와 함께 장사되고 또 죽은 자들 가운데서 그를 일으키신 하나님의 역사를 믿음으로 말미암아 그 안에서 함께 일으키심을 받았느니라." 로마서 6장 4절에서 새 생명 가운데서 행하게 된다고 말한 것처럼, 우리는 그리스도와 함께 일으키심을 받습니다. 그리고 여기에는, 로마서 6장 4절에서 아버지의 영광으로 말미암아 그리스도를 살리셨다고 말하듯, 죽은 자 가운데서 그리스도를 일으키신 하나님의 역사가 있습니다. 그리고 이것은 죽은 자 가운데서 예수님을 일으키신 하나님의 역사를 믿는 믿음을 통해 일어납니다.

따라서 로마서 6장 4절이 함축적으로 표현한 것을 골로새서 2장 12절은 명백하게 드러내고 있습니다. 즉 세례는 예수님을 죽은 자 가운데서 일으키신 하나님의 역사를 믿는 우리 믿음의 표현입니다. 우리는 그리스도가 무덤에서 살아나셨고 지금 성부의 하늘 보좌 우편에서 다스리고 계시며, 권능과 영광 가운데 하늘로부터 다시 오실 것을 믿습니다. 그리고 하나님의 역사— 바울은 하나님의 영광이라 부릅니다— 를 믿는다는 것은 그리스도가 소유한 새 생명을 우리가 공유하고 있음을 확인하는 방법이기도 합니다.

실제로 새 생명은 하나님의 영광과 역사를 믿으며 사는 삶입니다. "내가 그리스도와 함께 십자가에 못 박혔나니 그런즉 이제는 내가 사는 것이 아니요 … 나를 위하여 자기 자신을 버리신 하나님의 아들을 믿는 믿음 안에서 사는 것이라." 새 생명은 하나님의 역사, 즉 하나님의 영광을 신뢰하며 하루하루 살아가는 삶입니다.

그리스도인이 되었을 때 우리에게 일어난 일

이제 정리하면서 결론을 맺겠습니다. 세례는 우리가 그리스도인이 되었을 때 일어난 일을 말해 줍니다. 우리에게 일어난 일은, 그리스도와 연합된 것입니다. 그분의 죽음이 우리 죽음이 되었습니다. 우리는 그분과 함께 죽었습니다. 그리고 그 순간 그분의 생명이 우리 생명이 되었습니다. 우리는 지금 우리 안에 계시는 그리스도의 생명으로 살고 있습니다. 그리고 이 모든 것은 믿음을 통해 경험됩니다.

이것이 바로 그리스도인이 된다는 의미입니다. 세례가 보여 주는 바를 현실로 살아 내는 것입니다. 즉 날마다 우리 자신에게서 시선을 돌려 하나님을 바라보며 이렇게 고백합니다. "당신의 아들 그리스도로 인해 주님께 나옵니다. 저는 그리스도 안에서 주님께 속합니다. 저는 하나님 아버지, 당신과 화목을 누립니다. 그리스도는 제가 주님께 받아들여질 수 있는 유일한 소망입니다. 저에게 이루어진 그 용납은 날마다 새롭습니다. 저의 소망은 저를 위한 그리스도의 죽음과 그리스도 안에서 이루어진 저의 죽음에 기초합니다. 그리스도 안에서의 삶은 아버지 당신을 믿는 믿음의 삶입니다. 그리스도가 계시기 때문에, 주께서 제 안에서 그리고 저를 위해 역사하고 계심을 신뢰합니다. 주님이 그리스도를 죽은 자 가운데서 일으키려 사용하셨던 그 동일한 권능과 영광으로 저를 도우실 것을 믿습니다. 장래에 베푸실 그 은혜에 대한 약속을 믿으며 그 안에서 소망합니다. 그 약속이 저의 삶을 새롭게 합니다. 오! 그리스도여, 세례를 통해 보여 주신 비밀들이 얼마나 영광스러운지요! 저를 위해 죽으심에 감사하고 새로운 생명 주심에 감사합니다. 아멘!"

10장

은혜를 더하게 하려고 죄에 거하겠느냐?

로마서 6:1-14

그런즉 우리가 무슨 말을 하리요 은혜를 더하게 하려고 죄에 거하겠느냐. 그럴 수 없느니라 죄에 대하여 죽은 우리가 어찌 그 가운데 더 살리요. 무릇 그리스도 예수와 합하여 세례를 받은 우리는 그의 죽으심과 합하여 세례를 받은 줄을 알지 못하느냐. 그러므로 우리가 그의 죽으심과 합하여 세례를 받음으로 그와 함께 장사되었나니 이는 아버지의 영광으로 말미암아 그리스도를 죽은 자 가운데서 살리심과 같이 우리로 또한 새 생명 가운데서 행하게 하려 함이라. 만일 우리가 그의 죽으심과 같은 모양으로 연합한 자가 되었으면 또한 그의 부활과 같은 모양으로 연합한 자도 되리라. 우리가 알거니와 우리의 옛 사람이 예수와 함께 십자가에 못 박힌 것은 죄의 몸이 죽어 다시는 우리가 죄에게 종 노릇 하지 아니하려 함이니, 이는 죽은 자가 죄에서 벗어나 의롭다 하심을 얻었음이라. 만일 우리가 그리스도와 함께 죽었으면 또한 그와 함께 살 줄을 믿노니 이는 그리스도께서 죽은 자 가운데서 살아나셨으매 다시 죽지 아니하시고 사망이 다시 그를 주장하지 못할 줄을 앎이로라. 그가 죽으심은 죄에 대하여 단번에 죽으심이요 그가 살아 계심은 하나님께 대하여 살아 계심이니, 이와 같이 너희도 너희 자신을 죄에 대하여는 죽은 자요 그리스도 예수 안에서 하나님께 대하여는 살아 있는 자로 여길지어다. 그러므로 너희는 죄가 너희 죽을 몸을 지배하지 못하게 하여 몸의 사욕에 순종하지 말고 또한 너희 지체를 불의의 무기로 죄에게 내주지 말고 오직 너희 자신을 죽은 자 가운데서 다시 살아난 자 같이 하나님께 드리며 너희 지체를 의의 무기로 하나님께 드리라. 죄가 너희를 주장하지 못하리니 이는 너희가 법 아래에 있지 아니하고 은혜 아래에 있음이라. _롬 6:1-14

삶의 가장 큰 이슈 하나

로마서 6장을 시작하면서, 그리스도인의 삶에서 가장 큰 이슈 중 하나를 다루려고 합니다. 그리고 그것은 삶의 최대 쟁점 중 하나인 피리어드(period, 하나가 종료되고 다른 하나가 시작된다는 의미)와 관련이 있습니다. 왜냐하면 영생으로 이끄는 유일한 삶은 그리스도인의 삶이기 때문입니다. 그래서 오늘 우리가 살펴보려는 문제는 스스로 그리스도인이라 생각하는 사람이든 아니든 모든 이들과 관련이 있고 중요합니다. 무슬림, 불교도, 힌두교도, 유대인, 심령주의자, 무신론자 할 것 없이 모든 사람이 아담의 자손이기에 로마서 6장이 가르치는 바를 알아야 합니다. 바울이 여기서 말하는 바는 어떤 지역에 국한되거나, 교단에 국한되거나, 교파에 국한되거나 지역, 혹은 인종에 국한되지 않습니다. 영생으로 이끄는 유일한 삶을 말하고 있으므로 모든 사람과 관련이 있습니다. 우리 모두는 첫 아담과 연합되어 있기에 죄인이고 죄책이 있습니다. 우리는 두 번째 아담인 예수 그리스도와 믿음으로 연합되어 있기에 구원을 받든지, 혹은 그렇지 않아서 구원받지 못할 것입니다. 그리고 그리스도와의 연합으로부터 비롯되는 삶이 있습니다. 그 삶은 천국으로 이끕니다. 그리고 그 삶만이 천국으로 이끕니다. 그것이 로마서 6장에서 심각하게 다루는 내용입니다.

이에 대해 살펴보는 한 가지 방법은 6장 끝으로 건너뛰어 22절을 보는 것입니다. "그러나 이제는 너희가 죄로부터 해방되고 하나님께 종이 되어 거룩함에 이르는 열매를 맺었으니 그 마지막은 영생이라." 주목해서 볼 것은, 여기서 영생이 무엇의 결과인가 하는 것입니다. 영생은 "죄로부터 해방되고 하나님께 종이 된" 또는 "거룩함"(sanctification 또는 holiness)의 결과입니다. 다른 말로 하면, 로마서 6장은 영생으로 인도하는 삶이 어떤 삶인지를 다루고 있습니다. 즉 그 삶이 어떤 삶이고 어떻게 그런 삶을 사는지에 대해 다룹니다.

하지만 지금은 6장 시작 부분으로 다시 돌아가서 이 주제가 어떻게 제기되었고 그것이 로마서 1장부터 5장까지의 주된 내용이었던 믿음을 통해 은혜로 주어지는 칭의 가르침과 어떻게 연결되는지 살펴보겠습니다.

은혜를 더하게 하려고 죄에 거할 것인가?

바울은 율법의 행위가 아닌 믿음을 통해 은혜로 주어지는 칭의에 대해 무엇보다 힘있게 강조하면서 로마서 1장부터 5장을 끝냈습니다. 바울은 로마서 5장 18절에서 "그런즉 [아담의] 한 범죄로 많은 사람이 정죄에 이른 것 같이 [그리스도의] 한 의로운 행위로 말미암아 많은 사람이 의롭다 하심을 받아 생명에 이르렀느니라"고 가르쳤습니다. 다른 말로 하면, 우리는 아담과 연합되면서 그의 불순종으로 말미암은 정죄를 당했고, 그리스도와 연합되면서 그분의 순종으로 말미암은 칭의를 얻었습니다. 이것은 극단적인 은혜입니다. 우리의 순종이 아닌 그리스도의 순종이 우리가 받은 칭의의 근거가 되기 때문입니다. 하나님께서 우리를 의롭다 여기시고 우리를 받아주시는 것은 우리의 의로운 행위 때문이 아니라(딛 3:5) 그리스도의 의로운 행위(롬 5:18) 때문입니다. 로마서 1장에서 시작해 5장을 마무리하는 시점에서 아담을 전면에 노출시킨 주된 이유는, 칭의라는 극단적인 방법으로 주어진 이 은혜를 위험할 정도로 극명하게 드러내기 위해서입니다. 아담의 죄가 우리에게 전가되면서 우리는 아담 안에서 정죄를 받고, 그리스도의 의가 우리에게 전가되면서 우리는 그리스도 안에서 의롭다 여겨집니다.

그 다음은 뭘까요? 제가 왜 아담과 그리스도에 대한 이 가르침이 은혜로 주어지는 칭의를 "위험할 정도로" 극명하게 드러낸다고 말할까요? 사람들이 그것을 곡해할 수 있기 때문입니다. 사람들은 그로부터 얼핏 맞는 것처럼 보이지만 완전히 잘못된 의미를 끌어낼 수 있습니다. 바울은 행위가 아닌 믿음을 통해 은혜로 주어지는 칭의라는 이 급진적인 가르침(롬 3:28)이 너무나 자주 왜곡되는 방식을 알고 있습니다. 그래서 지금 바울은 그 이야기를 꺼내려고 하는 겁니다.

바울은 로마서 6장 1절에서 스스로 최악의 대적자 역할을 맡습니다. 그는 로마서 5장 20절에서 "죄가 더한 곳에 은혜가 더욱 넘쳤나니"라고 방금 말했습니다. 그런데 6장 1절에 와서 "그런즉 우리가 무슨 말을 하리요 은혜를 더하게 하려고 죄에 거하겠느냐?"라고 묻습니다. 율법의 행위가 아닌 믿음을 통해 은혜로 주어지는 칭의를 반박할 강력한 근거가 될 수 있는 질문입니다. 칭의 교리가 사람들에게 함부로 죄를 짓도록 문을 열어 놓는 것처럼 보인다는 겁니다. 우리의 의가 아닌 그리스도의 의를 기반으로 죄인들을 용서하고 받아들이시려는 하나님의 행위가 은혜라고 한다면, 사실 우리가 계속 죄를 지어야 그 은혜가 더 빛나지 않겠습니까? 죄가 클수록 더 많은 용서가 베풀어집니다. 그리고 계속 죄를 더 범해야 그 죄를 보상하려는 그리스도의 의가 더 위대해질 것이 분명합니다. 따라서 칭의에 대한 바울의 급진적인 가르침이 어쩌면 경솔한 삶을 조장하고 거룩과 무관하게 만드는 것 아닐까요?

이것이 바로 로마서 6장(실제로 6-8장)이 답하려는 질문입니다. 답은 여기 있습니다. 2절입니다. "그럴 수 없느니라."

그럴 수 없다

먼저 바울의 대답은 "아니다!"입니다. "그럴 수 없느니라!" 은혜를 더하게 하려고 계속 죄에 머물러서는 안 된다고 말합니다. 이는, 오직 믿음을 통해 은혜로 주어지는 칭의라는 바울의 급진적인 가르침을 잘못 적용한 것에 불과합니다. 왜 그렇습니까? 오직 믿음을 통해 은혜로 의롭다 함을 받은 사람들이 더 이상 죄에 거할 수 '없는' 이유를 로마서 6장이 말하고 있습니다. 놀라우리만치 실제적인 이유임을 알 수 있습니다. 의롭다 함을 받은 사람들은 은혜를 더하게 하려고 죄에 거하지 '않습니다.' 왜 그렇게 하지 않습니까? 어떻게 그렇게 하지 않습니까? 그것이 여기서의 쟁점입니다.

오늘은 이에 대한 바울의 답변을 간략히 개괄적으로만 살펴보려고 합니다. 그리고 나중에 하나씩 구체적으로 살펴보겠습니다. 그렇다면, 오직 믿음을 통해, 은혜로, 그리스도의 의를 기반으로 의롭다 하심을 받은 사람들이 은혜를 더하게 하려고 죄에 거하지 않는 이유를 바울은 무엇이라 말합니까?

바울의 답변을 살펴보기 전에, 바울의 답변이 아닌 것을 먼저 확실히 알아야겠습니다. 이것이 중요합니다. 먼저, 바울은 의롭다 하시는 은혜의 급진적인 속성을 사람들이 오해한 데서 그런 반박이 나왔다고 말하지 않습니다. "아, 여러분이 오해하셨습니다. 칭의는 전적으로 은혜이며, 전적으로 그리스도의 의에 기반하고, 행위가 아닌 믿음으로만 얻어지는 것이라고 말씀드린 것이 아니었습니다." 바울은 이런 식으로 말하지 않았습니다. 혹은 "저의 본래 의도는, 칭의가 실제로는 여러분의 행위에 기반을 둔다는 것입니다." 바울은 이렇게 말하지도 않았습니다. 혹은 "율법을 지키는 것도 여러분이 의롭다 여겨지는 데 한 몫을 하므로, 칭의가 무법상태를 가져오지는 않을 것입니다." 바울은 이렇게 말하지도 않았습니다. 칭의에 대한 오해 때문에 사람들이 이런 반박을 했다면, 바울은 분명 그들의 생각을 어떤 식으로든 바로잡으려고 했을 것입니다. 하지만 바울은 그렇게 하지 않았습니다. 그것은 그들의 오해나 실수가 아니었습니다. 오히려 사람들은 제대로 보고 있었습니다. 칭의는 실제로 오직 그리스도의 의를 기반으로, 오직 믿음을 통해, 은혜로 주어지는 것이 맞습니다. 그것이 우리가 하나님과 화목을 이루는 방법입니다. 그것이 그리스도인의 삶의 근간입니다. 오히려 은혜에 대한 급진적인 견해가 문제를 일으킨 것으로 보입니다.

그렇다면 믿음을 통해 은혜로 의롭다 함을 얻은 사람들이 죄에 거할 수 없는 이유를 바울은 무엇이라고 말합니까? 2절에 나옵니다. "그럴 수 없느니라"고 대답한 후, 바울은 질문의 형태로 대답의 근거를 제시합니다. "죄에 대하여 죽은 우리가 어찌 그 가운데 더 살리요?" 아주 짧은 답변입니다. 그리고 나머지 본문에서 이를 설명해 갑니다.

그럴 수 없는 이유

우리가 읽은 이 짧은 문장을 설명해 보겠습니다. 이것은 수사의문문입니다. 즉, 바울은 이 질문 형태의 답변을 통해 누군가의 대답을 기대하는 게 아닙니다. "죄에 대하여 죽은 우리가 어찌 그 가운데 살리요?" 질문 속에 답이 있으며 그것을 우리가 알아보기를 기대하고 있습니다. 즉 '그럴 수 없다'는 말입니다. 수사의문문으로 답을 요구하는 것이 아니라 강조하고 있습니다.

예를 들어, 아버지가 아이에게 "옷을 걸거나 서랍에 넣지 않고 바닥에 던져 놓으면 어떻게 방을 깨끗하게 유지할 수 있겠니?"라고 말한다면, 이것은 대답을 요구하는 것이 아닙니다. 옷을 걸거나 옷장에 넣지 않고 바닥에 던져 놓으면 방을 깨끗하게 할 수 없다는 말을 하는 것입니다. 혹은 엄마가 "네가 다정하게 행동하지 않으면서 어떻게 다른 사람이 친구가 되길 바라겠니?"라고 말한다면, 이것은 대답을 요구하는 말이 아닙니다. 친절하게 행동하라는 말입니다. 일종의 호소입니다. 다정하게 행동하지 않으면 친구가 생기지 않을 거라는 의미입니다.

로마서 6장 2절에서 바울이 바로 이런 수사의문문을 사용하고 있습니다. 바울은 답을 요구하는 것이 아닙니다. "죄에 대해 죽은 우리가 어떻게 여전히 죄 안에서 살겠느냐?"고 묻는 듯하지만 여기 나오는 "어떻게"라는 질문에는 답이 필요 없습니다. 우리가 죄에 대해 죽었다면 더 이상 죄 안에서 살 수 없다는 말을 하고 있습니다. 앞에 나온 반박에 대한 바울의 대답입니다.

요약해서 표현하면 다음과 같습니다.

- 반박: 칭의가 우리의 의가 아닌 그리스도의 의에 기반을 두고 오직 믿음을 통해 은혜로 주어지는 것이라면, 은혜를 더하게 하려고 계속 죄를 지어야 하는 것 아닙니까?
- 대답: 아닙니다!
- 이유: 죄에 대해 죽었다면 계속 그 안에서 살 수 없기 때문입니다. 혹은 직설적으로 표현하면, 죽은 사람은 죄를 짓지 않습니다.

로마서 6장 나머지 부분은 이에 대한 설명입니다. 그래서 오늘은 그 설명 부분의 구조만 살펴보고, 이후 2주 동안 이것이 일상에서 실제로 어떤 영향을 미치는지 구체적으로 살펴보도록 하겠습니다.

죽은 사람은 왜 죄를 짓지 않는가?

이것을 아는 것이 중요할까요? 3절을 보면서 바울의 대답을 살펴보겠습니다. 죽은 사람은 죄를 짓지 않는다는 요약적인 설명을 한 후, 바울은 "그리스도 예수와 합하여 세례를 받은 우리는 그의 죽으심과 합하여 세례를 받은 줄을 '알지 못하느냐?'"라고 묻습니다. "알지 못하느냐?" 배우지 않았습니까? 여러분은 분명히 이에 대해 알고 있습니다. 분명히 누군가 여러분이 받은 세례의 의미를 설명해 주었습니다. 다른 말로 하면, 이것은 반드시 알아야 할 중요 사실이고, 그리스도인이 이를 알지 못하면 놀랄 일이라고 바울은 믿고 있는 것입니다. 따라서 제가 여러분에게 이에 대해 가르치지 못했다면, 지금이라도 우리 주 예수 그리스도의 은혜와 그를 아는 지식에서 자라갑시다(벧후 3:18).

죽은 사람은 죄를 짓지 않는다는 것에 대한 바울의 설명은 다음 세 단계로 요약될 수 있습니다.

- 1단계. 그리스도가 죽으셨을 때, 신자들은 어떤 중대한 의미에서 그분 안에서 함께 죽었습니다.
- 2단계. 그리스도가 살아나셨을 때, 신자들은 어떤 중대한 의미에서 그분 안에서 살아났습니다.
- 3단계. 그러므로 신자들은 그리스도 안에 있는 존재답게 살아가는 게 당연합니다. 즉 죄에 대해서는 죽고 하나님에 대해서는 살아야 합니다.

이에 대한 말씀을 몇 군데 살펴보겠습니다.

1. 그리스도가 죽으셨을 때, 신자들은 어떤 중대한 의미에서 그분 안에서 함께 죽었습니다.

- 로마서 6장 5절: "우리가 그의 죽으심과 같은 모양으로 연합한 자가 되었으면…"
- 로마서 6장 6절: "우리가 알거니와 우리의 옛 사람이 예수와 함께 십자가에 못 박힌 것은 죄의 몸이 죽어 다시는 우리가 죄에게 종 노릇 하

지 아니하려 함이니."
- 로마서 6장 8절: "만일 우리가 그리스도와 함께 죽었으면…"

그리스도와의 연합으로 인해, 그분에게 일어난 일이 그분 안에 있는 우리에게 유효합니다. 그분이 죽으셨을 때 우리는 죽었습니다. 이것이 의롭다 함을 받은 자들이 계속해서 죄를 짓지 않는 핵심적인 이유입니다. 죽은 사람은 죄를 짓지 않습니다. 물론 완전주의에 대해서나, 우리가 실제로 죄로부터 어떻게 자유로운가에 대한 질문을 불러일으키는 것은 사실입니다. 이에 대해서는 다음 주에 다루겠습니다.

2. 그리스도가 살아나셨을 때, 신자들은 어떤 중대한 의미에서 그분 안에서 살아났습니다.

- 로마서 6장 4절: "이는 아버지의 영광으로 말미암아 그리스도를 죽은 자 가운데서 살리심과 같이 우리로 또한 새 생명 가운데서 행하게 하려 함이라."
- 로마서 6장 5절: "만일 우리가 그의 죽으심과 같은 모양으로 연합한 자가 되었으면 또한 그의 부활과 같은 모양으로 연합한 자도 되리라."

신자가 그리스도와 연합되었다는 것은 그리스도가 죽으셨을 때 우리도 죽었다는 의미뿐 아니라 그분의 부활 안에서 하나님에 대해 새 생명이 보장되었다는 의미이기도 합니다. 어떤 의미에서 우리는 그분과 함께 죽었고, 그분과 함께 하나님에 대해 살게 되었습니다. 바울은 여기서 신중을 기하면서, 우리가 그분과 함께 살아났다(과거 시제)고 말하지 않습니다. 다음 주에 왜 그렇게 말했는지 이유를 살펴보도록 하겠습니다(딤후 2:18 참조).

3. 그러므로 신자들은 그리스도 안에 있는 존재답게 살아가는 게 당연합니다. 즉 죄에 대해서는 죽고 하나님에 대해서는 사는 것입니다.

- 로마서 6장 11절: "이와 같이 너희도 너희 자신을 죄에 대하여는 죽은 자요 그리스도 예수 안에서 하나님께 대하여는 살아 있는 자로 여길지어다."
- 로마서 6장 13절: "또한 너희 지체를 불의의 무기로 죄에게 내주지 말고 오직 너희 자신을 죽은 자 가운데서 다시 살아난 자 같이 하나님께 드리며 너희 지체를 의의 무기로 하나님께 드리라."

주목해서 봐야 할 것은, 바울은 우리가 그리스도와 함께 죽고 부활하면서 기계적으로 혹은 자동적으로 순종하게 된다고 말하지 않는다는 점입니다. 바울은 이렇게 말하지 않습니다. "여러분은 그리스도 안에서 모두 죄에 대해 죽었고 그리스도 안에서 하나님에 대해 살았기에, 제가 굳이 여러분에게 뭔가를 하라고 명령할 필요가 없고 따로 순종의 행동이 필요하지도 않습니다. 죄가 없어진 것에 대한 결과가 자동적으로 나올 것입니다. 여러분은 죄에 대해 죽었고 그래서 자동적으로 죄를 짓지 않게 되었습니다. 여러분은 하나님께 대해 살았고 따라서 자동적으로 하나님을 섬기게 됩니다. 그렇게 살라고 따로 명령할 필요가 없습니다." 바울은 전혀 이렇게 말하지 않습니다. 오히려 이렇게 말합니다. "여러분은 죽었습니다. 그러니 여러분을 죽은 자로 여기십시오. 여러분은 살아 있습니다. 그러니 스스로를 하나님께 대하여 살아 있는 자로 여기십시오. 그리고 이제 본래 되어야 할 모습으로 되어 가십시오."

우리는 그리스도와 연합됨으로 그분의 의가 우리에게 전가되었기에 오직 믿음을 통해 은혜로 의롭다 여겨집니다. 그리고 이제 우리는 이러한 그리스도와의 연합이 왜 우리가 계속 죄를 지을 수 없는 이유가 되는지 보고 있습니다. 이것이 얼마나 중대한 것인지 우리 모두 똑똑히 볼 수 있었으면 합니다. 또한 의롭다 함을 받은 사람들로서 어떻게 살아야 하는지 함께 배워 갔으면 좋겠습니다. 이것을 알게 되면 우리는 얼마나 자유롭고 평화롭고 즐겁고 급진적인 사람들이 될까요! 최선을 다해 이 비밀을 열어 보겠습니다. 우리의 의가 되시는 그리스도의 영광을 위해, 우리가 이 진리를 깨닫고 그것을 삶으로 살아내도록 함께 기도합시다.

11장

그리스도와 함께 죽고 함께 살다 (1부)

로마서 6:1-14

그런즉 우리가 무슨 말을 하리요 은혜를 더하게 하려고 죄에 거하겠느냐. 그럴 수 없느니라 죄에 대하여 죽은 우리가 어찌 그 가운데 더 살리요. 무릇 그리스도 예수와 합하여 세례를 받은 우리는 그의 죽으심과 합하여 세례를 받은 줄을 알지 못하느냐. 그러므로 우리가 그의 죽으심과 합하여 세례를 받음으로 그와 함께 장사되었나니 이는 아버지의 영광으로 말미암아 그리스도를 죽은 자 가운데서 살리심과 같이 우리로 또한 새 생명 가운데서 행하게 하려 함이라. 만일 우리가 그의 죽으심과 같은 모양으로 연합한 자가 되었으면 또한 그의 부활과 같은 모양으로 연합한 자도 되리라. 우리가 알거니와 우리의 옛 사람이 예수와 함께 십자가에 못 박힌 것은 죄의 몸이 죽어 다시는 우리가 죄에게 종 노릇 하지 아니하려 함이니, 이는 죽은 자가 죄에서 벗어나 의롭다 하심을 얻었음이라. 만일 우리가 그리스도와 함께 죽었으면 또한 그와 함께 살 줄을 믿노니 이는 그리스도께서 죽은 자 가운데서 살아나셨으매 다시 죽지 아니하시고 사망이 다시 그를 주장하지 못할 줄을 앎이로라. 그가 죽으심은 죄에 대하여 단번에 죽으심이요 그가 살아 계심은 하나님께 대하여 살아 계심이니, 이와 같이 너희도 너희 자신을 죄에 대하여는 죽은 자요 그리스도 예수 안에서 하나님께 대하여는 살아 있는 자로 여길지어다. 그러므로 너희는 죄가 너희 죽을 몸을 지배하지 못하게 하여 몸의 사욕에 순종하지 말고 또한 너희 지체를 불의의 무기로 죄에게 내주지 말고 오직 너희 자신을 죽은 자 가운데서 다시 살아난 자 같이 하나님께 드리며 너희 지체를 의의 무기로 하나님께 드리라. 죄가 너희를 주장하지 못하리니 이는 너희가 법 아래에 있지 아니하고 은혜 아래에 있음이라. _롬 6:1-14

얼마 전 설교가 이웃을 위해 수프를 끓인다거나 배터리 방전된 자동차를 밀어 준다거나 소그룹에서 위선적인 얼굴을 하지 않는 등 그리스도인 삶의 실천적인 문제를 다루었다면, 오늘은 로마서 6장으로 돌아가 로마서 12장이 가르치는 그리스도인 삶의 실천적 문제들에 대한 기초에 대해 생각해 보려 합니다. 로마서 6장은 그리스도를 닮은 참된 사람이 되는 것에 대해 말하면서 우리 삶을 위한 견고한 기반들을 다져 줍니다. 우리 삶은 모래 위에 짓지 않습니다. 이 진리를 오늘 바울에게서 배울 수 있기를 원합니다.

실용주의자와 청교도

우리 미국인들은 철저한 실용주의자입니다. 우리는 결과를 원합니다. 그것도 단시간에 얻기 원합니다. 게다가 단순한 결과를 원합니다. 너무 깊게 생각하지 않아도 되고 너무 힘들이지 않아도 되는 결과를 원합니다. 우리네 교회도 얄팍해서 그리 오래 가지도 못하는, 그리스도라는 이름으로 포장된 온갖 종류의 처방들을 개발해 냈습니다. 우리 대부분은 선조들이 그랬던 것처럼 깊고 견고한 신앙의 기초를 다진 성도들이 아닙니다.

제임스 패커 목사는 1550년부터 1700년대 어간을 살면서 고난을 받았던 옛 영국 청교도들을 캘리포니아 삼나무에 비교합니다. 그들은 믿을 수 없을 정도로 성경에 깊이 뿌리를 내렸고, 그 가지는 하늘까지 닿았고, 그 몸통은 매우 강하고 내구성이 있어서 산불도 견뎌내는(산불도 상처만 낼 뿐 그들을 죽일 수 없었습니다) 거인들이었습니다. 그런 다음 패커 목사는, 삶의 문제에 신속한 처방을 내리고 깊이 있는 것이나 복잡한 것이나 힘든 것에는 참을성이 없는 우리 실용주의 미국인들을 보며 이렇게 말합니다. "과거 세대에 비하면 풍족함이 우리 모두를 왜소하고 기백없는 영혼들로 만든 것 같다."* 실용주의자와 청교도의 차이점은 이렇습니다. 실용주의자들은 로마서 6-8장의 깊은 암반 위에 형제애와 환대와 진실한 사랑이 깊이 뿌리내리기까지 참고 기다리지 못합니다. 칭의에서 12장이 말하는 실천적인 적용으로 곧바로 넘어가고 싶어 합니다. "그냥 목록만 주세요. 뭘 해야 할지만 말해 주세요" 하면서 표면적으로 나타난 문제를 당장 해결하는 데 급급합니다. 청교도들은 달랐습니다. 그들은 로마서 속에서 신자들의 삶이 다른 방식으로 세워지는 것을 보았습니다. 지혜로운 자가 되고, 삼나무가 되고, 폭풍 속에서도 흔들리지 않고, 말할 수 없는 고통 속에서도 유익한 존재로 머무는 것은 쉽게 단 시간에 되지 않습니다. 로마서는 두 장 분량이 아닙니다. 16장 분량입니다. 5장에서 12장으로 건너뛰지 않습니다. 로마서는 우리를 경건의 뿌리로 깊이 이끌어, 실천 목록을 쥔 사람들이 아니라 견고한 생명과 능력과 거룩함과 지혜와 사랑을 갖춘 사람들로 변화시킵니다.

*J. I. Packer, Quest for Godliness(Wheaton: Crossway Books, 1990), p. 11-12.

그러니 지금부터 저와 함께 몇 주 동안 로마서 6장을 살펴보겠습니다.

죄를 지어서 은혜를 더하게 한다?

1절입니다. "그런즉 우리가 무슨 말을 하리요. 은혜를 더하게 하려고 죄에 거하겠느냐?" 즉, 죄 용서가 보장되어 있고 오직 믿음으로 하나님과 화목할 권리를 소유하고 있으므로 계속 죄를 지어도 될까요? 바울의 대답은 2절에 나옵니다. "그럴 수 없느니라." 절대 그렇지 않습니다! 은혜를 더하게 하려고 계속 죄를 지어서는 안 됩니다.

왜 안 됩니까? 바울은 질문 형태로 답변합니다. 2절 하반절입니다. "죄에 대하여 죽은 우리가 어찌 그 가운데 더 살리요?" 즉, 우리가 죄에 대해 죽었기 때문에 계속해서 그 가운데 살 수 '없다'는 말입니다. 이 대답은 두 가지 질문을 낳는데, 오늘 아침 이에 대해 답을 해보려고 합니다. 첫째, "죄에 대하여 죽었다"는 것은 무슨 의미입니까? 둘째, "그 가운데 더 살 수 없다"는 말은 무슨 의미입니까? 혹은 다른 방식으로 질문을 바꿔보겠습니다. "우리는 어떤 의미에서 죽었습니까?" 그리고 "우리는 어떤 의미에서 죄를 넘어섭니까?" 우리는 죽었고 그런 이유로 계속해서 죄에 거할 수 없다는 이 두 가지 놀라운 주장들이 무엇을 의미합니까?

여기서 주의해야 합니다. 너무 무겁고, 너무 깊고, 너무 복잡한 문제라는 생각이 듭니까? '나랑 별로 상관없는 일이에요. 그냥 다른 이를 위해 따뜻한 수프를 끓이고, 배터리 고장난 차를 밀어 주고, 형제를 사랑하는 것에 대해서만 말해 주세요. 저는 그저 실용주의자일 뿐입니다.' 이렇게 생각하는 분들에게 말씀드리고 싶습니다. 10년, 20년, 혹은 50년 동안 성실히 세금 납부한 것으로 여러분을 규정짓지 마십시오. 성경이 여러분을 규정하게 하십시오. 바울은 12장에서 이런 실천사항들에 대해 말하지만, 6장을 그냥 건너뛰지 않습니다. 단지 열심히만 살면 된다고요? 여러분은 지금 해안가의 거대한 삼나무 대신 늪에 있는 부들이 되기로 선택하고 있습니다. 오늘날 교회에 왜 이리도 삼나무들(지혜로운 자들)이 보이지 않습니까? 우리가 로마서 6장에 대해 너무 참을성이 없기 때문입니다. 여러분이나 저나 동일하게 뿌리 내리기에 힘써야 합니다.

첫 번째 질문입니다. 바울이 2절에서 "우리가 죄에 대하여 죽었다"고 했는데 무슨 뜻입니까? 여기서 "우리"는 그리스도인, 즉 믿는 자들입니다. 3절에서는 "우리"를 "그리스도 예수와 합하여 세례를 받았던" 사람들이라고 밝히고 있습니다. 세례는 그리스도인이 될 때 경험하는 것이므로, 바울이 2절에서 "죄에 대하여 죽은 우리(세례 받은 신자들)가 어찌 그 가운데 더 살리요?"라고 말했을 때, 이는 그리스도인, 즉 믿는 자들에 대해 말한 것입니다.

우리는 죄에 대하여 죽었다.

그래서 우리의 질문은 이것입니다. "모든 신자들이 죄에 대하여 죽었다는 것은 무슨 뜻인가?" 이에 대한 설명으로 가장 중요한 구절은 아마도 5절일 것입니다. "만일 우리가 그의 죽으심과 같은 모양으로 연합한 자가 되었으면 또한 그의 부활과 같은 모양으로 연합한 자도 되리라." 여기서 바울이 하는 말은 우리 사고로는 잘 납득이 가지 않습니다. 그래서 우리가 납득할 수 있도록 말을 바꿔 보겠습니다. 그가 말한 것은 믿는 자들에게는 '그리스도와의 연합'이 있다는 것입니다. "우리가 그의 죽으심과 같은 모양으로 연합한 자가 되었다"는 말에 주목하십시오. 그리스도와 그리스도인 사이에 연합이 있어서, 하나님은 그리스도에게 일어났던 일을 우리에게 일어난 일로 여기십니다. 그리스도의 죽음은 우리의 죽음이 됩니다. 하나님께서 이 연합을 만드십니다. 고린도전서 1장 30절은 "여러분은 하나님 때문에 '그리스도 예수님 안에 있게' 되었다"(현대인의 성경)고 말합니다. 그리스도의 죽음을 우리의 죽음으로 여기는 방식으로, 하나님은 신자들과 그리스도 사이에 연합을 구축하십니다.

그래서 2절에서 "죄에 대하여 죽은 우리가 어찌 그 가운데 더 살리요?"라고 물을 때, 그리스도가 죽으셨을 때 그리스도와 함께 우리가 죽었음을 말합니다. 그리스도의 이 죽음은 역사 속에서 그리고 단번에(once for all) 일어난 사건입니다. 그리스도는 역사 속에서 단 한 번 죽으셨지만 이 죽음은 믿음을 통해 지금 우리에게 '적용'됩니다. 그래서 5절은 우리가 그 죽음과 연합되어 우리가 죽었다고 말합니다. 하나님의 관점으로는, 그리스도가 죽으신 그날에 우리도 죽었습니다.

이제 몇 군데 다른 말씀을 살펴보며 이를 확인해 보겠습니다. 6절입니다. "우리가 알거니와 우리의 옛 사람이 예수와 함께 십자가에 못 박힌 것은." 이 구절은 우리가 죽었다(2절) 혹은 "우리가 그의 죽으심과 같은 모양으로 연합한 자가 되었다"(5절)를 다른 방식으로 표현한 말씀입니다. 6절에서는 "옛 사람"(old self)이 십자가에 못 박혔다고 말하고, 2절과 5절에서는 "우리가 죽었다", "우리가 그의 죽으심과 같은 모양으로 연합한 자가 되었다"고 말하고 있는 점에 주목하십시오. 이것은 나의 "옛 사람"이 바로 나라는 의미입니다(앞으로 되어갈 나와는 다릅니다). "옛 사람"은 하나님께 대적했고, 하나님의 율법에 불순종했고, 하나님의 영광에 무지했고, 하나님의 약속을 믿지 못하던 나입니다. 6절은 그 "옛 나"가 그리스도와 함께 십자가에 못 박혔다고 말합니다(갈 2:20 참조). 그리스도가 죽으셨을 때, 하나님은 죄악된 '옛 나'가 그분과 함께 죽은 것으로 여기셨습니다.

8절을 보면 더 명확해집니다. "만일 우리가 그리스도와 함께 죽었으면 또한 그와 함께 살 줄을 믿노니." 여기서 바울은 다시 한 번, 2절에서 우리가 당한 그 죽음은 그리스도와 함께한 죽음임을 분명히 합니다. "우리가 그리스도와 함께 죽었습니다"(롬 7:4, 고후 5:14 참조).

위 구절들이 기본적으로 말하는 바는, 믿는 자들과 그리스도 사이에 연합이 있다는 것입니다. 그것이 5절의 요지입니다. 로마서 5장 12-21절을 다룬 몇 차례의 설교를 모두 들으셨다면 이미 익숙할 것입니다. 그 설교에서 우리는, 하나님이 아담과 그의 자손들 사이에 연합을 이루셨고, 그리스도와 그의 사람들 사이에도 그에 상응하는 연합을 이루셨음을 보았습니다. 정죄는 우리와 아담의 연합으로부터 왔습니다. 칭의는 우리와 그리스도의 연합에서 옵니다(롬 5:18). 이제 로마서 6장 5절에서, 바울은 그 연합을 더 분명히 드러내며 그것을 칭의뿐 아니라 성화와 연결시킵니다.

그것은 첫 번째 질문에 대한 바울의 대답입니다. 바울이 2절에서 "'죄에 대하여 죽은' 우리가 어찌 그 가운데 더 살리요?"라면서 언급했던 죽음이 무슨 죽음인가 하는 것인데, 우리가 그리스도와 연합되었으므로 그리스도와 함께 우리가 죽었다는 말입니다.

죄 가운데 더 살 수 없다

두 번째 질문입니다. 바울은 무슨 의미로 "죄 가운데 더 살 수 없다"고 말한 것일까요? 2절입니다. "죄에 대하여 죽은 우리가 어찌 그 가운데 '더 살리요?'" 즉, 죄에 대하여 죽었다면, 더 이상 죄 가운데 살 수 없다는 것입니다. 우리는 어떤 의미에서 죄에서 벗어납니까? 우리는 죽었습니다. 그렇기 때문에 계속해서 죄 가운데 살 수 없습니다. 이 놀라운 진술이 무엇을 의미합니까? 바울은 완전주의(perfectionism, 한번 회심하면 더 이상 죄를 짓지 않는다는 것)를 가르치고 있습니까? 그렇지 않습니다. 바울이 그런 의미로 말하지 않았다는 것은 분명하며 본문에서 몇 가지 근거를 찾을 수 있습니다.

1. 바울은 우리가 절대 죄를 지을 수 없다고 말하지 않습니다. 다만 "그 가운데 살 수"(live in it) 없다고 말합니다. "죄에 대하여 죽은 우리가 어찌 그 가운데 더 살리요?" "그(죄) 가운데 산다"는 표현은 1절에서 "은혜를 더하게 하려고 죄에 거하겠느냐?"(continue in)라는 질문에 대한 응답입니다. "거하다"와 "산다"는 두 표현이 의미하는 바는, 우리가 그리스도의 죽음 안에서 그분과 연합되었을 때 더 이상은 예전과 변함없는 죄의 패턴을 유지한 채 계속 살아갈 수 없다는 것입니다.

2. 바울이 완전주의를 언급한 것이 아님을 확신하는 또 다른 이유는 6절에 나옵니다. "우리가 알거니와 우리의 옛 사람이 예수와

함께 십자가에 못 박힌 것은 '죄의 몸이 죽어 다시는 우리가 죄에게 종 노릇 하지 아니하려 함이니.'" 그리스도와 함께 십자가에 못 박힌 결과, 우리는 "죄에게 종 노릇 하지" 않는다고 말합니다. 죄악된 태도나 행동에 일시적으로 빠질 수는 있어도, 죄가 주인으로서 종을 부리듯 우리를 지배하지 않는다는 말입니다. 14절도 마찬가지입니다. "죄가 너희를 주장하지 못하리니 이는 너희가 법 아래에 있지 아니하고 은혜 아래에 있음이라." 죄가 더 이상 주인 노릇을 하지 않고 죄의 지배에서 벗어난다는 것은, 죄를 더 이상 짓지 않고 완전해지는 것과는 다릅니다.

3. 이 견해(바울이 완전주의를 가르친 것이 아니라는 견해)를 지지하는 세 번째 근거는 11절, 12절, 13절에 나오는 명령들을 보면 알 수 있습니다. 11절에서 바울은 이렇게 말합니다. "이와 같이 너희도 너희 자신을 죄에 대하여는 죽은 자로 여길지어다." 12절에서는 이렇게 말합니다. "그러므로 너희는 죄가 너희 죽을 몸을 지배하지 못하게 하라." 13절에서는 이렇게 말합니다. "너희 지체를 불의의 무기로 죄에게 내주지 말라." 그리스도인의 삶에서 죄와의 계속되는 싸움이 없다면, 왜 이런 명령이 있겠습니까? 저는 이런 명령들이 함축하는 바는, 비록 우리가 죄에 대해 죽었을지라도 그래서 더 이상 죄에 "거하거나" "살 수"는 없어도 죄를 지을 수 있고 또 죄를 짓고 있기에, 우리는 그리스도와 연합됨으로써 우리에게 일어났던 놀라운 실체를 붙잡고 날마다 그것을 확증하며 살아야 한다는 의미라고 생각합니다. "스스로를 죽은 것으로 간주하고 … 죄가 왕 노릇 하지 못하게 하고 … 지체를 죄에게 내주지 말아야 합니다."

우리는 그리스도와 함께 죽었고, 죄에서 자유로워졌다

우리가 그리스도와 함께 죽었고 죄에서 자유로워졌다는 이 두 가지 요지에 대해 결론을 내리겠습니다.

1. 그리스도 안에서(즉 5절 말씀에 따르면, 하나님께서 세우신 '우리와 그리스도의 연합' 안에서) 우리는 죄에 대해 죽었습니다. 이것이 의미하는 바는, 우리는 (실제 지위상으로나 정체성에 있어서) 완전히 그리고 최종적으로 죄에 대해 죽었다는 것입니다. 죄책과 죄의 권세에 대해서도 마찬가지입니다. 이것은 결정적이고 반복될 수 없고 바뀔 수 없는 사실입니다. 이것은 우리가 죄에 맞서는 모든 전쟁의 기틀이 되고, 거룩함 가운데 이루어지는 모든 진보의 기초가 됩니다.

2. 그리스도인의 삶은 그리스도와의 연합 안에서 이렇듯 죄에서 자유로워진 지위와 정체성을 '이미 그리고 아직'(an already and a not-yet)으로 경험하는 삶입니다. 역사적으로, 최종적으로, 불가역적으로 예수 그리스도에게(그리고 그분 안에 있는 우리에게) 일어났던 일은 우리 삶에서 단번에 그리고 완전히 '적용'되지는 않습니다. 지금은 어느 정도 완벽히, 어느 정도 점진적으로 적용되다가 장차 올 세대에는 완전히 모두 적용될 것입니다. 우리는 '이미' 완전히 용서받았고 의롭다 여김을 받고 의롭다 선포되었고 오직 믿음을 통해 그리스도와 연합됨으로써 의롭다 함을 받았습니다. 그리고 우리는 '이미' 죄에게 종 노릇 하는 데서 벗어났습니다. 즉 죄의 힘이 더 이상 우리 삶을 규정하지 못합니다. 그리고 우리는 '이미' 믿음으로 날마다 삶에서 죄에 대해 점점 더 승리를 거두고 있습니다.

하지만 우리는 날마다 삶에서(이 땅에서의 경험은) '아직' 완전하지 않습니다. 우리는 여전히 믿음의 싸움을 싸워야 하고, 그리스도와 연합되었다는 것이 무엇인지 믿음을 통해 삶에서 날마다 경험해 가고 있습니다. 바울은 빌립보서 3장 12절에서 이런 식으로 표현합니다. "내가 이미 얻었다 함도 아니요 온전히 이루었다 함도 아니라. 오직 내가 그리스도 예수께 잡힌 바 된 그것을 잡으려고 달려가노라." 이미(already)와 아직(not yet)이 보입니다. 그리스도는 완전함과 영원한 복락을 주시려고 바울을 붙잡으셨습니다. 그 사실로 바울은 안전합니다. 지금 바울은 그리스도에게 붙잡힌 바 됨으로써 그리스도 안에서 하나님이 이루신 놀라운 역사를 날마다 확인해 가고 있습니다.

결론

우리는 형제에게 따뜻한 음식을 대접하고 배터리 방전된 친구의 차를 밀어주고 소그룹 안에서 서로에게 진실하도록, 자유를 얻고 부르심을 받았습니다. 이처럼 그리스도를 드러내는 모든 아름다운 일들은 그리스도가 죽으셨을 때 '우리를 위해' 일어났던 일뿐 아니라 믿음 안에서 '우리 안에서' 점진적으로 일어나는 일이 있기에 가능합니다. 그것들이 심오하고 영광스러운 기초가 됩니다.

요약

우리가 그리스도인이라면, 5절에서 말한 것처럼, 하나님이 우리와 그리스도 사이에 연합을 이루셨습니다. 이 연합 때문에, 우리는 그리스도가 죽으셨을 때 그분과 함께 죽었습니다. 우리가 죽었으므로, 지금은 본질상, 즉 우리와 그리스도와의 연합 안에서, 죄책과 죄의 권세로부터 자유롭습니다. 그리고 이러한 흔들릴 수 없는 지위와 정체성으로 말미암아 우리는 이미 의롭다 함을 받았고 상당히 성화된 존재이지만, 아직 완전하지는 않습니다. 그러므로 그리스도 안에 있는 우리의 모습이 자신의 실제 모습이 되도록 삶에서 날마다 이 위대한 거래를 확증해 가십시오. 어떻게 그렇게 할 수 있는지는 다음 주에 알아보겠습니다.

12장

그리스도와 함께 죽고 함께 살다 (2부)

로마서 6:1-7

그런즉 우리가 무슨 말을 하리요 은혜를 더하게 하려고 죄에 거하겠느냐. 그럴 수 없느니라 죄에 대하여 죽은 우리가 어찌 그 가운데 더 살리요. 무릇 그리스도 예수와 합하여 세례를 받은 우리는 그의 죽으심과 합하여 세례를 받은 줄을 알지 못하느냐. 그러므로 우리가 그의 죽으심과 합하여 세례를 받음으로 그와 함께 장사되었나니 이는 아버지의 영광으로 말미암아 그리스도를 죽은 자 가운데서 살리심과 같이 우리로 또한 새 생명 가운데서 행하게 하려 함이라. 만일 우리가 그의 죽으심과 같은 모양으로 연합한 자가 되었으면 또한 그의 부활과 같은 모양으로 연합한 자도 되리라. 우리가 알거니와 우리의 옛 사람이 예수와 함께 십자가에 못 박힌 것은 죄의 몸이 죽어 다시는 우리가 죄에게 종 노릇 하지 아니하려 함이니, 이는 죽은 자가 죄에서 벗어나 의롭다 하심을 얻었음이라. _롬 6:1-7

세례와 성찬식

성례 주일인 오늘 우리는 성찬식을 거행하면서, 예수님께서 명하신 또 다른 의식이자 로마서 6장 3-4절에서 언급한 세례에 대해 함께 다뤄 보겠습니다. 예수님께서 우리에게 지키라고 명하신 의식은 두 가지입니다. 하나는 성찬식("너희가 이를 행하여 나를 기념하라" 눅 22:19)이고 다른 하나는 세례("너희는 가서 모든 민족에게 … 세례를 베풀고" 마 28:19)입니다.

세례는 그리스도인의 삶에서 단 한 번 행하는 의식으로, 믿음으로 우리가 그리스도와 함께 죽었다가 살아났음을 의미합니다. 성찬식은 그리스도인의 삶에서 반복적으로 행하는 의식으로, 우리 죄를 위해 돌아가신 예수님의 죽음으로부터 오는 영적 양식에 의지하여 계속 살아감을 의미합니다. 예수님께서 우리를 위해 정하신 두 의식이 주로 예수님의 죽음을 보여 준다는 점에서 참 놀랍습니다. 그리스도의 부활이 중요하지 않다는 의미가 아닙니다. 단, 이 두 가지 의식에서 예수님의 죽음에 엄청난 무게가 실려 있음을 놓쳐서는 안 됩니다. 하나님 앞에 우리가 설 수 있는 것은 전적으로 우리 구주 예수님의 죽으심 덕분이니까요.

그렇다면 로마서 6장 3-4절에서 바울은 세례에 대해 무엇을 가르치고 있습니까? 바울이 세례 이야기를 꺼낸 것은, 죄에 대해 죽은 우리가 그 가운데 더 살 수 없다는 앞의 주장과 관련이 있기 때문입니다. 1절 하반절입니다. "은혜를 더하게 하려고 죄에 거하겠느냐?" 2절입니다. "그럴 수 없느니라. 죄에 대하여 죽은 우리가 어찌 그 가운데 더 살리요?" 바로 이 지점에서 바울은 세례를 소개합니다. 3절입니다. "무릇 그리스도 예수와 합하여 세례를 받은 우리는 그의 죽으심과 합하여 세례를 받은 줄을 알지 못하느냐?" 4절입니다. "그러므로 우리가 그의 죽으심과 합하여 세례를 받음으로 그와 함께 장사되었나니 이는 아버지의 영광으로 말미암아 그리스도를 죽은 자 가운데서 살리심과 같이 우리로 또한 새 생명 가운데서 행하게 하려 함이라."

초대 교회에서 보편적으로 행한 세례

세례에 대해서 알게 되는 첫 번째 사실은 세례가 초대 교회에서 보편적으로 행해졌고 바울은 그것을 당연시했다는 점입니다. 바울은 지금 로마에 편지를 쓰고 있는데, 로마는 바울이 한 번도 가보지 못했던 곳이지만, 바울은 모든 그리스도인이 세례를 받는다는 사실을 당연시하고 있습니다. 로마에 세례를 받지 않은 그리스도인이 있다는 것은 생각할 수 없는 일이었습니다. 3절은 이를 두 가지 방식으로 보여 줍니다.

먼저 바울은 그리스도인이 계속해서 죄 가운데 살 수 없는 이유를 설명하면서 그들이 받은 세례의 의미와 모순되기 때문이라고 단순하게 지적합니다. 로마의 그리스도인들이 당연히 세례를 받았음을 짐작케 합니다. "무릇 그리스도 예수와 합하여 세례를 받은 우리는 그의 죽으심과 합하여 세례를 받[았습니다]." 세례는 그리스도와 함께 죽은 것을 의미하고, 죄에 대해 죽은 사람은 더 이상 죄 가운데 살지 않습니다. 그리고 이 진리는 "우리 모두"에게, 즉 모든 그리스도인에게 해당합니다.

두 번째로 바울은 "…알지 못하느냐?"(3절)는 표현을 통해 세례가 보편적으로 행해졌을 뿐 아니라 그들 사이에서 이런 의미로 받아들여지고 있음을 보여 줍니다. 다른 말로 하면, "여러분은 세례의 이런 의미를 당연히 알고 있습니다. 이것이 기본이기 때문입니다. 기초적인 것이니까요. 그리스도인의 삶에서 가장 초보적인 가르침입니다. 모든 신자가 세례를 받을 뿐 아니라 세례의 의미는 어디서든 동일합니다"라는 의미입니다.

따라서 우리는 이를 통해 먼저 모든 그리스도인이 세례를 받았음을 알게 됩니다. 당연한 일이었습니다. 그리고 세례 의미에 대한 이해도 그리스도인의 삶에서 기초적이어서, 로마의 그리스도인들이 이에 대해 몰랐다면 바울은 아연실색했을 것입니다. "무릇 그리스도 예수와 합하여 세례를 받은 우리는 그의 죽으심과 합하여 세례를 받은 줄을 알지 못하느냐?" 당연히 안다는 말입니다. 그리고 마땅히 알아야 합니다. 당연히 모든 그리스도인은 세례를 받고 또 세례의 의미를 알아야 합니다.

침례에 의한 세례

두 번째로, 세례는 물뿌림이나 물을 붓는 행위가 아닌 침례로 행해짐을 알게 됩니다. 이것은 '밥티조'라는 헬라어 단어가 의미하는 그대로입니다. 신약성경에서 세례를 직접 언급하는 구절들 모두 침례를 말하고 있고, 어떤 구절은 침례가 아니면 말이 안 되는 것도 있습니다. 예를 들어, 요한복음 3장 23절은 이렇게 말합니다. "요한도 살렘 가까운 애논에서 세례를 베푸니 거기 물이 많음이라." 사도행전 8장 38절에서 빌립이 에디오피아 내시를 그리스도께 인도합니다. 내시는 자신이 세례를 받아도 되는지 묻습니다. 빌립은 동의합니다. "이에 명하여 수레를 멈추고 빌립과 내시가 둘 다 '물에 내려가' 빌립이 세례를 베풀고."

1) 헬라어 밥티조의 의미, 2) 많은 물이 필요했고 사람들이 물로 내려갔다는 사실과 더불어 3) 로마서 6장 4절의 상징도 설득력이 있습니다. "그러므로 우리가 그의 죽으심과 합하여 세례를 받음으로 그와 함께 장사되었나니 이는 아버지의 영광으로 말미암아 그리스도를 죽은 자 가운데서 살리심과 같이 우리로 또한 새 생명 가운데서 행하게 하려 함이라." 장사 되고 다시 살아나는 모습을 침례가 아닌 그저 물을 뿌리거나 붓는 세례의 방법으로는 보여줄 수 없습니다.*

따라서 신약성경에 나타난 세례는 침례였음을 알게 됩니다. 다르게 생각할 이유가 없습니다. 하나님은 자비하시기에 이를 알지 못해서 다른 방법, 즉 물뿌림이나 물 부음을 행하는 사람들도 용서하시리라 믿지만, 그렇다고 세례 방법이 중요하지 않은 것처럼 다루는 것은 하나님이 원하시는 바가 아닙니다. 오늘 본문에 나타난 상징의 의미가 장사되고 부활하는 모습을 담고 있기에 더욱 그렇습니다.

우리가 그리스도와 함께 죽었음을 의미하는 세례

세 번째로, 여기서 우리는 세례가 그리스도와 함께 죽은 것을 의미

*존 머레이는 세례 안에 그리스도와 함께 장사되었다는 암시가 없다고 주장하지 않습니다. 세례 방법에 대해서는 로마서 6장 5절 "연합한 자가 되고" 또는 6절 "함께 십자가에 못 박히고" 또는 갈라디아서 3장 27절 "옷 입고"와 같은 표현들보다는 로마서 6장 4절 "함께 장사되었다"는 표현이 가장 참고할 만하다고 말합니다.(「로마서 주석」 1권, p. 215.) 하지만 바울은 좀 더 직접적인 방식으로 세례의 행위와 장사되는 것을 분명하게 연결시키고 있고, 그 상징이 너무 완벽하게 맞아떨어져서(우리와 그리스도가 영적으로 연합되었다는 다른 상징들과 달리) 물에 들어가는 행위가 죽음과 장사되는 것을 의미하는 상징이 아니라고는 생각할 수 없습니다.

함을 알게 됩니다. 그 죽음은 갈보리 위에서 성취되었고, 믿음으로 그리스도와 연합할 때 처음 경험합니다. 이 구절들에서 언급된 세 가지 사건에 주목하십시오. 시간 순서가 중요합니다. 먼저 그리스도가 갈보리에서 죽은 역사적 사건입니다. 이때 하나님은 그리스도 안에 있는 우리를 보셨기에 그분의 죽음은 우리 죽음이 되었습니다. 그리스도와 함께 우리 죽음이 성취(accomplishment)되었습니다. 두 번째로, 그리스도를 믿음으로 그리스도와 연합되고 그분의 경험이 우리 경험이 되었기에, 그분과 함께한 우리의 죽음이 우리의 개별적인 죽음이 되었습니다. 하나님께서 갈보리에서 우리를 위해 성취하셨던 그 일이 믿음을 통해 우리에게 적용(application)되었습니다. 세 번째로, 우리는 그리스도의 이름으로 세례를 받았습니다. 그리스도와 함께 우리가 죽은 것이 표명(signification)되었습니다.

따라서 그리스도와 함께 우리가 죽은 것은 갈보리에서 역사적으로 '성취'되었고, 믿음을 통해 개인의 경험으로 '적용'되었고, 세례를 통해 상징적으로 '표명'되었습니다. 역사 안에서 성취되었고, 믿음으로 적용되었고, 세례를 통해 표명되었습니다.

여기서 논란이 생길 수 있습니다. 그래서 제가 말씀드리려는 의미와 왜 이런 해석이 논란이 되는지 밝히겠습니다. 저는 일부러 논란을 일으키려고 하지는 않습니다. 그것이 옳고 바람직하기 때문입니다. 그리스도의 진리 안에서 기뻐하고 다른 사람이 동의하지 않는 부분에 대해서는 논란을 불러일으키고 싶지 않습니다. 그럼에도 불구하고 논란이 되는 내용을 굳이 다루려는 이유는, 다양성이 존재하는 실제 세상에서는 논란을 피할 길이 없기 때문입니다. 제가 위에서 말씀드린 내용에 동의하지 않는 많은 교회가 있습니다.

로마서 6장 3-4절에서 말한 세례가 우리가 그리스도와 함께 죽은 것을 "표명한다"(signify)는 부분에 논란이 있습니다. 이에 반대하는 사람들은 이렇게 말합니다. "아닙니다. 본문은 세례가 그리스도와 함께 우리가 죽은 것을 '표명한다'는 말이 아닙니다. 오히려 세례로 인해(effect, cause, bring about) 우리가 그리스도와 함께 '죽는다'고 말합니다." 이들은 3절 마지막 "그의 죽으심과 합하여 세례를 받은 줄"이라는 부분을 지목합니다. 이 부분이 세례를 받으면서 믿음으로 말미암아 발생한 일을 묘사하는 것으로 간주하지 않고, 세례를 우리가 실제로 그리스도와 죽는 방법이라고 생각합니다. 또 4절 "우리가 그의 죽으심과 합하여 세례를 받음으로 그와 함께 장사되었나니"라는 구절을 더 강조합니다. "세례를 받음으로"(through baptism)라는 표현이 중요하다고 생각합니다. 그들은 세례가 그리스도와 함께 우리가 죽은 것을 상징(symbol)하는 것이 아니라 그리스도와 함께 우리가 죽는 수단(instrument)이라고 말합니다. "우리가 그의 죽으심과 합하여 '세례를 받음으로' 그와 함께 장사되었나니." 세례는 우리가 그리스도와 함께 죽은 때(when)이자 방법(how)이기에, 세례 전에는 그리스도와 연합되지 않았고 의롭다 함을 받지 않았고 구원받지 않았다고 그들은 말합니다.

이런 견해를 주장하는 대표적인 어떤 사람은 이렇게 말합니다. "그리스도의 죽음 안에서 우리가 그분과 연합되고 그래서 우리가 죄에 대해 죽는 일이 세례를 받기 전에 일어난다고 말하는 사람들은 본문 말씀을 있는 그대로 받아들이지 않은 것이다."** 분명 일리가 있어 보이는 주장입니다. "우리가 그의 죽으심과 합하여 '세례를 받음으로' 그와 함께 장사되었다"는 말씀은, 믿음보다는 세례가 우리를 죽게 한 수단인 것처럼 보이게 만듭니다.

세례는 상징인가 수단인가?

그렇다면 저는 왜 이 본문이 "세례가 그리스도와 함께한 우리의 죽음(갈보리에서 성취되었고 믿음으로 그리스도와 연합되었을 때 처음 경험된 죽음)을 표명한다"는 의미라고 말할까요? 세 가지 이유가 있습니다.

1. 로마서뿐 아니라 신약성경 전체가 전하는 놀라운 가르침은, 우리와 그리스도의 연합(이 연합은 믿음을 통해 발생합니다)으로 인해 오직 믿음으로 우리가 의로워진다는 것입니다.*** 로마서 5장 1절은 이렇게 말합니다. "그러므로 우리가 '믿음으로' 의롭다 하심을 받았으

**Jack Cottrell, 'Baptism: A Biblical Study' (Joplin, MO: College Press Publishing Co., 1989), p. 84. 카트렐 박사는 신시내티 성경 신학교에서 가르치는데, 그리스도의 교회("Churches of Christ", "Christian Churches")라는 종파적 견해를 대변합니다. 그는 이렇게 말합니다. "모든 그리스도인은, 죄를 파괴하는 힘의 영역인 그리스도의 죽음으로 들어왔다. 그 치명적인 능력을 갖게 되었다. 언제 그렇게 되었는가? 바로 세례를 통해서다. 우리가 그리스도의 죽음에 연합된 것이, 믿음을 갖기 시작했을 때 혹은 회개했을 때라고 말할 근거는 전혀 없다. 믿어서 그분의 죽음에 참여한 것이 아니다. 회개함으로 그분의 죽음에 참여하지 않았다. 바울은 분명히 '세례를 받음으로 그리스도와 함께 죽었다'고 말한다."

***세례가 언급되지 않은 아래 말씀들에서도 믿음이 구원하는 기능을 한다는 점이 매우 강조된다는 점에 주목하십시오. 따라서 세례가 그리스도와의 연합을 이루는 유일하고 결정적인 도구이고 따라서 세례 없이는 연합도 구원도 없다고 말한다면 매우 이상해집니다. 행 4:4, 32; 10:43; 11:21; 13:39, 48; 14:1; 15:5, 9; 16:31, 34; 20:21; 롬 1:17; 3:22, 25, 26. 28, 30; 4:5, 9, 11, 13; 5:2; 9:30; 10:6, 9-17; 13:11; 고전 1:17-21; 15:2; 갈 2:16; 3:2, 5, 7-9, 14, 22, 24-27; 5:6; 엡 1:13; 2:8; 빌 3:9; 딤후 3:15 등등.

니 우리 주 예수 그리스도로 말미암아 하나님과 화평을 누리자." '믿음과 세례로 의롭다 하심을 받았다'고 말하지 않습니다. 또 로마서 8장 1절입니다. "그러므로 이제 그리스도 '예수 안에 있는' 자에게는 결코 정죄함이 없나니." 다른 말로 하면, 칭의(즉 정죄에서 벗어나는 것)는 '예수 그리스도 안에서' 받게 됩니다. 또 칭의는 '믿음을 통해' 옵니다. 따라서 믿음이야말로 우리를 그리스도 예수 안에 있게 하는 방편이자, 칭의를 얻는 유일한 수단입니다. 그러면 세례는 무엇입니까? 세례는 믿음 바로 뒤에 따라오는 것으로,**** 그리스도와의 이 위대한 연합을 겉으로 '표명'합니다. 특히 그분의 죽으심과 부활하심에 연합되었음을 드러냅니다. 그러나 그리스도와의 영적이고 내적인 연합은 내면에서 일어나는 믿음이라는 영적 행위를 통해 옵니다. 세례라는 외적이고 물리적인 행위를 통해 오지 않습니다.

2. 바울이 믿음과 세례를 명시적으로 연결지을 때는, 믿음이 우리를 그리스도와 연합시키는 도구라는 사실을 보여 주려는 의도가 있습니다. 예를 들어, 갈라디아서 3장 26-27절 말씀입니다. "너희가 다 믿음으로 말미암아 그리스도 예수 안에서 하나님의 아들이 되었으니 누구든지[for all of you] 그리스도와 합하기 위하여 세례를 받은 자는 그리스도로 옷 입었느니라." 27절이 for라는 단어로 시작하는

****사도행전에서, 우리가 아는 모든 세례는 처음 믿음을 얻게 된 바로 그 날에 행해졌습니다. 행 2:41(3천명), 8:36-38(에티오피아 내시), 9:18(바울), 16:15(루디아), 16:33(빌립보 간수). 믿음으로 그리스도와 연합되는 것과 세례를 통해 그 믿음을 표명하는 것은 너무나 밀접하게 연결되어 있습니다. 그런데 우리는 지금까지 이 둘을 너무 멀리 분리했기 때문에 혼동이 있었던 것으로 생각됩니다.

데 이는 그리스도와 합하기 위한 세례가 믿음을 겉으로 드러내는 표현 혹은 믿음을 증명하는 행위라는 의미입니다. 하지만 우리가 하나님 자녀가 되는 것은 "믿음으로 말미암아" 됩니다.

골로새서 2장 12절에서 바울은 말합니다. "너희가 세례로 그리스도와 함께 장사되고 또 죽은 자들 가운데서 그를 일으키신 하나님의 역사를 믿음으로 말미암아 그 안에서 함께 일으키심을 받았느니라." 여기서 다시 한 번, 우리가 장사되고 부활하는 것은 믿음을 통해서라고 말합니다. 믿음을 통해 그리스도와 연합되는 이 내적이고 영적인 경험을 겉으로 표현하는 것이 세례입니다. 우리를 그리스도와 연합시켜서 의롭다 함을 받게 하는 도구는 믿음입니다.

3. 하지만 로마서 6장 3-4절 말씀도 이런 의미를 드러냅니까? 그렇습니다. 로마서 6장 3-4절은 그리스도와 함께 죽는 도구(instrument)가 아닌 그리스도와 함께한 죽음을 상징(symbol)합니다. 바울은 말합니다. "그리스도 예수와 합하여 세례를 받은 우리는 그의 죽으심과 합하여 세례를 받은 줄을 알지 못하느냐? 그러므로 우리가 그의 죽으심과 합하여 세례를 받음으로 그와 함께 장사되었나니." 이 말이 수단이 아니라 상징임을 보이기 위해 한 가지 비유를 들어보겠습니다. "결혼반지를 낀 사람들은 반지를 낌으로써 오직 자신의 아내에게만 충실하고 다른 사람은 배제하게 됩니다. 그러므로 저도 이 반지를 낌으로써 제 아내와만 연합되고 다른 사람에 대해서는 죽습니다." 여러분은 제 말을 듣고 혹시 이렇게 생각할 수도 있습니다. "아, 목사님이 실제로 반지를 끼는 행동으로 다른 사람을 배제하고 사모님에게만 충실하게 되는구나. '이 반지를 낌으로써 제 아내

와만 연합합니다'라고 분명히 말씀하셨잖아? 그러니까 반지가 그렇게 만든다는 말이지."

하지만 그것은 제가 하고 싶은 말이 아닙니다. 반지를 낀 것은 다른 사람은 배제하고 아내에게만 충실하겠다는 표시(sign)일 뿐입니다. 다른 사람을 멀리하고 아내에게만 충실해지는 결정적 계기는 결혼 서약, 맹세, 약속을 통해서입니다. "저는 당신에게 성실할 것을 서약합니다." 그런 다음 상징으로서 반지를 끼는 것입니다.

이 비유에서 맹세는 그리스도를 믿는 믿음을 상징하고, 반지는 세례를 상징합니다. 그리고 제가 말씀드리고 싶은 요지는 우리가 너무 자주 이 둘을 혼동한다는 사실입니다. 상징이 마치 그 의미하는 바를 실제로 만들어내는 것처럼 종종 말합니다.

오직 믿음으로 받는 칭의

따라서 요지는 다음과 같습니다. 로마서 6장 3-4절은 앞에서 다룬 로마서 1장부터 5장까지의 내용, 즉 믿음으로 그리스도와 연합되고 따라서 오직 믿음으로 의롭다 함을 받는다는 가르침과 모순되지 않습니다. 오히려 세례는, 갈보리에서 '역사적으로' 우리를 위해 성취되었고 그 후 믿음을 통해 '경험적으로' 우리에게 적용되었던 그리스도와 함께 우리가 죽은 것을 표명(묘사, 극화, 외적으로 표현, 상징)하는 것입니다.

이제 이것을 우리 삶에 적용하는 문제가 남습니다. 그리스도를 믿고 세례를 받으셨습니까? 바울은 6장 나머지 전체(그리스도인으로서의 모든 남은 삶!)가 이것을 기반으로 세워질 수 있다고 생각합니다. 즉 우리가 그리스도와 함께 장사되었다가 새 생명으로 부활했다는 상징이 세례임을 알고 이해하는 것이 그리스도인으로서 우리의 나머지 모든 삶의 기반이 된다는 것입니다.

그러므로 우리 다 함께 믿고 세례를 받읍시다. 우리 자신을 죄에 대해서는 죽고 하나님에 대해 살아난 존재로 여깁시다. 이렇게 여긴다는 것이 무엇을 의미하는지 다음 주에 다시 한 번 숙고해 보겠습니다.

13장

그리스도와 함께 죽고 함께 살다 (3부)

로마서 6:1-7

그런즉 우리가 무슨 말을 하리요 은혜를 더하게 하려고 죄에 거하겠느냐. 그럴 수 없느니라 죄에 대하여 죽은 우리가 어찌 그 가운데 더 살리요. 무릇 그리스도 예수와 합하여 세례를 받은 우리는 그의 죽으심과 합하여 세례를 받은 줄을 알지 못하느냐. 그러므로 우리가 그의 죽으심과 합하여 세례를 받음으로 그와 함께 장사되었나니 이는 아버지의 영광으로 말미암아 그리스도를 죽은 자 가운데서 살리심과 같이 우리로 또한 새 생명 가운데서 행하게 하려 함이라. 만일 우리가 그의 죽으심과 같은 모양으로 연합한 자가 되었으면 또한 그의 부활과 같은 모양으로 연합한 자도 되리라. 우리가 알거니와 우리의 옛 사람이 예수와 함께 십자가에 못 박힌 것은 죄의 몸이 죽어 다시는 우리가 죄에게 종 노릇 하지 아니하려 함이니, 이는 죽은 자가 죄에서 벗어나 의롭다 하심을 얻었음이라. _롬 6:1-7

지난주에는 3-4절 말씀, 특히 세례의 의미에 집중했습니다. 이번 주에는 5절을 다루려고 합니다. 5절 말씀은 우리가 행하는 모든 것들과 심대한 관련이 있습니다. 몇 가지 방법으로 이에 대해 알아 보겠습니다.

삶 전체와 관련 있다

4절 마지막을 보십시오. "새 생명 가운데서" 행하게 하려고 우리에게 무언가 심오한 일이 일어났음을 세례가 의미한다고 바울은 말합니다. "새 생명"은 삶의 일부가 아닌 삶 전체에 해당합니다. 5절에서 이 새 생명이 어떻게 생기는지에 대한 바울의 설명이 시작됩니다. 이 새 생명의 기반, 근원은 무엇입니까? 삶의 전 영역에서 완전히 새로운 사람이 되는 방법에 대해 5절은 말해 줍니다.

6절 마지막에도 다시 한 번 나옵니다. "다시는 우리가 죄에게 종노릇 하지 아니하려 함이니." 이것이 5-6절의 목표입니다. 삶의 모든 영역에서 죄에게 종 노릇 하지 않는 것입니다. 그래서 이 본문이 우리가 행하는 모든 일과 심대한 관련이 있다고 말씀드리는 겁니다. 삶에서 일부 종교적인 부분에만 해당하는 그런 말씀이 아닙니다. 우리의 삶 '전부'가 포함됩니다. 정치 참여와 투표 문제, TV를 보는 습관, 여가를 보내는 방법, 사업하는 방식, 직업에 대한 견해, 옷 입고 밥 먹고 돈을 쓰는 경향, 배우자나 자녀, 친구, 이웃, 동료를 대하는 마음 자세, 선교에 임하는 태도 등 모든 것이 해당합니다.

오늘 본문에서 바울은 죄와 맞서려는 우리의 싸움을 돕습니다. 계속해서 죄를 짓지 않도록 돕기 원합니다. 1-2절 말씀을 기억하실 것입니다. "그런즉 우리가 무슨 말을 하리요 은혜를 더하게 하려고 죄에 거하겠느냐? 그럴 수 없느니라!" 바울은 우리가 계속해서 죄에 머물지 않도록 돕기 원합니다. 하나님께서 이 로마서 말씀을 사용해 우리가 죄에 대해 승리하도록, 혹은 좀 더 긍정적으로 표현해서, 새 생명 가운데 행하도록 하실 것을 바울은 믿습니다. 우리가 완전히 새로운 사람이 되도록 바울은 돕고 싶어 합니다.

바울은 먼저 우리에게 세례의 의미를 보여 주는 것으로 그 작업을 시작했습니다. 즉 우리가 그리스도와 함께 죽었고 새 생명 가운데 행하도록 다시 살아났음을 보여 주는 것이 세례라고 말합니다. 세례는 우리 삶 가운데 행하시는 하나님의 역사로 말미암아 우리가 그리스도와 함께 장사되었고 그리스도와 함께 살아났음을 극적으로 재현(re-enactment)합니다. 4절에서 이에 대해 볼 수 있습니다. "그러므로 우리가 그의 죽으심과 합하여 세례를 받음으로 그와 함께 장사되었나니 이는 아버지의 영광으로 말미암아 그리스도를 죽은 자 가운데서 살리심과 같이 우리로 또한 새 생명 가운데서 행하게 하려 함이라."

새 생명

5절은 여기서 한 단계 더 들어갑니다. 어떻게 자신을 "그리스도와 함께 장사된" 존재로 여길 수 있는지, 그리고 어떻게 그리스도의 부활이 우리가 새 생명 가운데 행하는 것을 보증하는지 설명합니다. 우리가 어떻게 그리스도와 함께 죽고 사는지를 설명하려고 바울이 언급한 그리스도와의 연합을 5절 말씀은 명백하게 보여줍니다. "만일 우리가 그의 죽으심과 같은 모양으로 연합한 자가 되었으면 또한 그의 부활과 같은 모양으로 연합한 자도 되리라."

아마 처음에는 "그의 죽으심과 같은 모양으로"가 세례를 일컫는 것이라고 생각할 수 있습니다.* 물로 들어가는 것은 그리스도가 장사된 모습과 유사(like)합니다. 하지만 그렇게 생각하면 다음에 나오는 "부활과 같은 모양으로"가 말이 되지 않습니다. "부활과 같은 모양으로"도 세례(물에서 나오는 것)를 언급하는 것으로 해석해야 하는데, 여기서 미래 시제를 쓰고 있는 점에 주목하십시오. 아직 일어나지 않은 일입니다. "만일 우리가 그의 죽으심과 같은 모양으로 연합한 자가 되었으면 또한 그의 부활과 같은 모양으로 연합한 자도 되리라(shall also be)." 그리스도와 연합되어 있기 때문에 미래 어느 시점에 우리가 분명히 얻게 될 부활에 대한 언급입니다. 따라서 과거에 있었던 세례에 대한 언급일 수 없습니다. 또 5절 앞부분의 "만일 우리가 그의 죽으심과 같은 모양으로 연합한 자가 되었으면"도 세례에 대한 언급이 아닐 수 있습니다.

그래서 바울은, 그리스도와 함께한 우리의 죽음 및 부활이 그리스도의 죽음 및 부활과 동일하지 않고 많이 유사하다고 말합니다. 그리스도는 우리를 위해 흠 없는 희생 제물로 죽으셨습니다. 그분과 함께 우리가 죽은 것은 그분의 죽음과 똑같지 않습니다. 그리고 그리스도는 죽음을 멸하는 위대한 추수의 첫 열매로 다시 살아나셨습니다. 하지만 그분과 함께 우리가 부활하는 것은 그것과 똑같지 않

*NIV 성경에는 "like this(개역개정: "같은 모양으로")"라고 표기되어 있어서, 앞에서 말한 세례를 언급한 것으로 착각할 수 있습니다. 하지만 그렇지 않습니다. 또 뒷부분 부활에는 이 표현이 빠져 있는데("If we have been united with him like this in his death, we will certainly also be united with him in his resurrection."), 일관성을 유지하려면 이렇게 고쳐야 합니다. "……we will certainly also be united with him like this in his resurrection." 하지만 이 문장을 보면 "like this"가 세례를 의미하는 것이 아님을 알 수 있습니다. 세례는 미래가 아니라 과거이기 때문입니다.

을 것입니다. 우리의 죽음과 부활은 그리스도의 그것과 똑 같지 않고 "유사"(like)합니다(롬 8:3 "모양으로"[likeness]와 비교).

하지만 5절의 요지는, 바울이 6장에서 그리스도와 함께 죽고 사는 것에 대해 말한 모든 것은 '그리스도와의 연합' 때문에 가능하다는 것입니다. 이것이 정말로 중요합니다. 우리 자신이나 그리스도와의 관계에 대해 생각할 때 이 사실을 늘 염두에 두지 않았다면 지금부터라도 생각의 틀에 고정시켜야 합니다. 바울은 "그리스도 안에서"(in Christ)라는 표현을 무려 73번이나 사용했습니다.** 그리스도와 연합된 것("그리스도 안에" 있는 것)이 가장 중요한 실체입니다.

그리스도와의 연합

오늘 아침 저는 이 부분에 집중하려고 합니다. 우리 삶과 그리스도와의 관계에 관한 이 위대한 진리를 이해하고 즐거워할 수 있었으면 좋겠습니다. 그리스도와 연합한다는 것이 어떤 의미인지 제대로 이해하고 깨달을 수 있다면, 우리는 정말 행복하고 거룩한 사람들이 될 것입니다.

5절에서 가장 중요한 부분인 "연합한 자가 되었다"는 표현을 놓치지 마십시오. 우리는 그분과 연합되었습니다! 그리스도와의 연합이라는 위대한 교리가 여기 있습니다. 아니, 그리스도와의 연합이라는 위대한 실체라고 해야 더 적절합니다. 이 실체를 마음 깊이 새기며

**73번 모두 우리와 그리스도의 연합을 언급하지는 않았습니다.

더 깊이 들어가 보겠습니다.

바울 서신서 중에 우리와 그리스도와의 연합을 중요하게 다룬 본문들이 여러 군데 있습니다. 예를 들어, 고린도전서 1장 30절에서 바울은 이렇게 말합니다. "너희는 하나님으로부터 나서 그리스도 예수 안에 있고[그리스도와 연합되었고] 예수는 하나님으로부터 나와서 우리에게 지혜와 의로움과 거룩함과 구원함이 되셨으니." 하나님께서 연합을 이루십니다. "하나님으로부터 나서[by God's doing] 그리스도 예수 안에 있고." 문자 그대로 하면, "하나님으로부터[from God] 그리스도 예수 안에 있다"는 의미입니다. 하나님이 그분의 은혜로 연합을 이루십니다. 우리는 믿음으로 그 연합을 받아들이고 경험합니다(갈 2:20).

연합의 중요성

하지만 그리스도와의 연합이 갖는 중요성에 주목해야 합니다! 하나님의 역사하심으로 그리스도 안에 있다면, 그리스도는 우리를 위해 "하나님으로부터 오는 지혜, 의, 성화, 구원"이 되어 주십니다. 그리스도가 우리를 위해 행하시는 모든 것은 우리가 "그분 안에" 있기 때문에 가능한 일입니다. 바울이 로마서 6장 5절에서 말하듯 우리가 그분과 연합한 자가 되었기 때문입니다.

- 이 연합 안에서 그리스도는 우리를 위해 지혜가 되시고, 이 지혜를 통해 우리는 치명적인 무지와 무분별을 극복합니다.
- 이 연합 안에서 그리스도는 우리를 위해 의가 되시고, 이 의를 통해 우

리는 죄책과 정죄를 극복합니다.

- 이 연합 안에서 그리스도는 우리를 위해 성화가 되시고, 이 성화를 통해 우리는 부패와 타락을 극복합니다.
- 이 연합 안에서 그리스도는 우리를 위해 구원이 되시고, 이 구원을 통해 죄와 죄책의 결과로 오는 (질병과 죽음 같은) 모든 비참함과 고통, 허무를 극복합니다(롬 8:23에 나오는 "구원"과 비교).***

영적 무지와 무분별의 상태에서 벗어나고 싶습니까? 하나님이 받아 주시고 죄 없다 하시고 의롭다 하시는 근거인 그리스도의 의를 소유하고 싶습니까? 이미 말소된 죄를 극복하도록 도우시는 그리스도의 성화의 능력이 우리 삶에 있기를 원합니까? 비참함과 죽음으로부터 최종적으로 구원받기 원합니까? 그렇다면 그리스도와의 연합을 소중히 여기십시오. 그분과 연합된 것을 기뻐하십시오. 이것이 의미하는 바를 더욱 깊이 깨달으십시오. 이 진리 안에서 살아 가십시오. 이 진리를 맛보십시오. 하루 종일 이 진리를 붙들고 살아 가십시오. 밤낮으로 묵상하십시오. 그리스도와 연합한다는 것의 의미를 자주 곱씹으십시오. "하나님으로부터 나서 그리스도 예수 안에 있다"는 말씀의 의미를 놓치지 마십시오.

그리스도와의 이 위대한 연합을 찬양하는 구절들이 얼마나 많은

***존 플라벨 목사가 고린도전서 1장 30절을 설교하면서 했던 말들 중에서 몇 가지를 여기서 사용했습니다. John Flavel, The Method of Grace(Grand Rapids, MI: Baker Book House, 1977), p. 14.

지요! 고린도후서 5장 21절로 가보겠습니다. "하나님이 죄를 알지도 못하신 이를 우리를 대신하여 죄로 삼으신 것은 우리로 하여금 그 안에서 하나님의 의가 되게 하려 하심이라." 여기서 가장 중요한 단어는 "그 안에서"(in Him)입니다. "우리로 하여금 그 안에서 하나님의 의가 되게 하려 하심이라." 그리스도가 죄가 되신 것과 같은 방식으로 우리가 하나님의 의가 된 것은 바로 그리스도와 우리가 연합되었기 때문입니다. 즉 "그리스도 안에" 있기 때문입니다. 그리스도는 죄가 없으셨지만, 하나님은 우리 죄를 그분에게 지우셨습니다. 우리는 죄악 되었지만 하나님은 그리스도의 의를 우리에게 지우셨습니다. 하나님께서 그렇게 하신 것은 우리가 "그분 안에" 있기 때문이었습니다.

고린도후서 5장 21절은 로마서 3-5장에서 보았던 위대한 진리(칭의, 곧 하나님 앞에서 의가 되는 것은 믿음으로 그리스도와 연합되었기 때문이라는 진리)를 강조합니다. 갈라디아서 2장 17절은 "우리가 '그리스도 안에서' 의롭게 되려 한다"고 말합니다. 로마서 8장 1절은 "그러므로 이제 '그리스도 예수 안에 있는' 자에게는 결코 정죄함이 없다"고 말합니다. 그리스도 안에서 의롭다 여겨집니다! 그리스도 안에 있을 때 정죄함이 없습니다! 하나님께서 우리 각자에게 정죄할 것이 없다고 말씀하시는 것을 듣는 일보다 더 귀한 것은 없습니다. 하나님께서 죄책을 느끼는 우리를 향해 '의롭다'고 선포하시는 음성을 듣는 일보다 더 귀한 것은 없습니다. 이런 판결을 들을 때 자신이 하나님과 화목하게 된 것을 소중히 여긴다면, 그리스도와 연합되었다는 사실 또한 소중히 여기십시오. 세상에서 가장 소중하게 여기십시오.

칭의와 성화를 이해하는 열쇠

이제 우리는 로마서 6장의 그리스도 안에 있는 칭의라는 주제에서 그리스도 안에 있는 성화라는 주제로 옮겨 가겠습니다. (나중에 살펴보겠지만, 이 둘은 매우 긴밀히 연결되어 있습니다). 다른 말로 하면, 우리와 그리스도의 연합은 칭의 —오직 믿음으로 하나님과 화목하는 것— 를 이해하는 열쇠입니다. 또 그리스도와의 연합은 성화 —계속해서 죄 안에 거하지 않고 더 이상 죄의 종 노릇 하지 않고 새 생명 가운데 행하는 새 사람이 되는 것— 를 이해하는 열쇠이기도 합니다.

그리스도와의 연합이 어떻게 실제로 우리를 새 사람으로 만드는지는 다음에 자세히 다루겠습니다. 오늘은 그리스도와의 연합이, 하나님과 화목을 이루고 새 사람이 되는 데 있어서(칭의와 성화에 있어서) 얼마나 중추적인 역할을 하는지에 초점을 맞추려고 합니다.

우리가 도덕적, 영적으로 새 사람이 되는 데 있어서 그리스도와의 연합이 핵심 역할을 한다는 것을 보여 주는 다른 성경구절은 에베소서 2장 10절입니다. 여기서 바울은 "우리는 그가 만드신 바라. '그리스도 예수 안에서' 선한 일을 위하여 지으심을 받은 자니"라고 말합니다. 이것은 칭의가 아닙니다. 도덕적 변화를 가리킵니다. 그리스도와의 연합 안에서, 하나님은 우리를 새 사람으로 만드셨습니다. 그리스도와 함께 죽고 새 생명 가운데 행하도록 다시 살아났다는 것을 이르는 또다른 표현 방식입니다. 그리스도 안에서 우리는 하나님이 만드신 새로운 피조물입니다. 그리고 그리스도 안에서 새 사람이 되는 목표는 선한 일을 위해서입니다. "그리스도 예수 안에서 선한 일을 위하여 지으심을 받은 자니." 곧 성화입니다.

바울은 이에 대해 고린도후서 5장 17절에서 다른 식으로 말합니다. “그런즉 누구든지 그리스도 안에 있으면 새로운 피조물이라. 이전 것은 지나갔으니 보라 새 것이 되었도다.” 의심의 여지가 없습니다. 그리스도 안에 있다면, 우리는 정말 새로운 피조물입니다. 하나님께서 우리를 그리스도와의 연합 안에서 새로운 피조물로 창조하셨습니다. 그리스도 예수를 믿는 사람이라면 새로운 존재입니다. 이전 것은 지나갔습니다. 새것이 되었습니다. 로마서 6장 6절도 이와 동일한 말씀입니다. “우리의 옛 사람이 ‘예수와 함께’ 십자가에 못 박힌 것은 … 다시는 죄에게 종 노릇 하지 않고” 새 생명 가운데 행하게 하려는 것입니다. “이전 것은 지나갔으니”와 “우리 옛 사람이 십자가에 못 박혔다”는 표현은 같은 의미입니다. “새것이 되었다”와 “새 생명”이 같은 의미입니다.

그리스도 예수 안에 있는, 그리스도와 연합된 우리가 바로 이런 사람들입니다. 우리는 죄에 대해 죽었습니다. 우리는 “그의 죽으심과 같은 모양으로 연합한 자가 되었습니다”(롬 6:5). 우리 옛 사람은 죽었습니다. 우리는 새 생명 가운데 행하기 위해 영적으로 다시 살아났고 언젠가 “그의 부활과 같은 모양으로 연합한 자가 될 것입니다.” 이전 것은 지나갔습니다. 새것이 되었습니다. 그리고 새 생명 가운데 행하는 것이 우리 인생(삶의 일부가 아니라)의 소명입니다. 우리 자신을 죄에 대해 죽고 하나님에 대해 산 자로 여기십시오. 그리스도 안에 있는 우리의 참 모습을 경험하며 살기 바랍니다.

하나님과 우리에 대한 하나님의 말씀을 믿으라

위 소제목이 의미하는 바는 간단합니다. 그리스도 안에서 우리에게 무슨 일이 일어났으며 우리가 누구이며 또 하나님이 누구신지에 대해 하나님께서 말씀하실 때 그대로 믿으라는 말입니다. 하나님을 믿으십시오. 예를 들어, 하나님께서 바울을 통해 "나의 하나님이 '그리스도 예수 안에서' 영광 가운데 그 풍성한 대로 너희 모든 쓸 것을 채우시리라"(빌 4:19)고 말씀하실 때 하나님을 믿으십시오. "내가 확신하노니 사망이나 생명이나 천사들이나 권세자들이나 현재 일이나 장래 일이나 능력이나 높음이나 깊음이나 다른 어떤 피조물이라도 우리를 '우리 주 그리스도 예수 안에 있는' 하나님의 사랑에서 끊을 수 없으리라"(롬 8:38-39)는 하나님의 말씀을 믿으십시오.

그리스도 안에 있다는 것은 이런 말씀을 믿는다는 의미입니다. 그리스도 안에 있을 때 모든 필요가 채워질 것을 믿으십시오. 그리스도 안에 있으면 하나님의 변함없는 사랑에서 끊어지지 않을 것임을 믿으십시오. 이러한 믿음은, 하나님께서 그리스도 안에서 우리를 위해 준비한 모든 것에 만족하고 그리스도의 장성한 분량으로 성장하는 것을 의미합니다. 그분을 믿으십시오.

14장

그리스도 안에 있는 자는 다시 죽지 않는다

로마서 6:1-11

그런즉 우리가 무슨 말을 하리요 은혜를 더하게 하려고 죄에 거하겠느냐. 그럴 수 없느니라 죄에 대하여 죽은 우리가 어찌 그 가운데 더 살리요. 무릇 그리스도 예수와 합하여 세례를 받은 우리는 그의 죽으심과 합하여 세례를 받은 줄을 알지 못하느냐. 그러므로 우리가 그의 죽으심과 합하여 세례를 받음으로 그와 함께 장사되었나니 이는 아버지의 영광으로 말미암아 그리스도를 죽은 자 가운데서 살리심과 같이 우리로 또한 새 생명 가운데서 행하게 하려 함이라. 만일 우리가 그의 죽으심과 같은 모양으로 연합한 자가 되었으면 또한 그의 부활과 같은 모양으로 연합한 자도 되리라. 우리가 알거니와 우리의 옛 사람이 예수와 함께 십자가에 못 박힌 것은 죄의 몸이 죽어 다시는 우리가 죄에게 종 노릇 하지 아니하려 함이니, 이는 죽은 자가 죄에서 벗어나 의롭다 하심을 얻었음이라. 만일 우리가 그리스도와 함께 죽었으면 또한 그와 함께 살 줄을 믿노니 이는 그리스도께서 죽은 자 가운데서 살아나셨으매 다시 죽지 아니하시고 사망이 다시 그를 주장하지 못할 줄을 앎이로라. 그가 죽으심은 죄에 대하여 단번에 죽으심이요 그가 살아 계심은 하나님께 대하여 살아 계심이니, 이와 같이 너희도 너희 자신을 죄에 대하여는 죽은 자요 그리스도 예수 안에서 하나님께 대하여는 살아 있는 자로 여길지어다. _롬 6:1-11

오늘은 저의 고백으로 설교를 시작할까 합니다. 여러분께 고백드릴 것은, 제가 실존주의(existentialism)라는 단어에 '오랜 애착'을 갖고 있다는 사실입니다.

실존주의라는 용어에 대한 오랜 애착

굳이 '오랜 애착'이라고 표현한 이유는, 그 용어가 제가 젊은 시절을 보낸 1960년대 시대상의 거대한 일부이기 때문입니다. 1960년대는 실존주의와 더불어 베트남 전쟁, 비틀즈, 소니 앤 셰어(1964년 결성돼 1974년 해체된 미국 팝 듀오), 피터, 폴 앤 메리(61년 결성된 3인조 혼성 포크 음악 그룹), 그룹 마마스 앤 파파스, 딜런 토마스(웨일즈 출신의 시인), 존 F. 케네디, 민권법과 마르틴 루터 킹, 존 스타인벡, 어니스트 헤밍웨이, 로버트 프로스트, 칼 샌드버그, 닐 암스트롱, 히피, 헤이트 애시배리(Haight Ashbury, 60년대 미국 히피 문화의 중심 거리), LSD, 예수 운동가들(Jesus People, 열광적인 무교회주의자들, 현대 젊은이의 반문화적 집단), 캐시어스 클레이(무하마드 알리), C. S. 루이스, 사신신학(the death of God)이 풍미하던 시절이었습니다. 그 당시 우리가 공기처럼 호흡하던 것들이 이랬습니다.

저는 1960년에 14살이었고, 1970년에는 24살이었습니다. 누구에게나 14살부터 24살까지는 한 마디로 격동의 시기입니다. 사춘기, 여드름, 고등학교, 대학교, 결혼, 신학교, 저의 이 모든 일이 60년대에 일어났습니다. 그리고 60년대의 우리가 호흡하던 공기 중에 가장 만연해 있던 것이 한 마디로 정의 내리기 어려운 "실존주의"였습니다.

신도 없고 소망도 없는 세계관

실존주의는 그 자체가 하나의 세계관으로서 거기에는 신도 없고 소망도 없었습니다. 알베르 카뮈는 부조리극으로 이를 표현했고, 장 폴 사르트르는 소설로, 마르틴 하이데거는 방대한 철학책으로 이를 담아냈습니다. 그 안에 하나님은 없습니다. 삶이나 우주에 대한 최종의 궁극적인 의미도 없습니다. 삶을 위한 고정된 가치나 표준도 없습니다. 그저 날것 그대로의 실존(raw existence)과 급진적이고 뿌리 없는 자유가 있을 뿐입니다. 실존주의자들에게 어쩌면 삶은 부조리합니다.

실존주의가 추구하는 의미는 여기 혹은 저기 있는 어떤 주어진 본질(essence)에 의해 형성되지 않습니다. 우리 실존으로(with your existence) 행하다 보면 순간 순간 무(nothingness)로부터 의미가 창조됩니다. 그래서 "실존주의"라는 이름이 붙습니다. 실존을 이용해 실제가 되게 하는 것만 실제입니다.

당시의 영성

하지만 60년대의 소망 없고 텅 빈 세계관은 70년대 풍미했던 성적 탐닉이나 80년대의 자기주의(self-ism)는 아직 양산하지 않았습니다. 60년대에는 그래도 도덕적 비전(moral vision)이라는 강한 바람이 불고 있었습니다. 우리는 이렇게 노래할 수 있었습니다. "친구여, 바람이 그 답을 알고 있어요."

그리고 수많은 사람이 하나님의 아들 예수 그리스도의 복음을 통해 그 답을 들었습니다. 그분은 이전에 살았던 어느 누구와도 다른 삶을 사셨고 다르게 사랑하셨습니다. 그분은 다른 사람의 죄를 지기 위해 고통과 죽음을 택하셨습니다. 그분은 이생의 허탄함을 극복할 소망을 주기 위해 죽은 자 가운데서 살아나셨습니다. 그분은 자기 백성이 그분이 살았던 대로 살도록 돕기 위해 오늘도 자신의 영(성령)으로 그들을 채우시고, 영원한 생명과 기쁨으로 이끄십니다.

어떤 사람은 이 대답을 C. S. 루이스의 책에서 찾았고, 어떤 사람은 키에르케고르의 음성에서 찾았고, 어떤 사람은 디트리히 본회퍼, 어떤 사람은 마르틴 루터 킹, 어떤 사람은 샌프란시스코와 아프가니스탄 카불 사이 어디쯤에서 구슬 장식을 매단 긴 머리에 샌들을 신고 성경을 손에 쥔 어느 이름 모를 젊은이로부터 찾았습니다.

그리고 이 메신저들이 갖는 하나의 공통점은 실존주의 영성이었습니다. 소망 없는 세계관으로서의 실존주의가 아니라 급진적이고 열정적인 실존을 추구하는 정신입니다. 이 정신은 열정과 위험과 헌신이 없는 삶은, 그것이 아무리 객관적이고 실체적이어도, 그것이 아무리 증명할 수 있고 확실하고 질서정연해도, 가짜라고 생각합니다. 열정이 있고 위험을 감수하며 자신의 인생을 던지지 않는다면 그런 삶은 가짜입니다.

키에르케고르, 본회퍼, 루이스

키에르케고르는 덴마크 교회의 생명력 없는 신앙관행을 거부하는데 자신의 모든 실존을 쏟아 부었습니다. 덴마크 교회가 말하는 신앙은 교리에 대해 그저 '예, 예' 대답하고 세례와 견진성사, 의례들에 참여하면 그만이었습니다. 키에르케고르가 쓴 「마음의 순결은 한 가지만 바라는 것이다」라는 책을 읽었던 기억이 나는데, 마치 구름 한 점 없는 높은 산꼭대기에 있는 그런 기분이었습니다. 채드 월시(Chad Walsh)는 그것을 충격 요법이라고 불렀습니다.

본회퍼는 히틀러가 통치하던 제3제국과 타협하지 않고 독일 고백 교회를 이끌면서 자신의 목숨을 바쳤습니다. 그래서 그의 책 「옥중 서간」과 「제자도의 대가」를 읽을 때면 다른 책에서는 느낄 수 없는 실존적인 열정이 느껴집니다.

C. S. 루이스는 케임브리지 대학에서 문학을 가르치며 문학의 목소리로 "세계를 떠들썩하게 하는 영웅담이나 비극을 만드는 것보다 한 영혼의 구원이 더 소중하다"*는 말을 했는데, 여기서 실존주의 냄새를 맡을 수 있습니다.

이 경험에서 생겨난 상처와 힘

저는 소년시절부터 성년이 되기까지 이런 실존주의 분위기에서 자랐습니다. 말하자면, "종교를 가지고 장난을 치거나, 학문적인 경력을 가지고 장난을 치려거든, 내 주위에서는 하지 마라. 내가 존중하는 유일한 신앙은 실제하고, 절실하고, 위험을 감수할 만하고, 삶을 변화시키는, 실존적인 믿음뿐이기 때문이다. 그리고 진리에 대한 열정, 사랑, 하나님, 영생에 이끌린 학문적 수고만을 진정한 학문으로

*C.S. Lewis, Christian Reflections, Grand Rapids: William B. Eerdmans Publishing Co., 1967, p. 10.

인정한다"고 말하는 분위기에서 자랐습니다.

제가 앞에서 고백이라고 말한 것은 이런 의미에서입니다. 이런 실존주의 분위기에서 성장할 때 일정 부분 죄악된 면면들을 갖게 된다는 것을 저도 인식하고 있기 때문입니다. 한 가지 예를 들어, 저는 우리를 통해 드러나는 오늘의 기독교를 참을 수가 없습니다. 예수 그리스도의 이름을 부르는 사람들이 세상 사람들과 다를 바 없이 돈을 쓰고 직장 생활을 하고 여가를 보내고 있기 때문입니다. 그렇다 해도 참지 못하는 것은 미덕이 아닙니다. 가짜와 위선에 대해 분노하다 보면, 약한 자들을 체휼하지 못하고 과정 중에 있는 사람들을 참지 못할 때가 많습니다. 제게 이런 약점이 있음을 숨기지 않겠습니다. 다만, 저도 노력할 테니 여러분도 저를 위해 기도해 주십시오. 60년대를 지나왔기에 상처도 있고 힘도 있습니다.

오늘은 부활절 아침입니다. 제가 지금 언급한 이 모든 내용이 예수님의 부활과 무슨 관련이 있을까요?

부활에 관한 숨 막히는 사실 네 가지

본문에서 죽은 자 가운데서 부활하는 것에 대한 네 가지 숨 막히는 사실을 보게 됩니다. 환생이나 유체이탈, 혹은 유령이나 영, 이런 이야기를 하는 것이 아닙니다. 그리스도의 몸과 혼과 영이 하나의 전인격체로 무덤에서 나왔고, 언젠가 그분께 속한 사람들도 그와 동일한 방식으로 따르게 될 것을 말합니다.

여기 네 가지 사실이 있습니다. 1) 4절, "아버지의 영광으로 말미암아 그리스도를 죽은 자 가운데서 살리심과 같이" 2) 9절, "그리스도께서 죽은 자 가운데서 살아나셨으매 다시 죽지 아니하시고 사망이 다시 그를 주장하지 못할 줄을." 3) 8절, "우리가 그리스도와 함께 죽었으면"—그리스도를 신뢰하는 자들은 그분과 연합됩니다(골 2:12; 갈 3:26). 그리스도를 신뢰할 때 우리는 그분과 동일시되어 그분에게 일어난 일이 우리에게 일어납니다. 우리 믿음은 세례로 표현됩니다. 우리는 세례로 그분과 함께 장사되었습니다(2절). 우리는 그분과 함께 죽었습니다. 4) 5절, "만일 우리가 그의 죽으심과 같은 모양으로 연합한 자가 되었으면 또한 그의 부활과 같은 모양으로 연합한 자도 되리라." 우리도 부활할 것입니다. 그분과 같은 모양으로 일어나고 결코 다시 죽지 않을 것입니다. 죽음은 우리를 지배하지 않습니다.

1. 그리스도는 죽은 자 가운데서 살아나셨습니다.
2. 그리스도는 결코 다시 죽지 않을 것입니다. 그리스도는 죽음을 이기시고 다스리십니다.
3. 믿음을 통해 우리는 그리스도와 연합되고 그분 안에서 죽습니다.
4. 그리스도가 일어나셨던 것처럼 우리는 일어나게 될 것이고 영원히 그분과 함께 살게 될 것입니다.

몇주 동안 이 놀라운 사실들을 반복해서 읽자, 제 안에 있는 성경적 현실주의자가 이렇게 말했습니다. "왜 이 네 가지를 믿어야 하는지 주일 아침에 훌륭한 논점을 충분히 제시할 수 있겠어." 그러자 제 안에 있는 실존주의자가 이렇게 말했습니다. "맞아, 하지만 설교는 너무 짧아. 사람들이 그 논점들을 듣고 나서 '정말 흥미로운 종교군요. 고무적인 설교 감사합니다. 이제 부활절 저녁 식사를 하러 갈까요?'라고 말하면 어떡하지?"

그래서 저는 오늘 아침에 우리가 이 네 가지 사실들을 그저 지식적으로 깨닫는 것이 아니라 실존적으로 직면할 수 있기를 간절히 소망하게 되었습니다. 그런 이유로 오늘 아침 실존주의에 대해 말씀드렸습니다.

실존적으로 진리에 직면하기

차이는 이것입니다. 우리가 어느 날 저녁에 식탁에 앉아 식사를 기다리며 뉴스를 듣고 있다고 합시다. 뉴스에서 작년 한해 미네소타 지역 내 30명의 아이들이 폭주족 차량에 치여 사망했다는 통계자료를 전합니다. 우리는 그 소식을 듣고 인상을 찌푸리며 이렇게 말합니다. "저런! 부모들이 얼마나 힘들까." 그러고는 다음 뉴스를 계속 듣습니다.

그때 갑자기 현관문이 벌컥 열리고 12살 난 아들이 비명을 지르며 들어와서는 모퉁이를 돌던 차가 길가에 있던 9살 난 동생을 치었다고 말합니다.

뉴스에서 들은 사건 소식도 실제였습니다. 우리도 그것을 의심하지 않았습니다. 충분한 증거가 있었습니다. 분명 증명될 수 있었습니다. 하지만 지금 들은 소식은 우리 존재의 근원으로 파고들어 옵니다. 그 소식은 우리를 뒤흔듭니다. 우리 안에 있는 모든 것이 사고를 당한 아이가 내 아들이라는 현실을 일깨웁니다. 우리의 실존을 건드립니다. 그 사건은 우리 삶을 송두리째 바꿀 것입니다. 우리 마음은 산산이 부서질 것입니다. 한 번도 건드려본 적 없는 깊은 내면이 산산조각날 것입니다.

저는 이 네 가지 사실들을 읽으면서 —그리스도가 죽은 자 가운데서 살아나셨고, 그리스도는 다시 죽지 않으실 것이고, 나는 그리스도와 함께 죽었고, 나는 그리스도와 영원히 살기 위해 그분처럼 다시 살아날 것이다— 오늘 여기 계신 분들이 이 네 가지 사실을, 증명할 수 있는 어떤 종교적 주장으로 듣지 않고, 우리의 자녀가 문으로 뛰어 들어오면서 외치는 사건처럼 들으실 수 있기를 간절히 소망합니다. 우리와 깊이 관련된 일입니다! 이것은 우리의 죽음이자 우리의 삶이고 우리의 소망입니다.

레비 이츠하크 이야기

얼마 전 우크라이나의 랍비 레비 이츠하크의 이야기를 들었습니다. 레비 이츠하크가 한 무신론 철학자를 만났습니다. 철학자는 자신만의 논리로 하나님이 존재하지 않는다는 주장을 장황하게 펼쳤습니다. 자신만의 화법으로 철학자는 랍비로부터 지적인 회심을 이끌어낼 요량이었습니다. 하지만 랍비는 철학자의 기대와 다른 반응을 보였습니다. 랍비는 철학자의 눈을 똑바로 응시하며 부드럽게 말했습니다. "하나님이 계시다는 것이 사실이라면 어떡하겠습니까? 말해 보세요. 그게 사실이라면 어떡할 겁니까?"

하나님의 은혜로 그 순간이 철학자에게는 실존적인 순간이 되었습니다. 그는 흔들렸습니다. 이츠하크의 말은 그가 이전에 들었던 그 어떤 주장들보다 더 그를 괴롭혔습니다. 그는 처음으로 자신이 살아 계신 하나님 앞에서 얼마나 취약하고 의존적인 존재인지를 깨달았습니다. 지식으로 장난할 시간이 없었습니다. 그 순간 그의 온 세계가 뒤바뀌면서 진리 앞에 서게 되었고 진리에 굴복하고 신자가 되었습니다.

사실이라면 어떻게 할 것인가?

그래서 저도 오늘 아침 이곳에 모인 여러분에게 이렇게 묻고 싶습니다. 예수 그리스도가 죽은 자 가운데서 살아나셨고, 그분은 다시 죽지 않을 것이고, 죽음이 그분을 지배하지 못하며, 그분은 온 우주의 주인이시고, 믿음으로 우리는 그분의 죽음 안에서 그분과 연합되었고, 그분과 함께 부활하여 영원히 살 것이라는 내용이 사실이라면 어떻게 하겠습니까? 그저 라디오에서 흘러나오는 뉴스 같은 그런 사실이 아니라, 일순간 우리의 모든 것을 뒤집어 놓는 어린 자녀의 비명 같은 그런 사실이라면 어떻게 하겠습니까? 성경으로부터 시작해 보겠습니다.

그것이 사실이라면,

- 죽음의 권세가 깨어지고, 우리를 얽매던 속박의 근원 즉 죽음에 대한 두려움도 해소되며 우리는 자유로워집니다.
- 성공하기 위해 최고가 될 필요가 없습니다.
- 문제로부터 달아날 필요가 없고 많이 가진 자가 이길 거라는 두려움 속에 살아갈 필요도 없습니다.

- 의를 위해 박해 받는 것을 기뻐할 수 있습니다. 왜냐하면 하늘에서 우리의 상급이 클 것이기 때문입니다.
- 하나님 나라를 위해 감수한 모든 손실은 천 배로 되돌려 받을 것입니다.
- 진리와 사랑을 위한 것에는 궁극적인 위험이 없습니다. 어떤 것도 우리를 이길 수 없으니까요.
- 몸이 후패하는 것은 영광의 전조입니다.
- 우리는 더러움 없이 철저하게 온전해질 것이고 정욕, 탐심, 시기심, 두려움, 열등, 나약함, 고통스런 기억, 온몸을 마비시키는 수치심과 더 이상 싸우지 않게 됩니다.
- 우는 것이나 곡하는 것이나 눈물이나 고통이 없을 것입니다. 이전 것은 지나갈 것이기 때문입니다.
- 칼로 보습을 만들 것이고 창으로 낫을 만들 것이고 전쟁은 더 이상 없을 것입니다.
- 모든 불의가 고쳐질 것이고, 모든 악이 보응을 받을 것이고 모든 잘못이 바로잡힐 것입니다.
- 그리스도 안에 있는 사람들은 그분과 함께 다시 살아나서 두번 다시 죽지 않을 것이고, 하나님은 우리 하나님이 되고 우리는 그분의 백성이 될 것입니다. 그리고 주의 영광이 영원히 우리 빛과 기쁨이 될 것입니다.

하나님께서 성경을 통해 보여 주신 모든 증거뿐 아니라 2천 년 역사 속에서 피흘리며 고통을 겪은 모든 순교자들과 하나님의 백성들이 몸소 보여 준 증거가, 이것이 실제로 사실임을 입증합니다.**
그러므로 우리의 삶이 믿음과 사랑과 기쁨과 찬양으로 충만해지도록 합시다.

**이 모든 주장이 사실임을 보여 주는 충분한 이유를 나름대로 애를 써서 정리한 것이 있습니다. 다음을 참조하십시오. 'Desiring God: Meditations of a Christian Hedonist', Portland: Multnomah Press, 1986, pp. 239-250.

15장

죄의 권세를 파하려 의롭다 하심을 얻다

로마서 6:5-10

만일 우리가 그의 죽으심과 같은 모양으로 연합한 자가 되었으면 또한 그의 부활과 같은 모양으로 연합한 자도 되리라. 우리가 알거니와 우리의 옛 사람이 예수와 함께 십자가에 못 박힌 것은 죄의 몸이 죽어 다시는 우리가 죄에게 종 노릇 하지 아니하려 함이니, 이는 죽은 자가 죄에서 벗어나 의롭다 하심을 얻었음이라. 만일 우리가 그리스도와 함께 죽었으면 또한 그와 함께 살 줄을 믿노니 이는 그리스도께서 죽은 자 가운데서 살아나셨으매 다시 죽지 아니하시고 사망이 다시 그를 주장하지 못할 줄을 앎이로라. 그가 죽으심은 죄에 대하여 단번에 죽으심이요 그가 살아 계심은 하나님께 대하여 살아 계심이니. _롬 6:5-10

그리스도와 믿는 자들의 연합에 대한 일반적 진술로 시작하겠습니다. "그리스도와의 연합으로, 우리는 그분과 함께 죽었고 죽은 자 가운데서 그분과 함께 부활할 것을 확신합니다."

이 말을 듣고, 누군가 이렇게 질문할 수도 있습니다. "그게 정확한 표현인가요? '그리스도와의 연합으로 우리는 그분과 함께 죽었고 그분과 함께 부활했다(have been)'고 말하는 게 맞지 않나요? 그러니까 우리가 그리스도와 연합되었으므로, 그리스도가 부활하셨을 때 우리는 그분 안에 있었고 그러므로 우리 또한 그분과 함께 부활했다고 해야 맞는 것 아닙니까? 4절 하반절에서 '아버지의 영광으로 말미암아 그리스도를 죽은 자 가운데서 살리심과 같이 우리로 또한 새 생명 가운데서 행하게 하려 함이라'고 말한 것은 부활을 현재적으로 경험하고 있다는 뜻 아닙니까? 그리고 11절 '너희도 너희 자신을 죄에 대하여는 죽은 자요 그리스도 예수 안에서 하나님께 대하여는 살아 있는 자로 여길지어다'와 13절 하반절 '오직 너희 자신을 죽은 자 가운데서 다시 살아난 자 같이 하나님께 드리며'라고 말한 것도 부활을 현재 경험하고 있다는 말 아닙니까?"

"에베소서 2장 5절에서도 '허물로 죽은 우리를 그리스도와 함께 살리셨고 또 함께 일으키사'라고 말씀하지 않았습니까? 또 골로새서 3장 1절에서도 '너희가 그리스도와 함께 다시 살리심을 받았으면 위의 것을 찾으라. 거기는 그리스도께서 하나님 우편에 앉아 계시느니라'고 말씀하셨습니다(골 2:12절도 참조). 그러니, 존 목사님, 목사님이 의미하신 것은 '우리와 그리스도의 연합 때문에, 우리는 그분과 함께 죽었고 그분과 함께 일으킴을 받았다'는 그런 의미인 거죠?"

제 대답은 '예'입니다. 성경이 말하는 바는, 우리와 그리스도의 연합은 우리가 지금 "새 생명 가운데 행하는 것"(롬 6:4)을 의미하고, 우리가 지금 "하나님께 대하여 산 것"(롬 6:11)을 의미하고, 우리가 지금 "죽은 자 가운에서 다시 살아난 것"(롬 6:13)을 의미하고, "그리스도와 함께 다시 살리심을 받은 것"(엡 2:6; 골 3:1)을 의미합니다. 하지만 저는 로마서 6장 5절과 8절도 말씀드리고 싶습니다. 5절입니다. "만일 우리가 그의 죽으심과 같은 모양으로 연합한 자가 되었으면 또한 그의 부활과 같은 모양으로 연합한 자도 되리라(shall also be)." 분명 미래로 들립니다. 8절도 마찬가지입니다. "만일 우리가 그리스도와 함께 죽었으면 또한 그와 함께 '살 줄을' 믿노니." 우리의 부활은 미래이기도 합니다. 또 로마서 8장 11절의 의미도 강조하고 싶습니다. "예수를 죽은 자 가운데서 살리신 이의 영이 너희 안에 거하시면 그리스도 예수를 죽은 자 가운데서 살리신 이가 너희 안에 거하시는 그의 영으로 말미암아 '너희 죽을 몸도 살리시리라.'" 다시 말하면, 우리와 그리스도의 연합은 그리스도의 영으로 말미암아 우리 미래의 부활을 보증합니다. 그리고 고린도후서 4장 14절도 같은 내용입니다. "주 예수를 다시 살리신 이가 예수와 함께 우리도 다시 살리사."

로마서 6장에서 바울이 말한 방식을 따라 저도 부활에 대해 미래의 일로 말하려는 한 가지 이유는, 바울이 당시 횡행하던 이단으로부터 스스로를 지키고자 했다는 것을 알기 때문입니다. 바울은 디모데후서 2장 17-18절에서 그 이단에 대해 언급합니다. "그들의 말은 악성 종양이 퍼져나감과 같은데 그 중에 후메내오와 빌레도가 있느니라. 진리에 관하여는 그들이 그릇되었도다. 부활이 이미 지나갔다 함으로 어떤 사람들의 믿음을 무너뜨리느니라." "부활이 이미 지나갔다"는 주장이 이단의 내용이었습니다. 따라서 에베소서 2장 6절, 골로새서 3장 1절, 로마서 6장 4절, 11절, 13절의 성경적 진리를 악성 종양 같은 이단으로 바꾸는 것이 가능합니다.

그렇다면 우리는 어떻게 그러지 않을 수 있을까요? 먼저 로마서 6

장 5절과 8절이 말씀하는 바를 읽고 이것이 나머지 다른 진리들과 어떻게 일치하는지 살펴보려고 합니다. 5절은 이렇게 전합니다. "만일 우리가 그의 죽으심과 같은 모양으로 연합한 자가 되었으면 또한 그의 부활과 같은 모양으로 연합한 자도 되리라(shall also be)." 8절은 이렇게 전합니다. "만일 우리가 그리스도와 함께 죽었으면 또한 그와 함께 살 것이다(shall)." 따라서, 제가 오늘 말하고 싶은 일반적 진술은 "우리와 그리스도의 연합 때문에, 우리는 그분과 함께 죽었고 죽은 자 가운데서 그분과 함께 반드시 살아날 것이다"입니다.

이 진술이 의미하는 바는 다음과 같습니다. '그리스도와 함께 죽음으로 지금 우리가 새 생명(죄로부터의 자유)을 얻은 것과 마찬가지로 이 죽음이 우리의 미래에도 영향을 미친다'는 것입니다. 5절과 8절의 논리가 말하는 바입니다. 잘 보십시오. 5절과 8절은 모두 "만일 …했으면"(if … then)이라는 구조입니다. 5절은 "만일 우리가 그의 죽으심과 같은 모양으로 연합한 자가 되었으면 또한 그의 부활과 같은 모양으로 연합한 자도 되리라"이고, 8절은 "만일 우리가 그리스도와 함께 죽었으면 또한 그와 함께 살 줄을 믿노니"입니다. 즉 그리스도와 함께 죽은 것이 미래의 생명과 영광을 보증한다는 점이 바울의 중요한 논점입니다.

이것을 '믿는' 것이 우리 삶에서 그리스도 부활의 능력을 현재적으로 경험하는 데 결정적으로 중요합니다. 우리 미래가 그리스도 안에서 영광 가운데 보장되어 있고 행복할 것이라 믿는 것은 우리가 죄로부터 벗어나 현재적으로 그리스도의 능력을 경험하는 한 가지 방법입니다.

이 논리를 전개하는 두 가지 방식: 5-7절과 8-10절

1. 로마서 6장 8-10절을 먼저 보겠습니다.

우리의 미래가 그리스도 안에서 확실하다고 '믿는 것'이 얼마나 중요한지 보십시오. 8절에서 "믿다"라는 단어가 쓰인 것에 주목하십시오. "만일 우리가 그리스도와 함께 죽었으면 또한 그와 함께 살 줄을 믿노니." 이것이 우리가 믿는 내용입니다. 우리가 확신하는 내용이기도 합니다. 우리 미래는 그리스도 안에서 확실하고 굳건하고 흔들림 없고 행복하다는 것입니다. 그리스도와의 연합이 주는 유익을 의식적으로 경험하는 방법이 이것입니다. 믿는 것입니다. 우리는 그 내용을 믿습니다. 우리는 그것에 의탁합니다. 우리는 그 사실 안에서 안식합니다. 우리는 그것들로 인해 만족을 누립니다.

그런 후, 바울이 이 믿음을 미래로까지 어떻게 강화시키는지 보십시오. 9-10절에서 그의 주장은 5단계로 이루어져 있습니다.

1) 그리스도는 죄에 대하여 단번에 죽으셨습니다. 10절 상반절입니다. "그가 죽으심은 죄에 대하여 단번에 죽으심이요." 즉, 그리스도는 정말로 죽으셨고, 그분이 죽으셨을 때 죄를 완전히 해결하셨기에 그분의 죽음은 결코 반복되지 않아도 됩니다. 그분은 모두를 위해 단번에 죽으셨습니다. 그분은 자신 안에 있는 모든 사람을 위해 죄 문제를 해결하셨습니다.

2) 그런 후 그리스도는 죽은 자 가운데서 살아나셨습니다. 9절 상반절입니다. "그리스도께서 죽은 자 가운데서 살아나셨으매 … 앎이로라." 그 일은 완료되었습니다. 죄는 완전히 해결되었습니다. 그것이 그분이 죽으신 이유입니다. 따라서 그분이 죽음에 머무를 이유가 없

었습니다. 그래서 다시 살아나셨습니다.

3) 그분이 사시는 삶은 하나님을 위하여 사는 삶입니다. 10절 하반절입니다. "그가 살아 계심은 하나님께 대하여 살아 계심이니." 그리스도는 죽으시면서 죄의 요구들을 만족시켰습니다. 또한 살아서는 하나님의 요구들을 만족시키십니다. 그분의 부활한 삶은 전적으로 하나님의 영광을 지향하는 삶입니다. 죄의 문제는 이미 종료되고 해소되었습니다.

4) 그러므로 그분은 죽음을 이기십니다. 9절 하반절입니다. "사망이 다시 그를 주장하지 못할 줄을 앎이로라." 죽음은 패퇴한 적입니다. 그리스도는 죽음을 지배하십니다. 그 반대가 아닙니다. 예수님은 죽음과 지옥의 열쇠를 쥐고 계십니다. 죽음은 그분의 목적을 위할 뿐 그분을 주장할 권세가 없습니다.

5) 그러므로 예수님은 다시 죽지 않으실 것입니다. 그분은 영원히 불멸하십니다. 9절 상반절입니다. "이는 그리스도께서 죽은 자 가운데서 살아나셨으매 다시 죽지 아니하시고." 예수님은 다시 죽지 않으십니다.

바울이 제시하는 모든 위대한 주장들은 8절 하반절에 나오는 '믿음'을 떠받치고 있습니다. "또한 그와 함께 살 줄을 '믿노니.'" 바울은 믿음으로 말미암아 우리 심령 안에서 이 다섯 단계가 확고해진다는 것을 우리가 느끼기 원하고 있습니다. 우리는 "영원히 그분과 함께 살 것"을 믿고, 신뢰하고, 확신해야 합니다. 우리가 이 믿음으로 그리스도와 연합된다면, 우리는 그리스도와 함께 죽었고, 우리 죄 문제는 이미 해결되었고, 우리는 다시 살아날 것이고, 하나님에 대해 살게 될 것이고, 죽음이 우리를 주장하지 못할 것이고, 우리는 다시 죽지 않을 것이고, 그리스도의 불멸성을 공유하게 될 것입니다.

이것이 바울이 우리가 믿고 경험하기 바라는 내용입니다. 그런 확신, 그런 소망, 그런 확실함, 그런 만족. 이 모든 것을 하나님은 그리스도 예수 안에서 우리에게 주고자 하십니다. 그리고 이것을 믿을 때 우리와 그리스도의 연합을 미래에서뿐 아니라 현재에서도 강력하고 효과적으로 경험할 수 있습니다.

이런 이유로 바울은 그리스도와 함께 죽은 것이 우리 장래에 미치는 결과를 강조합니다. 그것을 믿음으로 —즉, 그리스도와 함께 미래에 대해 온전히 소망하고 확신하고 만족하는 것을 통해— 죄의 권세가 현재의 삶에서 무너집니다. 미래에 그리스도와 함께 누릴 무한히 행복한 삶에 대해 전적으로 확신하고 믿고 소망하는 사람을 죄가 포로로 잡을 수는 없습니다. 그래서 바울은 8절에서 우리가 그리스도와 함께 죽은 것이 장차 그분과 함께 누리게 될 승리의 부활을 확증한다고 강조합니다. 그것이 9절과 10절의 요지입니다. 그것을 믿을 때, 우리가 그리스도와 함께 죽은 것이 현재에서 능력을 발휘하게 됩니다.

지금까지 살펴본 내용이 그리스도와 연합한 죽음과 우리의 미래를 연결시키는(8-10절) 바울의 한 가지 방식이었습니다. 이제 바울은 5-7절에서 매우 다른 방식으로 접근합니다. 우리가 그리스도와 함께 죽은 것과 그리스도와 함께 우리가 미래에 부활할 것을 어떻게 연결시키는지 마지막으로 살펴보겠습니다.

2. 로마서 6장 5-7절입니다.

이 부분도 8-10절에서와 같은 방식으로, 말하자면, 우리가 그리스도와 함께 죽은 것과 그분과 함께 우리가 미래에 부활할 것을 연결시키는 방식으로 시작하고 있는 점에 주목하십시오. 5절입니다. "만일 우리가 그의 죽으심과 같은 모양으로 연합한 자가 되었으면 또한 그의 부활과 같은 모양으로 연합한 자도 되리라." 4절에서 말한 새 생명 가운데 행하게 되는 근거가 바로 5절입니다. 따라서 우리가 그리스도의 부활과 같은 모양으로 연합한 자가 된다는 사실을 아는 것이 바울에게는 중요합니다. 8절에서 보았던 것처럼, 그것을 믿고 그 안에서 소망하는 것이 핵심입니다.

그런데 바울은 여기서 9-10절에서와는 사뭇 다른 방식으로 우리가 그리스도와 함께 죽은 것과 우리 미래의 부활을 연결시키고 있습니다. 9-10절에서는 그리스도의 불멸성에 초점을 맞추었다면 여기서는 우리의 변화된 삶에 초점을 맞춥니다.

바울은 6절에서 "우리의 옛 사람이 예수와 함께 십자가에 못 박힌 것은 죄의 몸이 죽어 다시는 우리가 죄에게 종 노릇 하지 않게 하려는 것"임을 알기에 또한 그리스도의 부활과 같은 모양으로 연합한 자가 될 것이라고 말합니다. 다른 말로 하면, 우리가 그리스도와 함께 죽은 것이 우리 미래의 부활을 확신케 하고 보증하는 이유는, 그것이 우리가 죄에게 종 노릇 하지 않도록 확실히 해주기 때문이라는 주장입니다. 우리의 옛 자아는 십자가에 못 박혔습니다. 이는 우리의 몸이 더 이상 죄의 무력한 공범이 아님을 의미합니다. 오히려 우리는 죄의 종 노릇 하는 데서 자유로워졌고, 우리의 몸은 이제 의의 도구가 될 수 있습니다.

그래서 6절은 그리스도와 함께한 죽음이 우리를 성화시키고 변화시키고 삶에서 죄의 권세가 끊어지게 한다는 것을 보여줌으로써, 우리가 그리스도와 함께 확실히 부활할 것을 뒷받침합니다. 이것은 성화(거룩)가 부활을 가져온다는 의미가 아니라, 성화 없이는 부활도 없을 것이라는 의미입니다(22절 참조. "그러나 이제는 너희가 죄로부터 해방되고 하나님께 종이 되어 거룩함에 이르는 열매를 맺었으니 그 마지막은 영생이라").

여기서 질문이 생깁니다. '그럼 칭의는? 우리는 오직 믿음으로 무죄선고를 받고 용납되고 의롭다 선포되지 않는가? 그 칭의가 그리스도와 함께 우리가 마지막에 부활할 것을 확실히 해주는 것 아닌가? 칭의는 어떻게 연결되는 거지?'

바울은 7절에서 이에 대해 답변합니다. 하지만 영어 번역본에서는 "의롭다 함을 얻다"(justified)는 단어가 "자유로워지다"(freed)로 번역되는 바람에 이 의미가 잘 드러나지 않습니다. 7절입니다. "이는 죽은 자가 죄에서 벗어나[has been freed] 의롭다 하심을 얻었음이라." 바울이 쓴 모든 글에서(dikaiow라는 단어를 26번 사용했는데), 이 단어는 "의롭다 하심을 얻다" 혹은 "무죄를 선고받다" 혹은 "정당성이 입증되다"라는 의미로 쓰였습니다. 바울의 글 어디에서도 도덕적인 차원에서 죄로부터 자유로워진다는 의미로 쓰인 곳이 없습니다.

그렇다면 7절은 6절을 어떻게 뒷받침하고 있습니까? 6절은 "우리의 옛 사람이 예수와 함께 십자가에 못 박힌 것은 죄의 몸이 죽어 다시는 우리가 죄에게 종 노릇 하지 아니하려 함이니"라고 말합니다. 7

절은 이렇게 말합니다. "이는 죽은 자가 죄에서 벗어나 의롭다 하심을 얻었음이라." 죄에서 벗어나 의롭다 하심을 얻었다는 것은 더 이상 죄에게 종 노릇 하지 않는다는 의미입니다. 따라서 이 말은 일반적으로 무죄 선언을 의미한다기 보다 행동의 실제 변화를 의미하는 것으로 성급하게 결론내리기가 쉽습니다.

하지만 그것은 피상적인 결론에 불과합니다. 그 이유는 이렇습니다. 사람들이 죄에 어떻게 매여 있습니까? 한 가지는, 죄의 강력한 유혹에 휩쓸린 때문입니다. 죄는 매혹적입니다. 이것이 죄가 우리를 속박하는 유일한 방식이라면, 7절은 아마도 "죽은 자가 죄의 강력한 유혹에서 자유롭게 벗어나"라는 의미였을 것입니다. 또한 "의롭다 하심을 얻었다"는 표현은 일반적으로 우리가 생각하는 그런 의미가 아니었을 것입니다.

하지만 죄가 사람들을 속박하고 종 노릇 하게 하는 더 심오한 방법이 있습니다. 저는 최근 몇 년간 죄의 이 끔찍한 행위를 봐왔습니다. 죄는 맹목적인 죄책감을 만들어 내서 소망이 없다고 느끼게 만들고, 자신은 결코 용서받을 수 없고 의로운 자 가운데 낄 수 없다고 절망하게 만듭니다. 죄의 유혹에 매이는 것보다 더 깊고 더 끔찍한 것으로, 죄가 주는 맹목적인 절망에 매이는 것입니다.

죄에게 종 노릇 하는 사람에게 이렇게 묻습니다. "죄의 약속은 거짓이고 그래서 당신은 멸망이라는 막다른 골목에 서 있다는 것을 모르겠습니까?" 그러면 놀랍게도 그들은 그 말에 동의를 하면서도 아마 이런 식으로 대답할 것입니다. "알아요. 하지만 그렇다고 달라지는 건 없어요. 이러나저러나 저에겐 희망이 없습니다." 이 사람은 죄의 유혹에 매여 있을 뿐 아니라 더 끔찍하게도 절망적인 죄책감에 매여 있습니다. 이런 사람은 죄의 유혹과 싸우는 일에 조금의 진전이 없습니다. 죄책에서 벗어날 희망이 없다고 느끼기 때문입니다.

누군가 이런 속박에 매여 종 노릇 하고 있다면, 7절은 그에 대한 치료책을 보여 주도록 완벽히 계획된 본문입니다. 이런 식입니다. 6절에서 "우리의 옛 사람이 예수와 함께 십자가에 못 박힌 것은 죄의 몸이 죽어 다시는 우리가 죄에게 종 노릇 하지 아니하려 함이니"라고 말합니다. 어떻게 그렇게 합니까? 그리스도와 함께 죽은 것이 어떻게 우리를 죄에게 종 노릇 하지 않게 해줍니까? 7절이 답입니다. 먼저 죄의 가장 깊은 뿌리로 들어갑니다. 즉, 죄의 유혹이 아니라 맹목적이고 소망을 파괴하는 죄책으로 들어갑니다. 그리고 이렇게 말합니다. "죽은 자가 죄에서 벗어나 의롭다 하심을 얻었음이라." 죄의 유혹이 사라지기 앞서 죄책이 벗겨집니다.

요약하면 다음과 같은 의미입니다. '삶에서 죄의 권세를 이기기 위해, 죄의 유혹을 깰 도덕적 능력을 먼저 받지 않습니다. 나는 용서받을 수 없고 의롭다 선포될 수 없다는 절망감을 무너뜨리는 법적 권리를 먼저 획득합니다. 우리는 이것을 칭의라고 부릅니다. 다른 말로 하면, 칭의가 성화의 기반이고, 그에 이어 성화는 우리가 그리스도와 연합하여 함께 부활로 가는 도중에 있다는 보증이 됩니다.

따라서 5-10절의 요지는, 그리스도와의 연합이 우리로 하여금 그리스도와 함께 영원한 부활의 기쁨을 누리도록 보증한다는 것입니다. 두 가지 방식에서 그렇습니다. 첫째, 불멸하는 생명으로 살아 계시고 죽으실 수 없는 그리스도와 우리를 연합시키기 때문에 그렇습니다. 둘째, 우리를 의롭다 하시고 죄로 인해 소망이 없다고 느끼는 맹목적인 절망감을 벗겨 주시는 그리스도와 우리를 연합시키기 때문에 그렇습니다. 그리고 누구도 파괴 못할 이 소망의 자리에서, 우리는 죄의 속이는 유혹을 이길 능력을 점차 얻고 사랑의 삶을 실천하게 될 것입니다.

16장

죄가 너희 죽을 몸을 다스리지 못하게 하라 (1부)

로마서 6:11-14

이와 같이 너희도 너희 자신을 죄에 대하여는 죽은 자요 그리스도 예수 안에서 하나님께 대하여는 살아 있는 자로 여길지어다. 그러므로 너희는 죄가 너희 죽을 몸을 지배하지 못하게 하여 몸의 사욕에 순종하지 말고 또한 너희 지체를 불의의 무기로 죄에게 내주지 말고 오직 너희 자신을 죽은 자 가운데서 다시 살아난 자 같이 하나님께 드리며 너희 지체를 의의 무기로 하나님께 드리라. 죄가 너희를 주장하지 못하리니 이는 너희가 법 아래에 있지 아니하고 은혜 아래에 있음이라. _롬 6:11-14

현실 보기

제가 누리는 가장 큰 특권 중 하나는 우주에 있는 위대한 실체들에 관하여 묵상하고 기도하고 글을 쓰면서 많은 시간을 보내는 것입니다. 저도 여러분과 같은 세상에 살고 있습니다. 양치질을 하고 낙엽을 쓸어야 하고 문 손잡이를 고쳐야 하고 겨울이면 집이 춥지 않도록 애써야 하고 난방 필터를 청소해야 하고 공과금을 내고 잠을 자야 합니다. 하지만 저는 우주에 있는 위대한 것들에 대해 생각하고, 말씀을 통해 하나님과 교제하면서 제가 알게 된 것을 어떻게 말로 전할까 고민하며 많은 시간을 보내기도 합니다. 이것은 굉장한 특권이고, 이런 특권을 주신 하나님께 감사합니다. 또 성도 여러분께서 저에게 이런 소명을 맡기셨으니 감사합니다.

여러분도 이 특권을 공유할 수 있습니다. 하루를 살아가면서 위대하고 놀라운 것들에 마음을 기울이기 위해 꼭 목사가 될 필요는 없습니다. 예를 들어, 제 아내 노엘은 일리노이에 있는 조카들을 3주간 돌봐주다 어제 집에 돌아왔습니다. 그래서 저는 오전 10시에 공항으로 마중을 나갔습니다. 차를 몰고 하이와타로 향하는데, 대부분의 사람들이 그렇듯 이미 라디오가 켜져 있었습니다. 하지만 저는 속으로 생각했습니다. '하나님이 그간 참 선하게 인도하셨어. 오늘 아침에는 에스겔, 욥기, 베드로후서를 통해 만나주셨지. 그리고 아내가 없는 3주 동안 가족들을 안전하고 건강하게 지켜주셨고 지금은 이렇게 아내와 딸을 다시 만나러 가는 길이잖아. 하늘의 신령한 것을 사모하며 말씀으로 하나님과 교제해야 하지 않을까?'

그래서 저는 라디오를 끄고 큰 소리로 말씀을 천천히 암송하며 차를 몰았습니다.

"또 내가 새 하늘과 새 땅을 보니 처음 하늘과 처음 땅이 없어졌고 바다도 다시 있지 않더라. 또 내가 보매 거룩한 성 새 예루살렘이 하나님께로부터 하늘에서 내려오니 그 준비한 것이 신부가 남편을 위하여 단장한 것 같더라. 내가 들으니 보좌에서 큰 음성이 나서 이르되 보라 하나님의 장막이 사람들과 함께 있으매 하나님이 그들과 함께 계시리니 그들은 하나님의 백성이 되고 하나님은 친히 그들과 함께 계셔서 모든 눈물을 그 눈에서 닦아 주시니 다시는 사망이 없고 애통하는 것이나 곡하는 것이나 아픈 것이 다시 있지 아니하리니 처음 것들이 다 지나갔음이러라. 보좌에 앉으신 이가 이르시되 보라 내가 만물을 새롭게 하노라 하시고"(계 21:1-5).

내가 만물을 새롭게 하노라

저는 눈에 보이는 모든 것(도로 옆의 화초, 대형 곡물 창고, 건설장비, 맥도날드, 버거킹)을 다가오는 위대한 실체들을 투영시켜 바라보았습니다. "보라 내가 만물을 새롭게 하노라." 모든 것이 새로워질 것입니다. 그리고 죄와 고통은 사라질 것입니다. 그리고 하나님이 그 중심에 계실 것입니다.

그러다 공항에 도착했고 주차를 하고 10번 출입구로 걸어 내려갔습니다. 그런데 보이는 모든 것이 이 다가오는 위대한 실체들과 연결되어 보였습니다. 몽롱한 상태가 아니었습니다. 또렷이 볼 수 있었습니다. 카지노 광고가 보였지만, 덧없는 이 세상에서 부자가 되고 싶은 욕망은 없었습니다. 짧은 치마와 도발적인 의상이 보였지만 로맨틱한 상상이나 성욕에 매이지는 않았습니다. 빵 굽는 냄새가 나고 요거트 아이스크림 가게가 보였지만, 먹고 싶은 욕구가 일지 않았습니다. 모든 것이 세상에 그대로 있었지만(좋은 것도 있고 나쁜 것도 있고), 이 세상은 뭔가 훨씬 더 위대한 것으로 덮여 있었습니다.

그리고 저는 생각했습니다. '대부분의 사람들이 이 세상을 주된 실체라고 생각하며 꿈속에서 살고 있구나.' 물론, 이 세상은 실제입니다. 그리고 우리는 여기서 살아야 합니다. 그것이 우리의 소명입니다. 하나님이 우리를 여기에 두셨습니다. 하지만 다가올 세상에 비교하면, 이 세상은 위대하지 않습니다. 그리고 이 세상은 하나님의 위대한 것들과 연결될 때 그 진정한 의미를 얻습니다. 이렇듯 위에 있는 것들에 마음을 두기 위해 여러분은 목사가 될 필요는 없습니다.

아내와 함께 집으로 돌아와 이른 점심을 먹고, 저는 다시 이 설교를 작성하기 시작했습니다. 로마서 본문을 다시 읽는데 이런 생각이 들었습니다. '어, 이것 봐라! 내가 생각하고 기도하고 말했던 그 놀라운 실체들이 여기 다 나오네. 짧은 몇 구절 안에 위대한 실체들이 이렇게 집약되어 있다니!' 제가 순서대로 그 위대한 실체들을 나열해 보겠습니다. 여러분도 11절부터 14절까지 읽으면서 확인해 보십시오. 죽음, 죄, 생명, 하나님, 그리스도, 우리의 죽을 몸, 욕망, 하나님의 법, 하나님의 은혜가 다 있습니다.

잠자는 자여, 일어나라

모두 우주의 위대한 실체들입니다. 오늘 아침 우리는 이 위대한 실체들을 묵상하면서, 세상의 실상을 들여다보고 진리의 빛 안에서 살아가도록 변화를 경험할 특권을 누리게 되었습니다. 여러분 중에는 이런 것에 별 관심이 없을지 모르겠습니다. 제가 말하는 내용에 감정적으로 전혀 공감하지 못하는 분들도 있을 것입니다. 여러분이 정말로 흥분하는 것은 새로운 음반일지 모릅니다. 아니면 새 옷일지도 모릅니다. 혹은 잃어버린 5달러일지 모릅니다. 또는 야구 경기를 관람하는 일일지 모릅니다. 혹은 집에 방을 한 칸 더 늘리는 일일 수도 있습니다. 아니면 새 차를 사거나 새 컴퓨터를 사는 일일지도 모릅니다. 여러분이 어린이든, 십대이든, 성인이든 간에, 사도 바울과 함께 저도 여러분에게 이렇게 호소합니다. "잠자는 자여 깨어서 죽은 자들 가운데서 일어나라. 그리스도께서 너에게 비추이시리라"(엡 5:14).

정원에서 쓰는 모종 삽을 들고 그랜드캐니언에 가서 그 웅장한 협곡을 등진 채로 꿇어 앉아서는 삽으로 작은 구덩이를 판 뒤에 "여길 봐! 내가 판 구덩이를 보라고! 멋지지 않아!"라고 외치는 사람이 되지 마십시오. 삶에서 꼭 필요하고 탐나는 물건들이 커 보인다는 사실을 저도 압니다. 하지만 조금만 정신을 차리고 보면 실상은 그렇지 않음을 알 수 있습니다. 일어나서 뒤를 돌아 협곡을 보십시오. 요거트, 맛있는 빵, 짧은 치마가 정말로 중요하다고 생각하면서 인생을 사는 사람이 되지 마십시오.

정말로 중요한 것은 죽음, 죄, 생명, 하나님, 그리스도, 죽을 몸, 욕망, 하나님의 법, 하나님의 은혜입니다. 하나님은 우리를 뭔가 위대한 것으로 부르십니다. 하나님은 사소한 것들에 낭비하라고 삶을 허락하시지 않았습니다.

이제 본문 말씀을 두 주에 걸쳐 다뤄보려고 합니다. 본문은 네 구절밖에 되지 않습니다. 위대한 갈등 혹은 전쟁에 대한 묘사가 있고 어떻게 싸워서 이기는지에 대한 설명이 있습니다. 본문에 대해 생각하면 할수록, 이 두 가지를 따로 다루어야겠다는 생각이 들었습니다. 오늘은 전쟁, 갈등, 경쟁자, 당면한 문제를 보겠습니다. 그리고 다음 주엔 어떻게 싸우고 이기는지 보겠습니다.

전쟁터

먼저, 12절부터 14절까지는 신자의 삶에서 일어나는 큰 싸움 혹은 전쟁을 보여줍니다. 여기계신 여러분과 제가 해당됩니다. 불신자들 이야기가 아닙니다. 그렇다면 누가, 왜 이런 갈등을 일으킬까요? 상황을 설명해 보겠습니다. 본문에서 전쟁에 관해 8가지를 보게 됩니다. 8가지를 먼저 말하고 다시 돌아와 우리 삶과 연관해서 간단히 설명해 보겠습니다.

1. 왕권 혹은 지배가 나옵니다. 12절은 "죄가 지배하지 못하게 하라"고 말합니다. 지배권 다툼이 있다는 말입니다. "지배"라는 단어는 왕과 관련된 동사입니다.

2. 왕권을 노리는 도전자가 있습니다. 왕국을 차지하려는 혁명가, 반역자인데, 말하자면 죄입니다. "죄가 지배하지 못하게 하라." 죄는 반란을 일으킵니다. 왕권을 노리고 쿠데타를 일으킵니다. 그리고 우리는 이에 저항해야 합니다.

3. 왕권을 노린 도전자에 의해 공격을 받는 도시와 성, 말하자면 우리의 몸이 있습니다. "죄가 너희 죽을 몸을 지배하지 못하게 하라."

4. 그 성 내부에는 반역자의 하수인이 되어 비밀리에 속이고 사로잡는 역할을 하는 부하가 있습니다. 이 부하를 "사욕"(desires)이라 부릅니다. "죄가 너희 죽을 몸을 지배하지 못하게 하여 몸의 사욕에 순종하지 말라." 이 단어는 원래 중립적 의미를 갖습니다. 하지만 반역하는 죄에게 사로잡히면 "악한 욕망" 혹은 "정욕"이 될 수 있습니다.

5. 계속해서 점점 더 크게 굴복하는 일이 있을 수 있습니다. 12절

에서 "순종"이라는 단어가 나타내는 바입니다. "죄가 너희 죽을 몸을 지배하지 못하게 하여 몸의 사욕에 순종하지 말라." 반란의 주도자인 죄가 몇몇 (중립적이던) 욕망들을 사로잡아, 성벽 안으로 들여보내면서 굴복하면 면책과 보상을 제공하겠다는 거짓 약속을 하게 했을 때, 그런 욕망들에 순종한다면 성의 일부를 내어주는 것이나 다름 없습니다.

6. 성에는 무기가 있는데, 빼앗겨서 오히려 적에 의해 불의한 목적으로 사용될 수 있습니다. 이 무기들은 우리 몸의 지체 —눈, 귀, 혀, 손, 발, 성기— 들입니다. 13절입니다. "너희 지체를 불의의 무기로 죄에게 내주지 말라." '호플라'(hopla)라는 단어는 신약성경에서 네 번 사용되는데(세 번은 사도 바울이 사용했고, 한 번은 요한복음 18장 3절에서 사용되었습니다), 단순히 도구가 아니라 "무기"라는 의미입니다. 다른 말로 하면, 제가 단순히 전투 비유를 지어낸 것이 아니라는 말입니다. 바울이 정확히 지적하고 있습니다. 대적자인 죄가 우리 몸의 지체를 사로잡아 돌이켜 그것으로 진짜 왕을 공격하는 무기로 삼지 못하게 하십시오.

7. 온 영토를 다스리는 진정한 왕, 말하자면 하나님이 계십니다. 13절 하반절입니다. "너희 지체를 불의의 무기로 죄에게[권좌를 노리는 반역자] 내주지 말고 오직 너희 자신을 죽은 자 가운데서 다시 살아난 자 같이 하나님께 드리며 너희 지체를 의의 무기로 하나님께 드리라." 따라서 진정한 왕은 하나님이십니다. 죄는 반란자이고 폭도입니다. 모든 무기와 부하들을 동원하여(모든 사욕과 모든 지체로) 진정한 왕에게 충성해야 합니다.

8. 마지막으로 왕국의 합법적인 권위가 있는데, 법이 아니라 은혜입니다. 14절입니다. "죄가 너희를 주장하지 못하리니 이는 너희가 법 아래에 있지 아니하고 은혜 아래에 있음이라."

왕, 권세, 욕망

바울이 묘사하는 갈등 상황은 이렇습니다. 이것을 세 가지 측면에서 우리에게 적용해 보겠습니다.

먼저, 하나님은 우리 왕이십니다. 성에 해당하는 몸, 부하들에 해당하는 욕망(사욕), 무기에 해당하는 몸의 지체, 왕의 보좌가 다 그분의 것입니다. 우리의 할 일은 왕에게 충성하는 것입니다. 그분은 우리를 살리셨고 예수 그리스도를 통해 우리를 그분의 거처로 삼으셨습니다. 계속해서 그분을 신뢰하고 그분께 의지하고 그분께 복종하십시오. 우리 삶의 왕좌를 넘보는 모든 경쟁자들을 물리치십시오. 우리 삶의 왕좌는 하나님 것입니다.

둘째, 죄는 단순히 행동이 아니라 힘입니다. 12절입니다. "죄가 너희 죽을 몸을 지배하지 못하게 하라." 죄는 지배하려고 위협합니다. 죄는 우리가 벌이는 단순한 행동이 아니라 욕망을 통해 우리를 사로잡아 행동하게 만드는 힘입니다.

셋째, 몸의 욕망은 그것 자체로는 죄가 아니지만, 반역 주모자인 죄에게 붙들려 우리 몸 내부에서 첩자 노릇을 하면서 우리 몸의 지체를 불의의 병기로 넘겨 주도록 유혹할 수 있습니다. 12절에서("죄가 너희 죽을 몸을 지배하지 못하게 하여 몸의 사욕[its desires]에 순종하지 말고."), 몸의 사욕이라고 했지 죄의 사욕이라고 하지 않았습니다(영문에서 its로 표현된 단어 autou는 여성명사가 아니라 중성명사입니다. 그래서 죄를 의미하는 amartia가 아니라 신체를 의미하는 somati입니다). 다른 말로 하면, 몸의 사욕은 죄의 힘에 사로잡혀 하나님에게 대적하려는 목표를 위해 사용될 수 있다는 말입니다. 몸의 일부가, 유다가 품었던 '죄의 종이 된 욕망'에 사로잡혀 불의를 행하는 적에게 넘어갈 수 있습니다.

욕망-종인가 비밀 요원인가?

삼손이 들릴라를 기쁘게 하는 것은 들릴라가 충실한 아내였을 때는 합법적인 일이었습니다. 하지만 그녀가 적의 비밀 요원이 되었을 때, 삼손이 그녀의 뜻에 굴복하는 것은 파멸을 의미했습니다. 우리 욕망도 이와 같습니다. 우리 욕망이 하나님의 진리와 가치를 드러내는 충성스러운 욕망, 신실한 욕망이라면 그때는 그러한 욕망들을 충족시켜도 괜찮습니다. 하지만 죄가 그 욕망들을 사로잡아서 죄의 비밀 요원들이 되면, 그때는 그 욕망들을 만족시키는 행위는 음모에 가담하는 것이 되고 결국엔 반역이 됩니다.

구체적으로 예를 들어,

- 음식에 대한 욕구(배고픔)는 우리 몸에 필요한 역할을 하지만, 죄가 그것을 사로잡으면, 그 욕구는 폭식, 과식, 거식을 일으키고, 적을 위해 일하도록 우리를 지배해서 우리 혀와 입과 배는 불의의 병기가 됩니다.
- 마시고 싶은 욕구(목마름)는 우리 몸에 필요한 역할을 하지만, 죄가 그것을 사로잡게 되면, 그 욕구는 알코올중독 혹은 카페인 중독을 일으

키게 되고 혀는 불의의 병기가 됩니다.

- 성적 만족에 대한 욕구는 자녀를 생산하고 결혼 생활의 기쁨을 맛보게 하는 좋은 것이지만, 죄가 그것을 사로잡으면 포르노 중독, 자위행위, 간통, 간음, 동성애를 일으켜서 우리 성기는 불의의 병기가 됩니다.
- 쉬고, 자고 싶은 욕구는 우리 몸에 필요한 역할을 하지만, 죄가 그것을 사로잡으면 나태와 게으름을 양산합니다.

그냥 '안 돼'라고 말하면 될까?

그러면 어떻게 해야 이 전투에서 이길 수 있을까요? 다음 주에 같은 본문으로 이에 대해 말씀드릴 예정입니다. 하지만 지금까지 보면서, 이 전투가 그저 이런저런 불의한 행동에 대해 '안 돼'라고 말한다고 해결될 피상적인 것이 아님을 아셨을 것입니다. 이 싸움은 그보다 훨씬 심각합니다. 행동보다 그 이면에 놓인 욕망에 관한 것입니다. 욕망보다 그 이면에 놓인 죄의 힘에 관련된 것입니다. 또 죄의 힘보다 그 이면에 놓인 그리스도와의 연합에 관련된 것입니다. 또 그리스도와의 연합, 그보다 더 깊은 곳에 자리한 '그리스도가 역사 속에서 우리를 위해 십자가에서 무엇을 하셨고 그분 안에 있는 우리에게 무슨 일이 일어났는가'에 대한 것입니다.

우리가 무슨 행동을 하고 안 하고 또는 어떤 욕망에 굴복하고 굴복하지 않고는 큰 문제가 아닙니다. 진짜 큰 문제는 누가 왕인가, 누가 지배하는가 하는 것입니다. 우리가 안고 있는 진짜 문제는 그것입니다. 누가 우리의 왕입니까? 누가 우리의 삶을 지배합니까? 우리는 누구에게 굴복하고 있습니까? 죄입니까 아니면 하나님입니까?

예수 그리스도를 통해 하나님이 우리 왕으로 다스리시게 합시다! 그리스도는 죄인들이 모든 반역에 대해 완전한 면책과 용서를 받아 하나님께 온전히 순종할 수 있도록 해주셨습니다. 그리스도를 신뢰하고 우리 자신을 하나님께 드리기로 결단합시다.

17장

죄가 너희 죽을 몸을 다스리지 못하게 하라 (2부)

로마서 6:11-14

이와 같이 너희도 너희 자신을 죄에 대하여는 죽은 자요 그리스도 예수 안에서 하나님께 대하여는 살아 있는 자로 여길지어다. 그러므로 너희는 죄가 너희 죽을 몸을 지배하지 못하게 하여 몸의 사욕에 순종하지 말고 또한 너희 지체를 불의의 무기로 죄에게 내주지 말고 오직 너희 자신을 죽은 자 가운데서 다시 살아난 자 같이 하나님께 드리며 너희 지체를 의의 무기로 하나님께 드리라. 죄가 너희를 주장하지 못하리니 이는 너희가 법 아래에 있지 아니하고 은혜 아래에 있음이라. _롬 6:11-14

전쟁터와 참여자들

지난주에 본문 말씀으로 전쟁터와 그 싸움에 참여한 자들에 대해 말씀드렸습니다. 빠르게 복습해 보겠습니다.

1. 12절. 왕좌 혹은 지배가 있습니다. "죄가 너희 죽을 몸을 지배하지 못하게 하라."

2. 12절. 왕좌에 도전하는 자가 있는데, 죄입니다. "죄가 너희 죽을

몸을 지배하지 못하게 하라."

3. 12절. 죄가 지배하려고 위협하는 성이 있는데, 인간의 몸입니다. "죄가 너희 죽을 몸을 지배하지 못하게 하라."

4. 12절. 성에는 다른 편에게 넘어가 성벽 내에서 적의 비밀 요원으로 음모에 가담할 수 있는 충성스러운 수하들이 있는데, 욕망(사욕)입니다. "죄가 너희 죽을 몸을 지배하지 못하게 하여 몸의 사욕에 순종하지 말고."

5. 12절. 이 싸움에서 점증적인 굴복이 있을 수 있는데, 죄의 편에 넘어간 욕망에 순종하는 것입니다. "죄가 너희 죽을 몸을 지배하지 못하게 하여 몸의 사욕에 순종하지 말고."

6. 13절. 성을 통치하는 왕좌에 앉은 진정한 왕, 즉 하나님이 계십니다. "너희 지체를 불의의 무기로 죄에게 내주지 말고 오직 너희 자신을 죽은 자 가운데서 다시 살아난 자 같이 하나님께 드리며 너희 지체를 의의 무기로 하나님께 드리라."

7. 13절. 성에는 진짜 왕이신 하나님의 목적을 위해 사용될 수도 있고 왕좌를 탈취하려는 죄의 목적을 위해 사용될 수도 있는 무기들, 즉 우리 몸의 지체가 있습니다. "너희 지체를 불의의 무기로 죄에게 내주지 말고 오직 너희 자신을 죽은 자 가운데서 다시 살아난 자 같이 하나님께 드리며 너희 지체를 의의 무기로 하나님께 드리라."

8. 14절. 왕국에는 합법적인 권위, 즉 법이 아닌 은혜가 있습니다. "죄가 너희를 주장하지 못하리니 이는 너희가 법 아래에 있지 아니하고 은혜 아래에 있음이라."

대적의 전투 전략

지난주에 대적이 어떻게 싸우는지를 보았습니다. 죄는 왕좌를 노리는 적이요, 반역자요, 왕위를 사칭하는 자입니다. 그리고 죄가 우리를 공격하는 주된 방법은 우리의 수하들을 반역자로 만드는 것입니다. 수하들이란 우리의 욕망인데 죄는 이것들을 왕권에 반역하는 음모자로 만듭니다. 우리를 섬기도록 하나님이 주신 욕망들 —음식에 대한 욕구, 마시고 싶은 욕구, 성에 대한 욕구, 쉬고 싶은 욕구, 친구를 바라는 욕구, 인정받고 싶은 욕구— 이 죄에게 사로잡혀 패역하게 되고 배신자(유다-욕망, 들릴라-욕망)로 전락하고 맙니다. 또 (하나님 대신 죄를 섬기게 된) 이 욕망들은 우리를 속이고 유혹해 결국 죄에게 순종하게 만듭니다. 그런 일이 벌어지면 우리는 우리 지체(눈, 귀, 혀, 손, 발, 성기, 성대 등)를 이 욕망들과 그 주인인 죄를 섬기는 일에 내어주게 되고 따라서 우리 지체는 불의의 병기가 됩니다.

죄가 어떻게 이런 일을 성사시키는 것일까요? 죄가 사로잡아서 배신자로 만든 욕망들이 어떻게 우리를 죄의 노예로 만듭니까? 유다-욕망(Judas-desires)에게 순종하면 뭔가 상을 받을 것처럼 보이게 만들어서 그렇게 합니다. 그들은 "기분이 좋아질 거야"라는 반쪽 자리 진실로 우리에게 거짓을 말합니다. 유다 욕망들에게 순종하면 진짜 기분이 좋습니다. 하지만 얼마간 그럴 뿐입니다. 시간이 지나면 참담함과 파멸이 찾아옵니다. 그래서 히브리서 11장 2절에서는 "'잠시' 죄악의 낙을 누린다"고 말합니다. 이러한 유다-욕망은 매우 기만적입니다. 에베소서 4장 22절은 우리 "옛 사람"이 "'유혹'의 욕심"을 따라 썩어진다고 말합니다. 베드로전서 1장 14절은 "전에 '알지 못할 때에 따르던' 너희 사욕"이라고 말합니다.

죄는 우리 욕망을 이용해 거짓을 만들어 냅니다. 욕망들은 만족과 행복을 약속하지만, 실상은 값싸고 일시적이고 얄팍한 자극에 지나지 않습니다. 그래서 만족과 평화와 소망은 줄어들고, 죄책감과 피곤함과 좌절은 늘어나 더 얽매이게 됩니다. 결국 본문에서 말하는 죄의 전략에 맞서지 않으면, 우리는 하나님에게서 분리되어 지옥으로 떨어지고 맙니다. 그래서 로마서 6장 21절은 "그 마지막이 사망이라"고 말합니다. 베드로전서 2장 11절에서 "영혼을 거슬러 싸우는 육체의 정욕을 제어하라"고 말한 이유도 이 때문입니다. 영혼을 거스르는 싸움은 계속되고 있습니다. 죄는 우리 영혼의 왕좌를 차지하려고 싸우고 있습니다. 우리의 욕망을 배신자로 이용하는 방식입니다. 우리 지체를 불의의 병기로 바꾸는 전략입니다.

마음속에 술 취함 또는 우상숭배, 간음, 도둑질, 살인 같은 소위 말하는 심각한 죄들이 파고들지 않도록, 다음을 명심하십시오. 야고보서는 우리 몸에서 가장 위험한 지체(가장 치명적인 불의의 병기)가 혀라고 말합니다. "이와 같이 혀도 작은 지체로되 … 보라 얼마나 작은 불이 얼마나 많은 나무를 태우는가. 혀는 곧 불이요 불의의 세계라. 혀는 우리 지체 중에서 온 몸을 더럽히고 삶의 수레바퀴를 불사르나니 그 사르는 것이 지옥 불에서 나느니라 … 혀는 능히 길들일 사람이 없나니 쉬지 아니하는 악이요 죽이는 독이 가득한 것이라"(약 3:5-8). 죄가 우리 욕망을 잘못된 길로 빠지게 해서 우리 혀가 유다-욕망이 되어 불의의 병기가 될 때 일어나는 일들입니다. 얼마나 파괴력 있는 무기입니까! 따라서 죄에 맞서기 위한 이 전투전략은 어느 누군가가 아닌 여기 있는 우리 모두를 위한 것입니다.

죄에 맞서 싸우는 전략

우리는 어떻게 싸워야 할까요? 로마서 6장 11-14절에서 죄와 싸우는 방법을 알려 줍니다.

먼저, 6장 이전에 1장부터 5장까지에서 하나님, 죄, 칭의에 대해 다루었던 것을 기억하십시오. 바울은 우리에게 죄와 싸우는 법을 가르치기에 앞서, 그리스도께서 어떻게 죄와 싸우셨는지 그래서 우리가 할 수 없고 율법이 할 수 없는 것을 어떻게 행하셨는지를 먼저 보여 주었습니다. 실용주의자인 우리 미국인들에게는 놀라운 일입니다. 믿음으로 얻는 칭의가 죄와 싸우는 데 있어서 가장 핵심적인 기반이 된다는 사실을 이전 다섯 장에 걸쳐서 알려 주었습니다! 우리의 죄가 이미 용서받았다는 사실을 알기 전까지는 죄와 싸워서 이길 수가 없습니다. 실전에서 우리가 이길 수 있는 유일한 죄는 그리스도께서 위하여 죽으신 죄뿐입니다. 그리스도께서 우리가 정죄 받지 않도록 죽지 않으셨다면 우리는 성화에 있어서 조금도 진보를 이룰 수 없습니다. 우리는 의롭다 함을 얻고자 스스로 거룩해지는 것이 아닙니다. 믿음으로 의롭다 여겨졌기에 거룩해질 수 있습니다. 그래서 로마서 1장부터 5장까지의 내용이 6장보다 먼저 나온 것입니다. 우리가 우리 몸을 입고 살면서 죄를 이기는 것은 그리스도가 십자가에서 죄를 이기셨기 때문에 가능합니다.

전략 1: 그리스도께서 우리 죄를 위해 죽으셨다

따라서 죄와의 싸움에서 첫 번째 전략은 그리스도께서 우리 죄를 위해 죽으셨다는 것입니다. 로마서 3장 25절은 "이 예수를 하나님이 그의 피로써 믿음으로 말미암는 화목제물로 세우셨다"고 말합니다. 즉, 그리스도가 피를 흘림으로 하나님의 진노가 가라앉았다는 말입니다. 다시 말해 하나님의 진노가 만족되었다, 진정되었다, 사라졌다고 할 수 있습니다. 로마서 5장 8-9절은 이렇게 말합니다. "우리가 아직 죄인 되었을 때에 그리스도께서 우리를 위하여 죽으심으로 하나님께서 우리에 대한 자기의 사랑을 확증하셨느니라. 그러면 이제 우리가 그의 피로 말미암아 의롭다 하심을 받았으니 더욱 그로 말미암아 진노하심에서 구원을 받을 것이니." 이것이 죄와 벌이는 싸움에서 우리의 첫 번째 전략입니다. 간과하지 마십시오. 간과하게 되면, 사탄이 절망과 죄책감으로 우리를 짓눌러 버릴 것입니다.

전략 2: 우리는 그리스도와 함께 죽었다가 다시 살아났다

두 번째 전략은 그리스도가 죽었다가 다시 살아나셨을 때 우리도 죽었다가 다시 살아났다는 것입니다. 보다 정확히 말하자면, 하나님은 우리가 그리스도와 연합된 것으로 보시기 때문에 죄로 인해 그리스도가 죽으신 것이 우리가 죽은 것이 되고 그리스도가 부활의 상을 받으신 것이 우리의 상이 됩니다. 로마서 6장 6절입니다. "우리의 옛 사람이 예수와 함께 십자가에 못 박[혔다]." 8절입니다. "우리가 그리스도와 함께 죽었[다]"(갈 2:20; 5:24; 6:14 참조). 우리 삶에서 죄를 이기는 처음의 이 두 가지 전략은 우리가 태어나기 전에 우리 밖에서 역사적으로 일어났던 일입니다. 이것은 역사입니다.

전략 3: 우리는 그리스도와 연합되었다

세 번째 전략은 믿음으로 말미암아 하나님이 우리를 그리스도와 연합시키셨다는 것입니다. 이것은 십자가 위에서 또 그리스도의 삶에서 우리를 위해 성취되었던 일이 우리에게 적용되는 것입니다. 로마서 6장 5절입니다. "우리가 그의 죽으심과 같은 모양으로 연합한 자가 되었[다]." 어떻게 이런 일이 일어납니까? 바울은 고린도전서 1장 30절에서 대답합니다. "너희는 '하나님으로부터 나서' 그리스도 예수 안에 있고 예수는 하나님으로부터 나와서 우리에게 지혜와 의로움과 거룩함과 구원함이 되셨으니." 하나님은 우리를 그리스도에게 접붙이셨습니다. 우리의 역할은 무엇일까요? 그리스도를 믿으면 됩니다. 그분이 행하신 일과 그분이 누구이신지 그분이 무엇을 약속하셨는지를 보고, 그것을 우리 삶에 거저 주시는 보화이자 선물로 받아들이기만 하면 됩니다.

전략 4: 하나님은 우리를 의롭다 하신다

네 번째 전략은, 우리가 그리스도와 연합되었기에 하나님이 이 믿음으로 우리를 의롭다 여기시는 것입니다. 하나님은 우리 모든 죄를 사하시고 우리에게 그리스도의 의를 전가하십니다. 고린도후서 5장 21절은 이렇게 말합니다. "하나님이 죄를 알지도 못하신 이를 우리를 대신하여 죄로 삼으신 것은 우리로 하여금 '그 안에서' 하나님의 의가 되게 하려 하심이라." 그리스도는 의로우신 데도 불구하고 하나님께서 그리스도를 죄악 되다 여기셨던 것처럼, 하나님은 우리가 죄악된 데도 불구하고 우리를 의롭다 여기십니다. 그리고 하나님이 이렇게 하시는 것은 우리가 "그리스도 안에" 있기 때문입니다.

지금까지 살펴본 전략을 정리하면 다음과 같습니다. 전략 1. 그리스도가 우리 죄를 위해 죽으셨습니다. 전략 2. 우리는 그리스도와 함께 죽었습니다. 전략 3. 하나님은 우리 믿음을 통해 우리를 그리스도에게 연합시키셨습니다. 전략 4. 하나님은 우리와 그리스도가 연합되어 있기 때문에 우리를 의롭다 하십니다. 하나님은 우리 죄가 그리스도 안에서 처벌되었다고 여기시고, 그리스도의 의가 우리에게 전가된 것으로 여기십니다. 이 모든 내용이 로마서 6장 11절에 '전제'되어 있습니다. 모든 다른 종교 그리고 모든 다른 도덕 향상 프로그램과 기독교가 다른 점이 바로 이것입니다.

전략 5: 스스로 죄에 대해 죽은 것으로 여기라

이제 죄와의 전투에 필요한 다섯 번째 전략이 나옵니다. 이것은 네 번째 전략에서 언급한 믿음의 연장선에 있습니다. 하지만 바울은 이 둘을 따로 다루고 있기에 저도 그렇게 하려고 합니다. 다섯 번째 전략은 유혹과 맞서는 싸움에 뛰어들기에 앞서 다지는 정신적이고 의지적인 행동입니다. 로마서 6장 11절에 나옵니다. "이와 같이 너희도 너희 자신을 죄에 대하여는 죽은 자요 그리스도 예수 안에서 하나님께 대하여는 살아 있는 자로 여길지어다."

이 전략에서 두 가지를 주목하십시오.

첫째, 이것은 이성과 의지를 동원해 벌이는 일입니다. 무언가를 그렇다고 "여기는 것"입니다. ("여기다"에 대해서는 2:26; 8:18, 36; 14:14 참조.) "너희 자신을 죄에 대하여는 죽은 자요 그리스도 예수 안에서 하나님께 대하여는 살아 있는 자로 여길지어다." 11절에서 말한 "이와 같이"는 10절에서 바울이 그리스도께서 죄에 대해 죽고 하나님에 대해 사셨다고 말한 내용을 가리킵니다. "이와 같이", 즉 우리가 그리스도의 죽음과 부활에 연합된 자이므로 우리의 생각과 의지에서도 동일하게 여기라는 말입니다. 그와 같이 생각하십시오. 자신이 그와 같다는 것을 아십시오. 이것이 우리에 관한 진실이라고 여기십시오. 우리는 그리스도와 함께 죽었고 다시 살았습니다.

둘째, 죄에 대해 죽고 하나님에 대해 사는 것은 "그리스도 안에서"임을 주목하십시오. 놀랍게도 바울은 진리인 내용을 아직 우리 밖에 있는 객관적인 것으로 말하고 있습니다. 바울은 우리에 관한 실체를 아직 객관적이고 우리 외부에 있는 어떤 것으로 가리키고 있습니다. 11절이 언급하는 전략에서, 우리가 죄에 대해 죽고 하나님에 대해 살았다는 것은 아직 경험되지 않은 어떤 것입니다. 바울은 말합니다. 먼저 앞의 네 단계 전략에서 언급된 객관적인 실체(그리스도가 우리를 위해 죽으셨고, 우리는 그분 안에서 죽었고, 우리는 믿음을 통해 하나님으로부터 그분과 연합되었고, 의롭다 함을 받았다는 것)에 대해 생각으로 그리고 의지적으로 동의하라고 말합니다. 그와 같이 생각하십시오. 자신이 그와 같다는 것을 확신십시오. 이 실체들을 진짜 우리의 모습이라 여기십시오. 하나님이 행하신 이 모든 역사와 그것들이 우리에게 의미하는 바를 삶의 보화로 소중히 받아들이십시오. (이 전략이 네 번째 전략에서 다룬 믿음의 연장선이라고 말한 이유가 이것 때문입니다. 스스로를 그리스도와 함께 죽었다가 살았다고 여기는 것은 그것이 주는 모든 약속을 이 땅의 그 어떤 것보다 더 값진 것으로 믿고 받아들이는 것입니다.)

전략 6: '안 돼'라고 말하고 하나님을 선택하라

이제 여섯 번째 전략에서 직접 유혹과 대면하게 됩니다. 죄가 거짓된 유다-욕망을 보내 우리의 지체를 불의의 병기로 내주도록 유혹할 때, 다른 통치자인 하나님을 선택하십시오.

12절 첫 부분이 "그러므로"라는 말로 시작하고 있음을 주목하십시오. "그러므로 너희는 죄가 너희 죽을 몸을 지배하지 못하게 하여 몸의 사욕에 순종하지 말고." 하나님의 다른 전략들이 '모두 나오고 나서', 그 전략들을 기반으로 12절에서 우리 의지가 적극적으로 개입합니다. 자동차나 티셔츠에 "'안 돼'라고 말하세요"라고 붙이고 다닌다고 기독교가 아닙니다. 그저 '안 돼'라고 말하는 것이 아닙니다. 앞에서 말한 다섯 가지 전략이 먼저 선행되고 그 기반 위에서 우리는 '안 돼'라고 말할 수 있습니다. '안 돼'라고 말하는 것이 여섯 번째 전략입니다.

우리는 '안 돼'라고 말해야 합니다. 죄가 정욕이라는 유다-욕망을 가지고 공격할 때 '안 돼!'라고 말해야 합니다. 탐심이라는 유다-욕망으로 공격할 때 '안 돼!'라고 말해야 합니다. 술이나 담배, 대마초, 코카인 같은 유다-욕망으로 공격할 때 '안 돼!'라고 말해야 합니다. 복수나 험담을 하고 싶은 유다-욕망으로 공격할 때 '안 돼!'라고 말해야 합니다. 네, 그렇습니다. 진짜 우리 의지를 발휘하십시오. '안 돼'라고 말하기로 선택하십시오.

하지만 이 여섯 번째 전략(12절)에서 또 하나 강조해야 할 것이 있습니다. "죄가 너희 죽을 몸을 지배하지 못하게 하여 몸의 사욕에 순종하지 말라." 죄는 욕망, 즉 유다-욕망을 통해 공격한다는 점에 주목하십시오. 그 욕망들을 거부하는 것이 우리가 할 일입니다. "지배하지 못하게 하라." 우리의 눈과 혀를 그런 욕망을 채우는 데 내어주지 마십시오. 그런 욕망을 선택하지 마십시오.

그런데 '선택한다'는 것은 무슨 의미입니까? 선호하는 것입니다. 선택한다는 것은 어느 하나를 다른 하나보다 더 좋아하는 것입니다. 죄 대신 하나님을 선택하는 것이 하나님께 영광이 되려면, 우리가 하나님과 그분의 어떠하심과 그분이 주시는 약속을 '더 좋은 것'으로 인정할 때라야 합니다. 선택이란 여러 개 중에서 더 좋은 한 가지를 찾는 행위입니다. 이 시점에서 죄와의 싸움을 부정적인 용어로 표현하면 이렇습니다. "하나님이 행하신 일과 그리스도 안에 있는 우리의 모습에 근거하여, 죄가 불러일으키는 유다-욕망들에 대해 '안 돼'라고 말하십시오. 우리는 죄와 그 죄의 욕망들에 대해 죽었습니다. 그것들은 더 이상 좋아 보이지 않습니다." 또는 이 싸움을 긍정적인 용어로 묘사하면 이렇습니다. "죄가 유다-욕망들을 보내 우리를 유혹할 때, 하나님과 그분의 역사와 그분의 방법과 그분의 약속을 더 선호하십시오. 잠시 죄의 낙을 즐기는 것보다 하나님을 더 좋은 것으로 여기십시오. 우리가 하나님에 대해 살아 있을 때 그분이 더 좋아 보입니다. 사탄이 거짓된 욕망들로 공격할 때, 우리를 결코 망하게 하지 않고 영원한 기쁨으로 이끌 바람직한 욕망들로 역공하십시오."

다른 말로 하면, 하나님을 영화롭게 하는, 죄와의 최전방 전투가 있습니다. 이런 싸움은 하나님이 우리 모든 죄를 용서하시고 우리를 의롭다 여겨 주시려고 그리스도 안에서 우리를 위해 행하신 일에 기반할 뿐 아니라, 거기에 더해 유다-욕망들에 대해 죽고 새로운 욕망들, 새로운 선호, 즉 하나님과 그분의 방법을 더 선호함으로 승리를 얻습니다.

그러므로 그리스도 안에서 하나님께서 행하신 일이 무엇인지 알려고 애쓰십시오. 그리고 다른 무엇보다 하나님을 더 소중히 여기게 될 때까지 그분을 계속해서 바라보십시오.

18장

죄로부터 해방되어 의에게 종이 되다 (1부)

로마서 6:14-19

죄가 너희를 주장하지 못하리니 이는 너희가 법 아래에 있지 아니하고 은혜 아래에 있음이라. 그런즉 어찌하리요 우리가 법 아래에 있지 아니하고 은혜 아래에 있으니 죄를 지으리요 그럴 수 없느니라. 너희 자신을 종으로 내주어 누구에게 순종하든지 그 순종함을 받는 자의 종이 되는 줄을 너희가 알지 못하느냐 혹은 죄의 종으로 사망에 이르고 혹은 순종의 종으로 의에 이르느니라. 하나님께 감사하리로다. 너희가 본래 죄의 종이더니 너희에게 전하여 준 바 교훈의 본을 마음으로 순종하여 죄로부터 해방되어 의에게 종이 되었느니라. 너희 육신이 연약하므로 내가 사람의 예대로 말하노니 전에 너희가 너희 지체를 부정과 불법에 내주어 불법에 이른 것 같이 이제는 너희 지체를 의에게 종으로 내주어 거룩함에 이르라. _롬 6:14-19

하나님을 갈망하기

2주 전에 11-13절 말씀에서 하나의 그림을 그려 보았습니다. 그리스도를 믿으면, 우리 몸은 하나님이 왕으로 다스리는 성과 같습니다. 우리 욕망은 그 성에서 섬기는 하인들과 같습니다. 죄는 반역을 일으키고 거짓을 일삼으며 왕좌를 노리는 자로 그 성을 지배하고 싶어 합니다. 죄가 왕에 대항해 반란을 일으킬 때 사용하는 전략은, 하인에 해당하는 우리 욕망들을 사로잡은 다음 속이고 부패하게 만들어 배신자로서 다시 성으로 돌려보내 유다처럼 왕을 배신하게 하고, 우리 지체 중 하나(혀)를 사로잡아 불의를 위해 왕을 공격하는 무기로 만드는 것입니다.

여기에 우리가 싸워야 할 치열한 전투가 있음을 말씀드렸습니다. 그것이 로마서 6장의 내용입니다. 즉, 믿음을 통해 은혜로 의롭다 함을 얻은 사람들이 어떻게 죄를 이기는가 하는 내용입니다. 제가 여섯 가지 전략을 말씀드렸고, 마지막 여섯 번째 전략은 12절에 기반을 두고 있다고 했습니다. "그러므로 너희는 죄가 너희 죽을 몸을 지배하지 못하게 하여 몸의 사욕에 순종하지 말라." 다른 말로 하면, 하나님을 원하는 것만큼 죄를 원하지 말라는 뜻입니다. 하나님의 진리를 원하는 것만큼 죄의 거짓말을 원하지 말라는 것입니다. 죄가 주는 것을 바라는 마음과 하나님이 주시는 것을 바라는 마음이 서로 싸운다면, 하나님 편을 택하라는 말입니다. 그리스도인으로 살아가는 데 있어서 최고의 전략 중 하나는, 하나님과 그분의 방법을 최고의 보화로 여겨 가장 앞에 두는 것입니다.

미적지근하고, 세속적이고, 열정이 없는 교회들이여! 그리스도인의 삶, 천국으로 인도하는 유일한 삶은 우리의 욕망들이 서로 치열하게 싸우는 삶임을 깨달으십시오! 우리 교회가 세운 선교기관을 우연히 "디자이어링 갓(하나님을 갈망하라)"이라고 명명한 것이 아닙니다. 12절은 이렇게 전합니다. "그러므로 너희는 죄가 너희 죽을 몸을 지배하지 못하게 하여 몸의 사욕에 순종하지 말라." 다른 말로 하면, 죄가 사로잡고 부패하게 만든 육체의 소욕에 순종하지 않음으로써 그리스도인으로 살게 된다는 의미입니다. 그리고 한 욕망에 순종하지 않기로 선택한다면, 그것은 다른 뭔가를 더 원하기 때문입니다. 그런데 만일 우리가 아는 그리스도인의 삶이라는 것이 그저 의지력으로 의무를 다할 뿐, 하나님을 원하지 않는 그런 삶이라면 어떻게 되겠습니까? 죄보다 그리스도를 더 원하도록 기도와 묵상과 교제로 훈련하는 데 전혀 시간을 쓰지 않는다면 어떻게 될까요? 그리스도가 진짜라고 생각만 할 뿐, 자신의 보화로서 그분을 원하지 않는다면 어떻게 될까요?

오늘 말씀에 이런 식의 기독교 신앙을 가진 영혼이 등장합니다. 15절에서 바울은 말합니다. "그런즉 어찌하리요? 우리가 법 아래에 있지 아니하고 은혜 아래에 있으니 죄를 지으리요? 그럴 수 없느니라!" 바울은 여기서 어떤 사람의 말을 인용하고 있습니다. 1절에서도 같은 사람의 말을 인용했습니다. "그런즉 우리가 무슨 말을 하리요? 은혜를 더하게 하려고 죄에 거하겠느냐?" 바울은, 오직 믿음을 통해 은혜로 받은 칭의에 근거를 둔 기독교 신앙의 핵심을 이해하지 못한 이 가엾은 사람을 도와 주려고 여전히 애쓰고 있습니다. 이 사람은 행위(works)가 아닌 믿음을 통해 은혜로 받은 칭의라는 바울의 복음을 들으면서 이렇게 말합니다. "글쎄요. 제가 믿음으로 하나님과 바른 관계를 맺고, 과거와 현재, 미래의 모든 죄를 용서받는다면, 죄가 제 몸을 지배하게 해서 그 욕망대로 행하며 즐겨도 괜찮지 않나요?" 기독교를 머리로만 알 뿐, 그리스도의 소중함을 경험하지 못한 사람들은 이런 식으로 말합니다.

이런 분들을 위해 제가 오늘 아침 무엇을 할 수 있을까요? 첫째, 그리스도를 전하고 그분의 마음과 그분의 생각과 그분의 은혜와 그분의 사역을 최선을 다해 보여드려서 그리스도가 실제로 어떤 분이신지, 즉 이 세상이 줄 수 있는 그 어떤 것보다 값진 분임을 드러낼 수 있습니다. 둘째, 그리고 하나님께서 우리 마음의 눈을 열어 이 귀중함을 볼 수 있게 해달라고 기도할 수 있습니다. 하나님께서 우리 영혼을 깨워 우리의 마음을 얻고자 경쟁하는 모든 것보다 그리스도를 더욱 원해야 한다는 것을 느끼고 볼 수 있기를 기도하겠습니다. 셋째, 하나님의 은혜로 저는 그리스도가 제 보화가 되심을 경험했기에 여러분에게 담대히 증거할 수 있습니다.

2주에 걸쳐 이 본문을 다루면서 바로 이 일을 하려고 합니다. 오늘은 "율법 아래"와 "은혜 아래"의 의미를 해석하면서 그런 분들이 깨달을 수 있도록 도우려고 합니다. 이 구절들의 의미를 이해할 때 다른 어떤 방법보다 그리스도와 은혜의 소중함을 잘 깨달을 수 있을 것입니다.

그렇다면 율법 아래 있지 않고 은혜 아래 있다는 것은 무슨 의미일까요?

"율법 아래" — 우리가 우리 의를 제공한다

14절입니다. "죄가 너희를 주장하지 못하리니 이는 너희가 법 아래에 있지 아니하고 은혜 아래에 있음이라." "은혜 아래"라는 구절은 여기 14절과 15절을 제외하고는 바울의 글(혹은 신약) 어디에도 나오지 않습니다. 하지만 "법 아래"라는 구절은 바울이 7번 사용했습니다(고전 9:20에서 한 번, 갈라디아서에서 다섯 번-3:23; 4:4-5, 21; 5:18). 이 구절들을 보면 바울이 무슨 의미로 이 구절을 사용했는지 명확히 알 수 있습니다.

두 구절만 보겠습니다. 이 질문이 정말 중요하다는 사실을 명심하십시오. 우리가 하나님 앞에서 자신을 어떻게 바라보는지 그리고 어떻게 살아가는지는 우리가 "법 아래" 있느냐 "은혜 아래" 있느냐에 따라 달라집니다. 그렇다면 "법 아래"는 무슨 의미일까요?

먼저 갈라디아서 4장 4-5절 말씀을 보십시오. "때가 차매 하나님이 그 아들을 보내사 여자에게서 나게 하시고 [그] '율법 아래에 나게 하신 것'은 [그] '율법 아래에 있는 자'들을 속량하시고 우리로 아들의 명분을 얻게 하려 하심이라." "그"(the, 영어 성경에 등장하는 관사 — 옮긴이)라는 단어는 원문에는 없습니다. 이 구절은 오늘 본문 로마서 6장 14절 말씀과 일치합니다. 그리스도는 "법 아래" 있는 자들을 구원하기 위해 "법 아래" 태어나셨습니다.

여기서 우리가 알 수 있는 것은, 첫째, 누군가 법 아래 있어서 큰 곤경에 빠져 있다는 사실입니다. 그리스도가 그들을 구원하셔야 한다고 바울은 말하고 있기 때문입니다. 둘째, 그리스도는 법 아래 태어나셨지만, 법 아래 태어난 것이 다른 사람들에게는 위험이고 죄를 얻는 것이었을지라도 그리스도에게는 그렇지 않다는 사실입니다. 다른 말로 하면, "법 아래" 있다는 것이 우리 같은 죄악된 피조물에게는 무슨 수를 써서라도 피하고 싶은 일이지만, 그리스도는 우리를 구하기 위해 기꺼이 그것을 감수하셨습니다. 그렇다면 "법 아래" 있다는 것은 무슨 의미일까요?

이렇게 말씀드릴 수 있습니다. 법 아래 있다는 것은, 우리가 하나님과 화목하는 데 필요한 의로움을 입증하려면 율법 준수가 그 수단이 된다는 말입니다. 법을 지켜야 우리가 의롭다 함을 얻는다고 생각한다면, 이는 율법 아래 있는 것입니다. 우리가 율법을 지키도록 하나님께서 힘을 주실 거라 믿든, 자기 스스로 할 수 있다고 믿든, 어쨌든 율법 아래 있다는 점에서는 같습니다. '무엇이 나를 의롭다 하는 의를 제공하는가?'라는 문제에 있어서 답이 같습니다. 율법을 지키는 것이 답이라면, 나는 "율법 아래" 있습니다.

치명적인 선택

이것이 우리 죄인들에게 치명적인 이유는, 우리 중 누구도 율법을 통해 하나님과 화목을 이룰 만한 의를 제공할 수 없기 때문입니다. 반면, 율법을 지키는 데 실패해서 정죄를 받을 수밖에 없는 우리를 구원하기 위해 그리스도께서 "율법 아래"(갈 4:4) 나셨다고 말했을 때, 바울이 말하고자 한 것은 그리스도는 율법과의 관계에서 우리처럼 실패하시지 않는다는 점입니다. 즉, 그리스도는 완전하게 (믿음으로!) 율법을 지키실 것이고 따라서 하나님과 화목을 이루게 할 의를 나타내실 것입니다. 그리고 우리가 로마서에서 배운 내용은, 그리스도의 이런 의가 우리에게 전가되었다는 사실입니다.

갈라디아서 4장 21절에서 이 점이 재확인됩니다. "내게 말하라. 율법 아래에 있고자 하는 자들아. 율법을 듣지 못하였느냐?" 갈라디아 교회에 들어와서는 우리가 칭의를 얻으려면 율법 준수, 특히 할례가 매우 필수적이라고 말하는 선생들이 있었습니다. 다른 말로 하면, 하나님과 화목하기 위한 칭의를 받으려면 할례, 즉 율법을 지키는 일도 포함되어야 한다는 주장입니다. 바울은 이것을 "율법 아래" 있고자 하는 것과 같다고 말했습니다. 바울은 갈라디아서 5장 2-4절에서 이렇게 말했습니다. "보라, 나 바울은 너희에게 말하노니 너희가 만일 할례를 받으면 그리스도께서 너희에게 아무 유익이 없으리라. 내가 할례를 받는 각 사람에게 다시 증언하노니 그는 율법 전체를 행할 의무를 가진 자라. 율법 안에서 의롭다 함을 얻으려 하는 너희는 그리스도에게서 끊어지고 은혜에서 떨어진 자로다."

이 말씀에서 세 가지를 살펴보겠습니다. 첫째, 율법의 일부를 지키는 것, 말하자면 할례를 받아야 의롭다 함을 얻을 수 있다고 생각한다면, 오히려 우리는 율법 전체(3절)를 지켜야 할 의무가 있음을 깨달아야 합니다. 부분적인 의로 하나님과 화목을 이루려 한다면, 오히려 하나님과 화목을 이루기 위해 (일부가 아닌) 모든 의가 있어야 함을 알아야 합니다. "율법 아래" 있다는 것은 바로 이런 의미입니다. 그리스도는 그렇게 하셨습니다. 그러나 우리는 할 수 없습니다. 우리에게는 우리 의가 아닌 그리스도의 의가 필요합니다.

둘째, 4절에서 "율법 안에서 의롭다 함을 얻으려 한다"와 4장 21절에서 "율법 아래에 있고자 한다"는 같은 의미입니다. 즉, "율법 아래" 있고자 하는 것은 율법을 지켜서 하나님 앞에서 의로워지려는 것과 같습니다. 그것이 "율법 안에서 의롭다 함을 얻는다"가 의미하는 바입니다.

셋째, 하나님 앞에서 자신의 의로움을 일부라도 혹은 전체를 보여드리려고 애쓴다면, 그리스도가 우리에게 아무 유익을 주실 수 없습니다. 2절입니다. "너희가 만일 할례를 받으면 그리스도께서 너희에게 아무 유익이 없으리라." 다른 말로 하면, 그리스도는 우리의 '모든' 의가 되시든지 아니면 '아무런' 의도 되지 않으시든지 둘 중 하나입니다. 우리가 칭의를 얻는 기반으로 그리스도의 의와 함께 우리의 의를 조금이라도 드리려고 애를 쓴다면, 은혜를 무효로 만드는 것입니다(갈 2:21). 또는 "은혜 아래" 있지 않다고 말할 수 있습니다.

"은혜 아래" — 그리스도가 우리 의가 되신다

따라서 "은혜 아래" 있다는 의미는 우리가 칭의를 얻는 데 필요한 모든 의가 그리스도로부터 나온다는 말입니다. 그리스도는 우리의 모든 의가 되십니다. 우리는 오직 믿음을 통해 은혜로 그리스도 안에서 그 의를 선물로 받습니다. "율법 아래" 있다는 것은 그 극단의 반대편에 위치합니다. 우리가 칭의를 얻는 데 필요한 모든 의가 그리스도로부터 나오는 게 아니라 율법을 지킴으로 나온다는 말입니다.

이제 로마서 6장의 맥락에서 이 내용이 확인되는지 보겠습니다. 제 생각에는 두 가지로 확인되는 것 같습니다. 하나는 15절에 나오는 반문에서 확인됩니다. "그런즉 어찌하리요? 우리가 법 아래에 있지 아니하고 은혜 아래에 있으니 죄를 지으리요?" 여기서 바울이 등장시킨 사람은, "은혜 아래" 있다는 것이 벌 받지 않고 죄를 지을 수 있는 면허증이라고 생각합니다. 그리고 "은혜 아래" 있다는 것의 의미가 "우리로 의롭다 함을 얻게 하는 의가 우리가 아닌 전적으로 그리스도로부터 나온다는 것"이라면, 실제 그렇게(계속 죄를 지어도 된다고) 보이는 것도 사실입니다. 그래서 이 반문이 설득력 있어 보입니다.

이와 더불어, 같은 반문이 로마서 5장 20-21절에 대한 반응으로 6장 1절에도 나오는데, 이 또한 우리가 바른 길에 서 있음을 확인해 줍니다. 로마서 5장 17절에서 바울이 "더욱 '은혜'와 의의 '선물'을 넘치게 받는 자들"이라고 언급했던 것을 기억하십시오. 하나님의 은혜가 의의 선물로 표현됩니다. 의의 선물은 우리의 것이 아니라 그리스도의 것입니다. 다음 18절에서도 이에 대해 볼 수 있습니다. "한 의로운 행위로 말미암아 많은 사람이 의롭다 하심을 받아 생명에 이르렀느니라." 따라서 의의 '선물'(17절)은 우리가 의롭다 하심을 받고 생명에 이르게 만드는 '그리스도'의 의로운 행위(18절)입니다. 우리에게 전가된 그리스도의 의입니다.

이제 이것을 염두에 두고 로마서 5장 20-21절을 읽을 텐데, 이 말이 로마서 6장 1절의 반문("은혜를 더하게 하려고 죄에 거하겠느냐?")을 불러일으켰습니다. 20-21절입니다. "율법이 들어온 것은 범죄를 더하게 하려 함이라. 그러나 죄가 더한 곳에 은혜가 더욱 넘쳤나니 이는 죄가 사망 안에서 왕 노릇 한 것 같이 은혜도 또한 의로 말미암아 왕 노릇 하여 우리 주 예수 그리스도로 말미암아 영생에 이르게 하려 함이라." 다른 말로 하면, 하나님의 은혜(17절)는 그리스도의 의를 우리에게 전가하여 칭의를 얻게 하는 것으로 왕 노릇 하고 영생으로 이끕니다. 이에 대해 어떤 사람이 이렇게 말합니다. "그런즉 우리가 은혜를 더하기 위해 죄를 짓자!"(6:1). 그는 15절에서도 이렇게 말합니다. "그런즉 어찌하리요? 우리가 법 아래에 있지 아니하고 은혜 아래에 있으니 죄를 지으리요?" 따라서 로마서 5장 17절부터 6장 1절에서 보이는 사고의 연속성이 우리가 조금 전 갈라디아서 말씀과 로마서 6장 14-15절에서 보았던 "은혜 아래"의 의미를 확실히 해줍니다.

이 모든 것을 토대로 결론을 내려 보면, "율법 아래" 있다는 것은 우리가 하나님 앞에서 칭의를 얻기 위해 율법을 지킨다는 의미입니다. 우리에게 필요한 의를 우리가 만들어 낸다는 의미입니다. 율법을 그런 방식으로 다루게 되면, 즉 율법을 지켜서 우리의 칭의를 얻고자 한다면, 우리는 "율법 아래" 있게 됩니다.

하지만 "은혜 아래" 있다는 것은 우리의 모든 의를 값없이 선물로, 말하자면 우리 칭의의 기반으로서 그리스도의 의를 은혜로 받았음을 의미합니다. 그것은 선물입니다. 그것은 우리가 하나님과 화목을 이루게 하는 기반입니다. 그리스도는 율법 아래 나시고 사셨으며, 믿음으로 율법을 완전하게 성취하셨습니다. 그것이 그리스도의 의입니다. 우리는 그리스도를 우리 의가 되시는 분으로 신뢰함으로써 "율법 아래" 있는 상태에서 벗어나게 됩니다. 그것이 은혜 아래 있게 된다는 의미입니다.

여기서 질문이 생깁니다. "율법 아래 있지 않고 은혜 아래 있다는 것이, 왜 죄가 우리의 삶에서 승리하지 못하고 우리의 주인이 되지 못할 것을 보증합니까?" 그것이 14절이 말하는 바입니다. "죄가 너희를 주장하지 못하리니 이는 너희가 법 아래에 있지 아니하고 은혜 아래에 있음이라." 이것은 명령이 아니라 "죄가 너희를 주장하지 못할 것이다"라는 약속입니다. 이에 대해서는 다음 주에 살펴보겠습니다.

단순 결정이 아니라 간절히 원하는 것

그리스도인의 삶은 단순히 결정을 내리는 것이 아니라 간절히 원하는 것이라고 설교를 시작하면서 말씀드렸는데, 다시 그 말씀을 드리며 말씀을 맺을까 합니다. 이 말을 우리가 지금까지 살펴본 내용과 연결시켜 보십시오. 15절은 이런 말씀입니다. "우리는 율법 아래 있지 않고 은혜 아래 있으니 죄를 지읍시다. 왜냐하면 그리스도가 칭의를 위한 우리 의가 되시기 때문에 우리가 하나님과 화목하는 것은 우리 의가 아니라 그리스도의 의를 기반으로 합니다. 그러니 죄를 지읍시다. 그래도 벌을 받지 않으니까요. 그리스도가 우리 의가 되십니다." 누가 이런 말을 합니까?

시작할 때 이런 말을 하는 사람들은 그리스도에 대해 머리로만 알고 그리스도의 소중함을 경험하지 못한 사람들이라고 말씀드렸습니다. 그들이 가진 기독교 신앙은 진리이긴 하지만 귀중한 보화는 아닙니다. 모든 것이 '선택사항'일 뿐 소중하지는 않습니다. 그리스도에 대한 논리만 있을 뿐 사랑은 없습니다. 모든 것이 '결정'일 뿐 기쁨이 없습니다. 그리고 교회에는 이런 범주에 속하는 사람들이 얼마나 많습니까!

그래서 저는 말씀을 맺으면서 이렇게 외치고 싶습니다. 대강절 기간 동안 그리스도의 소중함을 알고자 애쓰십시오. 믿음으로 의롭다 함을 받는 칭의의 소중함을 경험하시기 바랍니다. 그리고 율법 아래가 아닌 은혜 아래 있는 것이 얼마나 소중한 일인지 알고자 애쓰시기 바랍니다. 강림은 이런 의미입니다. "때가 차매 하나님이 그 아들을 보내사 여자에게서 나게 하시고 율법 아래에 나게 하신 것은 율법 아래에 있는 자들을 속량하시고 우리로 아들의 명분을 얻게 하려 하심이라." 그리스도는 율법 아래로 오셨고 그 율법을 만족시키심으로 우리가 율법으로부터 구원받고 하나님의 자녀가 되게 하셨습니다.

그것이 소중하게 느껴지지 않는다면, 그것이 우리 삶의 보화가 아니라면(금보다 더 귀하고, 꿀보다 더 달콤하지 않다면), 이번 대강절에 그리스도의 소중함을 한 번 추구해 보시지 않겠습니까? 마음의 눈을 열어 달라고 하나님께 구하십시오. TV를 끄십시오. 그리스도가 행하신 일들에 마음을 집중하십시오. 금식하고 기도하십시오. "아침에 주의 인자하심이 우리를 만족하게 하사 우리를 일생 동안 즐겁고 기쁘게 하소서"(시 90:14).

19장

죄로부터 해방되어 의에게 종이 되다 (2부)

로마서 6:14-19

죄가 너희를 주장하지 못하리니 이는 너희가 법 아래에 있지 아니하고 은혜 아래에 있음이라. 그런즉 어찌하리요? 우리가 법 아래에 있지 아니하고 은혜 아래에 있으니 죄를 지으리요? 그럴 수 없느니라. 너희 자신을 종으로 내주어 누구에게 순종하든지 그 순종함을 받는 자의 종이 되는 줄을 너희가 알지 못하느냐? 혹은 죄의 종으로 사망에 이르고 혹은 순종의 종으로 의에 이르느니라. 하나님께 감사하리로다. 너희가 본래 죄의 종이더니 너희에게 전하여 준 바 교훈의 본을 마음으로 순종하여 죄로부터 해방되어 의에게 종이 되었느니라. 너희 육신이 연약하므로 내가 사람의 예대로 말하노니 전에 너희가 너희 지체를 부정과 불법에 내주어 불법에 이른 것 같이 이제는 너희 지체를 의에게 종으로 내주어 거룩함에 이르라. _롬 6:14-19

지난주에는 14절에서 말하는 "율법 아래" 있지 않고 "은혜 아래" 있다는 것이 무슨 의미인지 살펴보았습니다. "율법 아래" 있다는 것은, 하나님이 우리를 의롭다 여기게 만드는 의를 얻고자 우리가 율법 준수에 매이게 된다는 것이라고 말씀드렸습니다. "율법 아래" 있다는 것은 칭의를 얻게 하는 의가 우리 자신의 율법 준수로부터 나온다는 의미입니다. 반면, "은혜 아래" 있다는 것은 우리가 그리스도의 의, 그리스도의 율법 준수, 그리스도의 완전한 믿음의 순종(그리스도의 대속의 죽음을 포함한)을 근거로 베풀어지는 은혜를 선물로 받아 칭의를 얻는다는 의미입니다(18과 설교 참조).

죄가 너희를 주장하지 못하리니

오늘의 질문은 이것입니다. "왜 '은혜 아래' 있다는 것이 죄가 우리를 주장하지 못할 것을 보장합니까?" 14절의 논리를 보십시오. "죄가 너희를 주장하지 못하리니 이는 너희가 법 아래에 있지 아니하고 은혜 아래에 있음이라." "죄가 너희를 주장하지 못하리라"는 말씀은 약속입니다. "살인하지 말라"와 같은 명령이 아닙니다. 은혜 아래 있는 사람이 장차 어떻게 될지에 대한 확신 있는 약속입니다. 13절의 "너희 지체를 불의의 무기로 죄에게 내주지 말고 오직 너희 자신을 죽은 자 가운데서 다시 살아난 자 같이 하나님께 드리며 너희 지체를 의의 무기로 하나님께 드리라"는 명령의 근거로 14절 말씀이 주어졌다는 점에서 이를 더욱 분명히 알 수 있습니다. 13절 말씀은 명령입니다. 14절은 그 근거입니다. "죄가 너희를 주장하지 못할 것이기 때문이다."

신약 윤리의 구조는 매우 독특합니다. "죄가 너희를 주장하지 못하게 하라. 왜냐하면 죄가 너희를 주장하지 못할 것이기 때문이다." 우리에게는 무척 낯설게 느껴지는 논리입니다. 자기 결정(self-determination)이라는 인간중심적으로 편향된 사고로 성경을 대하기 때문입니다. 다른 말로 하면, 인간중심으로 편향된 사고를 가지고 성경에서 우리에게 선택을 요구하는 말을 들으면(예를 들어, "너희 지체를 죄에게 넘겨주지 말라"와 같은), 선택의 순간에 마지막으로 결정하는 것은 하나님이 아닌 우리가 됩니다. 따라서 이런 편견(진짜 책임감 있는 선택은 궁극적으로 자기 자신이 결정하는 것이라는 사고)을 가지고 13절과 14절을 연결하면 잘 이해가 되지 않습니다. "죄에게 굴복하지 말라(13절). '왜냐하면' 죄가 너희를 주장하지 못할 것이기 때문이다(14절)."

하지만 성경을 통해 하나님의 주권과 하나님이 최종 결정권자라는 입장에서 인간이 갖는 실제 책임감에 대해 알게 되면, 그리스도인의 삶에서 내리는 선택을 다음과 같이 말할 수 있게 됩니다. "죄가 내 몸을 주관하지 못하도록 하겠다. 왜냐하면 하나님께서 내 안에서 일하시면서 죄가 내 몸을 주관하지 못하도록 하실 것이기 때문이다"(빌 2:12-13; 3:12; 고전 5:7).

로마서 6장 1-2절에서도 이와 같은 사고방식을 이미 살펴보았던 것을 기억하십시오. "그런즉 우리가 무슨 말을 하리요? 은혜를 더하게 하려고 죄에 거하겠느냐? 그럴 수 없느니라! 죄에 대하여 죽은 우리가 어찌 그 가운데 더 살리요?" 바울의 논리가 보이십니까? 우리는 더 이상 죄 가운데 살 수 없습니다(can't). 왜냐하면 우리가 믿음으로 그리스도와 연합되었을 때, 우리는 죄에 대하여 그리스도와 함께 죽었기 때문입니다. 그리고 우리는 죄 가운데 계속 살 수 없기(can't) 때문에, 은혜를 더하게 하려고 계속 죄를 짓지 않습니다(don't). 즉, 우리는 그리스도와 함께 죽었기 때문에 죄가 우리를 주장하지 못할 것이 확실하다는 논리입니다. 그러므로 죄가 우리를 주관하지 못하게 하십시오. 아, 하나님께서 은혜를 베푸셔서 우리 사고가 성경적 사고와 일치되도록 고쳐주시기를 원합니다!

"은혜 아래" 있으므로, 죄가 주인이 아니다

따라서 오늘의 질문은 다음과 같습니다. "'은혜 아래' 있다는 것이 왜 은혜 아래 있는 자들을 죄가 주장하지 못할 것에 대한 보증이 되는가?" 14절입니다. "죄가 너희를 주장하지 못하리니 이는 너희가 법 아래에 있지 아니하고 은혜 아래에 있음이라." 죄가 우리를 주장하지 못할 것을 보장한다는, 그 "은혜 아래" 있다는 것은 무엇일까요?

이에 대해 세 가지를 말씀드리겠습니다. 두 가지는 로마서 전체에서 살펴보고, 한 가지는 오늘 본문에서 살펴보겠습니다.

1. 은혜 아래 있을 때 하나님의 진노는 완전히 제거되고 우리를 향한 하나님의 모든 행위는 구원하시는 행위가 됩니다.

하나님의 모든 능력은 하나님의 긍휼을 베푸는 데 사용되고 진노나 형벌을 내리는 데 사용되지 않습니다. 하나님은 우리를 위하실 뿐, 배척하지 않으십니다. 그러므로 우리의 가장 큰 적인 죄가 우리를 이기지 못합니다.

로마서 8장 1절은 말합니다. "이제 그리스도 예수 안에 있는 자에게는 —즉 '은혜 아래' 있는 자에게는— 결코 정죄함이 없나니." 이것이 우리 미래에 대해 함축하는 바는 무엇입니까? 로마서 8장 31-32절이 이에 답합니다. "만일 하나님이 우리를 위하시면 누가 우리를 대적하리요? 자기 아들을 아끼지 아니하시고 우리 모든 사람을 위하여 내주신 이가 어찌 그 아들과 함께 모든 것을 우리에게 주시지 아니하겠느냐?" 다른 말로 하면, 하나님이 우리를 의롭다 하시기 위해(우리를 은혜 아래 있게 하시려고) 자신의 아들을 희생시키는 가장 어려운 일을 이미 감당하셨다면, 하나님은 우리를 구원하기 위해, 죄가 우리를 주장하지 못하게 하는 일을 포함하여 모든 필요한 일을 다 하실 것이라는 의미입니다.

"은혜 아래" 있다는 것은 진노에서 벗어났음을 의미합니다. 그리고 우리가 하나님의 진노에서 벗어났을 때, 그분의 모든 능력은 우리를 영화롭게 하고자 긍휼을 베푸시는 일에 온전히 사용됩니다(롬 8:30). 따라서 '은혜 아래 있다는 것이 죄가 우리를 주장하지 못할 거라는 보증이 되는' 첫 번째 이유는, 은혜 아래 있다는 것은 죄 아래에서 벗어났고 하나님께서 우리를 배척하는 일이 아니라 우리를 위하시는 일에 그분의 모든 능력을 전적으로 사용하실 것이라는 의미가 되기 때문입니다.

2. 두 번째로, "은혜 아래" 있을 때, 죄와의 싸움에서 우리를 무력하게 만드는 끔찍한 죄책이 사라집니다.

로마서 6장 6절 하반절부터 7절까지의 말씀을 다루면서 이에 대해 살펴본 바 있습니다. 그래서 지금은 이 부분을 자세히 다루지는 않겠습니다. 6절 마지막 부분을 주목하십시오. "다시는 우리가 죄에게 종 노릇 하지 아니하려 함이니." 이번 장에서 우리가 추구하는 목표가 바로 이것입니다. 죄에서 완전히 자유로워지는 것입니다. 그 다음 7절에서 이렇게 자유하게 되는 근거가 나옵니다. "이는 죽은 자가 죄에서 벗어나 의롭다 하심을 얻었음이라." 이 말은 우리가 "율법 아래 있지 않고 은혜 아래 있기 때문"이라는 말과 같습니다.

다른 말로 하면, 믿음으로 말미암은 칭의가 죄에게 종 노릇 하지 않는 근거가 된다는 말씀입니다. "은혜 아래" 있는 것이 더 이상 죄에게 종 노릇 하지 않는 근거가 된다는 말을 달리 표현한 것입니다. 그리고 제가 몇 주 전에, 어떤 사람이 죄에게 종 노릇 하는 한 가지 이유는 자신에게 더 이상 소망이 없으며, 그래서 변화를 시도하지도 못할 만큼 무력감을 느끼기 때문이라고 말씀드린 바 있습니다. 오직 믿음으로 얻는 칭의는 이 무력감을 극복하게 해줍니다. 따라서 "은혜 아래" 있다는 것이 죄가 우리를 주관하지 못할 거라는 보장이 되는 두 번째 이유는, 은혜 아래 있다는 것은 죄와 감히 맞붙어 싸울 수도 없도록 우리를 마비시키고 소망을 파괴하는 일종의 죄책으로부터 벗어난 것을 의미하기 때문입니다.

3. 마지막으로, 우리가 "은혜 아래" 있을 때, 하나님은 자기의 기쁘신 뜻을 의지하고 행하도록 우리 안에서 일하십니다.

이 내용은 빌립보서 2장 13절에서 인용한 것이지만, 로마서 6장 14-19절 맥락을 통해 살펴보겠습니다. 여기서 중요한 구절은 17절입니다. "하나님께 감사하리로다." 이 부분에 주목하십시오. 바울은 하나님께 무엇에 대해 감사합니까? 하나님께서 무슨 일을 행하셨습니까? "하나님께 감사하리로다. 너희가 본래 죄의 종이더니 너희에게 전하여 준 바 교훈의 본을 마음으로 순종하여." 무엇에 대해 하나님께 감사합니까? 사도들의 가르침에 그들이 순종한 것에 대해 하나님께 감사하고 있습니다. 그리고 그 순종은 기계적인 것이 아니라 "마음으로" 한 순종이었습니다.

이것이 은혜 아래서 일어난 일입니다. 하나님의 진노가 제거되고, 우리를 마비시키는 죄책이 사라질 때, 하나님의 구원 사역은 성화시키는 사역이 됩니다. 즉, 하나님은 우리의 마음을 사도들이 전수한 가르침에 순종하도록 만드십니다. 마음으로 "순종하게 하신 것에 대해 하나님께 감사하십시다!"

18절에 사용된 단어를 통해 이를 다시 확인할 수 있습니다. 동사가 수동태라는 점에 주목하십시오. 여기서 행동을 하는 주체는 누구입니까? "죄로부터 해방되어[having been freed from sin] 의에게 종이 되었느니라." 여기서 다시 한 번 하나님이 행하신 일임이 드러납니다. 하나님이 우리를 죄로부터 "자유롭게 만드셨습니다." 하나님이 우리를 의에게 "종이 되게 하셨습니다."

따라서 세 번째 이유는 두 가지 점에서 타당합니다. 우리가 "은혜 아래" 있을 때, 하나님은 그분의 뜻을 행하시기 위해 우리 안에서 역사하십니다. 그래서 우리가 은혜 아래 있으면 죄가 우리를 주관하지 못합니다. 17절 말씀에서 먼저 확인할 수 있습니다. "하나님께 감사하리로다. 너희가 … 순종하여." 두 번째는 18절에서 확인할 수 있습니다. 우리는 (하나님에 의해) 죄로부터 "해방되어" (하나님에 의해) 의에게 "종이 되었습니다." 이것은 하나님이 행하신 일이고 우리가 보기에 놀라운 일입니다.

요약하면, 지금까지 "은혜 아래" 있다는 것이 왜 죄가 우리를 주관하지 못할 것을 보장하는지에 대해 살펴보았습니다. 첫 번째 이유는, 은혜 아래 있기 때문에 하나님의 진노가 완전히 제거되었고, 하나님의 능력이 형벌이 아닌 구원하고, 도와주고, 긍휼을 베풀기 위해 우리에게 흘러들어옵니다. 두 번째 이유는, 은혜 아래 있기 때문에 우리를 마비시키는 죄책이 사라지고 죄와 싸우는 것이 가치 있는 일이라는 소망을 갖게 됩니다. 세 번째 이유는, 은혜 아래 있기 때문에 하나님이 친히 우리 삶 속에 들어오셔서 우리 마음을 죄에서 멀어지고 의를 향하게 만드십니다.

권면의 말

세 가지 짧은 권면으로 말씀을 맺겠습니다.

1. 바울이 "죄가 너희를 주장하지 못하리니"라고 말할 때, 우리가 완전한 삶을 살 거라는 의미로 쉽게 결론내리지 마십시오. 바울은 빌립보서 3장 12절에서 자신이 이미 얻은 것도 아니고 이미 이룬 것도 아니고 오직 계속 달려 나갈 뿐이라고 분명히 말했습니다. 그는 우리가 영광에서 더 큰 영광으로 변화되어 간다고 말했습니다(고후 3:18). 그리고 바울은 로마서 7장에서 "내가 원하지 아니하는 그것을 행한다"고 말하며 내적 갈등을 드러내는데, 여기서 죄가 그렇게 만드는 주범이라고 말하면서도(7:20) 자신도 공범의 책임이 있음을 인정하며 "오호라 나는 곤고한 사람이로다. 이 사망의 몸에서 누가 나를 건져내랴!"(7:24)고 탄식합니다. 그리스도가 나타나셔서 우리가 온전히 변화될 때까지 우리는 완전하지 않을 것입니다(요일 3:2). 바울이 죄가 우리를 주장하지 못한다고 말했을 때, 패배하고 왕좌에서 쫓겨난 적이 단번에 성에서 쫓겨난다는 의미로 말한 것이 아닙니다. 적은

점차적으로 쫓겨나고, 그리스도인의 삶이란 그 싸움을 싸우는 것이고 "죄가 이 보좌에 앉지 못할 것"이라는 승리에 대한 확신을 안고 싸움에 임하는 것입니다.

2. 하나님이 다스리시고, 은혜 아래 있는 사람들은 죄에게 패배하지 않을 것을 하나님이 보증하셨다는 말을 들을 때, 이 싸움은 그저 명목상일 뿐 이미 끝난 것이므로 우리가 어떤 선택을 하든 문제될 게 없다는 식으로 성급하게 결론내리지 마십시오. "은혜를 더하게 하려고 죄를 짓자"(롬 6:1)고 말하지 마십시오. "율법 아래 있지 않고 은혜 아래 있으니 죄를 짓자"(롬 6:15)고 말하지 마십시오. 다른 말로 하면, 내가 무엇을 선택하든 궁극적으로는 아무 상관 없다는 식으로 추측해서 성경을 읽지 말라는 말입니다. 그런 생각은 인간 중심적이고 비성경적인 생각입니다. 오히려 이렇게 말해야 합니다. "궁극적으로 모든 것이 하나님께 달렸다면, 나 같은 사람, 마치 죽은 자 같고 마음이 강퍅한 죄인인 나에게도 선한 것을 선택하고 하나님을 기쁘시게 하는 삶을 선택하며 살아갈 소망이 생기는 거야." 하나님이 다스리시기 때문에 아무 변화도 필요치 않다고 수동적으로 생각하지 말고, 하나님이 다스리시므로 변화가 가능하다고 소망하십시오.

3. 마지막으로, 바울은 이번 장에서 우리 자신의 영광이 아니라 하나님의 영광을 위해 어떻게 살아야 하는지를 우리에게 가르치고 있음을 알아야 합니다. 그 이유 때문에 하나님의 행위는 결정적이고 최종적이며 우리 행위는 전적으로 그분에게 의존할 수밖에 없습니

다. 그렇기 때문에 하나님은 우리에게 "그저 하라"고 말씀하시지 않습니다. "너희가 '은혜 아래' 있으므로, 하라"고 말하십니다. "너희가 그리스도와 함께 죽었으므로, 하지 말라"고 하십니다. 그리고 "너희는 하나님에 의해 의에게 종노릇 하게 되었으므로, 하라"고 말씀하십니다. "그저 하라"는 인간 중심적인 말입니다. "하나님이 그것을 하도록 우리 안에서 일하시므로" 하라는 말은 하나님 중심적입니다. 이것이 하나님의 일을 우리 삶에서 제일 앞에 그리고 중심에 두는 태도입니다. 그럴 때 하나님은 영광을 받으십니다.

베드로전서 4장 11절로 말씀을 맺겠습니다. "만일 누가 말하려면 하나님의 말씀을 하는 것 같이 하고 누가 봉사하려면 하나님이 공급하시는 힘으로 하는 것 같이 하라. 이는 범사에 예수 그리스도로 말미암아 하나님이 영광을 받으시게 하려 함이니 그에게 영광과 권능이 세세에 무궁하도록 있느니라. 아멘."

예수 그리스도로 말미암아 하나님이 영광을 받으시게 하는 것이 우리 목표입니다. 따라서 우리는 믿음으로 은혜 아래 있음을 알아야 합니다. 율법 아래 있지 않습니다. 그렇기 때문에 죄가 우리를 주장하지 못할 것입니다. 승리는 이미 확정되었으니 믿음으로 싸우십시오.

20장

하나님께 종이 됨, 거룩함, 영생

로마서 6:20-22

너희가 죄의 종이 되었을 때에는 의에 대하여 자유로웠느니라. 너희가 그 때에 무슨 열매를 얻었느냐? 이제는 너희가 그 일을 부끄러워하나니 이는 그 마지막이 사망임이라. 그러나 이제는 너희가 죄로부터 해방되고 하나님께 종이 되어 거룩함에 이르는 열매를 맺었으니 그 마지막은 영생이라. _롬 6:20-22

다른 사람이 아닌 내 삶에 있는 죄에 집중하기

믿음으로 얻는 칭의는 자신의 죄에 대해 뻔뻔한 그리스도인을 만들어 내지 않는다는 것이 로마서 6장의 큰 그림입니다. 달리 말하면, 사도 바울은 그리스도의 의가 우리가 하나님께 받아들여진 기반이라고 믿는 것이 왜 우리를 죄에 대해 무관심하게 만들지 않고 오히려 자신의 삶에서 단호히 죄를 거부하도록 만드는지 보여 주기 위해 로마서 6장을 기록하고 있습니다.

이제 저도 우리 자신의 삶을 깊이 들여다보려고 합니다. 6장에서는 다른 사람들이 우리에게 저지른 죄를 문제 삼는 말이 하나도 나오지 않습니다. 12장에 가면 다른 사람의 죄를 어떻게 다룰지에 대해 말하지만, 지금 6장에서는 나에 대한 타인의 죄가 아니라, 타인과 하나님에 대한 나의 죄가 문제입니다. 그러니 다른 사람을 지목하지 맙시다. 하나님 말씀의 거울 앞에 섭시다.

따라서 믿음으로 얻는 칭의가 왜 늘 성화를 동반하는지 보여 주는 것이 6장의 가장 큰 목적입니다. 혹은 옛 스승들의 말을 빌리면, 유일하게 칭의를 가져오는 믿음은 결코 혼자가 아니고 늘 삶의 거룩함을 동반한다는 것을 이번 장은 가르쳐 줍니다. 혹은 또 다르게 표현해서, 의롭다 함을 얻게 하는 믿음은 이 세대에서 완성을 가져오지는 않지만, 이 세대에서 살아갈 새로운 방향을 늘 제시한다고 말할 수 있습니다. 칭의는 죄를 몰아내고 하나님을 보좌에 모시고 우리 마음과 몸으로 죄와 싸우게 합니다.

하나님의 일하심, 칭의, 성화, 영생

6장 말미로 가면서, 세 가지가 보다 분명해집니다. 인간으로서 우리 상태는 범죄하여 유죄이며 하나님의 마음에 합당하기 위해서는 죄 용서와 그리스도의 의가 필요할 뿐 아니라, 우리는 죄에게 종 노릇하고 있어서 죄의 형벌뿐 아니라 죄의 힘으로부터 해방될 필요가 있음이 더욱 분명해집니다.

그리고 지난주에 살펴보았듯이, 이러한 구원(성화)에 있어서 하나님의 일하심이 결정적이고 그 다음 우리의 일이 부차적으로 따라온다는 것이 점점 분명해집니다. 우리는 성화되어야 합니다. 하지만 하나님이 그렇게 해주시지 않으면 우리는 할 수 없습니다.

세 번째로, 우리 영생은 칭의뿐 아니라 성화에도 전적으로 의존하고 있음이 점점 분명해집니다. 다른 말로 하면, 누군가 "나는 믿음으로 의롭다 함을 받았으니까 죄를 거부하거나 거룩함을 추구할 필요가 없어"라고 말한다면, 그 사람은 아마도 구원받지 못한 것입니다. 죄에게 종 노릇 하는 데서 자유로워지지 않은 채, 영생을 얻을 수는 없습니다.

이 세 가지가 오늘 본문인 로마서 6장 20-22절에 나옵니다. 1) 우리 모두는 본성상 죄에 매여 있습니다. 우리가 죄를 다스리지 않고 죄가 우리를 다스립니다. 2) 하나님만이 이 노예상태에서 벗어나게 할 결정적인 구원자이십니다. 우리 역할은(실제적이고 중요한데) 그분께 의존하는 것입니다. 3) 죄의 지배와 노예상태에서 구원받지 않은 채(우리 삶에서 의와 거룩함을 향한 새로운 방향 설정 없이) 영생을 유업으로 받을 수 없습니다.

모든 기독교 사역이 중요한 이유가 바로 이 때문입니다. 주일 아침 여기서 예배를 드리고, 주일학교에서 예배를 드리고, 소모임에서 활동하고, 가정예배를 드리고, 어린이 사역에서 헌신하고, 개별적으로 기도시간을 갖고 하나님의 말씀을 묵상하는 등의 모든 일은 죄와의 싸움에서 믿음으로 승리하도록 하나님이 제정하신 수단들이기에 너무나 중요합니다. 누군가 이런 귀중한 은혜의 수단들로부터 멀어지기 시작했다면, 결코 가볍게 여겨서는 안 됩니다. 영생이 걸린 문제입니다. 바울은 디모데전서 6장 12절에서 "믿음의 선한 싸움을 싸우라. 영생을 취하라. 이를 위하여 네가 부르심을 받았느니라"고 디모데에게 말했습니다. 믿음의 싸움은 영생을 붙잡아 소유하는 것입니다. 죄에 맞서 믿음의 싸움을 벌이지 않는다면 그것은 영생을 놓치는 것입니다. 마지막에 가서야 영생이 자신의 것이 아니었음을 깨달을지 누가 알겠습니까? 하지만 영으로써 몸의 행실을 죽이면(롬 8:13), 영생은 우리의 것입니다.

로마서 6장 20-22절에서 이 세 가지를 살펴보겠습니다.

1. 우리 모두는 본성상 죄에 매여 있습니다. — 우리가 죄를 다스리지 않고 죄가 우리를 다스립니다.

20절입니다. "너희가 죄의 종이 되었을 때에는 의에 대하여 자유로웠느니라." 바울이 여기서 우리 모두를 한데 묶고 있음에 주목하십시오. 우리는 다 한때 죄의 종이었습니다. 일부만 그런 것이 아닙니다. 우리 모두가 그랬습니다. 즉, 우리는 죄와 의를 앞에 놓고 주관에 따라 중립적으로 결정을 내릴 수 있는 자기 결정권을 가진 피조물이 아니었다는 말씀입니다. 우리는 처음부터 죄의 종이었습니다. 죄가 주인이고 우리는 아니었습니다. 우리의 의지는 죄의 유혹에 붙들려 있었습니다. 우리 부패함 때문에(왜곡된 가치관 때문에) 죄를 의보다 더 매력적으로 보았습니다. 그래서 바울은 우리가 의에 대하여 자유로웠다고 말합니다. 즉, 의는 우리를 뒤흔들 힘이 없었습니다. 의는 전혀 매력적으로 보이지 않았고 보상이 있을 것 같아 보이지도 않았습니다. 그래서 의의 호소는 힘이 없었습니다. 이것이 첫 번째 요지인데 바울은 22절에서 "죄로부터 해방되고 하나님께 종이 되어"라고 말하면서 이 사실을 재확인합니다.

2. 하나님만이 이 노예 상태에서 우리를 벗어나게 해줄 결정적 구원자이시고, 우리 역할은(실제적이고 중요한데) 그분께 종속되는 것입니다.

하나님만이 이 노예 상태에서 우리를 벗어나게 해줄 결정적 구원자이시고 우리 역할은(실제적이고 중요한데) 그분께 종속되는 것이라는 점이 두 번째 요지입니다. 22절에서 이에 대해 확인할 수 있는데 바울은 이렇게 말합니다. "그러나 이제는 너희가 죄로부터 해방되고 하나님께 종이 되어." 궁극적으로 우리 스스로의 힘으로 자유로워지는 것이 아님에 주목하십시오. 우리는 "해방되었습니다"(been freed). 그리고 궁극적으로 우리 스스로 하나님께 종이 되기를 자처하는 것이 아닙니다. 우리는 하나님께 "종이 되었습니다"(enslaved). 지난주에 보았듯이, 이러한 수동태 동사들 뒤에는 하나님의 역사가 있습니다. 이것은 "은혜 아래"서 일어나는 일입니다. 그리스도가 믿음으로 말미암은 우리의 의가 되실 때, 하나님의 은혜가 강력하게 우리 안으로 들어와서는 철회된 죄의 권세를 깨뜨리고 우리 생각을 새롭게 변화시키고 우리 마음에 하나님의 법을 새기며 우리에게 새 영을 부으셔서, 우리로 하나님의 말씀에 귀기울이게 하시고 그리스도의 아름다우심과 그분의 도를 우리 삶의 보화로 소중히 여기도록 하십니다.

그리스도인이 된다는 것은 주인이 될 수 있는 두 존재 앞에 중립적으로 서서 궁극적으로 자기결정권을 발휘해 누구를 섬길지 선택하는 그런 것이 아닙니다. 중립적인 사람은 아무도 없습니다. 죄의 종과 하나님의 종이 있을 뿐입니다. 그리스도인이 된다는 것은 의의 전함을 지휘하는 선장을 모시는 것으로, 의의 전함의 선장은 불의의 노예선을 접수해 그 배의 선장, 곧 죄를 감금하고, 노예들의 쇠사슬을 풀어 준 다음 그들이 은혜와 영광을 맛보아 알 수 있도록 새로운 영적 시야에 눈 뜨게 해줍니다. 그러면 그들은 새로운 주권자를 그들 삶의 뿌리칠 수 없는 기쁨이자 보화로 인정하며 영원토록 자유로이 섬길 수 있게 됩니다. 우리는 그렇게 구원받았습니다. 하나님은 우리를 한 주인에게서 자유롭게 하시고, 엄청난 약속이 주는 저항할 수 없는 힘으로 하나님 자신에게 우리를 종속시키셨습니다. 그러니 하나님의 이 역사를 받아들이십시오. 그리스도와 그분의 약속을 우리 삶에서 가장 소중한 것으로 껴안으십시오.

여기서 짚고 갈 것이 있습니다. 우리 중에는 노예가 된다는 그림이 많이 거슬릴 분이 있을지 모르겠습니다. 잔인한 인종주의에 뿌리를 둔 노예 역사가 있는 미국에서 살고 있다면 당연한 일일 겁니다. 하지만 이런 노예 이미지가 신경쓰이는 것은 사도 바울도 마찬가지였다는 점을 안다면 다소 위안이 됩니다. 18절과 22절은 같은 내용인데, 18절은 이렇게 전합니다. "죄로부터 해방되어 의에게 종이 되었느니라." 그런데 바울은 여기서 잠시 멈춰 이 이미지가 아주 적절한 건 아니라는 점에 대해 양해를 구합니다. 19절입니다. "너희 육신이 연약하므로 내가 사람의 예대로 말하노니."

달리 말하면, 인간인 우리는 연약하고 언어가 한정되어 있어서 위대하고 영광스럽고 복합적인 실체들을 충분히 다 표현할 수 없기 때문에 부분적으로는 도움이 되지만 또 부분적으로는 오해를 불러일으킬 수 있는 단어들이나 이미지로 만족할 수밖에 없다는 이야기입니다. 바울은 우리가 의에게 "종이 되었고"(18절), 하나님께 "종이 되었다"(22절)고 말하긴 했지만, 이러한 종의 비유가 갖는 속성들 중에는 우리와 의의 관계 혹은 우리와 하나님의 관계에 맞지 않는 것도 있음을 잘 알았습니다.

예수님도 요한복음 15장 15절에서 같은 말씀을 하셨습니다. "이제부터는 너희를 종이라 하지 아니하리니 종은 주인이 하는 것을 알지 못함이라. 너희를 친구라 하였노니 내가 내 아버지께 들은 것을 다 너희에게 알게 하였음이라." 종의 비유가 갖는 측면 중에 우리와 하나님의 관계에 적용시킬 수 있는 것도 있지만 그렇지 않은 것도 있습니다. 또 우정의 비유도 적용시켜야 할 것과 하지 말아야 할 것이 있습니다. 문맥을 보고 사용된 이미지의 어떤 측면에 초점을 맞출지 판단해야 합니다.

로마서 6장 6절, 16절, 17절, 18절, 19절, 20절, 22절에 나오는 종의 비유는 우리 의지에 반하여 어떤 일을 하도록 강요받는다는 측면에 초점이 있지 않습니다. 여기서 주로 함축하는 바는, 우리 의지가 종속되어 있다는 점입니다. 우리 의지는 죄에 매여 있든, 의에 매여 있든 둘 중 하나입니다. 왜냐하면 본성상 우리는 죄의 보상이나 의의 아름다움 중 어느 하나를 더 좋게 보도록 되어 있기 때문입니다. 그래서 두 경우 모두 우리가 가장 하고 싶은 것을 하는 것이 됩니다. (7장에서 우리 의지가 나누어져 있어서 원하지 않는 것을 때로 하게 된다고 말하기는 하지만, 이 말이 맞다는 것을 여러분도 아실 것입니다). 하지만 우리는 둘 중 하나를 할 수밖에 없습니다. 그것에 매여 있습니다. 우리 마음은 너무 부패해서 죄를 좋게 보거나, 혹은 그리스도 안에서 새로워져서 의를 좋게 보거나 둘 중 하나입니다. 이런 의미에서 우리는 죄 아니면 하나님께 종이 되어 있습니다.

3. 죄의 지배와 종 노릇 하는 데서 구원받지 않은 채로는 —우리 삶에서 의와 거룩함을 향해 새로운 방향 전환이 이루어지지 않은 채로는— 영생을 유업으로 받지 못합니다.

마지막으로, 영생은 죄로부터 벗어나 하나님께 종이 되는 것에 달려 있다는 것이 세 번째 요지입니다. 그것이 22절의 요지입니다. "그러나 이제는 너희가 죄로부터 해방되고 하나님께 종이 되어 거룩함에 이르는 열매를 맺었으니 그 마지막은 영생이라."

영생은 21절에 나오는 '사망'과 대조됩니다. "너희가 그 때에 무슨 열매를 얻었느냐? 이제는 너희가 그 일을 부끄러워하나니 이는 그 마지막이 사망임이라." 다른 말로 하면, 죄의 종 노릇을 하며 산 결과는 사망입니다. 하지만 22절에서는 대조적으로, 죄로부터 해방되고 하나님께 종이 되어 살면서 거룩함에 이르는 열매를 맺은 결국은 영생이라고 말합니다. 이러한 단계는 선택사항이 아닙니다. 영생을 얻을 유일한 길입니다. 죄의 종 노릇 하는 데서 벗어나 하나님께 종이 되고, 거룩한 삶을 통해 열매를 맺고, 마지막으로 영생을 얻습니다. 이번 장에서 거룩함과 죄와의 싸움을 중요하게 다룬 이유도 바로 이 때문입니다. 장난이 아닙니다. 영생이 걸린 문제입니다.

바꿔 말하면, 영생은 그리스도에 대한 믿음이 실재하는 사람, 그리스도를 진짜로 믿는 사람에게 주어집니다. 즉, 그리스도를 진리로 받아들일 뿐 아니라 보화로 받아들이는 사람에게 주어집니다. 그리고 그런 믿음의 실체는 두 가지 방식으로 드러납니다.

- 그런 믿음은 칭의로 이어짐으로써 스스로 진짜임을 드러냅니다.
- 그런 다음 성화로 이어짐으로써 스스로 진짜임을 드러냅니다.
- 칭의는 예수 그리스도의 의 때문에 우리가 법적으로 하나님과 화목하게 되는 것입니다.
- 성화는 거룩함으로 뒤바뀐 삶에서 그 완전한 의가 실천적으로, 점진적으로, 도덕적으로 완성되어 드러나는 것입니다.
- 따라서 칭의는 영생에 있어서 법적 근거 혹은 그 기반으로서 필요한 것으로, 믿음으로 얻습니다.
- 그리고 성화는 영생에 있어서 우리 믿음이 진짜라는 공적 증거로서 필요합니다.

하나님이 세상을 통치하신다

다음 주에는 이 모든 것이 하나님의 선물이라는 사실에 대해 언급할 예정입니다. 매순간 우리는 철저히 하나님께 의존합니다. 그래서 이렇게 촉구합니다. 이번 성탄절에는 우리 자신을 보지 말고, 사람을 보지 말고, 하나님을 보십시오. 그리스도를 바라보십시오. 순종과 사랑이 충만한 삶의 초석이 되는 십자가를 바라보십시오. 부활을 보십시오. 그리스도가 온 땅의 왕으로 통치하시는 것을 보십시오. 그러면 그분이 얼마나 무궁히 귀한 분인지 알게 될 것입니다. 그리고 그분을 우리 삶의 최고의 보화로 받아들이게 될 것입니다!

은혜와 진리로 세상을 다스리시니
주의 영광스러운 의와
주의 경이로운 사랑을
열방이 증거하게 되리
("기쁘다 구주 오셨네" 원문 가사)

21장

하나님의 은사는 영생이다 (1부)

로마서 6:22-23

그러나 이제는 너희가 죄로부터 해방되고 하나님께 종이 되어 거룩함에 이르는 열매를 맺었으니 그 마지막은 영생이라. 죄의 삯은 사망이요 하나님의 은사는 그리스도 예수 우리 주 안에 있는 영생이니라. _롬 6:22-23

계속 죄 가운데 살아도 안 되고 살 수도 없는 이유

오늘 아침은 23절에 나오는 3가지 위대한 대조에 초점을 맞춰 보겠습니다. "죄의 삯은 사망이요 하나님의 은사는 그리스도 예수 우리 주 안에 있는 영생이니라." 하지만 그 전에 한 가지 기억할 것이 있습니다. 로마서 6장은 "은혜를 더하게 하려고 죄에 거하겠느냐?"라는 질문으로 시작했습니다. 그리고 이 질문은 15절에 또 나옵니다. "우리가 법 아래에 있지 아니하고 은혜 아래에 있으니 죄를 지으리요?" 이 두 질문의 답은 '아니다'로 같습니다. 그래서도 안 되고 그럴 수도 없습니다. 6장 나머지 부분은 왜 아닌지에 대한 설명입니다.

그러니 6장 마지막 부분인 23절을 보면서도 이 내용을 염두에 두어야 합니다. 23절은 은혜 아래 있으면 죄의 통치를 받거나 계속 죄 가운데 사는 것이 왜 해서는 안 되고 불가능한 일인지 마지막으로 변증합니다. 오늘 설교의 결론을 내릴 때, 23절로 다시 돌아가 우리가 삶에서 죄를 실제적으로 이겼다는 사실을 이 구절로 설명하겠습니다.

먼저 23절에 나타난 세 가지 대조를 보겠습니다. "죄의 삯은 사망이요 하나님의 은사는 그리스도 예수 우리 주 안에 있는 영생이니라." 세 가지 대조되는 것은, '죄 대(對) 하나님' / '삯 대(對) 은사' / '죽음 대(對) 영생'입니다.

이 세 가지 대조를 살펴보되 처음 두 개는 함께 다루는 게 좋겠습니다.

죄 대 하나님, 삯 대 은사

먼저 분명히 해둘 것이 있습니다. 많은 분들이 "죄의 삯"이라는 말을 들으면 "죄를 지을 때 얻는 삯"이라는 의미로 생각할 수 있습니다. 즉, "죄의 삯"을 "죄를 행해서 얻는 삯"이라고 받아들입니다. 그렇게 되면, "죄"는 삯을 얻기 위해 벌인 행동이 됩니다. 하지만 바울은 그런 의미로 이 표현을 사용하지 않았습니다. 그렇게 해석하면 22절 맥락과도 맞지 않고 23절에서 죄와 하나님이 대비될 수 없습니다.

"죄의 삯"을 그런 식으로 이해하면, "하나님의 은사"도 그런 식으로 받아들이게 됩니다. 하지만 그런 해석은 잘못이고 이에 대해서는 누구라도 알 수 있습니다. "하나님의 은사"는 "하나님이 거저 주시는 선물"입니다. 따라서 같은 맥락에서 "죄의 삯"을 해석하려면 "죄가 지불하는 삯"이라고 해야 맞습니다. 이렇게 보면, 죄는 삯을 얻기 위해 벌이는 행위가 아닙니다. 종으로서 죄를 섬길 때 우리에게 삯을 지불하는 주인이 바로 죄라는 의미입니다. 바울도 이런 의미로 언급했을 것이라고 믿습니다.

23절에서 먼저 두 주인인, 죄와 하나님 사이에 대조가 이루어집니다. 바울이 6장 전체에서 종의 비유를 통해 계속 발전시켜온 것이기도 합니다. 22절은 말합니다. "그러나 이제는 너희가 죄로부터 해방되고 하나님께 종이 되어 거룩함에 이르는 열매를 맺었으니 그 마지막은 영생이라." 여기서 죄도 종을 부리는 주인이고 하나님도 종을 부리는 주인으로 대조되고 있음을 볼 수 있습니다. 경쟁 관계에 있으며, 종을 부리는 두 주인의 이미지입니다. "죄로부터 해방되고 하나님께 종이 되어." 바울이 말하려는 바는 매우 놀랍고, 23절의 그림은 심지어 충격적이기까지 합니다. 바울이 종의 비유를 든 것을 사과하려고 했던 것도 바로 이 이유 때문입니다.

바울은 두 주인이 종들을 어떤 식으로 대우하는지 보여 줍니다. "죄의 삯은 사망이요 하나님의 은사는 그리스도 예수 우리 주 안에 있는 영생이니라." 종을 부리는 주인인 죄는 삯을 지불하고, 종을 부리는 주인인 하나님은 선물을 줍니다. 한 주인은 지불합니다. 다른 주인은 줍니다.

삯과 선물은 어떻게 다릅니까? 삯은 벌어들이는 것입니다. 선물은 버는 것이 아니고 벌 수도 없습니다. 삯은 채무와 정의의 문제입니다. 선물은 자선과 은혜의 문제입니다. 삯을 지불하지 않으면 그 사람을 법정에 세울 수 있습니다. 하지만 선물을 주지 않는다고 법정에 세울 수는 없습니다. 삯은 마땅히 받아야 하는 것입니다. 선물은 자격이 있어서 받는 것이 아닙니다. 자격이 있어서 받는 것이라면 공짜가 아니었을 것입니다.

유일한 진짜 종 노릇

잠시 살펴볼 것이 있습니다. 하나님께로 나아오는 것 —즉 하나님을 주인으로 삼는 일종의 고용계약을 맺는 것— 은 우리가 본래 창조된 목적에 맞게 진정한 종 노릇을 하게 되는 것입니다. 하나님께서 실제로 우리를 소유하시기 때문에 유일한 진짜 종 노릇입니다. 그분은 우리를 만드셨으므로 우리 주인이 되십니다. 그분이 하라는 일을 우리가 해도, 삯을 줄 필요가 없습니다. 진짜 종이라면 주인의 소유물이기 때문에 주인이 삯을 지불할 필요가 없습니다. 그리고 우주에서 진짜 종 노릇은 단 하나밖에 없습니다. 바로 우리가 하나님의 종이 되는 것입니다. 오직 하나님만이 인간을 궁극적으로 소유하십니다. 따라서 하나님께 종이 되는 것은 진짜 주인에게 돌아가는 것입니다. 그러니 좋은 소식이 아닙니까?

이것이 좋은 소식이 되는 이유는 우주 유일의 진짜 주인이자 소유주인 분께 삯이 아니라 선물을 받는 것이기 때문입니다. 그것이 왜 좋은 소식입니까? 왜냐하면 삯을 버는 것은 우리 힘을 고갈시키고 우리는 그 삯으로 고갈을 메우려고 합니다. 하지만 선물을 받는 것은 아무 것도 고갈시키지 않습니다. 삯은 주인이 우리 노동을 필요로 해서 우리 노동에 대해 보상을 해야 한다는 의미를 함축합니다. 선물은 주인이 우리 노동을 필요로 하지 않고 따라서 어떤 것도 보상할 필요가 없음을 함축합니다.

우주에서 단 한 분 진짜 주인은 필요한 것이 없으십니다. 그리고 그런 이유로 그분은 삯을 지불하지 않으십니다. 그분을 믿는 자들에게, 그분은 선물만 주십니다. 이런 이유로 그분의 멍에는 쉽고 그분의 짐은 가볍습니다. 세상에서 가장 행복한 종 노릇입니다. 하지만 죄는 성격이 다른 주인입니다. 죄는 삯을 지불합니다. 죄는 하나님 창조물들의 주인이 아닙니다. 죄는 낯선 주인입니다. 인간은 죄를 섬기도록 창조되지 않았습니다. 하나님을 섬기도록 지음 받았습니다. 우리는 죄의 삯에 빚진 자가 아니라 하나님 은혜에 의존하도록 지음 받았습니다.

죄가 주인 노릇을 하는 데에는 아주 기만적이고 음흉한 뭔가가 있습니다. 죄가 요구하는 것은 모두 괜찮아 보입니다. 어느 누구도 의무감으로 죄를 짓지 않습니다. 죄는 즐거움을 약속하면서 주인으로서의 힘을 행사합니다. 그래서 죄에 복종할 때 마치 자유로운 것처럼 느낍니다. 힘들게 삯을 버는 것으로 느끼지 않습니다. 즐거움과 자유라는(하고 싶은 것을 한다는) 선물을 받는 것처럼 느낍니다.

하지만 결국 죄의 삯은 최악의 결과를 낳습니다. 왜 그럴까요? 적어도 두 가지 이유에서 그렇습니다. 하나는 죄의 삯은 우리를 고갈시킵니다(삯을 위해 일할 때 고갈되는 것처럼). 우리는 그 삯이 고갈된 힘과 시간을 메워 주리라 소망합니다. 하지만 죄는 회복시키지 않습니다. 빼앗을 뿐, 주지는 않습니다. 빼앗고 또 빼앗습니다. 죄를 지을 때마다 우리는 잃습니다. 죄를 지을 때마다 삶은 고갈됩니다. 마치 어떤 사악한 뱀파이어가 희생자들이 자신에게 피를 줄 때마다 그들이 황홀감을 경험하도록 하는 것과 같습니다. 그래서 그들은 자신들의 생명이 다 고갈되고 있는데도 알지 못한 채, "우리는 잃는 게 아니에요. 오히려 얻고 있어요. 보세요. 기분이 얼마나 좋은데요"라고 항변합니다.

바울이 죄의 삯이 최악의 결과를 가져오는 두 번째 이유는, 비록 죄의 종 노릇 하는 자들에게는 그렇게 느껴지지 않겠지만, 종국에 가서 죄가 지불하는 것을 받아 마땅한 존재가 되기 때문입니다. 우리는 결코 영생을 얻을 자격을 갖지 못할 것입니다. 영생은 언제나 공짜로 주는 선물일 것입니다. 하지만 우리는 죄가 지불하는 삯을 받아 마땅한 존재가 될 것입니다. 그리고 이 죄라는 주인의 잔인함은 그가 지불하는 모든 삯의 합계가 죽음이라는 사실에서 정점을 이룹니다. 우리가 죄의 소원을 따라 순종한 대가로 죄가 주는 삯이 바로 죽음입니다. 그리고 마지막에 가서 죄는 하이에나처럼 웃습니다.

그러니 죄라는 주인은 미워하고 하나님이라는 주인을 사랑해야 하지 않겠습니까!

죽음 대 영생

이제 대조를 이루고 있는 세 번째 항목, 죽음과 영생을 봅시다. "죄의 삯은 사망이요, 하나님의 은사는 그리스도 예수 우리 주 안에 있는 영생이니라." 죄의 삯을 궁극적으로 요약하면 사망입니다. 하나님의 은사를 궁극적으로 요약하면 영생입니다. 그리고 생명이 영원하므로, 여기서 언급된 사망도 영원합니다. 모든 죄의 유익을 요약하면 이 한 가지, 영원한 죽음입니다. 모든 하나님의 유익을 요약하면 영생입니다.

여기서 병행을 이루는 듯 보이던 두 주인 사이의 대등함이 완전히 무너집니다. 죄는 영생이라는 선물에 아무 말도 할 수 없고 손도 쓸 수 없습니다. 하지만 하나님은 영원한 죽음이라는 삯을 마음대로 주무를 수 있습니다. 여기에 죄의 종 노릇함이 가져오는 또 다른 큰 비극이 있습니다. 죄의 종 노릇 하는 사람들은 죄가 그들이 좋아하는 것을 상으로 준다고 생각해서 죄를 진짜 주인이라고 계속 여깁니다. 사실, 죄는 진짜 주인이 전혀 아니고, 오히려 주인인 체 할 뿐입니다. 그리고 결국에 가면 죄는 모습을 감추고, 그에게 종 노릇 하던 자들은 하나님의 심판 앞에 서게 됩니다. 하나님의 심판이 죽음의 진짜 의미입니다.

매춘부가 성병에 걸리고 결국 감옥에 가는 것처럼, 죄의 삯은 지옥입니다. 죄가 실제로 그 삯을 지불하는 것이 아닙니다. 죄는 그저 유혹하고 속이고 거짓말하고 쓰러뜨리고 망하게 한 다음 모습을 감추고, 자신을 따르던 종들이 병들고 죄책감에 쌓인 채 법정에(하나님 심판 앞에) 서도록 내버립니다.

로마서 2장 7-8절에서, 바울은 영생을 하나님의 "진노와 분노"와 대조합니다. 로마서 6장 23절에서 말하는 죽음의 궁극적인 의미가 바로 그것입니다. 그저 단순히 존재가 사라지는 정도 아니라 공의롭고 거룩하신 하나님의 진노 아래서 영원히 고통을 겪는 것입니다. 이것이 최종적인 "죄의 삯"입니다. 노예 주인인 죄는 자기 종들이 하나님을 거역하도록 부추기다가 마지막에 자신은 모습을 감추고 한때 종으로 부리던 자들이 전능자의 심판 앞에서 멸망하도록 내버립니다.

하지만 모든 하나님의 종들은 그들에게 선물을 주시는 하나님과 함께 영원으로 들어갑니다. 그것이 영생이 의미하는 바입니다. 하나님은 영원히 주시는 자로 남습니다. 하나님이 자기 백성들에게 새로운 기쁨을 더 이상 주시지 않는 순간은 결코 없을 것입니다. 하나님에게 선물이 떨어지는 일도 없을 것이고, 더 이상 선물을 주시지 않는 일도 없을 것입니다. 그분은 하나님 되시기를 멈추지 않으실 것입니다.

에베소서 2장 7절은 이런 면에서 가장 놀라운 약속 중 하나입니다. 바울은 하나님이 "그리스도 예수 안에서 우리에게 자비하심으로써 그 은혜의 지극히 풍성함을 오는 여러 세대에 나타내시기 위해" 우리를 그리스도와 함께 다시 살리셨다고 말합니다. 무슨 의미인지 알겠습니까? 하나님께서 예수 그리스도 안에서 우리에게 하나님의 풍성한 자비를 다 쏟아 부으시기 위해서는 '영원한' 시간이 걸린다는 의미입니다. 하나님께서 우리에게 주실 선물은 수적으로나 완벽함에 있어서 무한합니다. 그러므로 하나님께서 그것들을 우리에게 주시는 데 영원이 걸릴 것입니다. 하나님에 대한 새롭고 놀라운 것들은 끝없이 이어질 것이고 우리가 하나님으로부터 즐거워할 일은 끝나지 않을 것입니다.

여러 세대가 지나도 지루하지 않을 것입니다. 그분의 자비는 아침마다 새로울 것입니다. 그러므로 기쁨으로 감사할 축복의 제목은 더욱 많아질 것입니다. 그리고 머나 먼 장래에도 넘쳐흐를 축복의 강물은 그 근원이 무한하기에 결코 마르지 않을 것입니다. 무한하다는 것의 정의를 기억하십니까? 영원히 줄 수 있고 조금도 줄지 않는다면 무한한 것입니다. 무한은 주고 또 주어도 줄어들지 않습니다. 영생이란 하나님께서 예수 그리스도 안에서 우리를 위해 준비하신 모든 것을 우리가 영원히 점점 더 행복하도록 하나님께서 끝없이 주시는 것입니다.

그리스도 예수 우리 주 안에 있는

이제 본문에서 마지막으로 다룰 구절입니다. "그리스도 예수 우리 주 안에 있는." 매우 중요한 구절입니다. 우리는 당연히 이렇게 물어야 합니다. "여러분과 저 같은 죄인들이 어떻게 영생 얻기를 소망할 수 있을까요? 우리가 왜 죄의 삯이 아니라 영생의 선물을 받아야 합니까?" 우리가 "그리스도 예수 우리 주 안에" 있기 때문입니다. 그분 안에서 우리는 의로운 자입니다. 그분 안에서 우리는 죄 사함을 받습니다. 그분 안에서 우리는 사랑을 받습니다.

그러면 우리가 어떻게 그분 안에 있게 되었습니까? 그리고 우리가 그분 안에 있는지 어떻게 압니까? 삯이 아니라 선물로만 가능합니다. 즉, 믿음으로 얻습니다. 믿음은 성탄절과 성 금요일과 부활절에 세상에 전해진 은혜라는 선물을 주시는 그분을 바라보는 것입니다. 그리고 믿음은 선물을 보화로 받아들입니다. 예수 그리스도를 보화로 받아들인다면 우리는 "그리스도 예수 안에" 들어가 영생을 소유한 자가 됩니다. 그래서 로마서 6장 23절은 "하나님의 은사는 '그리스도 예수 우리 주 안에 있는' 영생이니라"고 말합니다.

이번 장의 가장 중요한 질문으로 다시 돌아오겠다고 앞에서 약속했습니다. 은혜를 더하게 하려고 죄에 거할까요? 율법 아래 있지 않고 은혜 아래 있다고 해서 계속 죄를 지을까요? 오늘은 시간이 늦었으므로 하나님이 허락하시면 다음 주에 계속해서 이 메시지를 전하겠습니다. 지금까지 다룬 이 모든 내용이 6장에서 어떻게 하나로 연결될까요? 성화가 영생이라는 은사와 어떻게 연결될까요? 성화도 선물이라는 점에서 그렇습니다. 이 사실을 잘 깨달아 다가오는 성탄절에 이 선물을 보화로 받아 누릴 수 있기를 바랍니다.

그리스도 예수 안에 거하고 그분이 우리 삶의 보화임을 믿으시기 바랍니다. 하나님의 말씀이 오늘 아침 우리에게 주시는 메시지는 너무나 분명합니다. "하나님의 은사는 그리스도 예수 우리 주 안에 있는 영생이니라."

22장

하나님의 은사는 영생이다 (2부)

로마서 6:22-23

그러나 이제는 너희가 죄로부터 해방되고 하나님께 종이 되어 거룩함에 이르는 열매를 맺었으니 그 마지막은 영생이라. 죄의 삯은 사망이요 하나님의 은사는 그리스도 예수 우리 주 안에 있는 영생이니라. _롬 6:22-23

성화, 하나님의 은사

오늘은 성탄절 이브입니다. 고린도후서 9장 15절 말씀이 우리 마음에 메아리칩니다. "말할 수 없는 그의 은사로 말미암아 하나님께 감사하노라." 예수님은 우리를 위한 선물이시므로 성탄절은 '주는 것'과 관련이 있습니다. 그러므로 로마서 6장 23절 말씀을 성탄절이라는 맥락에서 해석하는 것은 전혀 어렵지 않습니다. "하나님의 은사는 그리스도 예수 우리 주 안에 있는 영생이니라." 우리 대신 죽으시고 다시 살아나심으로써 우리에게 영생을 주시기 위해 그리스도께서 선물로 이 세상에 오신 것이 첫 번째 성탄절이었습니다. 또한 이

번 성탄절(모든 성탄절이 그렇듯이)에도 하나님은 여전히 우리에게 주십니다. 성육신은 과거에 딱 한 번 있었습니다. 그 사건은 다시 반복되지는 않습니다. 하지만 성화는 현재형입니다. 그리고 모든 진실한 신자들은 지금도 성화를 일부분 경험하고 있습니다. 그리고 이 성화 역시 선물입니다. 오늘 아침 이 사실에 대해 말씀을 전하려 합니다.

로마서 6장 23절에서("하나님의 은사는 영생이니라"), 1) 영생은 은사(free gift)이지 삯이 아니라고 한다면(벌 수도 없고 자격이 있어서 받는 것도 아니라면) 또한 2) 영생이 22절에서 말하듯 성화의 결과라고 한다면, 성화도 은사(선물)임에 틀림없습니다.

로마서 6장 22절의 의미와 23절과의 연관성을 살펴보면서 이에 대해 더 자세히 다루겠습니다. 22절은 이렇게 말합니다. "그러나 이제는 너희가 죄로부터 해방되고 하나님께 종이 되어 거룩함에 이르는 열매를 맺었으니 그 마지막은 영생이라." 따라서 영생은 성화의 결과 혹은 결말입니다. 혹은 돌려 말하면, 성화는 조금씩 그리스도의 형상으로 변해 가는 과정이며(고후 3:18) 영생으로 마무리됩니다. 둘 중 어떤 식으로 말하든 괜찮습니다. 영생은 성화의 결과라고 말할 수도 있고, 성화는 영생으로 이어지는 길이라고 말해도 좋습니다.

왜냐하면, 영생은 은사이기 때문

이제 22절과 23절의 관계에 주목해 보겠습니다. 23절은 "왜냐하면"이라는 말로 시작합니다(한국어 성경에는 생략되어 있습니다 — 옮긴이). 성화와 영생이 어떻게 연결되어 있는지 이해하는 데 굉장히 중요한 단어입니다. 그렇다면 23절에서 영생에 대해 무엇이라 주장합니까?

23절 하반절입니다. "하나님의 은사는 그리스도 예수 우리 주 안에 있는 영생이니라." 따라서 바울이 사용했던 연결어("for")로 두 구절을 연결해 보겠습니다. "영생은 죄로부터 해방되어 하나님께 종이 되고 성화의 열매를 맺은 결과이다. 왜냐하면(for) 영생은 은사이기 때문이다." 이 구조가 무엇을 말해 줍니까? 23절은 홀로 떨어져 있는 문장이 아닙니다. 23절은 22절의 기반, 근간, 논점, 근거입니다. 영생은 삯이 아니라 은사라는 말은, 영생이 성화의 결과라는 말의 근거가 됩니다. 영생은 성화의 열매입니다(22절). "왜냐하면" 영생은 은사이기 때문입니다(23절). 이것이 의미하는 바는, 성화도 은사라는 것입니다. "죄로부터 해방된 것"은 하나님의 선물입니다. "하나님께 종이 된 것"은 하나님의 선물입니다. "유익을 얻는 것"(또는 "열매를 맺는 것")은 하나님의 선물입니다. 그것의 결과인 "성화"도 하나님의 선물입니다. 왜 그렇습니까? 이런 것들의 결과인 영생이 하나님의 선물이기 때문입니다.

영생을 얻기 위해 꼭 필요한 거룩이 하나님의 선물이 아니라면, 영생은 하나님의 선물이 아닙니다. 마치 이렇게 말하는 것과 같습니다. "시애틀까지 대륙횡단열차를 무료로 태워드리겠습니다. 선물입니다. 하지만 탑승하실 때 표를 내셔야 하고 그 표값은 따로 제공하지 않습니다." 그러면 그 기차 여행은 공짜 선물이 될 수 없습니다.

22절도 이와 마찬가지입니다. 영생이 성화(기차 표)의 결과이고, 성화가 선물이 아니라면, 영생은 선물이 아닌 게 됩니다. 하지만 23절은 영생이 선물이라고 말합니다. 따라서 그 표 값도 지불될 것입니다. 그것도 선물일 것입니다.

17절에서도 이런 진리를 분명히 보았습니다. "하나님께 감사하리로다. 너희가 본래 죄의 종이더니 너희에게 전하여 준 바 교훈의 본을 마음으로 순종하여." 우리가 성경의 가르침에 순종하게 된 것은 하나님 덕분입니다. 왜냐하면 우리가 성경에 순종한 것은 하나님의 선물이기 때문입니다. 즉, 성화는 영생과 마찬가지로 공짜 선물입니다. 게다가 너무나 귀중한 선물입니다! 그러니 우리는 감사하고 겸손해야 하는 게 마땅합니다(고전 4:7).

우리의 선택은 어떻게 된 일인가?

이 가르침을 두 가지로 구체적으로 적용해 보겠습니다.

먼저 성화가 선물이라면, 우리의 순종은 어떻게 되는 것일까요? 로마서 6장은 우리에게 무엇인가를 하라고 요청하고 우리는 분명 그 말씀에 순종하기로 선택합니다. 로마서 6장은 성화가 선물이라고 분명하게 가르치지만, 동시에 분명 그 성화가 우리 순종의 행위라고도 가르칩니다. 성화는 우리가 행하는 어떤 것입니다. 우리 의지가 발휘됩니다. 적어도 다음 네 구절에서 이를 분명히 확인할 수 있습니다.

- 11절: "너희도 너희 자신을 죄에 대하여는 죽은 자요 그리스도 예수 안에서 하나님께 대하여는 살아 있는 자로 여길지어다." 우리의 생각으로 무언가를 하라는 명령입니다. 특정한 방식으로 여기고 생각하라는 것입니다. 수동적으로 있지 말라는 명령입니다.
- 12절: "너희는 죄가 너희 죽을 몸을 지배하지 못하게 하여 몸의 사욕

에 순종하지 말고." 이것은 죄와 싸워서 죄의 기만적인 욕구들을 이겨내라는 명령입니다.

- 13절: "너희 지체를 불의의 무기로 죄에게 내주지 말고 오직 너희 자신을 죽은 자 가운데서 다시 살아난 자 같이 하나님께 드리며 너희 지체를 의의 무기로 하나님께 드리라." 이것은 우리 몸의 지체들을 사용하되 의를 위해 하나님을 섬기는 일에 드리라는 명령입니다. 수동성을 거부하라는 요구입니다. 행동해야 합니다. 선택해야 합니다. 어느 한 길을 더 선호해야 합니다. 이것이 성화입니다.
- 13절을 반복하는 19절 하반절: "너희 지체를 부정과 불법에 내주어 불법에 이른 것 같이 이제는 너희 지체를 의에게 종으로 내주어 거룩함에 이르라." 이것은 명령입니다. 우리는 따릅니다. 행동합니다. 선택합니다. 한쪽을 선호합니다. 그리고 그 결과가 성화입니다.

우리의 행함과 선택은 하나님의 선물이다

그렇다면 이 두 진리를 어떻게 하나로 모을까요? 1) 성화는 하나님의 은사라는 진리와, 2) 성화는 우리가 행하고 선택하는 것 —우리가 품고 있고 드러내기도 하는 일련의 선호 행위— 이라는 진리입니다.

답은 우리의 행함이 하나님의 선물이라는 것입니다. 우리의 선택은 하나님의 선물입니다. 우리가 죄보다 하나님을 더 좋아하는 것은 하나님의 선물입니다. 이에 대해서는 매우 조심스러운 측면이 있습니다. 누군가 "성화는 하나님의 선물이므로 나는 아무것도 할 필요가 없어"라고 말한다면, 그 말은 "내가 무엇인가를 행한다는 것은 하나님의 선물이므로, 내가 무엇인가를 행할 필요가 없어"라고 말하는 것과 같습니다. 성화가 하나님의 선물이라고 할 때 그것이 우리 편에서 이루어지는 행함과 선택과 하나님을 선호하는 것의 대체재라는 의미는 아닙니다. 우리가 행동하고 선택하고 하나님을 선호하는 것이 곧 하나님의 선물입니다. 따라서 위에서처럼 생각하거나 말해서는 안 됩니다.

신약성경에서 로마서 6장 외에 이러한 진리 —우리는 행동하고 선택하고, 이러한 행동과 선택은 하나님의 선물이라는 진리— 를 보여 주는 곳이 두 군데 있습니다. 진짜 우리 행동이고, 진짜 하나님의 선물입니다. 진짜 우리 선택이고 진짜 그분의 선물입니다.

한 군데는 빌립보서 2장 12-13절입니다. "그러므로 나의 사랑하는 자들아 너희가 나 있을 때뿐 아니라 더욱 지금 나 없을 때에도 항상 복종하여 두렵고 떨림으로 너희 구원을 이루라. 너희 안에서 행하시는 이는 하나님이시니 자기의 기쁘신 뜻을 위하여 너희에게 소원을 두고 행하게 하시나니." 여기서 우리는 "복종하라"는 명령을 받습니다. "너희가 나 있을 때뿐 아니라 더욱 지금 나 없을 때에도 항상 복종하여." 그리고 이 복종은 "너희 구원을 이루라"는 문구 속에 포함되어 있습니다. 우리는 복종하고 이룹니다. 그것은 우리 행동이고 우리 선택입니다. 하지만 우리 행동과 선택 이면에는 그런 의지를 갖게 하고 그런 행동을 하게 만드는 하나님이 계십니다. "너희 안에서 행하시는 이는 하나님이시니 자기의 기쁘신 뜻을 위하여 너희에게 소원을 두고 행하게 하시나니." 정말로 우리 행동이면서 정말로 그분의 선물입니다. 정말로 우리 의지이면서 정말로 그분의 선물입니다.

또 다른 말씀은 빌립보서 3장 12절입니다. "내가 이미 얻었다 함도 아니요 온전히 이루었다 함도 아니라. 오직 내가 그리스도 예수께 잡힌 바 된 그것을 잡으려고 달려가노라." 여기서 바울은 성화를 위해 기울이는 노력(선택과 행동)을 어떻게 바라보아야 하는지 우리에게 알려 줍니다. 그는 자신이 완전하지 않다고 말합니다. 하지만 계속 나아갑니다. 행동합니다. 수동적이지 않습니다. 무엇인가를 잡으려고 손을 뻗습니다. 그것이 무엇입니까? "그리스도 예수께 잡힌 바 된 그것"을 잡으려고 합니다. 그리스도를 잡으려고 그가 손을 뻗는 것은 그리스도께서 손을 내밀어 그를 잡으셨기 때문입니다.

따라서 누군가 "글쎄요, 그리스도가 이미 나를 잡으셨다면, 내가 굳이 힘들여 의를 선택하고 순종할 필요가 있을까요?"라고 말한다면, 그 사람은 아직 그리스도께 붙잡히지 않았음을 보여 주는 것입니다. 왜 그렇습니까? 그리스도가 우리를 붙드셨기 때문에 우리가 그분을 붙들 수 있는 것이라고 바울은 가르치기 때문입니다. 우리가 매일, 매주 그리스도를 더 원하고 그리스도를 더 닮기 원하지 않는다면, 우리는 아마도 그리스도를 소유하지 못한 것입니다. 그리스도가 우리를 붙드는 것이 우리가 그분을 붙드는 것을 대체하지 않습니다. 오히려 그리스도가 우리를 붙든 것이 우리가 그분을 붙들도록 영감을 주고 그것을 가능하게 합니다.

따라서 성경이 말씀하시는 대로 순종합시다. 성화는 우리 일이고 우리 행함은 하나님의 선물입니다. 성화는 우리 의지이고, 우리가 의지를 갖는 것은 하나님의 선물입니다. 우리는 행동할 책임이 있고 하나님은 우리 행동을 주관하십니다. 그러니 의와 사랑을 위해 힘을 다해 의지를 갖고 행합시다. 왜냐하면 우리 의지와 행함과 힘은 하나님의 선물이기 때문입니다. 그리고 우리가 이런 식으로 힘을 쓰면 쓸수록, 이런 식으로, 하나님은 우리의 거룩함 속에서 더 많은 영광을 받으실 것이고 우리는 더 거룩해질 것입니다. "누가 봉사하려면 하나님이 공급하시는 힘으로 하는 것 같이 하라. 이는 범사에 예수 그리스도로 말미암아 하나님이 영광을 받으시게 하려 함이니"(벧전 4:11; 살후 1:11-12 참조).

문제에 반응하는 두 가지 방식

따라서 성화는 우리 일이면서 하나님의 선물이라는 이 두 진리를 구체적으로 적용할 두 번째 경우로 자연스럽게 넘어갑니다. 이러한 진리들에 대해 영적인 반응이 있고 육적인 반응이 있습니다. 하나님의 영이 없는 육적인 사람은 성령의 일들을 좋아하지 않습니다(고전 2:14). 만일 그가 성령의 일들을 머리로 받아들인다면, 그는 마치 시각장애인이 도자기 가게에서 2미터 두께, 4미터 길이의 목재를 옮기는 것과 같습니다. 그 나무는 뒷방에 있는 대들보를 지탱할 아주 유용한 나무였습니다. 하지만 영적이지 않은 사람의 손에 들리면 물건들을 부수게 됩니다.

그래서 그는 이 진리를 받아들이고 나서 그저 문제들을 발견할 뿐입니다. '믿음과 거룩이 하나님의 선물이라면 믿음이 없는 사람들은 어떻게 되는 것지? 마땅한 수준의 거룩을 제대로 보여 주지 못하는 우리 같은 그리스도인들은 어떻게 되는 거지? 동기와 책임의 문제는? 나의 행함이 하나님의 선물이라면 어떻게 행동할 동기를 가질 수 있는 거지? 나의 행함이 하나님의 선물이라면 내 행동에 대해 내가 어떻게 책임을 지지?' 이것이 육적인 사람이 이런 진리들을 놓고 할 수 있는 전부입니다. 그는 머리로만 알 뿐, 이러한 진리들에 대해 가슴으로 느끼지 못합니다. 이런 진리들이 갖는 아름다움을 보지 못합니다. 이런 진리들에 대해 감사하지 못합니다. 도자기 가게에서 길고 두툼한 목재를 계속 휘두를 뿐입니다. 그리고 도자기를 깰 때마다 목재에 문제가 있다는 생각(이 진리는 어리석은 가르침일 뿐이라는 생각)을 더욱 정당화합니다.

육적인 사람과는 또 다른 영적인 반응이 있습니다. 영적인 사람들(그리스도의 영에 이끌리는 사람들)도 논리와 이성을 따릅니다. 그들도 이런 진리들이 유한하고 타락한 인간 지성에게 일으키는 문제들을 봅니다. 그들은 참을성 있게 이 문제들을 풀어 보려고 애쓰지만, 그것이 보화 같은 이 진리들에 대한 그들의 주된 반응은 아닙니다. 그들은 무엇보다 이러한 진리들을 그들의 배고픔을 해결할 양식으로, 목마름을 해결할 음료로, 영적 눈을 열어줄 안약으로, 그들의 영적 파산을 해결할 보물로 받아들입니다. 이제 이러한 영적 반응들을 살펴볼 텐데 앞글자만 따서 APTAT라고 부르겠습니다.

A(Admit, 인정): 자신의 필요를 인정하십시오. 영적인 사람은 죄의 노예로서 절망적인 상태임을 느끼고 자신의 모습을 인정합니다. 하나님의 은사가 없이는 그는 아무 일도 할 수 없습니다. 따라서 이 진리들은 그의 자기 평가에 딱 들어맞습니다. 교만한 사람은 이 진리들을 받아들이기 힘듭니다. 교만한 사람의 눈에는 이 진리들이 도무지 맞지 않습니다. 그러니 우리가 해야 할 모든 것을 하기 위해 하

나님의 선물 없이는 아무 것도 할 수 없다는 사실을 오늘 아침 인정하십시오.

P(Pray, 기도): 하나님의 선물을 위해 기도하십시오. 하나님께 구하십시오. 하나님이 공짜로 선물을 주신다는 말을 들으면, 영적인 사람은 이 선물이 야기할 지적인 문제들을 열거하는 것으로 첫 반응을 보이지 않습니다. 그의 반응은 그 선물이 절실히 필요하다고 느끼고, 그 선물을 원하고, 그 선물을 달라고 기도하는 것입니다. 그러므로 성화의 선물을 달라고 기도하십시오. 그리고 한 번만 기도하지 마십시오. 쉬지 말고 기도하십시오.

T(Trust, 신뢰): 하나님의 약속을 신뢰하십시오. 하나님께 받아들여지는 (성경에 나오는) 모든 순종은 믿음에서 나온 순종입니다. 죄와 하나님 사이에서 선택해야 하는 것이 돈 문제라면, "나의 하나님이 그 풍성한 대로 너희 모든 쓸 것을 채우시리라"(빌 4:19)는 약속을 붙들고 고백하고 의지하십시오. 하나님의 선물이 절실히 필요하다는 사실을 인정하십시오. 믿음과 거룩이라는 은사를 위해 기도하십시오. 더 나은 약속을 신뢰하십시오.

A(Act, 행동): 하나님의 명령에 순종하여 행동하십시오. 그분이 말씀하신 것을 행하십시오. 죄에 적극적으로 맞서십시오. 거룩한 것에 마음을 두십시오. 우리의 지체를 의의 병기로 하나님께 드리십시오. 이것이 우리의 일입니다. 그것을 의지해야 하고 그것을 행해야 합니

다. 침대에서 일어나십시오. 성경을 펴십시오. 필요한 훈련을 받으십시오. 배우자에게 미안하다고 말하십시오. TV를 끄십시오. 이것들은 우리의 선택이고 우리의 행동입니다. 그리고 하나님의 선물입니다. 그러니 이 선물을 신뢰하고 순종하십시오.

T(Thank, 감사): 선물을 주시는 하나님께 감사하십시오. 순종했을 때 하나님께 감사하십시오. 바울과 함께 "마음으로 순종하게 하신 하나님께 감사"(롬 6:17)를 고백하십시오. 이 고백은 우리 삶에 주어진 모든 선하고 완전한 선물에 대해 하나님께 영광을 돌리는 것입니다. 실패로 낮아지고 성공으로 감사하십시오. 겸손하고 감사하는 사람들은 영생을 받을 것입니다. 겸손과 감사는 하나님의 선물이기 때문입니다.

이번 성탄절에 하나님께서 우리에게 특별히 이 겸손과 감사를 허락하시길 원합니다. 한 해가 끝나가면서 정말 절실히 느끼게 됩니다. 리더로서 부족했고 잘못했던 것들로 인해 겸손해졌고, 이미 받은 모든 축복에 대해서는 하나님께 감사를 드립니다. 아멘.

23장

율법에 대하여 죽고 영으로 섬기다 (1부)

로마서 7:1-6

형제들아 내가 법 아는 자들에게 말하노니 너희는 그 법이 사람이 살 동안만 그를 주관하는 줄 알지 못하느냐? 남편 있는 여인이 그 남편 생전에는 법으로 그에게 매인 바 되나 만일 그 남편이 죽으면 남편의 법에서 벗어나느니라. 그러므로 만일 그 남편 생전에 다른 남자에게 가면 음녀라. 그러나 만일 남편이 죽으면 그 법에서 자유롭게 되나니 다른 남자에게 갈지라도 음녀가 되지 아니하느니라. 그러므로 내 형제들아 너희도 그리스도의 몸으로 말미암아 율법에 대하여 죽임을 당하였으니 이는 다른 이 곧 죽은 자 가운데서 살아나신 이에게 가서 우리가 하나님을 위하여 열매를 맺게 하려 함이라. 우리가 육신에 있을 때에는 율법으로 말미암는 죄의 정욕이 우리 지체 중에 역사하여 우리로 사망을 위하여 열매를 맺게 하였더니, 이제는 우리가 얽매였던 것에 대하여 죽었으므로 율법에서 벗어났으니 이러므로 우리가 영의 새로운 것으로 섬길 것이요 율법 조문의 묵은 것으로 아니할지니라. 그런즉 우리가 무슨 말을 하리요? 율법이 죄냐? 그럴 수 없느니라. 율법으로 말미암지 않고는 내가 죄를 알지 못하였으니, 곧 율법이 탐내지 말라 하지 아니하였더라면 내가 탐심을 알지 못하였으리라. _롬 7:1-6

율법의 행위가 아닌, 오직 믿음으로 받는 칭의

오늘 우리는 아름드리 나무들과 높은 산들이 어우러진 거대 영토, 곧 로마서 속으로 다시 한번 행복한 순례를 떠나려고 합니다. 그 가운데 먼저 7장의 첫 여섯 구절을 몇 주에 걸쳐 찬찬히 탐험할 예정입니다. 그러므로 여유를 갖고 우선 이제껏 다룬 내용을 복습해 보겠습니다. 로마서 설교를 처음 시작한 때가 1998년 4월이었는데, 그때부터 여행을 같이 하지 못한 분들에게 도움이 되리라 생각합니다.

바울은 로마서 3장 20절까지, 하나님께 거역한 죄로 말미암아 모든 인간이 절망적인 상황에 놓여 있음을 보여 주었습니다. 모든 사람이 하나님의 영광에 이르지 못했습니다(3:23). 하나님의 영광을 하나님이 만드신 썩어질 다른 것들과 맞바꾸고, 하나님을 귀하게 여기기보다 다른 것들을 더 귀하게 여기면서(1:23) 우리는 하나님의 영광을 철저히 무시했습니다. 우리의 행위도 악하고, 본성도 악합니다. 의로운 사람은 없으며, 단 한 사람도 없습니다(3:10). 우리는 모두 하나님의 심판 아래 있으며, 누구도 이에 대해 할 말이 없습니다(3:19). 거룩하시고, 공의로우시고, 선하시고, 온전히 영화로우신 하나님이 우리를 향해 진노를 쏟아내시므로, 구원의 길이 없다면 우리는 하나님의 영원한 진노와 분노 아래 멸망할 것입니다(2:8).

하지만 로마서 3장 21절부터 5장까지의 본문에서, 바울은 우리가 하나님과 화목하는 길을 펼쳐 보여 줍니다. 그것은 정말 놀라운 내용입니다. 우리를 도덕적으로 향상시키는 프로그램 같은 것과는 완전히 대척점에 있습니다. 좀 더 규칙을 잘 지키는 것 혹은 좀 더 규범적인 삶을 사는 것 혹은 좀 더 나은 사람이 되는 것 혹은 관계를 개

선하는 것 혹은 성공의 법칙을 발견하는 것과 전혀 거리가 멉니다. 이런 것들과는 철저히 다릅니다. 바울은 이신칭의, 곧 오직 믿음으로 하나님 앞에서 의롭다 여김을 받는 것을 이야기합니다.

1장부터 5장까지의 본문에서 바울이 우리에게 열어 보여준 것은 예수 그리스도가 행하신 사역(그분의 삶과 죽음과 부활)의 의미입니다. 그리고 그 의미는 우리 스스로의 힘으로는 결코 행할 수 없는 것을 우리를 위해 행하시려고 그분이 오셨다는 것이며, 말하자면 우리를 대신해 영원한 형벌을 감당하시고 우리를 대신해 완전한 의를 제공하신다는 것입니다. 다른 말로 하면, 우리가 하나님과 화목을 이루려면, 우리 죄는 반드시 완전한 형벌을 받아야 하고 하나님의 법은 완전한 순종으로 지켜져야 합니다. 이것이 바로, 예수님께서 이 땅에 머무시는 동안, 성부 하나님과 성자 하나님 사이에 일어났던 위대한 거래의 내용이었습니다. 예수님은 우리 죄를 대신해 죽고, 우리 의를 위해 살고자 오셨습니다.

이 말은 곧, 칭의는 전적으로 우리 외부에 있는 어떤 것에 근거한다는 의미입니다. 정말이지 경이롭기까지 한 내용입니다. 이 위대한 일은 도덕 교화 프로그램이나 규칙을 더 잘 지키는 것 혹은 좀 더 규범적인 삶을 사는 것 혹은 좀 더 나은 사람이 되는 것 혹은 관계를 개선하는 것 혹은 성공의 법칙을 발견하는 것과 완전히 다르다고 말한 이유가 바로 이것입니다. 하나님과 화목을 이루는 것은 이런 것들과는 전혀 관련이 없습니다. 이 일은 전적으로 우리 밖에서 일어난 일을 기반으로 하며, 다른 사람 즉 의로운 분이신 예수 그리스도가 행하신 일입니다. 그분은 우리가 태어나기도 전에 우리를 위한 대속물로 사셨고 죽으셨습니다. 우리가 하나님과 화목을 이루는 근거는 우리 안에 있지 않고 하늘, 즉 예수 그리스도 안에 있습니다.

바울이 단순하고 분명하게 설명하려고 애쓴 이 진리의 필연적인 귀결은, 우리가 율법의 행위가 아닌 오직 믿음을 통해 그리스도와 연합됨으로써 이 위대한 사역의 수혜자가 되었다는 사실입니다(3:28). 즉, 우리는 우리가 받은 칭의의 일부 혹은 전부 혹은 약간이라도 우리 안에서 나온 것임을 보이기 위해 율법을 지키지 않습니다. 대신, 우리가 받아 마땅한 모든 형벌을 그리스도가 대신 고난받고 죽으심으로 다 받으셨고(3:24-25), 우리의 모든 의는 그리스도가 순종하심으로 얻어졌고(5:17-19), 우리는 그것을 선물로, 가장 귀한 보물로 값없이 받는다는 것을 기쁘게 인정하면 됩니다.

따라서 우리가 하나님과 화목하게 되는 것(우리의 칭의)은 우리가 행한 일이 아닌 그리스도가 행하신 사역에 기초합니다. 그리고 그분 안에 있는 영생이라는 선물은 그것을 우리 삶의 보화로 받아들일 때 우리의 소유가 됩니다.

그러면 은혜를 더하게 하려고 죄에 거하겠는가?

그러자 중요한 문제가 6장에서 대두됩니다. 앞서 바울이 힘써 설명했던 이신칭의에 반문이 제기되는데, 무엇보다 이 문제가 중요한 까닭은 이를 짚어봄으로써 우리가 바른 길에 서 있음을 확인할 수 있기 때문입니다. 6장 1절과 15절에서 두 차례 반문이 나옵니다.

로마서 6장 1절입니다. "그런즉 우리가 무슨 말을 하리요? 은혜를 더하게 하려고 죄에 거하겠느냐?" 다른 말로 하면, 누군가 이렇게 말한다는 겁니다. "칭의가 율법의 행위가 아닌 오직 믿음으로만 되고, 우리가 받을 형벌은 이미 지나갔고 우리의 의는 하늘에 있다고 한다면, 계속 죄 가운데 머물면서 값없이 받은 칭의의 은혜가 얼마나 대단한지 보여줍시다." 그럴 듯한 이의제기입니다. 만일 하나님과 화목을 이루는 일이 우리의 도덕적 향상에 근거한다고 가르쳤다면, 이런 반문은 절대 나오지 않았을 것입니다. 오직 믿음으로 얻는 칭의라는 바울의 교리가 너무 급진적이었기에 이런 이의가 제기된 것입니다.

이 반문은 6장 15절에서 또 나옵니다. "그런즉 어찌하리요? 우리가 법 아래에 있지 아니하고 은혜 아래에 있으니 죄를 지으리요?" 바울의 가르침대로라면 당연히 이런 결론에 이르게 된다고 누군가 말하고 있습니다. 즉 칭의가 오직 믿음을 통해 오직 은혜로 주어진다고 가르치면 사람들이 죄를 덜 짓는 것이 아니라 더 짓게 만드는 것 아니냐는 반론입니다.

바울은 이러한 이의제기에 대해 "그렇지 않다"고 답합니다. 1절에 대한 답변도 "그렇지 않다"는 것이고, 15절에 대한 답변 역시 "결코 그렇지 않다"는 것입니다. 오직 믿음으로 의롭다 함을 받은 사람들은 계속 죄 가운데 거하지 않게 될 것입니다. 죄가 그들을 주장하지 못할 것입니다(6:14). 그리고 로마서 6-8장의 모든 내용은 왜 그러한가에 대한 설명입니다. 죄가 더 이상 우리를 주장하지 못하도록 오직 은혜로, 오직 믿음을 통해 하나님과 화목을 이룬 기초 위에 세워진 삶이란 어떤 것일까요? 이는 작년 9월부터 살펴보고 있는 내용이기도 합니다.

그 질문에 바울은 무엇이라고 대답합니까? 의롭다 여김을 받은 사람들은 더 이상 율법 아래 있지 않고 은혜 아래 있으며 바로 이것 때문에 더 이상 죄 가운데 거하지 않는다는데, 그 이유는 무엇일까요? 그리스도가 칭의를 얻게 하는 우리의 모든 의가 되시고, 율법 준수로는 도무지 의를 얻을 수 없다는데(롬 6:14-19), 왜 이로 인해 죄와 열심히 싸우며 예수님을 닮아가는 사람들이 생겨날까요?

바울은 몇 가지 답변을 제시합니다. 그리스도가 죽으셨을 때, 믿음으로 그리스도와 연합된 자들은 그분과 함께 죽었고, 그것은 곧 죄에 대해서는 죽고 하나님에 대해서는 살았음을 의미하며, 죄에 대해 죽은 사람은 더 이상 죄 가운데 거하지 않기 때문이라고 말합니다(6:2-6). 또 죄의 종 노릇 하던 우리가 해방되어 마음으로부터 순종하며 살다가 영생에 이르도록 하나님께서 친히 우리 안에서 역사하시기 때문이라고 말합니다. 로마서 6장 17절입니다. "하나님께 감사하리로다. 너희가 본래 죄의 종이더니 너희에게 전하여 준 바 교훈의 본을 마음으로 순종하여." 6장 22절입니다. "이제는 너희가 죄로부터 해방되고 하나님께 종이 되어 거룩함에 이르는 열매를 맺었으니 그 마지막은 영생이라." 하나님은 죄의 종 노릇 하던 우리를 해방시키십니다. 하나님은 우리가 마음으로(겉으로만이 아니라) 순종하게 하십니다. 그리고 그런 방식으로 하나님은 우리에게 영생을 보증하십니다. 의롭다 여김을 받은 사람들은 죄와 손잡지 않고 죄에 맞서 싸웁니다. 하나님이 그렇게 만드십니다.

로마서 7장에서도 바울은 같은 질문, 즉 아직 로마서 6장 15절의 질문에 답하고 있습니다. "우리가 법 아래에 있지 아니하고 은혜 아래에 있으니 죄를 지으리요?" 율법에서 자유로워졌는데 왜 무법한 사람들이 되지 않는 것일까요? 의롭다 여김을 받은 사람들은 왜 죄를 더 짓지 않고 덜 짓게 되는 것일까요?

로마서 6장 16-23절에서, 바울의 대답은 우리를 죄에서 자유롭게 하시는 하나님의 역사를 전적으로 다룰 뿐 율법에 대한 언급은 전혀 없었습니다. 하지만 답을 요구하는 목소리가 있습니다. "바울 선생, 당신은 분명 15절에서 '우리가 율법 아래 있지 않다'고 말했소. 그런데 그로 인해 더 많은 죄를 짓는 것이 아니라 오히려 실질적인 의를 행하게 되고 하나님의 영광을 위해 살게 된다고 말하는데, 왜 그런 겁니까? 설명해 보시오."

그래서 바울은 로마서 7장 1-6절에서 이에 답합니다. 몇 주에 걸쳐 이에 대해 자세히 살펴보되 오늘 아침은 본문의 핵심만 살펴보겠습니다.

율법 아래 있지 않고 — 죄를 덜 짓고 더 사랑하기

바울은 로마서 7장 1-3절에서 결혼한 부부에 대한 율법의 기능을 그리스도인에 대한 율법의 기능과 비교하는 것으로 시작합니다. 결혼생활을 하다 배우자가 죽으면, 율법의 강제성은 더 이상 상대 배우자를 얽매지 못한다는 것이 요지입니다. 그래서 바울은 이와 유사하게 그리스도인이 그리스도와 함께 죽을 때, 율법은 예전과 같은 방식으로 그리스도인을 더 이상 얽매지 못한다고 주장합니다. 이런 이유로 우리는 "율법 아래" 있지 않습니다. 다음 주에 이에 대해 자세히 살펴보겠습니다. 하지만 여기서 이런 물음이 제기됩니다. "좋습니다. 어떻게 그것이 도움이 되지요? 의롭다 함을 받은 사람들은 믿음을 통해 그리스도와 함께 죽었고 이 죽음은 율법에 대한 죽음이므로, 율법은 더 이상 구속력이 없습니다. 그런데 왜 율법을 무시하는 사랑 없는 사람들이 양산되지 않는 거지요?"

율법 아래 있지 않다는 것이 왜 더욱 죄짓는 사람들을 만들어 내지 않고 오히려 죄를 덜 짓고 사랑을 더 많이 하는 사람들을 만들어 낼까요? 가장 핵심적인 이유가 무엇일까요? 바울의 대답은 4절과 6절에 있습니다.

4절입니다. "그러므로 내 형제들아 너희도 그리스도의 몸으로 말미암아 율법에 대하여 죽임을 당하였으니 이는 다른 이 곧 죽은 자 가운데서 살아나신 이에게 가서 우리가 하나님을 위하여 열매를 맺게 하려 함이라." 바울은 우리가 율법에 대하여 죽었을 때 그리스도에게 속하게 되었다고 대답합니다. 율법에서 자유롭게 되었다고 해서 아무 관계도 맺지 않고 소속 없이 유리하는 게 아닙니다. 우리는 율법에서 풀려나 그리스도에게 연합되었습니다. 그리스도는 우리의 새 "남편"이 되었습니다. 바울이 이 그리스도를 가리켜 하는 말에 주목하십시오. "죽은 자 가운데서 살아나신 이." 우리가 새로 속하게 된 이 그리스도는 살아 계십니다. 그리스도에게 속한다는 것은 우리에게 특정 명령이나 의무 목록이 주어졌다는 것이 아닙니다. 온전히 영화로우시고, 모든 것을 공급하시고, 영원히 살아계신 분과 영적 연합을 이루었다는 것입니다. 사람이 바로 옆에 앉는 일보다 더 생생한 관계입니다.

그리고 이 연합(이러한 '결혼')의 목적은 "열매를 맺게 하려"는 것이라고 바울은 말합니다. 말한 대로입니다. 우리는 계속 죄에 거하지 않습니다. 우리의 구원자이신 예수님으로 인해 의롭다 여겨지고 그 분과 결혼하여 그리스도 안에 있으면, 우리는 하나님을 위한 열매를 맺습니다. 살아 계신 '남편' 예수 그리스도와 모든 만족을 주는 (all-satisfying) 관계를 맺으면 이로부터 마치 자연스레 열매가 맺히듯 우리의 소욕이 변하고 태도가 바뀌고 다른 선택을 하고 행동이 달라진다는 의미입니다.

그래서 율법에서 벗어난 것이 사랑과 공의에서 벗어난 것을 의미하지 않습니다. 그것은 사랑이신 분과 결혼할 자유를 얻는 것을 의미합니다. 나무에 화려한 장식품이 달리는 것이 아닌 포도나무에서 열매가 맺히듯, 그분은 우리 내면에서부터 사랑이 맺히도록 하시는 분입니다.

성령에 의해 내면으로부터 솟아나는 변화이지 율법에 의해 외부로부터 강제되는 변화가 아닙니다. 6절이 말하는 바가 바로 이것입니다. "이제는 우리가 얽매였던 것에 대하여 죽었으므로 율법에서 벗어났으니 이러므로 우리가 영의 새로운 것으로 섬길 것이요 율법 조문의 묵은 것으로 아니할지니라." 우리는 왜 율법에 대해 죽었습니까? 섬기기 위해서입니다. 우리는 왜 율법에서 벗어났습니까? 섬기기 위해서입니다. 우리는 왜 율법 아래 있지 않습니까? 섬기기 위해서입니다. '그런즉 죄를 더 지으리요?' 아닙니다! 율법에 대해 죽었으므로 이제는 죄인이 아니라 섬기는 자가 됩니다.

율법 조문의 묵은 것이 아니라 성령으로

그러면 율법에서 벗어나 자유하게 되었을 때 어떤 섬김을 하게 됩니까? 분명 율법적인 섬김은 아닙니다. 6절은 "영의 새로운 것으로 섬길 것이요 율법 조문의 묵은 것으로 아니할지니라."고 말합니다. 앞으로 몇 주에 걸쳐 이 본문에 대해 전반적으로 다루려고 합니다. 지금은 이 부분에 주목하십시오. 우리가 '율법에 대해 죽음으로써 율법에서 벗어났다면 그 이후로는 완전히 새로운 기반(율법 조문이 아닌 성령이라는 기반) 위에서 살아간다'는 점입니다.

이것은 로마서 6장 15절의 이의 제기에 대한 바울의 새로운 대답입니다. 율법 아래 있지 않고 은혜 아래 있다는 것이 무법이 아닌 사랑을 낳는 이유는, 하나님께서 의롭다 여김을 받은 사람들의 심령에 그분의 영을 부으시기 때문입니다. 그리고 그 영은 사람들의 심령을 안에서부터 '새롭게' 합니다. 우리 심령에 율법을 새기고, 그리스도를 닮아가며 사랑으로 섬기고 싶도록 의지와 애정을 빚어 냅니다. 즉 즐거이 섬기는 마음을 탄생시킵니다. 우리는 돌에 새겨진 혹은 종이에 쓰인 "조문"으로부터 자유로워졌습니다. 즉 마음은 내키지 않는데 의지를 억지로 발휘해 겉모습으로만 따르는 의무 목록에서 자유로워졌습니다. 우리는 그것에 대해 죽었습니다.

이제 4절과 6절을 함께 놓고 보면서, 의롭다 함을 받은 사람으로서 우리의 삶이 어떠해야 하는지 큰 그림을 그려보겠습니다. 우리가 율법에서 자유로워진 것이 왜 무법과 죄를 낳지 않고 사랑과 섬김을 낳을까요?

4절에서는 부활하신 그리스도와의 결혼을 언급하는 것으로 답합니다. 6절에서는 성령의 새롭게 하심으로 답합니다. 6절은 영의 새로운 것으로 섬긴다고 말합니다. 4절은 하나님을 위해 열매를 맺는다고 말합니다. 둘 다 율법에 대해 죽음으로 얻는 이 새로운 생명에 근거합니다.

4절입니다. "그러므로 내 형제들아 너희도 그리스도의 몸으로 말미암아 율법에 대하여 죽임을 당하였으니 이는 다른 이 곧 죽은 자 가운데서 살아나신 이에게 가서 우리가 하나님을 위하여 열매를 맺게 하려 함이라."

6절입니다. "이제는 우리가 얽매였던 것에 대하여 죽었으므로 율법에서 벗어났으니 이러므로 우리가 영의 새로운 것으로 섬길 것이요 율법 조문의 묵은 것으로 아니할지니라."

여러분의 삶은 어떻습니까? 의롭다 함을 받은 그리스도인으로서 어떻게 살아가고 있습니까? 율법에 대해서는 벗어났으나 아직 다른 곳에 속하지 않은 채 중립 지역에서 자유롭게 다니면서 "은혜가 넘치도록 죄를 지읍시다"라고 말하는 사람입니까? 아닙니다. 그럴 수 없습니다. 오직 믿음으로 의롭다 여김을 받은 사람이라면, 믿음으로 그리스도와 연합한 자입니다. 우리는 그리스도와 결혼했습니다. 그분은 남편으로서 우리 삶에 모든 만족을 주시는 사랑이십니다. 그분과의 교제로부터 우리는 열매를 맺습니다. 이를 달리 표현하면, 오직 믿음으로 의롭다 여김을 받은 사람이라면, 그리스도의 영이 내주하시는 사람입니다. 그분은 중립적이거나 수동적인 분이 아닙니다. 그분은 우리 마음과 생각을 새롭게 하심으로 우리가 사랑하고 섬기도록 우리 안에서 역사하십니다.

그러므로 우리는 은혜가 더하게 하려고 죄를 짓거나 하지 않을 것입니다. 죄가 우리를 더 이상 주장하지 못하는 것은 우리가 율법 아래 있지 않고 은혜 아래 있기 때문입니다.

오늘 여러분이 이 위대한 구원, 이 위대한 칭의, 이 위대한 점진적인 변화의 일원으로 참예하기 위해 무엇을 해야 할지 궁금하다면, 지금까지 제가 말씀드린 모든 내용 안에 그 답이 있습니다. 그리스도가 우리의 의가 되시고 우리 대신 형벌을 받으셨고 우리를 변화시키는 능력이 되심을 믿으십시오. 그분을 우리 삶의 가장 값진 보화로 받아들이십시오. 그러면 그분이 우리에게 필요한 모든 것이 되어 주실 것입니다.

24장

율법에 대하여 죽고 영으로 섬기다 (2부)

로마서 7:1-6

형제들아 내가 법 아는 자들에게 말하노니 너희는 그 법이 사람이 살 동안만 그를 주관하는 줄 알지 못하느냐? 남편 있는 여인이 그 남편 생전에는 법으로 그에게 매인 바 되나 만일 그 남편이 죽으면 남편의 법에서 벗어나느니라. 그러므로 만일 그 남편 생전에 다른 남자에게 가면 음녀라. 그러나 만일 남편이 죽으면 그 법에서 자유롭게 되나니 다른 남자에게 갈지라도 음녀가 되지 아니하느니라. 그러므로 내 형제들아 너희도 그리스도의 몸으로 말미암아 율법에 대하여 죽임을 당하였으니 이는 다른 이 곧 죽은 자 가운데서 살아나신 이에게 가서 우리가 하나님을 위하여 열매를 맺게 하려 함이라. 우리가 육신에 있을 때에는 율법으로 말미암는 죄의 정욕이 우리 지체 중에 역사하여 우리로 사망을 위하여 열매를 맺게 하였더니, 이제는 우리가 얽매였던 것에 대하여 죽었으므로 율법에서 벗어났으니 이러므로 우리가 영의 새로운 것으로 섬길 것이요 율법 조문의 묵은 것으로 아니할지니라. 그런즉 우리가 무슨 말을 하리요? 율법이 죄냐? 그럴 수 없느니라. 율법으로 말미암지 않고는 내가 죄를 알지 못하였으니, 곧 율법이 탐내지 말라 하지 아니하였더라면 내가 탐심을 알지 못하였으리라. _롬 7:1-6

깊고 광대한 바다

지난주에 로마서 7장 6절, 특히 "이러므로 우리가 영의 새로운 것으로 섬길 것이요 율법 조문의 묵은 것으로 아니할지니라"는 하반절 말씀이 광대한 바다처럼 깊은 의미가 있다고 말씀드렸습니다. 오늘은 이 바다의 해안가 몇 군데를 둘러보고 그 속으로 들어가 보려고 합니다. 이렇게 해서 얻는 유익 하나는, 하나님의 구원 방법이 얼마나 깊고 광대한지 맛볼 수 있다는 점입니다.

이를 바꿔 말하면, 우리가 예수 그리스도를 믿는 사람이라면, 즉 예수님이 우리의 구세주이자 주님으로 가장 소중한 분이 되신다면, 우리는 작고 보잘것없는 어떤 것 대신 심오하고 광대한 어떤 것에 사로잡히게 될 것이라는 의미입니다. 그것은 우리를 향한 하나님의 구원입니다. 우리의 구원을 위한 하나님의 계획은 영원 전부터 시작되었고, 예수님의 성육신에 이르기까지 수천 년 역사를 통해 준비되었습니다. 우리가 구원 받을 수 있게 하시려고 하나님은 역사 속에서 이 모든 위대한 일들을 행하셨고 지금도 행하고 계십니다. 우리를 그리스도인으로 삼으시는 과정에서 일어났던 일(우리의 모든 죄를 없애고, 정죄를 해결하고, 하나님의 자녀로 삼고, 살아계신 그리스도와 인격적인 교제를 하게 하고, 영생으로 이끄시는 일), 우리가 그 모든 것을 누릴 수 있게 하시는 과정에서 일어났던 일은 너무 깊고 너무 위대해서 깊고 광대한 바다와 같습니다.

우리에게 일어난 구원이라는 깊고 광대한 바다에 대해 무언가를 알게 된다면, 우리는 하나님을 더 신뢰하고 그리스도를 더 사랑하게 될 것입니다. 그래서 이 6절 후반절을 조금 더 다루어 보고, 이 광대한 바다의 해안에 해당하는 다른 성경 본문도 몇 군데 다루어 보려고 합니다. 하나님을 더욱 신뢰하고 더욱 사랑하려면 하나님이 무엇을 행하셨으며 왜 행하시는지 우리가 잘 알아야 한다고 믿습니다. 하나님께서 우리 삶을 인도하시고, 우리 필요를 채워 주시고, 우리 보화가 되시도록 매 순간 하나님을 신뢰하는 것만큼 중요한 일은 없습니다. 우리 삶의 실질적인 목표는 사랑이고, 사랑은 "청결한 마음과 선한 양심과 '거짓이 없는 믿음'에서"(참조. 딤전 1:5; 갈 5:6)에서 나오기 때문입니다.

먼저 본문을 살펴보겠습니다.

자유가 무법이 아닌 사랑을 낳는 이유

로마서 7장 1-6절은, 우리가 율법 아래 있지 않고 은혜 아래 있는 것이 왜 무법이 아닌 사랑을 낳는지에 대한 바울의 대답입니다. 바울은 6장 15절에서 다시 제기된 "우리가 법 아래에 있지 아니하고 은혜 아래에 있으니 죄를 지으리요?"라는 질문에 대한 자신의 대답을 설명합니다. 그런데 왜 아닐까요? 율법에서 자유케 된 것이 왜 무법을 낳지 않고 희생적인 사랑의 섬김을 낳을까요?

바울은 한편으로 결혼과 율법을 비교하고, 이어 신자와 율법을 비교합니다. 1-3절에서, 결혼생활중 배우자가 죽으면, 두 번째 결혼을 불법으로 만들던 법이 무효가 된다고 말합니다. 따라서 죽음이 율법에서 놓이게 합니다. 4-6절에서 비교하려는 핵심이 바로 이것입니다.

그래서 4절은 이렇게 말합니다. "그러므로 내 형제들아 너희도 그리스도의 몸으로 말미암아 율법에 대하여 죽임을 당하였으니 이는 다른 이에게 가서 열매를 맺게 하려 함이라." 다른 말로 하면, 믿음으로 그리스도와 연합되었으므로(6장 5절의 말처럼) 그리스도의 죽음이 우리 죽음이 되었습니다. 이런 이유로 바울은 우리가 율법에 대해 죽었다고 말합니다. 그리스도는 율법이 요구하는 형벌을 당하셨고 율법이 명하는 완전한 순종을 성취하셨습니다. 그래서 그리스도 안에서 우리는 율법에서 풀려납니다. 6절 상반절이 이를 말해 줍니다. "이제는 우리가 얽매였던 것에 대하여 죽었으므로 율법에서 벗어났으니."

그런데 4절은 여기에서 그치지 않고, 하나님이 그리스도 안에서 우리를 위해 이 죽음을 작정하신 목적이 있다고 계속해서 말합니다. "그러므로 내 형제들아 너희도 그리스도의 몸으로 말미암아 율법에 대하여 죽임을 당하였으니 이는 다른 이에게 가서 열매를 맺게 하려 함이라." 바울은 우리가 율법에서 풀려난 것은, 마치 결혼한 여자의 경우처럼, 율법을 어기지 않고 다시 결혼할 수 있게 하기 위해서라고 말합니다. 그리고 여기서 바울이 생각하는 재혼은 부활하신 살아계신 그리스도와의 결합입니다. "이는 다른 이 곧 죽은 자 가운데서 살아나신 이에게 가서 우리가 하나님을 위하여 열매를 맺게 하려 함이라." 즉, 우리의 구원은 율법으로부터의 해방이자 살아계신 예수 그리스도와의 결합인데, 로마서 6장 9절에 의하면 그분은 결코 다시 죽지 않으시는 분입니다. 이 말은 우리의 구원이 영원하고 확실하다는 의미입니다.

4절은 한 단계 더 나아가 왜 우리가 율법에 대해 죽었을 뿐 아니라(말하자면, 살아계신 그리스도와 연합하기 위해) 살아계신 그리스도와 연합되었는지(하나님을 위해 열매를 맺게 하려고) 설명합니다. 이 열매는 사랑입니다. 그래서 바울은 우리가 율법에서 자유로워진 이후에 무법이 아닌 사랑을 낳게 된다고 답합니다. 예수님과 새롭게 연합한 결과입니다. 어떤 인도나 도움의 필요 없이 단지 허공을 떠다니라고 율법에서 자유로워진 것이 아닙니다. 우리는 정확히 예수님과 연합을 이루기 위해 율법에서 자유로워졌습니다. 그러므로 우리가 예수님과 맺는 관계가 가장 중요합니다. 바울은 "내게 사는 것이 그리스도"라고 말했습니다. 사는 것은 율법 준수가 아닙니다. 사는 것은 그리스도이십니다.

6절은 표현만 다를 뿐 4절과 같은 내용을 말하면서, 성경이 "새 언약"(new covenant)이라고 부르는 거대한 바다의 해안으로 우리를 이끌어 갑니다. 6절을 살펴보고 "새 언약"이라는 해안으로 가보겠습니다.

"이제는 우리가 얽매였던 것에 대하여 죽었으므로[4절에 나온 내용] 율법에서 벗어났으니[4절에 나온 내용] 이러므로 우리가 영의 새로운 것으로 섬길 것이요[4절에서 '열매를 맺게 하려 함이라'와 같은 내용] 율법 조문의 묵은 것으로 아니할지니라." 여기서 새 언약의 의미를 담고 있는 부분은 "우리가 영의 새로운 것으로 섬길 것이요 율법 조문의 묵은 것으로 아니할지니라"입니다.

영과 율법 조문이 대조되고 있음에 주목하십시오. 옛 언약과 새 언약의 차이 중 하나입니다. 무슨 의미입니까? 그리스도인의 삶(우리의 삶)이 "율법 조문의 묵은 것"이 아니라 "영의 새로운 것" 안에 있다는 말은 무슨 뜻입니까?

새 언약의 의미를 알 수 있는 해안가를 몇 군데 살펴보겠습니다. 이 말씀들을 보면 바울이 의미하는 바를 알 수 있을 것입니다.

새 언약

먼저 바울이 여기서 언급하는 내용이 새 언약을 가리킨다고 생각하는 이유를 말씀드리겠습니다. 고린도후서 3장 5-6절에서 바울은 이렇게 말합니다. "우리가 무슨 일이든지 우리에게서 난 것 같이 스스로 만족할 것이 아니니 우리의 만족은 오직 하나님으로부터 나느니라. 그가 또한 우리를 새 언약의 일꾼 되기에 만족하게 하셨으니 율법 조문으로 하지 아니하고 오직 영으로 함이니 율법 조문은 죽이는 것이요 영은 살리는 것이니라." 이 본문은 "우리가 영의 새로운 것으로 섬길 것이요 율법 조문의 묵은 것으로 아니할지니라"는 로마서 7장 6절 말씀과 아주 유사합니다. 고린도후서에서 바울은 사도들이 "새 언약의 일꾼"이라고 말합니다. 그리고 여기서 바울은 자신이 "새 언약"에 대해 말하고 있음을 분명히 합니다.

따라서 바울이 율법 조문이 아닌 영으로 섬긴다고 말할 때, 바울은 새 언약이 작용하는 방식을 말하고 있습니다. 어떤 방식입니까? 새 언약이란 무엇입니까? 이를 알기 위해 구약의 약속으로 돌아가 봅시다.

예레미야 31장 31-34절에서 선지자는 이런 약속을 줍니다.

> 여호와의 말씀이니라. 보라 날이 이르리니 내가 이스라엘 집과 유다 집

에 새 언약을 맺으리라. 이 언약은 내가 그들의 조상들의 손을 잡고 애굽 땅에서 인도하여 내던 날에 맺은 것과 같지 아니할 것은 내가 그들의 남편이 되었어도 그들이 내 언약을 깨뜨렸음이라. 여호와의 말씀이니라. 그러나 그 날 후에 내가 이스라엘 집과 맺을 언약은 이러하니 곧 내가 나의 법을 그들의 속에 두며 그들의 마음에 기록하여 나는 그들의 하나님이 되고 그들은 내 백성이 될 것이라. 여호와의 말씀이니라. 그들이 다시는 각기 이웃과 형제를 가리켜 이르기를 너는 여호와를 알라 하지 아니하리니 이는 작은 자로부터 큰 자까지 다 나를 알기 때문이라. 내가 그들의 악행을 사하고 다시는 그 죄를 기억하지 아니하리라. 여호와의 말씀이니라.

새 언약에 대한 고전적인 본문입니다. 히브리서는 이 말씀을 새 언약의 가르침에 대한 기반으로 여러 번 인용합니다. 여기서 새 언약에 대해 무엇을 배웁니까?

1) 새 언약에서 율법은 더 이상 돌 위에 새겨진("율법 조문"이 의미하는 것) 외적인 것을 의미하지 않고, 주로 내적인 것으로 마음에 기록한(33절) 것임을 알게 됩니다. 다른 말로 하면, 율법에서 결정적인 것은 더 이상 외부로부터 주어지는 '요구'(demand)가 아니라, 내면에서 나오는 '소원'(desire)이 될 것입니다.

2) 34절 말씀처럼, 하나님을 아는 것은 외적인 명령이 아니라 내적인 경험이 될 것입니다.

3) 34절 뒷부분은 은혜라는 내적 경험의 기반이 됩니다. "내가 그들의 악행을 사하고 다시는 그 죄를 기억하지 아니하리라."

새 언약에서 하나님은 우리 모든 죄를 씻을 길을 제공하시고, 우리에게 그분을 인격적으로 알아가는 경험을 하게 하시고, 마음에 율법을 새겨 하나님을 기쁘시게 하려는 소망을 갖게 하십니다.

그러므로 우리는 이렇게 질문해야 합니다. "그럼 영(Spirit)은 어떻게 되는 거죠? 율법 조문 혹은 외적인 요구와 내적인 소원이 대조되는 건 알겠어요. 그런데 '영의 새로운 것'은 어디에 있죠?"

영의 새로운 것

이를 위해 에스겔 선지자에게 가보겠습니다. 에스겔도 앞에서와 유사한 약속을 하는데 표현만 다릅니다. 먼저 에스겔 11장 19-20절을 보겠습니다. "내가 그들에게 한 마음을 주고 그 속에 새 영을 주며 그 몸에서 돌 같은 마음을 제거하고 살처럼 부드러운 마음을 주어 내 율례를 따르며 내 규례를 지켜 행하게 하리니 그들은 내 백성이 되고 나는 그들의 하나님이 되리라." 그 다음 에스겔 36장 26-27절을 보겠습니다. "또 새 영을 너희 속에 두고 새 마음을 너희에게 주되 너희 육신에서 굳은 마음을 제거하고 부드러운 마음을 줄 것이며 또 내 영을 너희 속에 두어 너희로 내 율례를 행하게 하리니 너희가 내 규례를 지켜 행할지라."

예레미야가 "새 언약"이라 부른 약속과 같습니다. 이스라엘이 애굽을 나올 때 맺은 언약과는 다릅니다. 즉 율법, 모세 율법, 돌 위에 새겨진 율법, "율법 조문의 묵은" 언약과 다릅니다.

그렇다면 이 새 언약은 언제, 어떻게 시작됩니까? 답은 '그리스도 안에서' 입니다. 특히 그리스도의 죽음과 부활 안에서 그리고 그리스도의 사람들 위에 그분의 영이 부어질 때입니다. 예수님은 누가복음 22장 20절에서 성만찬을 하시면서 결정적인 말씀을 하셨습니다. "그와 같이 하여 이르시되 이 잔은 내 피로 세우는 새 언약이니 곧 너희를 위하여 붓는 것이라."

이것은 그리스도의 죽음(예수님의 피 흘리심)이 새 언약이라는 축복의 기반임을 의미합니다. 예수님께서 새 언약을 "내 피로 세운다"고 말씀하실 때, 그것은 새 언약이 약속하는 모든 것은 그리스도의 보혈에 의해 제공된다는 의미입니다.

1) 예레미야 31장 34절의 약속은, 그리스도의 피로 인해 우리 죄가 용서받는다고 말합니다.

2) 에스겔 36장 27절의 약속은, 그리스도의 피로 인해 우리가 성령을 받는다고 말합니다.

3) 그리스도의 피로 인해 우리는 하나님을 인격적으로 알게 됩니다.

4) 그리스도의 피로 인해 율법은 돌판 위가 아닌 우리 심령에 새겨집니다.

로마서 7장 6절로 다시 돌아갑시다. "이제는 우리가 얽매였던 것에 대하여 죽었으므로 율법에서 벗어났으니 이러므로 우리가 영의 새로운 것으로 섬길 것이요 율법 조문의 묵은 것으로 아니할지니라." 율법(조문)에 대해 죽고 "영의 새로운 것으로 섬기는 것"은 새 언약의 수혜자로서 섬긴다는 의미임을 보게 됩니다. 하나님은 그리스도 안에 있는 새 언약이 우월을 넘어 탁월함을 보이기 위해 "옛 언약"을 일부러 부적합하게 하셨습니다. 그래서 그리스도가 더 큰 영광을 받게 하셨습니다. 옛 언약은 우리를 그리스도에게로 또 그분의 영에게로 또 믿음으로 이끌기 위해 주어졌습니다. 우리가 합당한 방법으로 그리스도를 높이고 그분을 즐거워하기 원한다면, 깊고 광대한 바다처럼 우리가 받은 구원의 저변에 깔린 위대한 하나님의 역사(새 언약)를 볼 필요가 있습니다.

요약하겠습니다. 우리의 삶 ―율법 조문의 묵은 것이 아니라 영의 새로운 것으로 섬기는 삶― 이 새 언약의 축복이라는 사실을 안다는 것은 어떤 의미입니까?

우리 삶의 기반

먼저, 우리 삶의 저변에는 그리스도의 피("영원한 언약의 피." 히 13:20)라는 거대한 기반이 있다는 의미입니다. 우리 삶은 피로 산 것임을 잊지 마십시오. 자주 이 사실을 떠올리십시오. 어제 읽은 내용인데, 현대 문학에서 공상 소설이 인기를 끄는 이유 하나는 "인간은 있는 그대로의 현실을 감당할 수 없기 때문"이라고 합니다. 하지만 그리스도인 해설자는 이런 해설을 달았습니다. "십자가를 만난 사람들은 그래서는 안 됩니다." 절대 십자가에서 멀어지지 마십시오. 십자가는 살아갈 때는 지혜가 되고 죽을 때는 위로가 될 것입니다. 우리의 모든 섬김은 피로 산 것입니다.

둘째, 우리가 율법에서 자유로워진 것은 그리스도가 십자가 위에서 행하신 일 때문이라는 의미입니다. 그리스도가 모든 믿는 사람을 위해 율법의 형벌을 받으셨고 율법의 요구를 성취하셨습니다. 율법의 정죄와 완전에 대한 요구는 그리스도 안에 있는 모든 사람을 위해 충족되었습니다. 그래서 6절 말씀처럼, "우리는 율법에서 벗어났습니다." 이것은 피로 산 것으로 새 언약의 축복입니다. 그리스도를 위하여 기뻐하십시오!

셋째, 그러므로 우리의 모든 죄는 사함을 받았습니다. "내가 그들의 악행을 사하고 다시는 그 죄를 기억하지 아니하리라." 사탄이 비난하며 공격할 때 자신에게 이 말씀을 선포하십시오. 예레미야 31장 34절의 새 언약의 약속을 사탄과 우리 자신에게 상기시키십시오. 그리고 그리스도의 피가 모든 것을 다 지불하셨다고 선포하십시오.

넷째, 새 영이 우리에게 주어졌습니다. 하나님께서 우리 안에 그분의 영을 불어넣으셨습니다. 우리의 몸은 성령의 전입니다. 성령은 그리스도의 영이시고 아버지의 영이십니다.

따라서, 다섯 째, 우리는 첫 계명을 통해서가 아니라 우리 안에 내주하시는 성령이 허락하시는 경험을 통해서 아버지를 압니다. 우리는 그분의 영에 의해 아들과 교제를 갖습니다. 우리는 율법에 대해 죽었고 그래서 다른 이와 연합되었습니다. 우리는 그분을 알고 그분과 동행하며 그분과 교제합니다. 내게 사는 것이 그리스도입니다.

따라서, 마지막으로, 하나님의 법은 우리 심령에 새겨집니다. 우리가 획득할 수 없는 완전함을 요구하시는 하나님의 뜻은 외부로부터 다가와 우리를 부숴뜨리지 않습니다. 그 법은 예수님 안에서 성취됩니다. 하나님의 뜻은 우리 마음속에서 살아나고 성령께서 우리의 소욕을 변화시키고 우리를 자유롭게 합니다.

그리스도가 피로 사신 성도 여러분, 우리가 받은 축복을 알아야 합니다! 우리의 특권이 무엇인지 아십시오! 새 언약의 수혜자가 된다는 것이 무엇인지 아십시오! 그리고 믿지 않는 분들이여, 이것은 믿는 모든 사람에게는 값없이 주는 선물입니다. 자기를 의지하는 데서 돌아서십시오. 그리스도를 여러분 삶의 보화로 받아들이십시오.

25장

율법에 대하여 죽고 영으로 섬기다 (3부)

로마서 7:1-6

형제들아 내가 법 아는 자들에게 말하노니 너희는 그 법이 사람이 살 동안만 그를 주관하는 줄 알지 못하느냐? 남편 있는 여인이 그 남편 생전에는 법으로 그에게 매인 바 되나 만일 그 남편이 죽으면 남편의 법에서 벗어나느니라. 그러므로 만일 그 남편 생전에 다른 남자에게 가면 음녀라. 그러나 만일 남편이 죽으면 그 법에서 자유롭게 되나니 다른 남자에게 갈지라도 음녀가 되지 아니하느니라. 그러므로 내 형제들아 너희도 그리스도의 몸으로 말미암아 율법에 대하여 죽임을 당하였으니 이는 다른 이 곧 죽은 자 가운데서 살아나신 이에게 가서 우리가 하나님을 위하여 열매를 맺게 하려 함이라. 우리가 육신에 있을 때에는 율법으로 말미암는 죄의 정욕이 우리 지체 중에 역사하여 우리로 사망을 위하여 열매를 맺게 하였더니, 이제는 우리가 얽매였던 것에 대하여 죽었으므로 율법에서 벗어났으니 이러므로 우리가 영의 새로운 것으로 섬길 것이요 율법 조문의 묵은 것으로 아니할지니라. 그런즉 우리가 무슨 말을 하리요? 율법이 죄냐? 그럴 수 없느니라. 율법으로 말미암지 않고는 내가 죄를 알지 못하였으니, 곧 율법이 탐내지 말라 하지 아니하였더라면 내가 탐심을 알지 못하였으리라. _롬 7:1-6

그리스도를 닮은, 그리스도를 높이는 사랑

바울은 우리 그리스도인들이 그리스도를 닮았을 뿐 아니라, 그리스도를 높이는 사랑 —서로에 대한 사랑, 이웃에 대한 사랑, 원수를 향한 사랑, 아직 복음을 듣지 못한 자들을 향한 사랑, 약한 자들을 향한 사랑, 고통 받는 자들을 향한 사랑— 으로 세상에 알려지기를 간절히 소망합니다. 그리고 물질적 안락과 육체적 위안 혹은 종교적 평판을 극대화하기 위해 열심을 내는 대신, 우리가 이 땅에서나 영원을 바라보며 최선으로 다른 사람을 위해 선을 행하기를 원합니다. 그리고 그 사랑을 우리에게서 보는 것이 바울의 열망이기에, 그는 우리가 율법에 대해 죽기를 그것과 동일한 뜨거움으로 열망합니다.

이 내용이 오늘 여러분과 함께 살펴보고자 하는 내용이며 다음 주에는 보다 집중적으로 다루려고 합니다. 먼저 하나님의 율법에 대해 생각해 보기 원합니다. 하나님의 율법은 무엇입니까? 하나님의 율법은 죄에 대해 그리고 사랑에 대해 무슨 관계가 있으며 어떤 역할을 합니까? 칭의 및 성화와 관련해서 율법의 역할은 무엇입니까? 사랑을 실천하기 위해 우리는 왜 율법에 대해 죽어야 합니까? 율법에 대해 죽은 다음에도 우리 삶에서 율법은 유용하고 권위를 가질까요?

먼저, 바울은 우리가 그리스도를 닮은, 그리스도를 높이는 사랑하기를 열망한다고 말씀드렸는데, 제가 왜 이렇게 말할까요? 바로 이것 때문입니다. 4절 마지막에서 바울의 목표는 "우리가 하나님을 위하여 열매를 맺는 것"이라고 말합니다. 이것이 그리스도인의 삶의 목표입니다. "하나님을 위하여 열매를 맺는 것"입니다. "열매를 맺는다는 것"은 무엇일까요? 성령의 첫째 되고 주된 열매는 사랑입니다. 바울은 갈라디아서 5장 22절에서 "성령의 열매는 사랑"이라고 말합니다.

하지만 여기서 바울이 생각하는 것이 성령의 열매일까요? 그렇습니다. 6절 마지막은 표현만 다르지 4절과 같은 목표를 말합니다. 유심히 보십시오. "우리가 영의 새로운 것으로 섬길 것이요 율법 조문의 묵은 것으로 아니할지니라." 우리 삶의 목표는 "영의 새로운 것으로 섬기는 것"입니다. 4절에 나오는 "하나님을 위하여 열매를 맺는 것"과 6절에 나오는 "영의 새로운 것으로 섬긴다"는 같은 의미입니다. 따라서 바울이 생각하는 열매는 성령의 열매, 말하자면 사랑입니다.

갈라디아서 5장에서 보다 분명히 확인할 수 있습니다. 갈라디아서 5장 1절에서 바울은 "그리스도께서 우리를 자유롭게 하려고 자유를 주셨으니 그러므로 굳건하게 서서 다시는 종의 멍에를 메지 말라"고 말합니다. "종의 멍에"는 율법에 종 노릇 하는 것을 의미합니다(갈 5:2-4). 따라서 바울은 여기서 로마서 7장 4-6절에서 말한 것(율법에서 벗어나는 것)과 같은 내용을 말하고 있습니다. 그런 후 갈라디아서 5장 13절에서 바울은 율법에서 자유한 것과 사랑이 어떤 관계가 있는지 말합니다. "너희가 자유를 위하여 부르심을 입었으나 그러나 그 자유로 육체의 기회를 삼지 말고 오직 사랑으로 서로 종 노릇 하라." "율법 아래 있지 않고 죄 아래 있으니, 죄를 지읍시다"라고 말하지 말라는 것입니다. 율법에서 자유로워진 것은 사랑을 위해서입니다. 그런 다음 바울은 오늘 본문 로마서 7장 6절에서 "영의 새로운 것으로 섬길 것이요 율법 조문의 묵은 것으로 아니할지니라"와 같은 의미로 갈라디아서 5장 18절에서 "너희가 만일 성령의 인도하시는 바가 되면 율법 아래에 있지 아니하리라"고 말합니다. 그런 다음 바울은 성령의 열매(특히 사랑)를 열거하고, 23절에서 "이 같은 것을 금지할 법이 없느니라"고 덧붙입니다.

그래서 저는 우리 그리스도인들을 향한 바울의 열망은 우리 삶이 사랑으로 부각되는 것이라고 결론을 내렸습니다. "하나님을 위하여 열매"(4절)를 맺고, "영의 새로운 것으로 섬길"(6절) 때 바로 이렇게 됩니다.

하지만 사랑을 열망하기에 율법에 대해 죽어야 한다고 바울이 말한 이유는 무엇일까요? 그 이유가 참으로 놀랍습니다. 율법이, 율법 그 자체는 사랑으로 요약될 수 있지만, 이 사랑을 무너뜨리는 도구가 될 수 있기 때문입니다. 율법은 자신이 요구하는 바로 그것을 무너뜨립니다. 바울은 로마서 13장 8절 하반절에서 "남을 사랑하는 자는 율법을 다 이루었느니라"고 말했습니다. 따라서 율법이 사랑 안에서 완성된다는 사실을 우리는 압니다. 그리고 로마서 13장 10절도 "사랑은 율법의 완성"이라고 말합니다.

사랑은 율법에 대해 죽기를 요구한다

그런데 저는 왜 우리 삶에서 사랑이 풍성해지기 위해 율법에 대해 죽어야 한다고 말씀드리는 것일까요? 이것이 바로 4절, 5절, 6절이 말하는 바이기 때문입니다!

4절입니다. "그러므로 내 형제들아 너희도 그리스도의 몸으로 말미암아 율법에 대하여 죽임을 당하였으니 이는 다른 이 곧 죽은 자 가운데서 살아나신 이에게 가서 우리가 하나님을 위하여 열매를 맺게 하려 함이라." 율법에 대해 죽는 것이 하나님의 열매를 맺는 방법입니다. 하나님을 위한 열매를 맺기 위해 사랑을 요구하는 율법에 대해 죽어야 합니다.

6절입니다. "이제는 우리가 얽매였던 것에 대하여 죽었으므로 율법에서 벗어났으니 이러므로 우리가 영의 새로운 것으로 섬길 것이요 율법 조문의 묵은 것으로 아니할지니라." 우리는 율법에서 벗어났고, 바울은 "이러므로"라고 말을 이어갑니다. 즉 우리가 영의 새로운 것으로 섬길 수 있는 것(사랑 안에서 서로 섬길 수 있는 것)은 율법에서 죽었기 때문이라고 말합니다. 율법에 대해 죽는 것이 사랑하는데 꼭 필요합니다.

따라서 더 깊은 질문은 왜 그런가 하는 것입니다. 단순히 제가 왜 그렇게 말하는지가 아니라, 왜 반드시 그래야만 하는가 입니다. 바울의 열망은 그리스도인들이 사랑의 삶을 사는 것임을 살펴보았습니다. 이것이 가능하기 위해서는 우리가 율법에 대해 죽어야 한다는 것을 살펴보았습니다. 이제 질문은 왜 그런가 하는 것입니다. 왜 우리는 로마서 6장 5절에서 말하듯 "그의 죽으심과 같은 모양으로 연합한 자가 되어야 하고" 그래서 율법에 대해 죽어야 할까요? 로마서 7장 5절이 답을 줍니다. 그분의 죽으심 안에서 그리스도와 연합되고 새로운 생명으로 그분과 함께 부활할 때까지는, 우리는 하나님의 영을 갖지 못한 단순한 "육신"(flesh)이기 때문에 그렇습니다. 즉, 타락하고 죄된 인간본성을 가졌을 뿐, 우리 삶을 변화시키는 성령의 능력을 소유하지 못했습니다. 그리고 율법이 이러한 "육신" 혹은 이러한 타락하고 구원받지 못한 인간 본성을 만날 때 어떻게 됩니까? 율법은 죄의 능력 안에서 자신이 요구하던 바로 그것을 파괴하는 실질적인 도구가 되어 버립니다.

5절입니다. "우리가 육신[타락하고, 구원받지 못한 인간 본성]에 있을 때에는 율법으로 말미암는 죄의 정욕이 우리 지체 중에 역사하여 우리로 사망을 위하여 열매를 맺게 하였더니." 율법 자체는 "거룩하고, 의롭고, 선하다"고 바울은 12절에서 말합니다. 하지만 우리가 "육신"에 있을 때 율법을 만나면, 우리 죄가 율법과 힘을 합쳐 "죽음을 위하여 열매를 맺게 합니다." 율법이 자신이 정죄하던(7장 8절, 13절. 13장 9-10절과 비교) 그 죄들을 더 많아지게 하는 도구가 되고 맙니다.

바로 이런 이유로, 사랑을 위한 열매를 맺기 위해 율법에 대해 죽어야 한다고 바울은 말합니다.

선한 율법이 죄와 짝을 한다?

하지만 율법에 대해 죽는 것을 이해하기 위해 우리는 이렇게 질문할 필요가 있습니다. '[선한] 율법이 어떻게 죄와 짝을 이뤄 율법이 정죄하던 바로 그 일들을 야기하는가?'

이 질문에 대한 열쇠는 "육신"이라는 단어의 의미에 있습니다. 5절은 우리가 "육신에" 있을 때 이런 일이 일어난다고 말합니다. "우리가 육신에 있을 때에는 율법으로 말미암는 죄의 정욕이 우리 지체 중에 역사하여 우리로 사망을 위하여 열매를 맺게 하였더니." "육신에 있을 때"라는 말이 열쇠입니다.

이 말은 무슨 의미입니까? 로마서 8장 7-9절을 보십시오. "육신에 있다"는 것이 무슨 의미인지 그리고 그 반대는 무엇인지 나와 있습니다. "육신의 생각은 하나님과 원수가 되나니 이는 하나님의 법에 굴복하지 아니할 뿐 아니라 할 수도 없음이라. 육신에 있는[7장 5절에 나온 표현입니다] 자들은 하나님을 기쁘시게 할 수 없느니라. 만일 너희 속에 하나님의 영이 거하시면 너희가 육신에 있지[이 표현이 다시 나옵니다] 아니하고 영에 있나니 누구든지 그리스도의 영이 없으면 그리스도의 사람이 아니라."

여기에 로마서 7장 5절이 말하는 그 사람이 나옵니다. "육신에 있다"는 것을 네 가지로 설명합니다. 1) 7절 상반절입니다. "육신의 생각은 하나님과 원수가 되나니." 2) 7절 하반절 앞부분입니다. "하나님의 법에 굴복하지 아니하고." 3) 7절 하반절 뒷부분입니다. "[하나님의 법에 굴복]할 수도 없음이라." 4) 8절입니다. "육신에 있는 자들은 하나님을 기쁘시게 할 수 없느니라." 그리고 육신에 있는 것의 반대는 "영에 있는"(9절 상반절) 것입니다. 또는 그 안에 하나님의 영이 거하여 그리스도인이 되고 그리스도에게 속하는 것입니다(9절 하반절).

이제 이에 대해 생각해 보겠습니다. 회심 이전(그리스도와 함께 죽고 성령을 받기 이전) 우리 죄된 상태의 본질은 특정 율법을 어기는 정도가 아니었습니다. 우리는 본질상 하나님과 원수이고(7절), 그래서 하나님의 뜻(하나님의 법)에 복종하지도 않고 복종할 수도 없었습니다(7절 하반절). 우리 죄된 상태의 핵심은 하라고 명령받은 것에 대해 거부(unwillingness)하는 것입니다. 죄의 핵심은 자치(self-rule)를 향한 열망입니다. 어디서 기쁨을 얻을지 스스로 결정하려고 합니다. 자신 위에 보다 최종적이고, 결정적인 힘이나 권위가 있음을 결코 인정하지 않으려 합니다. 요약하면, 죄의 핵심은 스스로를 신격화하는 것입니다. 자기가 신이 되려는 열망입니다. 이것이 바로 "육신에 있다"는 의미입니다.

따라서 죄는 먼저 법을 어기는 것이 아닙니다. 먼저 법을 싫어하는 마음입니다. 그리고 그보다 앞서 자치(self-rule)를 사랑하는 마음입니다. "육신에 있다"는 것은 내가 마땅히 해야 할 일을 다른 사람으로부터 듣지 않겠다는 의미입니다. 자신이 신이 되겠다는 것입니다.

이제 7장 5절을 이해할 준비가 되었습니다. 그리고 어떻게 율법이 죄된 본성과 짝을 이뤄 율법 자신이 정죄하던 바로 그 일을 자행하는지 이해할 준비가 되었습니다. 한 가지 예를 들겠습니다. 여러분이 "육신에 속한" 상당히 침착하고 여유 있고 안정된 사람(그리스도의 영이 없는 불신자)이라고 합시다. 그리고 율법은 "너를 저주하는 자를 축복하라"고 말한다고 가정해 봅시다. 여러분은 이 율법을 모르고 말해 주는 사람도 없고 또 대체적으로 여러분은 그렇게 행동하는 사람으로 보입니다. 남을 섣불리 공격하지 않습니다. 화평을 이루는 걸 좋아하고 쉽게 화를 내지 않습니다.

그러다 율법을 만납니다. 누군가 혹은 어떤 책(성경 같은)에서 "너를 저주하는 자를 축복하라"는 말을 듣습니다. 그러자 —스스로 통제하고 스스로 결정하던 때에는— 평화를 사랑하고 온순하던 사람이 갑자기 그 말에 반감을 드러냅니다. 그리고 조금 전까지 보이던 —화평을 위해 애쓰고 선한 말을 하던—행동과는 반대로 그 말을 거부합니다. 자기에게 권한이 있을 때에는 온순하게 행동했습니다. 그런데 누군가 혹은 어떤 책이 자신의 권한을 넘어 무엇이 옳고 무엇이 선한 것인지 말하자, 죄된 본성이 깨어나면서(말하자면 살아나서) 축복하기를 거부합니다.

따라서 율법이 오자 죄가 율법과 짝을 이루어 —율법 안에서 기회를 포착해, 율법으로 말미암아— 율법이 정죄하던 바로 그 일을 하게 됩니다. 율법이 요구하는 것에 적극적으로 불순종하도록 율법이 자극합니다. 이것이 로마서 7장 5절에서 일어난 일입니다. "우리가 육신에 있을 때에는[자신이 신이 되는 것을 좋아하고 할 일을 명령받는 것을 싫어할 때에는] 율법으로 말미암는 죄의 정욕이 우리 지체 중에 역사하여 우리로 사망을 위하여 열매를 맺게 하였더니."

지금까지 (선한) 율법이 어떻게, 자기 신격화를 하고 불순종하는 죄된 본성과 짝을 이루어 율법이 정죄한 그 일을 자행하는지 그래서 율법이 명령하는 바로 그것, 말하자면 사랑을 막는지 살펴보았습니다.

영의 새로운 것

따라서 바울은 사랑을 위해 우리가 율법에 대해, 로마서 13장 8절, 10절에 따르면 사랑으로 요약되는 율법에 대해 죽어야 한다고 말합니다(롬 7:4, 6). 율법과 관련해 죽어야 합니다. 이것이 죄를 더하게 하려는 육신과 율법의 치명적인 음모를 막을 바울의 해결책입니다. 우리는 "그리스도의 몸으로 말미암아"(7:4; 6:5) 죽어야 합니다. 그리스도를 믿는 믿음으로 그리스도와 함께 죽습니다. 갈라디아서 5장 24절은 "그리스도 예수의 사람들은 육체와 함께 그 정욕과 탐심을 십자가에 못 박았느니라"고 말합니다. 불순종하고, 반역하고, 자신을 신격화하고, 율법을 미워하던 우리 옛 자아는 그리스도와 함께 죽습니다. 그리고 새 생명 가운데 행하기 위해 우리는 다시 살아납니다(6:4). 그리고 이 새로움은 "율법 조문의 낡은 것이 아니라 영의 새로운 것"입니다(7:6).

이제 우리는 바울이 말하는 사랑을 할 준비가 되었습니다. 그리고 사랑은 온 율법을 성취합니다(13:8, 10).

그래서 다음 주에는 이 문제를 좀 더 실질적으로 다루어 보려고 합니다. 이렇게 질문해 보겠습니다. '좋습니다. 그러면 그리스도인의 삶은 율법 없이 어떻게 영위하는 거지요? 율법은 계속 읽어야 합니까? 신약에 나오는 명령들은 어떻게 합니까? "율법에 대해 죽은" 신자의 삶에 율법이 낄 자리가 있습니까?'

마지막으로 오늘 말씀을 어떻게 적용할지 살펴보겠습니다.

세 가지 간단한 적용

1. 그리스도와 그분의 영의 역사가 없다면 우리가 본성상 얼마나 고집스럽고 반항적인지 깨달아야 합니다. 우리 안에 아직도 부패함이 남아 있다는 점을 알아야 합니다. 선한 것을 들을 때 아직도 거부하고 반항하는 마음이 있음을 깨닫고 겸손해져야 합니다. 지난주에도 이에 대해 경험해 보지 않았습니까? 저에게도 이런 마음이 여전히 남아 있습니다. 세상에도, 제 가족 안에도, 가장 고통스럽게는 제 안에도 이런 마음이 있음을 봅니다. 똑똑히 보십시오. 분명히 알아야 합니다. 그리고 그 앞에서 겸손해지십시오.

2. 이 옛 본성에 대해 자신을 죽은 자로 여기십시오. 예, 우리는 분명 죄에 대해 죽었습니다. 하지만 스스로 죽었다고 여기는 것이 필

요합니다. 그리스도 안에서 우리는 죄에 대해 그분과 함께 죽었습니다. 하지만 이제 새로운 본성을 덧입었습니다. 그분 안에 있는 우리 모습대로 살 수 있게 되었습니다. 그리스도 안에 있는 모습으로 살아가십시오. 교만한 죄에 대해서는 죽고 겸손한 사랑에 대해서는 사십시오.

3. 사랑의 길을 걷다 넘어지고 실패할 때, 율법이 그 실패의 치료책이라 생각하지 마십시오. 하나님은 우리를 의롭다 여기시기 위해 율법을 만들지 않으셨고 우리를 성화시키기 위한 능력으로 율법을 만들지 않으셨습니다. 4절 말씀은 우리가 율법에 대해 죽었으므로 "다른 이 곧 죽은 자 가운데서 살아나신 이에게 간다"고 말합니다. 사랑하다 실패했을 때 율법이 답이 아닙니다. 그리스도가 답입니다. 부활하셨고, 살아계시며, 능력이 많으시고, 지금도 살아계시는 그리스도가 사랑에 대한 열쇠입니다. 그분을 아십시오. 그분을 신뢰하십시오. 그분을 사랑하십시오. 그분을 소중히 여기십시오. 아멘.

26장

예수 그리스도와 하나님의 율법

로마서 7:4-12

그러므로 내 형제들아 너희도 그리스도의 몸으로 말미암아 율법에 대하여 죽임을 당하였으니 이는 다른 이 곧 죽은 자 가운데서 살아나신 이에게 가서 우리가 하나님을 위하여 열매를 맺게 하려 함이라. 우리가 육신에 있을 때에는 율법으로 말미암는 죄의 정욕이 우리 지체 중에 역사하여 우리로 사망을 위하여 열매를 맺게 하였더니, 이제는 우리가 얽매였던 것에 대하여 죽었으므로 율법에서 벗어났으니 이러므로 우리가 영의 새로운 것으로 섬길 것이요 율법 조문의 묵은 것으로 아니할지니라. 그런즉 우리가 무슨 말을 하리요? 율법이 죄냐? 그럴 수 없느니라. 율법으로 말미암지 않고는 내가 죄를 알지 못하였으니 곧 율법이 탐내지 말라 하지 아니하였더라면 내가 탐심을 알지 못하였으리라. 그러나 죄가 기회를 타서 계명으로 말미암아 내 속에서 온갖 탐심을 이루었나니 이는 율법이 없으면 죄가 죽은 것임이라. 전에 율법을 깨닫지 못했을 때에는 내가 살았더니 계명이 이르매 죄는 살아나고 나는 죽었도다. 생명에 이르게 할 그 계명이 내게 대하여 도리어 사망에 이르게 하는 것이 되었도다. 죄가 기회를 타서 계명으로 말미암아 나를 속이고 그것으로 나를 죽였는지라. 이로 보건대 율법은 거룩하고 계명도 거룩하고 의로우며 선하도다. _롬 7:4-12

우리 교회는 거의 50년 동안 (이 건물 1층에 있는 유아실을 제외하고) 새로운 교육 공간을 건축하지 않았습니다. 지난 20년 사이 우리 교회는 어른 약 300명과 어린이 80명 정도의 규모에서 예배 출석 인원 약 2500명 규모로 성장했습니다. 지금은 부모님과 함께 주일학교에 출석하는 어린이가 800명, 중고등부 인원도 수백 명에 달합니다. (8번가 건너편 지하 공간을 세 얻고, 이 건물 1층을 유아실로 사용하면서) 1955년에 지어진 건물로 이 인원을 다 수용할 수 있다는 건 정말 놀라운 일입니다.

이렇게 성장하면서 우리 교회는 다음 세대를 길러내자는 비전을 품게 되었고 "환희를 위한 교육"(Education for Exultation)이라는 구체적인 목표를 세웠습니다. 그리고 20세기 마지막 10년은 환희를 위한 공간(예배)을 마련하는 것으로 시작했습니다. 이제 21세기를 시작하는 첫 10년은 교육을 위한 공간을 마련하는 것으로 시작해야 한다고 믿습니다. 물론 교육 자체가 최종 목표는 아닙니다. 단순 지식은 교만을 키울 뿐이니까요. 우리는 보다 큰 환희를 누리는 수단으로서의 교육을 꿈꿉니다. 그리고 그것은 우리 자신뿐 아니라 나라를 위한 것이기도 해야 합니다. 우리의 교육을 통해, 모든 일에서, 예수 그리스도로 말미암아, 최고의 하나님을 높이려는 견고하고 뿌리 깊고 사려 깊은 열정이 불타오르게 하는 것이 우리의 목표입니다.

환희를 위한 교육의 의미를 다음과 관련하여 요약해 보겠습니다.

1. 건물과 관련하여
2. 재정과 관련하여
3. 과정(절차)과 관련하여

4. 예수 그리스도와 하나님의 율법과 관련하여

1. 환희를 위한 교육이 건물 확장과 관련하여 어떤 의미가 있는가?

환희를 위한 교육을 도모하려고 8번가에 있는 옛 예배당 건물(더글라스 부지 근처에 있던 첫 건물이 화재로 불탔을 때 교회가 1885년에 구입했습니다.)을 헐고 그 터에 4층짜리 교육관을 짓자고 장로님들이 제안하고 교회가 승인한 것이 1년 조금 더 되었습니다. 더불어 그 건물 서쪽 옆으로 주차장 공간 일부를 사용해 규모가 큰 다목적 건물을 연결하여 지으려고 합니다. 지하는 청소년들을 위한 공간으로 쓰고 1층은 체육관과 소모임실, 식당, 소예배를 위한 공간 등으로 사용하자고 의견을 모았습니다.

이러한 건물 설계는 우리가 "양적 성장 없는 성장"(Growing without Growing)이라고 부르는 비전과 연결되어 있습니다. 사람들을 그리스도께로 이끌고, 새로 온 사람들이 그리스도의 몸으로 잘 섞이도록 돕는 일은 절대 멈출 수 없는 일이지만, 이 모든 일을 여기 이 건물에서만 해야 하는 것은 아닙니다. 그래서 우리는 "양적 성장 없는 성장"을 추구합니다. 즉, 새 예배당을 짓거나 예배를 더 늘리지 않겠다는 말입니다. 이 다목적 건물은 마치 인큐베이터와 같이 새로운 교회를 개척하고 일꾼들을 길러내 새로운 곳으로 파송하는 역할을 합니다. 이런 식으로 양적 성장 없이 성장하기를 소망합니다. 지금은 타이밍이 맞지 않아 임시방편으로 세 번 예배를 드릴 수밖에 없지만 말입니다.

2. 환희를 위한 교육이 재정과 관련하여 어떤 의미인가?

이 두 건물을 짓는 데 드는 비용은 현재 추산하기는 약 9백만 달러입니다. 모두가 인정하듯, 우리 능력을 넘어서는 금액이지요. 그래서 우리는 이것을 "기드온 사업"이라고 부릅니다. 기드온 군사 300명이 120,000명을 상대로 싸운 것처럼, 하나님의 기적적인 역사로만 가능한 일이기 때문입니다.

현재 이 교회 건물에 대한 빚은 1996년에 다 갚았습니다. 우리 교회는 빚이 없습니다. 장로님들은 다음 건물도 빚 없이 짓도록 하나님께서 인도하시라 믿습니다. 우리 계획은 이렇습니다. 먼저 9백만 달러를 채우기 위해 작정 헌금을 요청하고, 건축 시작하기 전에 반을 지불하고 건축 끝나고 나머지를 다 지불하려고 합니다. 9백만 달러가 다 작정되면 건물을 짓기 시작하겠습니다. 9백만 달러 작정이 다 채워질 때까지는 절대 현금을 요구하지 않겠습니다. 그리고 이러한 계획에 변경이 필요한 경우에는 온 교회의 허락을 받겠습니다. 첫 번째 목표는 지난 10월까지 모든 작정 헌금 신청을 끝내는 것이었습니다. 두 번째 목표는 오늘까지 작정 헌금을 신청을 끝내는 것입니다. 지금 현재 현금으로 들어온 것과 작정한 헌금을 합해 6백5십5만 달러가 모였습니다. (요청하지 않았는데도 현금으로 내신 분들이 있어서 그렇습니다.)

금요 철야 때 함께 네 시간 동안 기도했고, 오늘도 바라고 기도하기는 하나님께서 새로 작정하시는 분들을 통해 9백만 달러를 다 채워 주셨으면 합니다.

3. 환희를 위한 교육이 이 시점 이후로 어떤 절차를 거치는가?

이번 주에 새로 들어온 작정 헌금을 정리해서 월요일에 장로님들이 모여 어떻게 일을 진행할지 하나님께 여쭈려고 합니다. 그때 합의된 사항을 최대한 빨리 성도님들께 보고하겠습니다. 이 모든 일을 위해 월요일에 모여 하나님께 구할 때, 여러분 모두 금식하시면서 기도해 주시기 바랍니다. 계획에 어떤 중대한 변화가 필요할 경우에는 투표를 통해 결정하겠습니다. 여러분이 약속하신 작정 헌금 모두 소중한 것이기에 여러분도 이 모든 과정을 아셔야 하고 또한 기쁜 마음으로 교육의 미래를 기대하셔야 한다고 생각합니다.

4. 마지막으로, 이 환희를 위한 교육이 예수 그리스도와 하나님의 율법과 관련해서 어떤 의미가 있는가?

이를 위해 로마서 7장 7-12절을 보겠습니다. 바울은 율법을 옹호합니다. 7절입니다. "그런즉 우리가 무슨 말을 하리요? 율법이 죄냐? 그럴 수 없느니라!" 바울이 율법을 옹호하는 이유는, 로마서 수신자들 가운데 어떤 이들이 들으면 충격을 받을 만한 말을 율법에 대해 했기 때문입니다. 바울이 말한 핵심은 다음과 같습니다. "칭의 혹은 성화(의롭다 선포되거나 의로워지는 것)의 결정적인 수단이 율법이라고 여긴다면, 완전히 반대되는 결과를 얻게 됩니다."

- 율법은 죄로부터 의롭다 함을 얻게 하지 않습니다. 오히려 율법은 죄를 드러냅니다. 로마서 3장 20절은 "율법의 행위로 그의 앞에 의롭다 하심을 얻을 육체가 없나니 율법으로는 죄를 깨달음이니라"고 했습니

다. 율법을 칭의의 수단으로 삼으려고 하면, 오히려 율법은 정죄의 수단이 됩니다.

- 율법은 성화를 이루게도 하지 않습니다. 율법은 오히려 더 많은 죄를 일으킵니다. 로마서 7장 8절은 "그러나 죄가 기회를 타서 계명으로 말미암아 내 속에서 온갖 탐심을 이루었나니 이는 율법이 없으면 죄가 죽은 것임이라"고 말합니다.

율법은 죄를 드러내고 더 많은 죄를 일으킵니다. 그러므로 거룩하고 공의롭고 선한 하나님의 율법은 칭의 혹은 성화의 결정적인 수단이 아닙니다. 하나님과 화목하게 하는 첫째 되고 결정적인 방법은 율법이 아닙니다. 율법은 하나님을 위해 열매를 맺기 위한 첫째 되고 결정적인 방법이 아닙니다.

대신, 바울은 —충격적이게도— 하나님을 위해 열매를 맺으려면 우리가 율법에 대해 죽어야 한다고 말합니다. 로마서 7장 4절입니다. "그러므로 내 형제들아 너희도 그리스도의 몸으로 말미암아 율법에 대하여 죽임을 당하였으니 이는 다른 이 곧 죽은 자 가운데서 살아나신 이에게 가서 우리가 하나님을 위하여 열매를 맺게 하려 함이라." 하나님을 위해 열매를 맺으려면 율법에 대해 죽고 살아 계신 그리스도와 연합되어야 합니다. 또 로마서 7장 6절은 이렇게 전합니다. "이제는 우리가 얽매였던 것에 대하여 죽었으므로 율법에서 벗어났으니 이러므로 우리가 영의 새로운 것으로 섬길 것이요 율법 조문의 묵은 것으로 아니할지니라."

다른 말로 하면, 먼저 자격 없는 죄인으로서 하나님과 화목을 이루고 그런 다음 의롭다 함을 얻은 죄인으로서 하나님을 섬기고 하나님을 위해 열매 맺는 법을 배우는 것은, 부활하신 예수 그리스도의 영과 관계 있는 완전히 새로운 방식으로 얻어지는 것이지 율법 조문과 관계 있는(돌 위에 새겨진 율법) 옛 방식으로는 얻을 수 없다는 말을 바울은 하고 있습니다. 그리스도인이 되고 그리스도를 닮아가는 것은(칭의와 성화-선포와 변화) 율법을 결정적인 수단이나 매개물로 만들지 않는 방법으로 가능합니다.

그렇다면 어떻게 얻을 수 있습니까? 바울은 두 단계로 이에 대해 답합니다. 먼저 율법의 행위가 아닌 오직 믿음으로 칭의와 성화를 구해야 한다고 말합니다. 이것이 한 단계입니다. 그러고 나서 율법 조문의 옛 것이 아닌 영의 새로운 것으로 칭의와 성화를 구해야 한다고 말합니다. 이것이 또 다른 단계입니다. 칭의를 위해 율법에 대해 죽고 성화를 위해 율법에 대해 죽어야 합니다. 그리고 칭의와 성화의 수단으로 율법을 놓는 대신, 예수 그리스도를 믿는 믿음과 예수 그리스도의 영을 놓아야 합니다.

영의 새로운 것

누군가 이렇게 질문할 수 있습니다. "어떻게 이것이 새로운 것입니까? 영의 새로운 것이란 무엇입니까? 영은 구약에서도 활동하면서 사람들을 돕고 믿음을 갖게 하지 않았습니까?" 맞습니다. 영은 구약에도 있었습니다(시 51:11; 사 63:10). 하지만 차이가 있습니다. 구약의 영은 성육신한 신이자 인간이신 예수 그리스도의 영으로 알려지거나 경험되지 않았습니다. 대속물이자 중보자요, 구원자요, 주로서, 십자가에 달리시고 다시 사신 예수 그리스도의 영으로 알려지거나 경험되지 않았습니다. 그리고 이점이 중요한 이유는, 하나님의 목적은 성육신하시고 완전하고 죄를 담당하신 구원자 예수 그리스도를 영화롭게 하는 방법으로 당신의 백성들을 구원하시는 것이기 때문입니다.

그러므로 율법의 기능은 예수 그리스도가 역사에 등장하시기 전에, 먼저 칭의와 성화에 뛰어들어 그리스도의 사역 혹은 그리스도의 영광을 선수 치는 것이 아니었습니다. 오히려 예수 그리스도가 역사에 등장하셨을 때, 칭의와 성화가 그리스도의 사역과 그리스도의 영광을 통해서만 가능하다는 사실을 가리키는 것이 율법의 기능이었습니다. 바울은 갈라디아서 2장 21절에서 말합니다. "만일 의롭게 되는 것이 율법으로 말미암으면 그리스도께서 헛되이 죽으셨느니라." 율법의 목적은 '의롭게 하는 것'이 아니었습니다. 바울은 로마서 10장 4절에서 "율법의 목적은 그리스도가 믿는 모든 자들에게 의가 되시도록 하는 것"(저자가 풀어서 표현함 — 옮긴이)이라고 말합니다. 또는 갈라디아서 3장 21-22절에서 바울은 "만일 능히 살게 하는 율법을 주셨더라면 의가 반드시 율법으로 말미암았으리라. 그러나 성경이 모든 것을 죄 아래에 가두었으니 이는 예수 그리스도를 믿음으로 말미암는 [의의] 약속을 믿는 자들에게 주려 함이라"고 말합니다.

예수 그리스도를 영화롭게 하기

성육신하시고, 완전하시고, 십자가에 못 박히시고, 죄의 대속물이 되시고, 다시 살아나시고 영광을 받으신 예수 그리스도가 우리 칭의와 성화를 위한 중심이 되시고 영광이 되시는 것이 하나님의 목적입니다.

따라서 하나님의 영이 구약 시대에 일했던 것은 맞습니다. 하지만 예수 그리스도의 영으로 알려지거나 경험되지는 않았습니다. 그리고 하나님의 목적은 예수 그리스도가 칭의와 성화의 중심이자 기반으로 높임을 받으시는 것입니다. 구약에서 신분을 감추고 있는 예수 그리스도가 아니라, 십자가에 달리시고 부활하시고 알려지시고 신뢰 받으시고 보화로 여겨지시는 예수 그리스도입니다.

바울이 여기서 "율법 조문의 옛 것"이 아니라 "영의 새로운 것"으로 섬긴다고 말한 것은 그리스도의 영으로서 우리에게 나타난 영을 새롭게 갖게 되었다는 의미입니다. 이런 요지를 명확히 보여 주는 말씀이 있습니다. 고린도후서 3장 17-18절입니다. "주는 영이시니 주의 영이 계신 곳에는 자유가 있느니라. 우리가 다 수건을 벗은 얼굴로 거울을 보는 것 같이 주의 영광을 보매 그와 같은 형상으로 변화하여 영광에서 영광에 이르니 곧 주의 영으로 말미암음이니라."

이것이 율법의 목표입니다. 즉 우리가 예수 그리스도의 영광을 보고, 예수 그리스도를 우리 칭의와 성화의 중심이자 기반으로 알게 하는 것입니다. (우리에게 완전한 의와 희생을 제공하신다는 점에서) 기반이자 (우리에게 모든 만족을 주시는 믿음의 대상이라는 점에서) 중심일 뿐만 아니라, 예수 그리스도 그분을 맛보아 알도록(이것은 주의 영이 하시는 일입니다) 수건을 벗겨 주는 수단이 되는 것입니다.

이것이 율법의 목표이고, 이것이 복음의 목표이자 정수이고, 이것이 환희를 위한 교육의 목표입니다. 어린아이, 청소년, 어른 할 것 없이 말씀을 공부하는 모든 사람이 이 말씀 공부를 통해 하나님을 위한 열매를 맺을 뿐 아니라 살아 계신 예수 그리스도를 삶으로 드러내게 하는 것이 우리 교육의 목표입니다.

이것이 우리 삶의 목표이자 우리가 드리는 헌금의 목표가 아니라면 우리는 돈을 한 푼도 낼 필요가 없습니다. 하지만 이것이 우리의 목표라면, 온힘을 다해 그리스도가 우리와 우리 자녀의 신뢰를 받으시기 합당한 분임을 알려야 합니다. 아멘.

27장

죄를 아는 것이 중요하다

로마서 7:7-12

그런즉 우리가 무슨 말을 하리요? 율법이 죄냐? 그럴 수 없느니라. 율법으로 말미암지 않고는 내가 죄를 알지 못하였으니 곧 율법이 탐내지 말라 하지 아니하였더라면 내가 탐심을 알지 못하였으리라. 그러나 죄가 기회를 타서 계명으로 말미암아 내 속에서 온갖 탐심을 이루었나니 이는 율법이 없으면 죄가 죽은 것임이라. 전에 율법을 깨닫지 못했을 때에는 내가 살았더니 계명이 이르매 죄는 살아나고 나는 죽었도다. 생명에 이르게 할 그 계명이 내게 대하여 도리어 사망에 이르게 하는 것이 되었도다. 죄가 기회를 타서 계명으로 말미암아 나를 속이고 그것으로 나를 죽였는지라. 이로 보건대 율법은 거룩하고 계명도 거룩하고 의로우며 선하도다. _롬 7:7-12

율법이 있다!

율법의 일이 아닌 오직 믿음으로 죄인들을 의롭다 하시기에 하나님은 영광스러울 정도로 의로우시다는 것이 지금까지 살펴본 로마서의 요지입니다. 로마서 4장 5절은 "일을 아니할지라도 경건하지 아니한 자를 의롭다 하시는 이를 믿는 자에게는 그의 믿음을 의로 여기시나니"라고 말합니다. 어떻게 이것이 가능합니까? 단순히 자기 자신이 아닌 그리스도를 바라보고 그분을 신뢰하는 불의한 자들을 어떻게 하나님이 의롭다 선언하실 수 있습니까? 어떻게 하나님이 죄인들을 향해 죄 없다 하실 수 있습니까?

성경에서 제일 중요한 구절 중 하나인 로마서 3장 24-26절에 그 답이 나옵니다. 하나님께서는 당신의 아들 예수 그리스도를 우리 대신 죽게 내어주셔서 "자기도 의로우시며 또한 예수 믿는 자를 의롭다 하셨습니다." 지금까지 다룬 로마서의 요지는 다음과 같습니다. 십자가에 달리신 예수님은 죄를 대신 지신 구원자이시고, 그분을 믿는 우리는 의롭다 함을 받고, 그리스도를 보내신 하나님은 의로우십니다. 이것이 바로 영광스러운 그리스도의 복음입니다.

그런데 이 복음 저변에 거대한 전제가 하나 깔려 있습니다. 율법이 있다는 전제입니다. 우주의 창조주는 그분의 뜻을 드러내셨습니다. 그것이 율법입니다. 그 법이 제대로 준행되지 않으면 실제로 죄인이 되고 정죄를 받고 심판을 받습니다. 이 세상에 (하나님의 뜻이 드러난) 율법이 존재한다는 사실로 인해, 율법 파기에는 죄책이 따르고, 율법 준수에는 의가 따르며, 법정과 재판관뿐 아니라 칭의와 정죄 판결이 내려진다는 기초가 놓였습니다. 이 모든 위대한 것들이 율법이 있다는 전제 위에 있습니다.

따라서 바울이 법을 어기는 자들이 있고 유죄판결이 있고, 법정이 있고 재판관이 있고, 죄를 대신 지는 대속물이 있고, 믿음이 있고, 율법의 행위가 아닌 오직 믿음으로 받는 칭의가 있다고 선포할 때, 그 밑에 깔린 위대한 전제는 바로 율법입니다.

율법이 없으면 율법을 어기는 것도 없습니다. 율법을 어기는 것이 없으면 유죄판결도 없습니다. 유죄판결이 없으면 법정도 없습니다. 법정이 없으면 재판관도 없습니다. 재판관이 없으면 칭의도 없고 성육신이나 십자가도 필요 없어집니다. 구속의 모든 실체와 모든 영광은 율법의 존재와 탁월성에 달려 있습니다.

바울이 율법에 대해 말하는 충격적인 방식

제가 이것을 강조하는 이유는 바울이 율법에 대해 부정적인 내용을 많이 언급했다는 사실을 분명히 하기 위해서입니다. 놀랍습니다. 너무 놀라워 떨리기까지 합니다. 하나님의 율법에 대해 바울처럼 말하는 것은 정말 충격입니다. 몇 가지 예를 들어 보겠습니다.

- 로마서 3:20: "그러므로 율법의 행위로 그의 앞에 의롭다 하심을 얻을 육체가 없나니 율법으로는 죄를 깨달음이니라."
- 로마서 3:21: "이제는 율법 외에 하나님의 한 의가 나타났으니 율법과 선지자들에게 증거를 받은 것이라."
- 로마서 3:28: "그러므로 사람이 의롭다 하심을 얻는 것은 율법의 행위에 있지 않고 믿음으로 되는 줄 우리가 인정하노라."
- 로마서 4:13-14: "아브라함이나 … 언약은 율법으로 말미암은 것이 아니요 오직 믿음의 의로 말미암은 것이니라. 만일 율법에 속한 자들이 상속자이면 믿음은 헛것이 되고 약속은 파기되었느니라."
- 로마서 5:20: "율법이 들어온 것은 범죄를 더하게 하려 함이라."
- 로마서 6:14: "죄가 너희를 주장하지 못하리니 이는 너희가 법 아래에

있지 아니하고 은혜 아래에 있음이라." 점점 강도가 세집니다.

- 로마서 7:4: "그러므로 내 형제들아 너희도 그리스도의 몸으로 말미암아 율법에 대하여 죽임을 당하였으니 이는 다른 이 곧 죽은 자 가운데서 살아나신 이에게 가서 우리가 하나님을 위하여 열매를 맺게 하려 함이라." 다른 말로 하면, (그리고 두렵고 떨리는 말로 이 말을 해야 하는데) 율법은 우리가 그리스도와 결혼하지 못하도록 가로막습니다. 율법에 대하여 죽는 방법으로만 우리는 율법에서 벗어나 그리스도에게 속할 수 있습니다. 그리고 더 있습니다.
- 로마서 7:5: "우리가 육신에 있을 때에는 율법으로 말미암는 죄의 정욕이 우리 지체 중에 역사하여 우리로 사망을 위하여 열매를 맺게 하였더니." 율법은 죄를 불러일으키고 죄와 연합되게 해서 죽음을 초래합니다. 그리고 마지막으로,
- 로마서 7:6: "이제는 우리가 얽매였던 것에 대하여 죽었으므로 율법에서 벗어났으니 이러므로 우리가 영의 새로운 것으로 섬길 것이요 율법 조문의 묵은 것으로 아니할지니라." 율법은 영으로 사는 삶을 방해합니다. 그래서 영의 새로운 것으로 섬기려면 율법에서 반드시 벗어나야 합니다.

일개 사람의 입에서, 그것도 영감을 받았다는 사람에게서 이런 말이 나왔다는 것은 정말 놀라운 일입니다. 제가 이렇게 많은 사례를 열거하는 이유는, 오늘 본문을 시작하는 첫 구절의 질문이 얼마나 긴급하고 중요한지 보여드리기 위해서입니다. 로마서 7장 7절입니다. "우리가 무슨 말을 하리요? 율법이 죄냐?" 구약에는 하나님의

율법을 사랑한 성도들이 있었음을 우리 모두가 알고 있습니다. 시편 119편 97절입니다. "내가 주의 법을 어찌 그리 사랑하는지요! 내가 그것을 종일 작은 소리로 읊조리나이다." 시편 1편 2절입니다. "오직 여호와의 율법을 즐거워하여 그의 율법을 주야로 묵상하는도다." 이런 겸손한 성도들의 귀에 바울의 말은 정말 터무니없는 비난으로 들렸을 것입니다.

바울에게 이것이 문제가 될까요? 사람들이 율법에 대해 어떻게 생각하는지 바울이 신경 쓸까요? 당연합니다. 심각한 문제가 됩니다. 그래서 몇 주에 걸쳐 우리도 이 문제를 다루고 있습니다. 우리가 율법에 대해 어떻게 생각하는지, 또 율법으로 무엇을 하는지에 대한 것은 바울에게 중요한 일입니다. 정말로 중요합니다. 그래서 오늘, 바울의 질문에 답하면서 시작하려 합니다.

율법은 거룩하고 의롭고 선하다

바울의 대답은 7절에 곧바로 나옵니다. "우리가 무슨 말을 하리요? 율법이 죄냐?" 답은 "그럴 수 없느니라!"입니다. "결코 그렇지 않다"는 것입니다. 율법은 죄가 아닙니다. 그 질문에 대한 바울의 부정적인 답변입니다. 하지만 바울은 12절에 가서 이보다 센 어조로 긍정의 답변을 합니다. "이로 보건대 율법은 거룩하고 계명도 거룩하고 의로우며 선하도다." 바울이 얼마나 힘주어 말하는지 누구라도 알 수 있습니다. 그렇습니다. 율법은 죄가 아닐 뿐 아니라 거룩하고 의로우며 선하기까지 합니다.

바울이 "의롭다"와 "선하다"는 표현을 함께 사용한 경우는 로마서에서 한 군데 더 나오는데, 로마서 5장 7절입니다. "'의인'을 위하여 죽는 자가 쉽지 않고 '선인'을 위하여 용감히 죽는 자가 혹 있거니와" 이 말은, 단지 의로운(공의로운) 사람으로 여겨진다고 해도 그 사실 때문에 누군가가 그를 대신해 죽을 수 있을 만큼 존경을 받게 된다는 의미입니다. 그런데 어떤 사람이 단지 의롭다는 것 말고 선하다는 평가를 받는다면, 그것은 누군가가 그를 대신해 자기를 희생하는 일이 보다 쉬울 수 있다는 말입니다. "공의" 혹은 "의"는 옳고 마땅한 것에 초점이 있어 보입니다. "선함"은 도움을 주고 싶고, 하고 싶어하는 것에 초점이 있어 보입니다. 이 둘은 서로 충돌하지 않습니다. 하지만 이 둘은 무엇인가를 인식하고 행하는 방식에 있어 서로 다릅니다.

따라서 율법이 거룩하고 의롭고 선하다고 바울이 말할 때, 율법은 무엇이 옳고 정의로운가에 대한 엄격한 기준일 뿐만 아니라 더불어 도움이 되는 것이기도 하다는 의미입니다. 율법은 바름의 문제뿐만 아니라 관심의 문제도 관할합니다.

이제 율법이 거룩하고 의롭고 선하다고 변론하는 바울의 말을 들어봅시다. 7절 중반부터 11절 끝까지는 바울이 율법을 변론하는(비록 부정적 표현이긴 하지만) 내용입니다.

바울은 7절 중간에서 이렇게 시작합니다. "그럴 수 없느니라. 율법으로 말미암지 않고는 내가 죄를 알지 못하였으니 곧 율법이 탐내지 말라 하지 아니하였더라면 내가 탐심을 알지 못하였으리라."

죄를 알라

바울이 율법을 변호하는 본문에서 첫 번째로 보는 내용은 '우리가 죄를 알아야 한다'는 것입니다. 우리 죄를 아는 것은 중요합니다. 우리 죄를 아는 것은 우리에게 유익하고 선한 일입니다. 바울도 이 사실을 전제로 하고 있습니다. 율법이 죄가 아니며 거룩하고 의롭고 선하다는 자신의 주장을 변호하기 위해 바울은 이렇게 말합니다. "율법은 죄가 아닙니다. 왜냐하면 율법이 없었으면 우리는 죄를 몰랐을 것이기 때문입니다." 우리가 우리 죄에 대해 아는 것이 선하고, 옳고, 유익하고, 중요한 일이 아니라면 이것은 논쟁거리가 되지 않았을 것입니다. "우리가 우리 죄를 아는지 누가 신경이나 쓰겠어!"라고 말할지 모릅니다. 하지만 바울은 큰 관심을 기울이고 있습니다. 하나님도 마찬가지십니다. 저 또한 그렇습니다.

우리 죄를 모른다는 것은 얼마나 위험한 일인지요! 자신의 죄를 알아 애통해하지 않는 것은 얼마나 슬픈 일인지요! 자신의 죄를 알고 고통스러워하지 않는 영혼이나 결혼생활이나 가족이나 교회나 세상에는 얼마나 큰 고통이 찾아오는지요! 자신의 죄를 알아 철저히 무너지는 경험을 하지 못한 사람은 얼마나 크게 자멸하고 마는지요! 자신의 죄를 알아 자신감을 잃어보지 않은 사람은 영원히 잃어버린 자가 됩니다.

우리에게 일말의 소망, 믿음, 기쁨, 평강, 사랑이 있다면, 그것은 우리 죄를 아는 데서 나옵니다. 그러니 우리 죄를 알아야 합니다!

우리에게 죄가 있다는 사실을 지금 여기에서도 확실히 알게 하는 증거가 있습니다. 우리 가운데 지금 저의 말을 들으면서 죄를 가지고 실험해 보라는 말로 곡해하는 분들이 있다는 것입니다. '아, 목사님이 죄를 저질러 보라고 말씀하시는 구나. 포르노도 조금 보고, 간음,

거짓말, 도둑질, 욕도 좀 해보라는 말씀이구나.' 제가 이런 뜻으로 말한 것이 아님을 여러분은 압니다. 하지만 죄는 늘 자기가 원하는 것을 이루기 위해 우리 마음을 이용합니다. 우리 마음을 사로잡아서는 그럴 듯해 보이지만 너무나 어리석은 생각을 하게 만듭니다. 죄란 얼마나 미묘하고 기만적인지요!

누가 죄의 온전한 능력을 이해하는가?

죄의 능력을 알기 위해 실생활에서 특정한 죄를 실험해 볼 필요가 있을까요? 그렇지 않습니다. 이런 식으로 생각해 보십시오. 누군가 이렇게 말합니다. "성욕에 굴복하거나 그런 욕망을 경험해 본 적 없는 사람이 어떻게 성욕이라는 유혹의 힘(예를 들어 인터넷 노출 사진을 보라는 유혹)을 정말로 알 수 있습니까?" 한 가지 예화로 답해 보겠습니다. 세 사람이 있습니다.(상황에 따라 필요하면 여자로 바꿔도 좋습니다) 그리고 세 사람 모두 음란과 죄라는 구덩이 옆에 서 있습니다. 각 사람의 허리에는 밧줄이 묶여 있고, 그 밧줄은 구덩이로 연결되어 있습니다. 이 가는 밧줄은 100파운드까지 견딜 수 있습니다.

첫 번째 사람이 구덩이로 끌려들어가기 시작합니다. 보기에는 재미있어 보이지만 위험하다는 걸 그 사람은 압니다. 5파운드, 10파운드, 15파운드로 힘이 가해집니다. 그 사람은 저항하며 맞섭니다. 20파운드, 25파운드로 세집니다. 그 사람은 온 힘을 다해 발로 버팁니다. 30파운드, 35파운드가 되자 밧줄이 팽팽해집니다. 그러자 그 사람은 저항을 멈추고 구덩이로 뛰어듭니다. 마우스 버튼을 눌러버립니다.

두 번째 사람이 구덩이로 끌려들어가기 시작합니다. 5파운드, 10파운드, 15파운드 힘이 가해집니다. 그 사람은 저항하며 맞섭니다. 20파운드, 25파운드. 발로 버팁니다. 30파운드, 35파운드가 되고 밧줄이 팽팽해집니다. 그 사람은 안돼!라고 외치며 계속 저항합니다. 40파운드, 45파운드, 50파운드, 55파운드. 묶인 밧줄이 그 사람의 허리를 더 강하게 조여오자 숨도 쉬기 힘들고 고통이 느껴집니다. 60파운드가 되자 그 사람은 저항을 멈추고 구덩이로 뛰어듭니다. 클릭.

세 번째 사람이 구덩이로 끌려들어가기 시작합니다. 5, 10, 15, 20, 25 파운드의 압력이 가해집니다. 그 사람은 저항하며 맞섭니다. 30, 35, 40이 되자 밧줄이 팽팽해집니다. 그 사람은 안돼!라고 외치며 맞섭니다. 50파운드, 60파운드. 밧줄이 허리를 강하게 조이자 숨도 쉬기 힘들고 아프기 시작합니다. 70파운드가 되자 발이 구덩이 쪽으로 미끄러지기 시작합니다. 그 사람은 도와달라고 비명을 지르며 손을 뻗어 나뭇가지(십자가처럼 생긴)를 잡습니다. 저 멀리 아내가 열심히 일하며 자신을 신뢰하는 모습이 보입니다. 자식들이 뛰어놀며 마음으로 자신을 존경하는 모습이 보입니다. 그리고 이 모든 것을 뛰어넘어, 옆구리에 깊은 상처를 입은 예수 그리스도가 옆에 서서 두 손을 들고 주먹을 불끈 쥔 채 웃고 계신 모습이 보입니다. 이 모습에 마음이 뜨거워진 세 번째 사람은 힘을 다해 버팁니다. 75파운드, 80파운드, 85파운드. 밧줄이 그의 옆구리에 상처를 내면서 찌르는 듯한 고통이 몰려옵니다. 90파운드, 95파운드. 눈물이 주체할 수 없이 흐릅니다. 100파운드. 밧줄이 끊어집니다. 클릭하지 않습니다.

질문: 이 세 사람 중에서 누가 유혹의 온전한 힘을 압니까?

제가 욕망이라는 주제로 설교를 하고 있었다면 아마도 이렇게 말했을 것입니다. "오늘 이곳에 모인 분들 가운데 유혹과 싸워보신 군사가 있습니까? 여기 계신 분 중에 옷에 피가 묻고 옆구리에 상처가 나는 경험을 해본 분 있습니까? 여러분은 유혹의 힘을 아십니까? 아니면 그 힘을 다 경험하기도 전에 그냥 뛰어드십니까?"

하지만 이 설교는 욕망에 대한 설교가 아닙니다. 지금 제가 하려는 일은, 죄를 가장 잘 알기 위해 유혹에 빠져보고 죄를 실험해 보고 구덩이에 빠져 맛보아야 한다고 말하는 사람들에게 답하는 것입니다. 그 말은 사실이 아닙니다.

지금까지 7절을 통해 한 가지 요지를 살펴보았습니다. 오늘 전하고자 한 요지인데, 우리 죄에 대해 아는 것이 중요하다는 것입니다. 자신의 죄를 알아야 합니다! 이것이 율법을 위한 바울의 첫 번째 변론입니다. 바울은 율법이 죄가 아니라고 말합니다. 오히려 율법은 우리가 우리 죄를 알도록 도와 줍니다. 그리고 이 지식은 거룩한 것입니다. 내 죄를 아는 것은 의로운 일입니다. 내 죄를 알고 내가 죄인임을 아는 것은 선한 일입니다. 소중한 일입니다. 관심을 쏟으며 사랑하는 일입니다. 이것이 오늘 아침 설교의 요지입니다.

우리 죄가 용서받았음을 아는 기쁨

하지만 왜 그렇습니까? 왜 이것이 선한 일입니까? 그리고 왜 소중합니까? 내 죄(sins가 아니라 sin)를 알 때 느끼는 슬픔, 고통, 상실감, 자멸

감, 수치심이 어떤 면에서 귀하고 선합니까? 그리고 왜 7절에서 바울은 특별히 탐심(욕망)에 초점을 맞춥니까? 그것이 우리 자신에 대해 그리고 우리 마음 상태에 대해 말해 주는 것은 무엇입니까?

이에 대해서는 다음 주에 보겠습니다. 그리고 이것이 종려주일에 적당한 주제인지 의아하다면 다음을 기억하십시오. 주일날 종려가지를 흔들었던 사람들 일부는 금요일에 "그를 십자가에 못 박아라!"고 외쳤습니다. 그것을 아셔야 합니다. 모든 이야기는 우리를 위해 주어졌습니다. 왜냐하면 그 모습이 우리 모습이기 때문입니다. 그리고 그것이 죄입니다. 다시 말씀드립니다. "우리 죄를 아는 고통을 맛보지 않는 것이야 말로 얼마나 고통스러운지요!" 그리고 (다음 주에 보겠지만) 우리 죄가 용서받았다는 것을 알 때 누리는 기쁨은 얼마나 큰지요! 자신의 죄를 아는 고통을 쉽게 넘어가려 한다면(그것이 죄입니다!), 예수님을 소중히 여기는 사람들이 경험하는 즐거움을 알지 못할 것입니다. 예수님을 전혀 소중히 여기지 않게 될 것입니다. 사실 이렇게 의아해 할 것입니다. "사람들은 왜 예수님에 대해 '소중하다'는 표현을 쓸까?" 이런 분들은 오셔서 함께 그 이유를 발견하시기 바랍니다.

28장

어떻게 죄를 알게 되는가

로마서 7:7-12

그런즉 우리가 무슨 말을 하리요? 율법이 죄냐? 그럴 수 없느니라. 율법으로 말미암지 않고는 내가 죄를 알지 못하였으니 곧 율법이 탐내지 말라 하지 아니하였더라면 내가 탐심을 알지 못하였으리라. 그러나 죄가 기회를 타서 계명으로 말미암아 내 속에서 온갖 탐심을 이루었나니 이는 율법이 없으면 죄가 죽은 것임이라. 전에 율법을 깨닫지 못했을 때에는 내가 살았더니 계명이 이르매 죄는 살아나고 나는 죽었도다. 생명에 이르게 할 그 계명이 내게 대하여 도리어 사망에 이르게 하는 것이 되었도다. 죄가 기회를 타서 계명으로 말미암아 나를 속이고 그것으로 나를 죽였는지라. 이로 보건대 율법은 거룩하고 계명도 거룩하고 의로우며 선하도다. _롬 7:7-12

로마서와 종려주일

종려주일은 예수님이 돌아가실 때가 가까워 예루살렘에 들어가시던 때를 기념하는 날입니다. 그날에 예루살렘으로 입성하시는 예수님을 향해 사람들은 종려가지를 흔들었고 아이들은 "호산나[구원하소서]! 다윗의 자손이여! 찬송하리로다. 주의 이름으로 오시는 이여"

라고 소리쳤습니다. 하지만 예루살렘으로의 이런 승리의 입성은 무엇보다 예수님이 예루살렘에 들어오시는 이유에서 가장 중요한 의미를 찾을 수 있습니다. 말하자면 예수님은 죽임 당하시기 위해 들어오셨습니다. 마가복음 10장 33-34절은 말합니다. "보라 우리가 예루살렘에 올라가노니 인자가 대제사장들과 서기관들에게 넘겨지매 그들이 죽이기로 결의하고 이방인들에게 넘겨 주겠고 그들은 능욕하며 침 뱉으며 채찍질하고 죽일 것이나 그는 삼 일 만에 살아나리라 하시니라."

이것이 예수님이 예루살렘 들어오시는 이유입니다. 누가복음 13장 33절은 이렇게 말합니다. "오늘과 내일과 모레는 내가 갈 길을 가야 하리니 선지자가 예루살렘 밖에서는 죽는 법이 없느니라." 종려주일은 예수님이 자청하여 죽으시는 것에 모든 초점이 맞춰져 있습니다. 예수님은 죽으러 오셨습니다. 예수님은 죽기로 계획하셨습니다. 예수님은 죽고자 작정하셨습니다. 왜 죽기로 작정하셨습니까? 마가복음 10장 45절에서 예수님은 이렇게 말씀하십니다. "인자가 온 것은 섬김을 받으려 함이 아니라 도리어 섬기려 하고 자기 목숨을 많은 사람의 대속물로 주려 함이니라." 예수님은 자신의 목숨을 대속물로 주기 위해 왔다고 말씀하셨습니다. 즉, 죄와 죽음과 지옥에 묶여 있는 우리를 속박에서 풀어주시고자 예수님은 자신의 목숨을 우리를 위한 대속물로 지불하십니다.

이것은 로마서가 말하는 내용이기도 합니다. 왜 우리에게 대속물이 필요한지, 왜 그 대속물이 하나님의 아들 예수 그리스도여야 하는지, 어떻게 예수님의 삶과 죽음이 하나님의 의로우심을 나타내는지 그리고 어떻게 성령을 통해 죄책과 죄의 능력에서 우리를 자유롭게 하는지 말해 줍니다. 그래서 로마서는 종려주일의 의미와 왜 예수님이 예루살렘에 오셨는지에 대한 해설서라 할 수 있습니다.

로마서 5장에 이르기까지, 바울은 경건치 않은 자들이 율법의 행위가 아닌 오직 믿음을 통해 은혜로 의롭다 함을 받는 것에 대해 논증합니다. 다른 말로 하면, 그리스도께서 하나님의 종으로서 순종하여 고난 받으신 일 때문에, 죄인들이 율법의 행위가 아닌 오직 믿음을 통해 은혜로 하나님과 평화를 누리게 되었음을 보여 줍니다. 로마서 4장 5절입니다. "일을 아니할지라도 경건하지 아니한 자를 의롭다 하시는 이를 믿는 자에게는 그의 믿음을 의로 여기시나니."

그리고 5장 마지막에 이르러, 바울은 은혜와 율법에 대해 발언한 내용과 관련해 몇몇 청중들과 갈등을 겪습니다. 경건치 않은 자들이 '은혜'로 의롭다 함을 얻는다고 말한 것으로 인해 그가 마치 죄를 용인하고 무법을 초래한다는 오해를 받습니다. 또 율법 준수는 칭의를 얻는 데 필요하지 않으며 이는 율법이 죄와 손잡고 율법의 요구를 스스로 무효화시키기 때문이라는 식으로 말해서 '율법'에 대해서도 오해가 생깁니다.

그래서 6장에서(6:1-7:6) 바울은 은혜를 변론합니다. 그리고 7장(7:7-25)에서는 율법을 변론합니다.

은혜: 죄와 벌이는 평생 싸움의 토대

바울은 어떻게 은혜를 변호합니까? 오직 믿음을 통해 은혜로 의롭다 함을 받는다면, "은혜가 더하도록 죄를 짓자"(6:1)거나 "율법 아래 있지 않고 은혜 아래 있으니 죄를 짓자"(6:15)고 말해도 되는 것 아니냐는 반론이 있었습니다. 이에 대해 바울은 6장에서 이렇게 대답합니다. "그렇지 않습니다. 믿음을 통해 은혜로 받는 칭의는 더 많은 죄를 짓게 하지 않습니다. 그와 반대로, 죄와의 싸움을 치를 수 있는 유일하고 확실한 본거지가 됩니다."

우리 삶에 남아 있는 죄의 요새에 폭탄을 투하하러 비행하는 모든 폭격기들은 오직 '이신칭의'라는 활주로에서 이륙합니다. 다가올 유혹의 공격에 대비해 우리가 쏘아 올린 미사일들은 '오직 믿음으로 얻는 칭의'라는 기지에서 발사됩니다. (삶에 남아 있는 모든 부패와의 전쟁을 지휘하는) '성화 작전'(operation sanctification)이라 불리는 평생에 걸친 전쟁은 오직 '이신칭의'라는 안전한 난공불락의 전초기지에서 나오는 성령이라는 물자 보급로에 의해 유지됩니다. 이 공격은 난공불락의 전초기지가 있기에 성공하는 작전이 '될' 것입니다.

다른 말로 하면, 바울은 6장에서, 오직 믿음을 통해 은혜로 얻은 칭의는 죄가 늘어나는 삶으로 이끌지 않을 뿐 아니라 오히려 우리 삶에서 벌어지는 평생에 걸친 죄와의 싸움을 위한 안전한 난공불락의 전초기지가 된다고 말하면서 은혜를 변호합니다. 결론적으로 은혜에 대한 바울의 변호는, 죄가 우리를 지배하지 못한다는 것입니다.

율법은 죄를 드러낸다

그렇다면 율법에 대한 바울의 변호는 무엇입니까? 하나님과 화목을 이루기 위해 율법을 지켜야 할 필요가 없고(오직 믿음을 통해 이루어지므로) 율법은 죄를 일으킬 뿐 오히려 죄와 짝하여 자신의 요구를 무효화한다(5:20; 7:5)고 말해서, 바울이 율법을 죄로 만들었다는 비판이 있었습니다. 이에 대한 바울의 변론은 로마서 7장 7절에서 시작되는데, 지난주에 이미 이 부분을 시작했습니다.

지난주 7장 7절에서 다룬 관점 한 가지는, 우리 죄에 대해 아는 것이 중요하고 선하며, 죄를 알기 위해 굳이 죄와 손잡고 실험해 볼 필요는 없다는 것이었습니다.

오늘은 로마서 7장 7-8절을 살펴보면서 율법에 대한 바울의 변호를 더 깊이 이해해 보려 합니다. 다음 구절을 함께 읽겠습니다. "그런즉 우리가 무슨 말을 하리요? 율법이 죄냐? 그럴 수 없느니라. 율법으로 말미암지 않고는 내가 죄를 알지 못하였으니 곧 율법이 탐내지 말라 하지 아니하였더라면 내가 탐심을 알지 못하였으리라. 그러나 죄가 기회를 타서 계명으로 말미암아 내 속에서 온갖 탐심을 이루었나니 이는 율법이 없으면 죄가 죽은 것임이라."

여기서 율법은 우리에게 죄를 알게 하기 때문에 죄가 아니라는 것이 바울의 주장입니다. 율법은 죄를 죄로 드러냅니다. 그 과정에서, 죄가 그 이전보다(드러나기 이전보다) 더 활활 불타오를 수도 있지만(그것이 8절이 말하는 바입니다) 그렇다고 죄를 드러낸 것이 죄가 되지 않습니다.

죄와 싸워 극복하도록 누군가를 도운 적 있는 분들은 이런 경험을 다 하셨을 것입니다. 아끼는 사람들의 삶에서 죄를 볼 때가 있습니다. 이때 갈라디아서 6장 1절 말씀처럼 우리 자신에게도 죄가 있음을 인정하며 겸손해져야 합니다. 예수님의 말씀대로(마 7:3-5) 우리 눈에서 들보를 먼저 빼야 합니다. 그러고 나서 많이 기도한 후에 온유한 마음으로 아끼는 사람에게 가서 이 죄에 대해 말해야 합니다. 가끔은 우리가 아끼는 사람이 극복하도록 돕고 싶은 그 죄가 더 심하게 타오르고 그래서 우리는 죄가 더하도록 조장했다는 비난을 받는 경우도 있습니다. 그러면 부당하게 비난받는 느낌이 듭니다.

율법이 바로 그렇습니다. 율법이 죄를 죄로 드러내자 죄가 더 타올라서, 오히려 율법이 부당하게 비난을 받는다고 바울은 말합니다. 율법은 죄악 되다고 비난받거나 고소당해서는 안 됩니다. 8절은 말합니다. "죄가 기회를 타서 계명으로 말미암아 내 속에서 온갖 탐심을 이루었나니 이는 율법이 없으면 죄가 죽은 것임이라." 죄가 원흉입니다. 죄가 비난을 받아야 합니다. 율법은 격발 버튼만 눌렀습니다. 하지만 그것이 죄는 아닙니다.

율법이 어떻게 우리가 죄를 알도록 돕는가?

이렇게 질문해 보겠습니다. "율법이 어떻게 우리가 죄를 알도록 돕습니까?" 제가 이렇게 질문하는 이유는 율법의 선한 목적들로부터 가능한 많은 유익을 얻고 싶기 때문입니다. 이 축복을 놓치고 싶지 않습니다. 여러분도 놓치지 않으셨으면 합니다. 이 축복은 아마 고통스러운 축복일 것입니다. 율법으로 인해 죄인으로 드러날 테니 말입니다. 하지만 지난주에 보았듯이 이것은 우리를 위해 너무나 좋은 일입니다. 진단수술, 생체검사, 진단, 처치, 이런 것들은 매우 고통스러울 수 있지만, 숙련된 의사가 행한다면 우리에게 좋은 일입니다. 그리고 하나님은 가장 숙련된 의사이십니다.

그러면 율법이 어떻게 우리의 죄 된 상태를 알도록 도와줍니까?

우리 '죄'(sins)가 아니라 '죄 된 상태'(sinful condition)라고 말한 사실에 주목하십시오. 이렇게 말한 이유는 8절에 나오는 내용 때문입니다. "죄가 기회를 타서 계명으로 말미암아 내 속에서 온갖 탐심을 이루었나니." 죄가 탐심을 이루었습니다. 저는 탐심이 죄라고 생각했습니다만 바울의 생각은 다릅니다. 바울은 탐심이라는 죄 기저에 무엇인가 더 있는데, 그것이 탐심을 만들었다고 보았습니다. 그리고 바울은 그것을 죄라고 부릅니다. 바울은 그것을 마치 힘으로 간주합니다(마치 사람이 그렇게 하는 것인양 말입니다). 그것은 기회를 찾습니다. 그것은 하나님의 거룩한 율법 안에서도 기회를 찾습니다. 그러다가 그 기회를 틈타 탐심 같은 죄들을 불러일으킵니다.

죄를 불러일으키는 배후의 그 힘을 저는 인간의 "죄 된 상태"라고 부릅니다. 인간의 부패함이라고 부를 수도 있습니다. 아니면 타락함이라고 부를 수도 있습니다. 믿는 자들은 우리에게 '남아 있는 부패'라고 부를 수도 있습니다. 바울은 그것을 간단히 죄라고 부릅니다. 하지만 바울이 간단히 죄라고 부른 그것은, 그것이 불러일으키는 탐심 같은 죄나 다른 여러 죄보다 훨씬 깊고 파급력 있고 더 왕성하다는 사실을 바울은 분명히 합니다.

우리가 알아야 할 것이 바로 이러한 죄 된 상태입니다. 그리고 7절에 의하면, 그것이(죄 된 상태) 무엇을 불러일으키는지, 율법이 그것을 어떻게 드러내는지 앎으로써 그것을 알게 됩니다. "율법으로 말미암지 않고는 내가 죄[나의 죄 된 상태]를 알지 못하였으니 곧 율법이 탐내지 말라 하지 아니하였더라면 내가 탐심[8절에 따르면 이것은 죄 된 상태가 만든 죄입니다]을 알지 못하였으리라." 따라서 죄 된 상태가 불러일으키는 죄들을 알게 될 때 죄(깊은 죄 된 상태)에 대해 알게 됩니다. 그리고 율법을 통해 그러한 죄들과 죄와의 연관성을 알게 됩니다.

그렇다면 어떻게 그렇게 되는 것일까요? 율법이 어떻게 우리 죄 된 상태와 그 실상을 보여줍니까?

탐심을 예로 사용한 이유

바울은 십계명 중에서 "탐내지 말라"는 마지막 계명을 예로 듭니다(롬 13:9 참조). 왜 이것을 택했을까요? 그것이 외적 행위에 대비되는 마음의 욕구를 가장 분명하게 다루는 계명이기 때문이라고 생각합니다. 다른 계명들은 행위 이면에 자리한 욕구를 암시할 뿐입니다. "도둑질 하지 말라"는 계명은 자기 소유가 아닌 것을 원하는 마음의 욕구가 있음을 암시합니다. "간음하지 말라"는 계명은 금기된 성을 향한 욕구가 있음을 암시합니다. "살인하지 말라."는 계명은 복수나 돈에 대한 욕구 등이 있음을 암시합니다. 하지만 "탐내지 말라"는 계명은 우리 마음의 욕구를 가장 직접적으로 다룹니다.

7절에 나오는 "탐내다"(epithumeseis)는 단어는 단순히 "바라다"(desire)는 뜻입니다. 꼭 필요한 바람(히 6:11)일 수도 있고 갖지 말아야 할 바람일 수도 있습니다. 여기서의 탐심은 갖지 말아야 할 바람입니다. 하나님께서 그리스도 안에서 우리를 위해 모든 것 되신다는 사실에 만족하지 못한다는 표시입니다. 우리가 많은 바람을 갖는다는 사실은 하나님이 우리에게 얼마나 귀한 분인지를 반영하는 것이기도 합니다. 그리고 그러한 바람은 선한 것입니다. 하지만 어떤 바람들은 우리가 하나님 안에서 만족하지 못하고 있고 하나님이 우리에게 어떤 분이신지를 잊고 있으며, 그래서 하나님이 마땅히 우리 보화가 되셔야 하는데 그렇지 못하다는 사실을 벌충하기 위해 다른 것들을 갈망하고 있음을 보여 줍니다.

바울은 이렇게 말합니다. "율법이 탐내지 말라 하지 아니하였더라면 내가 탐심을 알지 못하였으리라." 율법이 "탐내지 말라"고 하지 않았더라면 물론 우리도 이러한 탐심을 일으킨 우리의 죄 된 상태를 몰랐을 것입니다.

왜 그렇습니까? "탐내지 말라"는 율법을 듣기 전에는 우리가 탐내지 않았다는 의미입니까? 아닙니다. "율법이 없으면 죄가 죽은 것이라"는 8절 마지막 부분을 보면 이렇게 생각할 수도 있습니다. 하지만 6장 전체와 2장과 5장에서 바울이 한 말들을 볼 때, 탐내지 말라는 율법을 듣기 전에는 죄도 없고 탐내지도 않았다는 의미로 바울이 말한 것이 아님을 알 수 있습니다(롬 5:13 참조). "율법이 없으면 죄가 죽은 것이라"고 바울이 말한 것은, 율법이 금지함으로써 그것을 죄라고 부르기 전에는 죄가 죄로 인식되지 않았다는 의미입니다. 죄는 있습니다. 죄가 활동합니다. 우리는 죄를 짓습니다. 하지만 그것을 죄로 보지 않았습니다. 우리 마음에 그것이 죄로서는 죽어 있습니다. 우리의 죄 된 상태를 인식하지 못했습니다. 율법이 우리 안에서 의문을 일으키기 전에는 우리 욕구를 불법적인 것으로 보지 못합니다. 그래서 그것이 우리에게 죄로서는 모두 죽어 있었습니다.

그러면 율법이 어떻게 우리의 탐심을 알게 하고 우리의 죄 된 상태를 알도록 돕습니까? 매우 심오한 문제입니다. 율법은, 우리 자신의 욕구는 옳고 그름의 기준이 아니라고 말합니다. 우리 욕구는 무엇이 선하고 나쁜가를 판단하는 기준이 아닙니다. 우리 욕구는 진실 되고 거짓된 것을 가늠하는 기준이 아닙니다. 율법은 우리에게 와서 '우리 바깥에 우리를 초월한 기준, 말하자면 하나님과 그분이 계시하신 뜻이 있다'고 말합니다. 하나님이 옳고 그름의 기준입니다. 하나님이 선하고 나쁜 것의 기준입니다. 하나님이 진실 되고 거짓된 것의 기준입니다.

우리 욕구가 아닌 하나님이 옳고 그름의 기준이다

그것이 율법이 하는 일입니다. 율법은 우리에게 이 사실을 말해 줍니다. 율법은 우리 자신의 욕구를 절대시하고 신격화하는 것을 막습니다. 율법이 오기 전까지는 우리 욕구가 법입니다. 우리가 원하는 것을 가져야 한다고 생각하며 세상으로 나갑니다. 율법이 오기 전까지는 '원하는 것'과 '그래야 하는 것'이 동일합니다. "원하면" "마땅히 가져도 되는 것"입니다. 아이들을 보면 이런 경향이 분명히 드러납니다. 아이들은 자신들의 욕구라는 법 이외에 다른 법이 있음을 배워야만 합니다.

이것이 하나님의 율법이 하는 일입니다. 율법은 우리의 모든 욕구 이면에 자리한 죄 된 상태를 드러내 줍니다. 율법이 드러낸 우리의 욕구는 하나님과 상관없이, 하나님을 대적하는 모습입니다. 우리의 죄 된 상태 가장 밑바닥에는 우리 스스로가 신이 되려고 하는 열심이 자리하고 있습니다. 내가 나에게 신이 되는 것입니다. 그런 신은 내가 곧 법이 되려고 하는 시도에 결코 거부권을 행사하지 않습니다. 즉, 내 삶의 최종 권위자는 나 자신입니다. 나에게 옳고 그른 것,

나에게 좋고 나쁜 것, 나에게 진실 되고 거짓된 것을 내가 결정합니다. 그리고 내 욕구는 내 주권과 자치권, (비록 보통 이렇게 말하지는 않지만) 신성을 드러냅니다.

우리 자신과 관련한 이러한 사실들을 알아야 합니다. 여기 있는 몇몇 사람에게만 해당하는 말이 아닙니다. 특정 그룹에게만 국한되지 않습니다. 타락한 모든 인간의 실상입니다. 우리가 다루는 우리 자신과 세상이 바로 이런 모습입니다. 그래서 현재 교회와 세상의 모습이 이렇습니다.

바라기는 성령님께서 우리를 겸손하게 하셔서 스스로 신이 되려고 하고 자신의 욕망을 율법처럼 대하려는 태도("내가 원하면 가져야 해.")가 얼마나 어리석은 것인지 깨닫기를 원합니다. 우리는 이런 상태에서 구원받아야 합니다. 그래서 우리에게는 위대한 의사가 필요합니다. 이를 위해 예수님은 종려주일에 예루살렘으로 들어가셨습니다. 이를 위해 예수님은 우리 대신 죽으셨고 다시 살아나셨고 성령을 보내셔서 반역한 우리를 용서하셨습니다. 그리고 예수 그리스도에 대한 믿음으로 우리를 의롭다 여겨 주십니다.

구주 예수 의지함이 심히 기쁜 일일세
허락하심 받았으니 의심 아주 없도다
예수 예수 믿는 것은 받은 증거 많도다
예수 예수 귀한 예수 믿음 더욱 주소서!

29장

죄와 율법의 치명적 결합

로마서 7:7-13

그런즉 우리가 무슨 말을 하리요? 율법이 죄냐? 그럴 수 없느니라. 율법으로 말미암지 않고는 내가 죄를 알지 못하였으니 곧 율법이 탐내지 말라 하지 아니하였더라면 내가 탐심을 알지 못하였으리라. 그러나 죄가 기회를 타서 계명으로 말미암아 내 속에서 온갖 탐심을 이루었나니 이는 율법이 없으면 죄가 죽은 것임이라. 전에 율법을 깨닫지 못했을 때에는 내가 살았더니 계명이 이르매 죄는 살아나고 나는 죽었도다. 생명에 이르게 할 그 계명이 내게 대하여 도리어 사망에 이르게 하는 것이 되었도다. 죄가 기회를 타서 계명으로 말미암아 나를 속이고 그것으로 나를 죽였는지라. 이로 보건대 율법은 거룩하고 계명도 거룩하고 의로우며 선하도다. 그런즉 선한 것이 내게 사망이 되었느냐? 그럴 수 없느니라. 오직 죄가 죄로 드러나기 위하여 선한 그것으로 말미암아 나를 죽게 만들었으니 이는 계명으로 말미암아 죄로 심히 죄 되게 하려 함이라. _롬 7:7-13

더러는 죽이며 더러는 박해할 것이다

복음을 들고 가는 자들이 멸시와 거절을 당할 수 있다는 점은 정신이 번쩍 드는 일입니다. 예를 들어, 예수님은 이렇게 말씀하셨습니다.

"내가 선지자와 사도들을 그들에게 보내리니 그 중에서 더러는 죽이며 또 박해하리라 하였느니라"(눅 11:49). 또 다른 곳에서는 "그 때에 사람들이 너희를 환난에 넘겨 주겠으며 너희를 죽이리니 너희가 내 이름 때문에 모든 민족에게 미움을 받으리라"(마 24:9)고 하셨습니다. 그리고 아마도 가장 충격적인 내용은 "때가 이르면 무릇 너희를 죽이는 자가 생각하기를 이것이 하나님을 섬기는 일이라 하리라"(요 16:2)는 말씀일 것입니다.

복음(Gospel)은 좋은 소식을 의미합니다. 이 단어는 고대 영어로 'god spel', 즉 '좋은 소식'(good news)을 의미하고 헬라어로는 '유앙겔리온'(euanggelion)인데 이 또한 '좋은 소식'을 의미합니다. 기독교의 복음은 좋은 소식입니다. 슬픈 사실은 우리가 그 복음을 전할 때—세상에서 가장 좋은 소식으로서 예전에도 그리고 앞으로도 변함이 없을 그 소식을 전할 때— 사람들은 분노하고 욕하며 우리를 조롱하고 심지어 죽이기도 할 것이라는 점입니다.

하지만 이렇게 오해와 곡해와 왜곡과 거부와 박해를 당하는 상황에서 무엇보다 우리에게 닥칠 가장 큰 위험은 우리가 전한 소식이 좋은 소식임을 우리 스스로 더 이상 믿지 않고 오히려 복음을 도발 혹은 논란, 혹은 법원 소환장으로 여기게 되는 것입니다. 하나님은 오직 하나님의 영광을 위해 우리 사역이 아닌 오직 그리스도의 사역을 기반으로, 행위가 아닌 오직 믿음을 통해, 오직 은혜로 죄인들을 의롭다 하셨고 이것이 복음입니다. 우리는 아무 소망 없이 속수무책이었으나 그때에 그리스도께서 죄인인 우리를 위해 대신 죽으셨습니다. "우리가 아직 죄인 되었을 때에 그리스도께서 우리를 위하여 죽으심으로 하나님께서 우리에 대한 자기의 사랑을 확증하셨습니다." 그럼에도 우리가 처한 환경을 고려할 때 이 소중한 복음 —로마서 1장부터 5장이 말하는 좋은 소식— 에 대한 경이감을 잃어버리기란 그리 어려운 일이 아닙니다.

복음이 담고 있는 진리들은 도발이나 논란, 혹은 법정 소환을 야기하는 것이 주목적이 아닙니다. 이 진리들은 선포와 축하와 해방과 환희가 주목적입니다. 그러므로 온 세상에서 이 최고의 복음이 조롱받고, 비난받고, 왜곡되고, 악용되고, 거부될 때(이렇게 될 거라고 예수님이 말씀하셨지만) 우리는 당연하게 여기기보다 마음이 불편해야 합니다.

제가 이런 말씀을 드리며 설교를 시작한 이유는, 로마서 6장과 7장이 진정으로 전하고자 하는 내용을 놓치지 않기 위해서입니다. 로마서 6장과 7장은 오직 하나님의 영광을 위해, 그리스도 사역을 기반으로, 오직 믿음을 통해, 오직 은혜로 죄인이 의롭다 함을 받는다는 복음을 말합니다. 우리가 그리스도를 위해 행한 일이 아닌 그리스도가 우리를 위해 행하신 일을 기반으로 하나님께서 우리를 당신의 진노에서 구원하실 것을 죄인인 우리가 소망할 수 있다는 복음입니다.

복음의 왜곡

바울은 로마서 1-5장에서 이런 영광스러운 복음을 선포하고 펼쳐 보이면서도 한편으로 이 복음의 메시지에 대한 왜곡과 거절도 즉시 다루어야 했습니다. 바울이 로마서 3장 28절에서 "사람이 의롭다 하심을 얻는 것은 율법의 행위에 있지 않고 믿음으로 되는 줄 우리가 인정하노라"고 말하고 로마서 5장 20-21절에서 "죄가 더한 곳에 은혜가 더욱 넘쳤나니 이는 죄가 사망 안에서 왕 노릇 한 것 같이 은혜도 또한 의로 말미암아 왕 노릇 하여 우리 주 예수 그리스도로 말미암아 영생에 이르게 하려 함이라"고 말할 때, 이렇게 반문하는 사람들이 있었습니다. "바울 선생, 당신은 은혜를 죄를 지어도 된다는 허가증으로 만들었고 율법을 죄로 만들었소."

그래서 바울은 은혜를 변론하기 위해 6장을 기록합니다. 그리고 율법을 변론하기 위해 7장을 기록합니다. 우리는 지금 7장에 와 있습니다. 로마서 7장 7절에서 바울은 "율법이 죄냐?"고 묻습니다. 대답은 "그럴 수 없느니라"입니다. 하지만 질문자는 계속해서 반문합니다. "바울 선생, 당신이 9절과 10절에서 뭐라 말했는지 보시오. '전에 율법을 깨닫지 못했을 때에는 내가 살았더니[즉, 예전에는 죄와 정죄와 종 노릇 하는 것에 대해 인식하지 못한 채 그저 하고 싶은 일을 했지만] 계명이 이르매[마치 아무 것도 모르던 아이가 뭔가를 알게 되는 순간처럼, 혹은 자신이 영적으로 죽어 있다는 사실을 처음 깨닫게 되는 회심의 순간처럼] 죄는 살아나고[즉, 죄를 죄와 반역으로 경험하게 되고] 나는 죽었도다[자신이 영적 죽음인 죄에게 종 노릇 하는 소망 없는 존재라는 객관적인 현실을 주관적으로 경험했도다]. 생명에 이르게 할 그 계명이[그 계명은 생명을 가리키고 생명을 제안했지만 생명을 줄 수 없었다] 내게 대하여 도리어 사망에 이르게 하는 것이 되었도다.' 바울 선생, 당신은 반복해서 그렇게 말하고 있소. 하나님의 계명이 당신을 죽였다고 말했잖소. 당신은 율법을 살인자로 만들었소. 율법을 죄로 만들고 있단 말이오." 그러자 바울은 11절에서 자기가 한 말의 의미를 계속 설명합니다. "아니, 그렇지 않습니다. 내가 한 말은 이런 의미입니다. 내가 '그 계명이 내게 대하여 도리어 사망에 이르게 하는 것이 되었다'고 말한 것은 '죄가 그 계명을 통해 기회를 타서 나를 속이고 그것으로 나를 죽였다'는 의미입니다. 죄가 나를 죽였습니다. 죄가 치명적인 정죄를 가져왔습니다. 죄 때문에 내가 영적 죽음을 경험했습니다. 죄는 하나님의 계명을 무기로 사용했고, 죄가 살인자입니다." 따라서 바울은 12절에서 이렇게 결론을 내립니다. "이로 보건대 율법은 거룩하고 계명도 거룩하고 의로우며 선하도다."

13절에서 바울은 최대한 강한 어조로 계명이 아닌 죄가 자신을 죽였다고 반복합니다. "그런즉 선한 것이 내게 사망이 되었느냐? 그럴 수 없느니라. 오직 죄가 죄로 드러나기 위하여 선한 그것으로 말미암아 나를 죽게 만들었으니 이는 계명으로 말미암아 죄로 심히 죄 되게 하려 함이라." 11절 말씀을 그대로 반복하고 있습니다. "죄가 기회를 타서 계명으로 말미암아 나를 속이고 그것으로 나를 죽였는지라."

그것은 율법의 목적이 아니다

율법을 외과용 메스라고 생각해 보십시오. 외과용 메스의 목적은 살리고 고치는 것입니다. 그런데 죄가 와서 하나님의 계명이라는 메스를 취해 그것으로 사람들의 목을 벱니다. 이 생각을 하면 마이클 카드의 찬송가 한 구절이 생각납니다. 가룟 유다에 관한 가사로 "입맞춤은 그럴 때 하는 게 아니지"라는 구절입니다. 거룩하고 의롭고 선한 계명은 나에게 생명이 되려고 왔으나 오히려 사망이 되었습니다. 죄가 의사의 손에서 메스를 빼앗아 그것으로 내 목을 베어 죽게 했기 때문입니다(10절). 그것은 메스의 원래 용도가 아닙니다.

하나님께서는 왜 이 일을 허락하셨을까요? 바울은 13절 끝에서 이에 답합니다. "이는 계명으로 말미암아 죄로 심히[극도로, 대단히] 죄 되게 하려 함이라." 죽이는 것은 죄악입니다. 하지만 무고한 사람을 살인에 이용하는 것은 더 큰 죄악입니다. 어린아이에게 독을 주는 것은 죄입니다. 그런데 엄마를 속여서 자기 자식에게 독을 먹이게 하는 것은 더 큰 죄입니다. 염소 새끼를 그 어미의 젖으로 삶지 않습니다. 어미젖은 그런 용도로 쓰이지 않습니다. 어미젖은 죽음이 아닌 생명을 줍니다. 하나님의 율법을 어기는 것은 죄입니다. 하지만 하나님의 율법을 이용해 하나님의 율법을 어기는 것은 더 큰 죄입니다.

따라서 지금까지 살펴본 로마서 7장의 기저에 흐르는 사고는, 우리가 율법에 대해 죽어야 하는 이유는 율법이 죄이기 때문이 아니라, 율법은 연약하고 취약하며 우리는 너무나 죄악 되기 때문이라는 것입니다. 그러므로 율법은 우리의 칭의와 성화를 위한 첫째 되고 결정적인 수단이 될 수 없습니다. 왜냐하면 "계명이 이르매" 우리 죄가 더해지고 살아났으며, 우리 죄가 계명을 이용해 우리를 구하기 보다 죽였기 때문입니다.

죄는 거짓말한다

죄가 어떻게 그런 일을 합니까? 죄가 어떻게 계명을 이용해 죽이는 일을 하는지 설명해 주는 중요 단어가 11절에 나옵니다. "죄가 기회를 타서 계명으로 말미암아 나를 속이고 그것으로 나를 죽였는지라." 죄는 계명을 이용해 우리를 속입니다. 죄는 근본적으로 거짓말쟁이입니다. 죄는 속임수와 피상적인 논리로 죽입니다. 죄는 이런 말들을 합니다. "넌 피곤해. 밤에 잘 쉬어야 해. 하지만 긴장하고 있어서 잘 수가 없잖아. 수면제를 먹으면 도움이 될 거야. 설명서에 보면 한 알만 먹어도 편히 잘 수 있다고 하잖아. 평소보다 백배 더 잘 잘 수 있다면 좋지 않겠어? 그렇지? 자, 그럼 백 개를 먹어봐." 죄는 살인자이고, 지킬 수 없는 약속을 해서 살인을 저지릅니다.

우리가 지금 죄책과 죄의 권세 아래서 죽어 가고 있다면, 그건 우리가 속고 있기 때문입니다. 죄는 우리에게 거짓말을 하고 우리는 그 거짓말을 믿습니다. 죄는 지킬 수 없는 약속을 하고, 우리는 그 약속을 믿습니다.

하지만, 조금 전에도 말했듯이, 죄가 율법을 가지고 어떻게 그렇게 합니까? 계명이 올 때, 죄는 어떤 속임수를 씁니까? 11절은 말합니다. "죄가 기회를 타서 계명으로 말미암아 나를 속이고 그것으로 나를 죽였는지라." 죄가 하나님의 계명을 만날 때 어떤 거짓말(절반만 진실인)을 합니까? 죄가 하나님의 계명을 만날 때 사용하는 거짓말은 기본적으로 두 가지로 요약됩니다. 이 둘은 거의 정반대인 것처럼 들립니다. 하지만 이 둘은 서로 동일하며 그 뿌리가 같습니다.

한편으로는, 죄가 율법을 만날 때 이렇게 말합니다. "넌 이 계명들을 지킬 수 없어. 할 수 있다고 해도 그러고 싶지 않잖아. 그리고 거룩하신 하나님이 계시다면 너한텐 소망이 없어. 그러니 그런 건 다 잊어버리고 최대한 인생을 즐기라고."

아니면, 다른 한편으로는, 죄가 계명을 만날 때 이렇게 말할지 모릅니다. “넌 이 계명들을 지킬 수 있어. 그러니 모든 의지를 동원해서 남들처럼 심판에 대비할 준비가 되었다는 걸 보여 주라고.”

다른 말로 하면, 죄는 율법을 가지고 우리 미래에 대해 두 가지 방식 중 하나로 속여서 우리를 죽게 합니다. 자기 방종에 빠져 소망이 없게 만들거나, 자기 의에서 비롯한 소망으로 가득 차게 만듭니다. 계명을 지킬 수 없다고 말해서 소망이 없게 만듭니다. 계명을 지킬 수 있다고 말해서 소망에 부풀게 만듭니다. 둘 다 거짓말입니다. 둘 중 어느 것을 믿든 자살행위입니다.

치료책은 무엇인가?

치료책은 무엇입니까? 십자가에 달리시고 부활하신 그리스도를 통해 율법에 대해 죽고 하나님에 대해 살아야 합니다. 예수 그리스도의 복음이 치료책입니다. 복음은 믿는 모든 자에게 구원을 주시는 하나님의 능력입니다(롬 1:16). 자기 방종에 빠진 죄인과 자기 의에 빠진 죄인 모두에게 소망을 주는 세상에서 유일한 소식입니다.

복음은, 자기 방종에 빠진 소망 없는 사람들을 향해, 그리스도를 보화로 받아들이고 그분을 신뢰할 때 비록 그들의 죄는 주홍빛 같을지라도 하나님께서 그리스도를 위해 용서하셔서 그들의 죄를 눈처럼 희게 만드실 것이므로 소망이 있다고 말합니다.

또한 자기 의에 빠져 소망에 찬 사람들에게는, 비록 그들의 의가 더러운 누더기 같을지라도, 그들이 예수님을 보화로 받아들이고 그분을 신뢰한다면, 예수님의 온전한 순종을 그들에게 전가하심으로 그들에게 진짜 소망이 있다고 말합니다.

그러므로 오늘 저는 여러분에게 복음을 전합니다. 소망 없는 자기 방종에 빠진 분이든, 자기 의에 빠져 헛된 소망에 넘치는 분이든 모두에게 동일합니다. 예수님은 모든 죄인들을 위해 사셨고 죽으셨습니다. 오늘 그분을 믿으십시오. 하나님께서 우리를 구원하시려고 보내 주신 분임을 믿으십시오. 그분을 우리 인생의 참된 보화로 받아들이십시오.

30장

이 분열된 사람은 누구인가? (1부)

로마서 7:14-25

우리가 율법은 신령한 줄 알거니와 나는 육신에 속하여 죄 아래에 팔렸도다. 내가 행하는 것을 내가 알지 못하노니 곧 내가 원하는 것은 행하지 아니하고 도리어 미워하는 것을 행함이라. 만일 내가 원하지 아니하는 그것을 행하면 내가 이로써 율법이 선한 것을 시인하노니, 이제는 그것을 행하는 자가 내가 아니요 내 속에 거하는 죄니라. 내 속 곧 내 육신에 선한 것이 거하지 아니하는 줄을 아노니 원함은 내게 있으나 선을 행하는 것은 없노라. 내가 원하는 바 선은 행하지 아니하고 도리어 원하지 아니하는 바 악을 행하는도다. 만일 내가 원하지 아니하는 그것을 하면 이를 행하는 자는 내가 아니요 내 속에 거하는 죄니라. 그러므로 내가 한 법을 깨달았노니 곧 선을 행하기 원하는 나에게 악이 함께 있는 것이로다. 내 속사람으로는 하나님의 법을 즐거워하되 내 지체 속에서 한 다른 법이 내 마음의 법과 싸워 내 지체 속에 있는 죄의 법으로 나를 사로잡는 것을 보는도다. 오호라 나는 곤고한 사람이로다. 이 사망의 몸에서 누가 나를 건져내랴! 우리 주 예수 그리스도로 말미암아 하나님께 감사하리로다. 그런즉 내 자신이 마음으로는 하나님의 법을 육신으로는 죄의 법을 섬기노라. _롬 7:14-25

그리스도인가, 비그리스도인인가?

오늘 본문은 로마서에서 가장 유명한 부분이자 가장 논란이 되는 부분이기도 합니다. 19절은 우리가 잘 아는 말씀입니다. "내가 원하는 바 선은 행하지 아니하고 도리어 원하지 아니하는 바 악을 행하는도다." 분열된 사람, 혹은 뜻이 나뉜 사람, 혹은 마음이 나뉜 사람이 등장합니다. 그 사람 안에는 선한 것을 행하기 원하고 악을 행하기 원치 않는 "나"가 존재합니다. 또 그 사람 안에는 자신이 원하는 선을 행하지 않고 자신이 원하지 않는 악을 행하는 "나"도 존재합니다.

이 구절에서 가장 의견이 일치되지 않는 것 하나는, 과연 이 사람이 누구인가 하는 부분입니다. 바울은 누구의 경험을 말하고 있습니까? 믿는 자, 바울의 경험입니까? 아니면 믿지 않는 자, 바울의 경험입니까? 그리스도인입니까 아니면 비그리스도인입니까? 아니면 좀 더 구체적으로 질문하면, 도덕적으로는 깨우쳤으나, 아직 회심하지는 않은 바울입니까? 아니면 영적으로 회심한 지 얼마 되지 않아서 믿음이 성숙하지 못한 바울입니까? 아니면 성숙한 그리스도인 바울이지만 때때로 믿음을 잃고 깨어 있지 못하는 바울입니까? 제가 생각하는 답을 먼저 말씀드리는 것보다 여러분과 함께 이 본문을 묵상하며 답을 찾아가도록 하겠습니다.

여기서의 "나"가 누구인지에 대해 각각의 주장을 담은 해석들은 어느 정도 설득력이 있습니다. 또 이 해석들 가운데 어느 것을 택하든, 더 중요한 문제인 성화에 대해 잘못된 가르침으로 이끌지는 않으리라 믿습니다. 다른 말로 하면, 이 한 구절에 대한 해석이 틀린다고 해서 그리스도인의 삶에 대한 견해가 틀린 것은 아니라는 말입니다. 예를 들어, 여러분이 "이 본문은 그리스도인의 경험을 말하는 것"이라고 대답했더라도, 그리스도인으로서 이런 경험(때로 원치 않는 것을 행하는 경험)을 할 수 있다는 것을 누구나 압니다. 또 "이 본문은 그리스도인의 경험을 말한 것"이라고 대답하더라도, 그리스도인으로서 훨씬 많은 경우 죄를 이길 수 있다는 것을 여전히 믿습니다.

따라서 우리가 —로마서 7장 14-25절이 그리스도인의 경험이냐 아니냐에 대한— 결론을 어떻게 내리든 그것이 그리스도인의 경험에 대한 전반적인 견해는 아니라는 점입니다. 그리스도인의 삶이라는 더 큰 그림을 그려 주는 중요한 구절들이 신약성경에 얼마든지 많이 있습니다. 몇몇 구절만 가지고 견해를 내세우는 사람들을 조심해야 합니다. 이단 종파나 왜곡된 해석이 이런 데서 나옵니다.

하지만 이러한 다양한 견해에 대한 찬반양론을 이야기하기에 앞서, 이 본문의 주된 목적에 주목해 보겠습니다. 놀랍겠지만, 어떤 견해에서든(이 분열된 사람이 그리스도인인지 아닌지에 대한 견해들) 이 본문의 주된 목적은 분명하고 흔들림 없을 것입니다. 그렇다면 이 본문의 요지는 무엇입니까? 왜 이 구절들이 여기 있을까요? 바울은 무슨 말을 하려는 것입니까?

다른 이의 의가 믿음에 의해 우리에게 전가되다

로마서는 하나님의 영광에 이르지 못하고(3:20) 삶으로 그분을 영화롭게 하지 않고(1:21), 그래서 그분의 진노를 받아 마땅한(1:32; 2:5) 죄악된 인간이(즉, 모든 인간, 3:9) 어떻게 하나님과 화목하게 되는지,

—즉, 예수 그리스도가 삶과 죽음과 부활을 통해 우리를 위해 행하신 일을 기반으로 의롭다 함을 받는다는 사실(3:24-25; 5:18-19)— 를 말합니다.

인간의 가장 큰 문제 —말하자면, 거룩하고 공의로우신 하나님 앞에 선 죄악된 우리의 죄책— 에 대한 바울의 해답은 하나님께서 친히 그 아들 예수 그리스도를 통해 우리에게 필요한 의를 대신 제공하셨다는 것입니다. 이 의는 본래 우리의 것이 아니며, 행위가 아니라 오직 믿음을 통해 우리에게 전가되고 우리 것으로 여겨집니다. 특별히 로마서 4장 5-6절이 이 사실을 분명히 보여줍니다. "일을 아니할지라도 경건하지 아니한 자를 의롭다 하시는 이를 믿는 자에게는 그의 믿음을 의로 여기시나니 일한 것이 없이 하나님께 의로 여기심을 받는 사람의 복에 대하여 다윗이 말한 바." 여기서 엄청나게 중요한 "여기다"(혹은 "계산하다", "전가하다")라는 단어가 나옵니다. 5절 마지막 부분입니다. "그의 믿음을 의로 여기시나니." 6절 끝에도 나옵니다. "일한 것이 없이 하나님께 의로 여기심을 받는."

로마서가 전하는 영광스러운 복음의 진리는, 하나님께서 우리 것이 아닌 의를 믿음을 통해 우리 것이라 여기신다는 것입니다. 믿음이란, 우리 자신의 행실과 율법의 행위로는 의롭다 여김을 받을 수 없음을 알고, 하나님께서 본래 우리 소유가 아니던 의를 우리의 것으로 여기시는 기반으로서 오직 예수 그리스도만을 신뢰하는 것입니다.

그렇다면 그 의는 누구의 것입니까? 로마서 3장 21-22절은 말합니다. "이제는 율법 외에 하나님의 한 의가 나타났으니 율법과 선지자들에게 증거를 받은 것이라. 곧 예수 그리스도를 믿음으로 말미암아 모든 믿는 자에게 미치는 하나님의 의니 차별이 없느니라." 믿음을 통해 우리에게 전가된 그 의는 "하나님의 의"입니다. 우리 것이 아닌 하나님 자신의 의입니다(빌 3:9 참조).

우리에게 의롭다 함을 얻게 하는 이 '의'가 누구로부터 나왔는지는 로마서 10장 3-4절을 보면 더 분명히 나옵니다. "하나님의 의를 모르고 자기 의를 세우려고 힘써 하나님의 의에 복종하지 아니하였느니라." "자기 의를 세우는 것"과 정반대되는 하나님의 의에 "복종"한다는 것은 어떤 의미입니까? 바울은 4절에서 말합니다. "그리스도는 모든 믿는 자에게 의를 이루기 위하여 율법의 마침[목표]이 되시니라." 즉, 율법의 목표는 그리스도께서 모든 믿는 자들을 위한 의가 되시는 것입니다.

자기 의를 세우는 대신 하나님의 의에 복종한다는 것은, 율법의 목표가 "의를 이루기 위하여 그리스도"께로 우리를 인도하는 것임을 깨닫는 것입니다. 또 믿음으로 "의를 이루기 위하여 그리스도"를 얻는 것입니다. 그래서 바울이 로마서 5장 19절에서 "한 사람[아담]이 순종하지 아니함으로 많은 사람이 죄인 된 것 같이 한 사람이 순종하심으로 많은 사람이 의인이 되리라"고 말할 때 이것은 다음과 같은 의미라고 생각합니다. 즉 우리로 하여금 믿음을 통해 그분 안에 거하게 되고, 그분의 순종하심 혹은 그분의 의가 우리 것이 되게 하기 위해 그리스도가 하나님과 그분의 율법에 온전히 순종하셨다는 것입니다. 이것이 하나님의 의가 되는 이유는 하나님의 뜻을 완전하게 지키는 것이기 때문입니다. 또 이것은 하나님에 의해서만 가능한 일이고, 하나님께 받아들여질 만한 일이고, 예수 그리스도 안에서 우리에게 주시는 하나님의 선물이기 때문입니다.

그래서 바울은 고린도후서 5장 21절에서 "하나님이 죄를 알지도 못하신 이[그리스도]를 우리를 대신하여 죄로 삼으신 것은 우리로 하여금 그 안에서 하나님의 의가 되게 하려 하심이라"고 말합니다. 그리스도 안에서 우리는 "하나님의 의"가 되었습니다. 예수 그리스도에 의해 성취된 하나님의 의는, 우리 죄가 그리스도에게 전가된 것과 같은 방식으로 우리에게 전가됩니다. 이것이 오직 그리스도를 기반으로, 오직 하나님께만 영광이 되는, 오직 믿음을 통해, 오직 은혜로 받는 칭의라는 복음이 갖는 영광입니다. 이것이 로마서의 주된 요지입니다.

죄인들에게는 너무나 영광스러운 복음입니다. 오늘 아침 여러분도 이 복음의 경이로움과 귀중함을 느낄 수 있기를 소망합니다. 여러분은 그 영광을 알고 있습니까? 맛보았습니까? 그리스도를 대신해 여러분에게 호소합니다. 오늘 아침, 여러분의 행위가 아닌 예수 그리스도를 여러분의 유일한 칭의의 의로 받아들여 하나님과 화해를 이루길 소원합니다. 그리스도를 여러분 삶의 보화로 받아들이십시오.

하나님과의 화목에 큰 걸림돌이 된 율법

그런데 7장의 요지는 로마서의 주된 목적과 어떻게 어울립니까? 여기 문제가 있습니다. 지금까지 바울은 율법의 행위로 얻는 칭의를 힘주어 반대해 왔습니다. 우리는 율법을 지켜서 하나님과 화목을 이루지 않고 오직 믿음으로 그렇게 합니다. 그리고 이렇게 말하는 과

정에서, 바울은 율법이 우리를 구원하는 것이 아니라 오히려 구원에 걸림돌이 된다고까지 말하는 듯 보였습니다. 예를 들어 로마서 3장 20절입니다. "그러므로 율법의 행위로 그의 앞에 의롭다 하심을 얻을 육체가 없나니 율법으로는 죄를 깨달음이니라." 로마서 3장 28절입니다. "그러므로 사람이 의롭다 하심을 얻는 것은 율법의 행위에 있지 않고 믿음으로 되는 줄 우리가 인정하노라." 또는 더 충격적인 구절로, 로마서 5장 20절입니다. "율법이 들어온 것은 범죄를 더하게 하려 함이라. 그러나 죄가 더한 곳에 은혜가 더욱 넘쳤나니." 이 구절들은 율법이 마치 죄와 공범인 것처럼 말합니다.

실제로 바울은 우리가 하나님을 위해 열매를 맺기 원하다면 —즉, 의롭다 여겨질 뿐 아니라 성화되고 싶다면— 율법에 대해 죽어야 한다고까지 말합니다. 로마서 7장 4절입니다. "그러므로 내 형제들아 너희도 그리스도의 몸으로 말미암아 율법에 대하여 죽임을 당하였으니 이는 다른 이 곧 죽은 자 가운데서 살아나신 이에게 가서 우리가 하나님을 위하여 열매를 맺게 하려 함이라." 율법에 대해 죽지 않으면 하나님을 위하여 열매를 맺을 수 없습니다. 율법을 지키는 것이 하나님을 위하여 열매 맺기 위한 첫째 되고 결정적인 방법이 아닙니다. 부활하신 그리스도와 연합하는 것이 하나님을 위하여 열매 맺는 첫째 되고 결정적인 방법입니다. 그리스도인이 (그리스도의 법으로서) 하나님의 율법을 성취한다면, 그것은 오로지 먼저 율법에 대해 죽고 다른 방식으로 순종할 때, 말하자면 부활하신 그리스도와 연합을 구할 때 가능합니다. 바로 이런 방법으로, 율법을 지키는 데 있어서 조금도 진보가 없는데도 불구하고 우리는 온전히 의롭다 여김을 받습니다.

게다가 로마서 7장 5-6절에 이르러 바울은 하나님의 율법을 우리가 하나님과 화목하는 일에 가장 큰 걸림돌로 보고 있습니다. 따라서 바울이 대답해야 할 중요한 질문이 7장 7절에 나옵니다. "우리가 무슨 말을 하리요? 율법이 죄냐?" 13절에서는 조금 다르게 이렇게 질문합니다. "그런즉 선한 것이 내게 사망이 되었느냐?" 바울이 말한, 율법의 행위가 아닌 오직 믿음으로 얻는 칭의라는 복음에 두 가지 큰 질문이 제기됩니다. '율법이 죄인가'와 '율법이 죽음을 야기하는가'입니다. 또는 더 구체적으로 표현해서, '의롭다 함을 받기 위해 율법을 지키는 것이 아니라 그리스도의 의를 의지한다면, 또한 성화되기 위해 율법에 대해 죽고 그리스도에게 연합된다면, 율법이 죄이고 율법이 죽음을 가져왔다는 의미가 아닌가?'라는 질문입니다.

이 두 질문에 대한 답이 "그렇다"(율법이 죄이고 죽음을 야기한다)라고 한다면, 자신이 말한 복음에 문제가 발생한다는 것을 바울은 압니다. 하나님의 율법을 죄와 죽음으로 바꾸는 복음에는 미래가 없기 때문입니다.

율법은 죄가 아니다

그래서 바울은 온 힘을 다해 7절과 13절에서 이렇게 말합니다. "아니다! 절대 그럴 수 없다!" 율법은 죄가 아닙니다. 죄가 율법을 부당하게 사용합니다. 율법은 거룩하고 의롭고 선합니다(12절). 율법은 죽음을 야기하지 않습니다. 죄가 선한 것, 즉 율법을 이용해 죽음을 일으킵니다(13절).

로마서 7장 7-25절의 목적은, 이 답변을 설명하고 변호하기 위함입니다. 이점을 놓치지 마십시오. 본문은 믿음에 의한 칭의와 믿음에 의한 성화를 말합니다. 이 두 가지 근본적인 교리에 율법은 죄이고 죽음을 야기한다는 함의가 들어있다면, 이 두 교리는 얼마 못 갈 뿐 아니라 진리일 수도 없습니다.

그래서 바울은 로마서 1장부터 7장을 쓰면서 두 가지 위대한 일을 완수했습니다. 하나는, 하나님에 의해 받아들여지기 위해(칭의) 율법에 대해 죽어야 하고(3:28), 하나님을 위해 열매를 맺기 위해서도(성화) 율법에 대해 죽어야 한다는 것입니다(7:4-6). 그리고 또 하나는, 의롭다 여겨지고 성화되기 위해 율법에 대해 죽어야 하는 것은, 율법이 죄 혹은 독이기 때문이 아니라는 것입니다. 우리는 너무나 죄악된 상태에 놓여 있어서 칭의의 기반으로 그리스도가 필요하고 성화의 능력으로 그리스도가 필요하기 때문입니다. 그리스도만이 하실 수 있는 이런 일을 율법은 할 수가 없습니다.

나는 죄악 되고 내 죄는 치명적이다

따라서 로마서 7장 14-25절에 나오는 이 분열된 사람이 누군인지에 따라 본문의 요지가 바뀌지 않는 이유를 알게 되었습니다. 그 사람이 그리스도인이든 비그리스도인이든, 그가 처한 비참한 상황("오호라, 나는 곤고한 사람이로다." 24절)은 율법 때문이 아닌 그 사람 안에 내재하는 죄 때문에 생긴 일입니다. 율법은 죄가 아니고 독도 아닙니다. 내가 죄인이고 내 죄가 치명적인 독입니다.

바울은 이 요지를 적어도 세 번 강조합니다. 14절입니다. "율법은 신령한 줄 알거니와 나는 육신에 속하여." 16절입니다. "만일 내가 원하지 아니하는 그것을 행하면 내가 이로써 율법이 선한 것을 시인하노니." 22절입니다. "내 속사람으로는 하나님의 법을 즐거워하되." 따라서 율법은 "신령하고" "선하고" "즐거운" 것입니다.

이 분열된 사람이 영적 싸움을 벌이는 믿는 자라고 보든, 양심에 가책을 받은 비그리스도인이라고 보든, 이 사실은 변함이 없습니다. 어떤 경우든, 바울의 요지는 동일합니다. '율법의 행위가 아닌 믿음으로 얻는 칭의(3:28)는 유효합니다. 왜냐하면 이것이 율법이 죄 혹은 독이라는 뜻을 함축하지 않기 때문이다. 또 율법에 대해 죽음으로써 믿음으로 얻는 성화(7:4) 또한 유효합니다. 왜냐하면 이것이 율법이 죄 혹은 독이라는 뜻을 함축하지 않기 때문입니다.'

말씀을 마치겠습니다. 오직 믿음으로 얻는 칭의라는 선물을 받는 것이 하나님의 율법을 퇴색시킬 거라고 두려워할 필요가 없습니다. 율법에 대해 죽음으로써 하나님을 위한 열매를 맺는 것이 하나님의 율법을 손상시킨다고 두려워할 필요가 없습니다. 오히려 칭의를 위해 그리스도께로 돌아서고 성화를 위해 그리스도께로 돌아설 때, 우리는 오히려 하나님의 율법을 '영화롭게' 할 것입니다. 왜냐하면 율법의 목표(마침)는 모든 믿는 자에게 의를 이루시는 그리스도이기 때문입니다(10:4). 그리고 그리스도로 인해 맺힌 사랑의 열매(7:4)는 율법의 완성입니다(13:10).

그리스도께서 삶과 죽음을 통해 우리에게 주신 구원은 얼마나 깊고 완전한지요! 그분께로 나아오십시오. 우리에게 필요한 모든 것이 그분 안에 있습니다.

31장

이 분열된 사람은 누구인가? (2부)

로마서 7:14-25

우리가 율법은 신령한 줄 알거니와 나는 육신에 속하여 죄 아래에 팔렸도다. 내가 행하는 것을 내가 알지 못하노니 곧 내가 원하는 것은 행하지 아니하고 도리어 미워하는 것을 행함이라. 만일 내가 원하지 아니하는 그것을 행하면 내가 이로써 율법이 선한 것을 시인하노니, 이제는 그것을 행하는 자가 내가 아니요 내 속에 거하는 죄니라. 내 속 곧 내 육신에 선한 것이 거하지 아니하는 줄을 아노니 원함은 내게 있으나 선을 행하는 것은 없노라. 내가 원하는 바 선은 행하지 아니하고 도리어 원하지 아니하는 바 악을 행하는도다. 만일 내가 원하지 아니하는 그것을 하면 이를 행하는 자는 내가 아니요 내 속에 거하는 죄니라. 그러므로 내가 한 법을 깨달았노니 곧 선을 행하기 원하는 나에게 악이 함께 있는 것이로다. 내 속사람으로는 하나님의 법을 즐거워하되 내 지체 속에서 한 다른 법이 내 마음의 법과 싸워 내 지체 속에 있는 죄의 법으로 나를 사로잡는 것을 보는도다. 오호라 나는 곤고한 사람이로다. 이 사망의 몸에서 누가 나를 건져내랴! 우리 주 예수 그리스도로 말미암아 하나님께 감사하리로다. 그런즉 내 자신이 마음으로는 하나님의 법을 육신으로는 죄의 법을 섬기노라. _롬 7:14-25

율법은 의롭다 함을 얻게 하지도, 성화시키지 않는다

로마서 7장 7-25절에서 바울은 로마서에서 지금까지 말한 내용, 즉 모세 율법(모든 인간의 마음에 새겨진 율법)은 우리를 하나님 앞에서 의롭다 선포할 힘이 없고 우리를 하나님 앞에서 의롭게 만들 힘도 없음을 지지합니다. 우리는 본성에 있어서 그리고 행위로도 죄인입니다. 그러므로 율법은 우리를 정죄하고 우리 안에서 반란을 부채질합니다. 율법은 의롭게 하지도 않고 성화시키지도 않습니다.

그래서 하나님은 그분의 긍휼하심을 따라 율법이 아닌(3:21) 다른 방법으로, 즉 독생자 예수 그리스도를 통해 우리가 하나님의 의를 얻을 수 있게 하셨습니다. 따라서 의롭다 선포되기 위해(의롭다 여겨지기 위해) 우리는 '우리의' 율법 준수가 아니라 '그리스도의' 율법 준수로 고개를 돌려야 합니다. 우리는 그리스도를 보화로 받아들여야 하고, 우리 안에 있는 어떤 의 때문이 아니라 믿음으로 그리스도와 연합된 것 때문에 의롭다 선포되어야 합니다. 우리가 하나님 앞에서 온전히 의롭다 선포되는 것은 이런 방법을 통해서입니다.

그런 다음 의로워지기(성화되기) 위해서도 우리는 율법 준수로부터 돌아서야 합니다. 또는 바울이 로마서 7장 4절에서 말한 것처럼, 율법에 대해 죽고 하나님을 위해 열매를 맺을 수 있게 그리스도와 연합되어야 합니다. 따라서 칭의는 믿음으로 그리스도와 연합되는 것이고, 성화도 믿음으로 그리스도와 연합되는 것입니다. 둘 다 하나님과 화목하게 되고 하나님을 닮아가는 결정적인 수단으로서 율법으로부터 돌아서는 것을 포함합니다.

로마서 7장 7-25절은 이러한 가르침을 지지하기 위해 매우 독특한 방식으로 쓰였습니다. 본문은 반박 의견에 답변하는 방식을 취합니다. 믿음으로 얻는 칭의와 믿음으로 얻는 성화에 대한 이 모든 가르침 —"율법의 행위와 상관없이" 하나님과 화목하고[롬 3:21], "율법에 대해 죽음으로" 하나님을 위해 열매를 맺는다는 가르침— 이 율법을 폄훼하고 율법을 죄로 만들고 치명적인 것으로 만든다는 반박에 대한 변론입니다.

바울은 3장 31절에서 이런 반박 의견에 이미 직면한 적이 있습니다. "우리가 믿음으로 말미암아 율법을 파기하느냐? 그럴 수 없느니라. 도리어 율법을 굳게 세우느니라." 로마서 7장 7절에서 또 이렇게 묻습니다. "그런즉 우리가 무슨 말을 하리요. 율법이 죄냐?" 13절에서도 이렇게 묻습니다. "선한 것이 내게 사망이 되었느냐?" "바울 선생, 당신은 하나님의 율법을 죄악시하며 유해한 것이라 말하고 있소"라고 누군가 문제를 제기합니다. 만일 이 말이 사실이라면 바울의 교리는 거짓이 됩니다. 그래서 바울은 율법이 거룩하고 의롭고 선하고 영적이라고 주장함으로써, 자신이 가르친 믿음으로 얻는 칭의와 믿음으로 얻는 성화 교리를 변론하고 지지합니다. 율법이 의롭다 함을 얻게 하거나 성화시킬 능력이 없는 것은, 율법이 죄악되고 치명적이어서가 아니라, 내가 죄악되고 내 죄가 치명적이기 때문입니다.

그러므로 믿음으로 얻는 칭의와 믿음으로 얻는 성화라는 바울의 가르침에 대한 이 문제제기는 근거를 잃고 맙니다. 그리고 영광스러운 복음의 진리가 서게 됩니다. 이것이 로마서 7장의 목표입니다.

율법을 변호하는 독특한 방식

이제 중요한 질문이 제기되는데 우리 삶에 구체적으로 적용되는 질문이기도 합니다. 바울은 왜 이런 독특한 방식으로 —말하자면, 로마서 7장 14-25절에서 이 분열된 사람의 경험을 이야기하는 방식으로— 율법을 변호하며 반대 의견에 답변하는 것일까요? 이 사람은 19절에서 "내가 원하는 바 선은 행하지 아니하고 도리어 원하지 아니하는 바 악을 행하는도다"라고 말합니다. 이 사람이 느끼는 혼란과 곤고한 감정을 이렇게 지루하고 길게 표현해 놓은 것이 어떻게 그의 목적을 달성합니까? 율법은 거룩하고 선하고, 진짜 범인은 죄라고 그냥 말하지 않은 이유는 무엇일까요?

이 질문에 답하기 위해, 먼저 이 분열된 사람이 누구인지부터 밝혀야겠습니다. 지난주에 드린 말씀을 기억해 보십시오. 어떤 분들은 바울이 그리스도인이 되기 전에 한 경험이라고 말하고, 어떤 분들은 그가 그리스도인이 되어서 한 경험이라고 말합니다.

제 생각에는 두 번째 의견이 맞는 것 같습니다. 바울은 여기서 그리스도인으로서 자신의 경험에 대해 말합니다. 그렇다고 우리 그리스도인이 이런 패배주의에 빠져 살아도 된다는 말씀을 드리려는 것이 아닙니다. 우리는 죄와 화해해서는 안 됩니다. 죄와 싸워야 합니다. 패배는 그리스도인의 삶에서 경험하는 유일한 또는 주된 경험이 아닙니다. 하지만 그 일부이기는 합니다. 제임스 패커도 2년 전에 이 본문에 대해 글을 쓰면서 저와 같은 의견을 말했습니다. 그는 이렇게 말했습니다.

"바울은 이 '곤고한 사람'의 인생이 너무 비참하다고 말하는 것이 아니라 단지 마땅히 좋아야 하는 정도로는 좋지 않다고 말하고 있습니다. 또 율법을 즐거워하고 그 율법을 완전하게 지키고 싶은 갈망이 있기 때문에, 계속해서 그렇게 할 수 없는 자신의 무능력이 그를 고통스럽게 한다고 말하고 있습니다. … 이 '곤고한 사람'은 바울 자신입니다. 더 나은 그리스도인이 되지 못하는 자신의 고뇌를 자발적으로 표현한 것입니다. 그리고 우리가 아는 바울의 모습을 헤아려보면 이렇게 추정하는 게 더 타당합니다."

따라서 바울은 그리스도인들이 계속해서 패배하는 삶을 산다고 말하는 것이 아니라, 그리스도인들이 계속해서 죄를 이길 수 없다는 사실을 말하는 것이라고 저는 생각합니다. 그리고 이렇게 죄에 대해 승리하지 못할 때, 건강한 그리스도인이라면 보통 로마서 7장 14-25절처럼 반응하는 게 정상적입니다. 건강한 그리스도인은 이렇게 말합니다.

- 나는 하나님의 율법을 사랑한다. 22절, "내 속사람으로는 하나님의 법을 즐거워하되."
- 내가 한 일을 미워한다. 15절, "도리어 미워하는 것을 행함이라."
- 이럴 때 얼마나 곤고함을 느끼는가! 계속해서 나를 죽이려고 위협하는 이 몸에서 벗어나기를 소망하며 매일 이 육신과 싸워야 하다니! 24절, "오호라 나는 곤고한 사람이로다 이 사망의 몸에서 누가 나를 건져내랴?"(롬 6:6; 8:10, 13 참조).

누구도 이렇게 살고 싶어 해서는 안 됩니다. 또는 이렇게 사는 데

익숙해져서도 안 됩니다. 하지만 그것이 요지가 아닙니다. 이런 상황에 처할 때, 그리스도인이라면 이런 반응을 보이게 된다는 말입니다. 거짓은 안 됩니다. 위선은 안 됩니다. 가장하는 것도 안 됩니다. 자만에 찬 완벽주의도 안 됩니다. 오! 주님, 위선적인 미소를 띠고 겉만 요란하고 자신의 실패에 무지하고 남을 정죄하기에 재빠른 이런 교회로부터 우리를 구하소서. 하나님은 우리를 바울처럼 솔직하고 겸손하게 만드십니다.

따라서 제가 변호하고 싶은 견해는, 로마서 7장 14-25절은, 비록 이상적인 것은 아니라 해도, 그리스도인이라면 분명 마주치게 되는 실제 경험의 일부라는 것입니다.

율법과 우리 안에 있는 죄

앞서 제가 중요한 질문이라고 했던 그 문제로 돌아가겠습니다. '그렇다면 바울은 왜 이런 독특한 방법으로 율법을 변호할까요?' 믿음으로 얻는 칭의와 믿음으로 얻는 성화 교리가 율법을 죄악시하고 유해한 것으로 만든다는 반대 의견에 답을 하고 있다는 점을 기억하십시오. 바울은 왜 자신이 그리스도인으로서 실패했던 경험을 말하면서 율법을 변호하는 것일까요? "내가 원하는 바 선은 행하지 아니하고 도리어 원하지 아니하는 바 악을 행하는도다"(7:19). 그가 율법을 죄와 죽음으로 만들었다는 잘못된 비판에 맞서기 위해 불완전한 그리스도인과 율법을 함께 다루는 것이 무슨 도움이 될까요?

그리스도인의 경험을 이야기할 때 문제가 되는 부분이 있습니다. 바울은 로마서 7장 4절에서 그리스도인들이 율법에 대해 죽고 하나님을 위해 열매를 맺기 위해 그리스도를 받아들여야 한다고 말했습니다. 하지만 반대자들은 이렇게 말합니다. "그리스도인들을 보시오. 고린도 교회를 보시오. 또 라오디게아 교회를 보시오(계 3:17). 베들레헴을 보시오. 바울 선생, 율법에 대해 죽을 때 무슨 일이 일어나는지 당신도 알지 않소? 당신도 로마서 7장 19절에서 '내가 원하는 바 선을 행하지 아니라고'라고 말했소. 그런데 로마서 3장 31절에서는 당신 교리가 실제로 율법을 세운다고 말했소. 로마서 8장 4절에서는 영을 따라 사는 사람이 율법을 완성한다고 말했소. 하지만 그리스도인들이 진짜 경험하는 것을 보시오. 당신 자신을 보란 말이오! 바울 선생, 당신 문제가 뭔지 아시오? 당신은 율법을 사랑하는 게 아니오. 그리고 당신은 율법을 해결책이 아닌 문제로 대하고 있소."

그렇다면 이러한 반박에 대해 바울은 어떻게 대응합니까? 무엇보다 바울은 그 문제를 정면으로 마주하면서 그리스도인의 경험을 다룹니다. 그의 대답은 네 쌍의 핵심적인 문장으로 이루어져 있습니다. 쌍을 이루는 한쪽에는 그리스도인들이 율법을 사랑하고 율법을 즐거워한다는 내용이 나오고, 나머지 한쪽에는 우리가 실패한 것은 율법을 존중하지 않아서가 아니라 우리 안에 거하는 죄의 힘 때문이라고 말합니다. 따라서 그의 대답은 이중구조입니다. 율법을 높이고 우리 안에 거하는 죄를 인정하는 것입니다.

첫 번째 쌍

• 율법을 높임: 로마서 7장 14절 상반절, "우리가 율법은 신령한 줄 알거니와."

•내주하는 죄를 인정: 로마서 7장 14절 하반절, "나는 육신에 속하여 죄 아래에 팔렸도다."

두 번째 쌍

•율법을 높임: 로마서 7장 16절, "만일 내가 원하지 아니하는 그것을 행하면 내가 이로써 율법이 선한 것을 시인하노니."

•내주하는 죄를 인정: 로마서 7장 17절, "이제는 그것을 행하는 자가 내가 아니요 내 속에 거하는 죄니라." (여기서 "내주하는 죄"라는 말이 나왔습니다. 그리고 7장 20절에서 이 표현이 또 나옵니다. "만일 내가 원하지 아니하는 그것을 하면 이를 행하는 자는 내가 아니요 내 속에 거하는 죄니라.")

세 번째 쌍

•율법을 높임: 로마서 7장 22절, "내 속사람으로는 하나님의 법을 즐거워하되."

•내주하는 죄를 인정: 로마서 7장 23절, "내 지체 속에서 한 다른 법이 내 마음의 법과 싸워 내 지체 속에 있는 죄의 법으로 나를 사로잡는 것을 보는도다."

네 번째 쌍

•율법을 높임: 로마서 7장 25절 하반절, "그런즉 내 자신이 마음으로는 하나님의 법을 섬기노라."

•내주하는 죄를 인정: 로마서 7장 25절 하반절, "육신으로는 죄

의 법을 섬기노라."

따라서 그리스도인들은 하나님의 율법을 사랑하고, 하나님의 율법을 높이고, 하나님의 율법을 기뻐하고, 하나님의 율법에 동의하고, 하나님의 율법을 선한 것으로 여기고, 자신이 실패한 것을 율법 탓으로 돌리지 않는다는 것이 바울의 대답입니다. 오히려 그리스도인은, 이 타락한 세대가 계속되고 우리가 이 땅에 사는 한 모든 그리스도인에게 "내주하는 죄"(7:17, 20)가 있음을 인정합니다. (이것은 아주 중요하고 실천적인 가르침으로 결론에서 이 문제를 다루겠습니다.)

다른 말로 하면, 율법이 우리를 패배하게 만들지 않습니다. 율법은 우리 승리를 확인시켜 줄 뿐입니다. 내주하는 죄가 우리를 패배하게 만듭니다. 그리고 바울은 6-8장에서 이 타락한 세대에서 실현 가능한 거룩함을 너무 과장하거나 축소하지도 않으려고 애를 씁니다. 우리 그리스도인들은 죄의 지배에서 구원받았지만 그럼에도 여전히 우리 몸(롬 8:23)의 속량과 우리 몸에 내주하는 "죄의 법"으로부터 완전히 구원받기를 탄식하며 고대하고 있습니다.

제임스 패커의 삶을 통해 본 예

이 세상에는 어떤 거룩함도 없다고 말하거나 온전히 거룩해질 수 있다고 말하는 극단을 피하는 것이 얼마나 중요한지, J. I. 패커의 삶을 통해 살펴보며 말씀을 맺으려 합니다. (패커는 밴쿠버에 있는 리젠트대학에서 신학을 가르칩니다).

저는 패커가 이 이야기 하는 것을 직접 듣기도 했고 두 권의 다른 책에서 읽기도 했습니다. 1944년에 그는 옥스퍼드의 코퍼스 크리스티 대학에서 헬라어와 라틴어를 배우고 있었고 '옥스퍼드 밴디트'라는 재즈 밴드에서 활동했습니다. 어느 날 저녁 그는 기독교 연합 모임에 참석해서 얼 랭스턴이라는 별로 유명하지 않은 설교가의 설교를 들었습니다. 랭스턴은 이렇게 말했습니다. "내 눈에서 비늘이 벗겨졌습니다 … 그러자 길이 보였습니다."

그리고 곧 위기가 찾아왔습니다. 당시 옥스퍼드 주변에는 거짓된 가르침이 많았습니다. 특히 완전주의와 '믿음에 의한 성화' —그들은 이 말을 죄와 더 이상 싸우지 않게 된다는 의미로 사용했습니다. 제가 말씀드린 의미와 다릅니다!— 를 경험할 수 있다는 가르침과 관련이 있었습니다. 패커는 매우 예민한 양심을 가지고 있었기에 자신을 속일 수 없었습니다. 그는 완전하지 않았고 아무리 여러 번 하나님 앞에 자신을 헌신해도 여전히 완전하지 않았습니다. 그는 다음의 두 가지를 발견하지 못했더라면 이것 때문에 자살했을지도 모른다고 말했습니다. 그가 발견한 두 가지는, 내주하는 죄에 대해 존 오웬이 쓴 책과 거룩함을 주제로 쓴 J. C. 라일의 책이었습니다. 여기서 그는 성경이 말하는 "내주하는 죄"에 대해 깨닫게 되었고, 믿음의 싸움은 계속된다는 사실과 오직 믿음으로 그리스도 안에서 우리에게 전가된 하나님의 의로부터 오는 영광스러운 쉼을 알게 되었습니다.

우리는 이 진리의 강물에 이제 겨우 발을 담갔습니다. 로마서 7장에서 말하는 이 분열된 사람에 대해 아직도 할 말이 많습니다. 하지만 지금까지 살펴본 내용을 통해 하나님께서 우리의 눈에서 비늘을 벗겨 주셔서 완전주의와 패배주의라는 두 극단의 무기력에서 빠져나올 수 있기를 기도합니다. 그리스도인의 표징은 완전함이 아니라, 믿음으로 계속해서 싸워나가는 것입니다. 불완전한 사랑이긴 하지만 성령의 능력으로 싸우면서 하나님께서 죄인들을 의롭다 하셨음을 기뻐하며 확신하는 것입니다. 그러니 그리스도를 우리의 의로 받아들이고 그분을 힘을 다해 귀하게 여기고 다른 무엇보다 그분의 방법을 높이십시오.

32장

이 분열된 사람은 누구인가? (3부)

로마서 7:14-25

우리가 율법은 신령한 줄 알거니와 나는 육신에 속하여 죄 아래에 팔렸도다. 내가 행하는 것을 내가 알지 못하노니 곧 내가 원하는 것은 행하지 아니하고 도리어 미워하는 것을 행함이라. 만일 내가 원하지 아니하는 그것을 행하면 내가 이로써 율법이 선한 것을 시인하노니, 이제는 그것을 행하는 자가 내가 아니요 내 속에 거하는 죄니라. 내 속 곧 내 육신에 선한 것이 거하지 아니하는 줄을 아노니 원함은 내게 있으나 선을 행하는 것은 없노라. 내가 원하는 바 선은 행하지 아니하고 도리어 원하지 아니하는 바 악을 행하는도다. 만일 내가 원하지 아니하는 그것을 하면 이를 행하는 자는 내가 아니요 내 속에 거하는 죄니라. 그러므로 내가 한 법을 깨달았노니 곧 선을 행하기 원하는 나에게 악이 함께 있는 것이로다. 내 속사람으로는 하나님의 법을 즐거워하되 내 지체 속에서 한 다른 법이 내 마음의 법과 싸워 내 지체 속에 있는 죄의 법으로 나를 사로잡는 것을 보는도다. 오호라 나는 곤고한 사람이로다. 이 사망의 몸에서 누가 나를 건져내랴! 우리 주 예수 그리스도로 말미암아 하나님께 감사하리로다. 그런즉 내 자신이 마음으로는 하나님의 법을 육신으로는 죄의 법을 섬기노라. _롬 7:14-25

지난주 설교에서 로마서 7장 14-25절은 잘못된 반대 의견, 말하자면 바울이 하나님의 율법을 그리스도인의 삶에서 원흉으로 만든다는(그래서는 안 되는데) 주장으로부터 율법을 변론하기 위해 쓴 것이라 말씀드렸습니다. 다른 말로 하면, 누군가 바울에게 이렇게 말한 것과 같습니다. "당신은 지금 사람들에게 '율법에 대해 죽어야 한다'(롬 7:4) 혹은 '율법에서 벗어나야 한다'(롬 7:6)고 말하고 있소. 하지만 그렇게 율법을 공격한 결과가 어떤지 보시오. 사람들은 하고 싶지 않은 일을 하고, 하고 싶은 일은 하지 않게 되었소. 바울선생, 당신이 그리스도인으로서 문제가 뭔지 아시오? 당신은 마땅히 율법을 존중해야 함에도 율법을 존중하지 않는다는 거요. 실제로 당신은 그리스도인들에게 '율법 아래' 있지 않다고 말하고 있소(롬 6:14-15; 갈 4:21; 5:18). 따라서 율법을 마치 죄와 질병인양 다루고 있소. 하지만 그렇게 해서 당신이 얻는 게 뭐요?"

그래서 바울은 로마서 7장 14-25절에서 이를 반박하는 세 가지 주장을 펼칩니다.

로마서 7장에서 바울이 주장하는 것

먼저, 바울은 하나님의 율법이 선하며 신령하다고 주장합니다.

- 롬 7:14 상반절, "우리가 율법은 신령한 줄 알거니와."
- 롬 7:16 하반절, "내가 이로써 율법이 선한 것을 시인하노니."
- 롬 7:22, "내 속사람으로는 하나님의 법을 즐거워하되."
- 롬 7:25 하반절, "내 자신이 마음으로는 하나님의 법을 섬기노라."

따라서 바울의 가르침이 율법을 죄와 죽음으로 만든다는 잘못된 주장과 달리 바울은 율법을 변호하고 있습니다.

두 번째로, 바울은 그리스도인들이 완전하지 못하고 그리스도인들이 다다라야 할 최고 기준치에 미치지 못하는 이유를 설명하면서, “내주하는 죄”라고 부르는 실체가 있다고 주장합니다.

- 롬 7:17, “이제는 그것을 행하는 자가 내가 아니요 내 속에 거하는 죄니라.”
- 롬 7:20, “만일 내가 원하지 아니하는 그것을 하면 이를 행하는 자는 내가 아니요 내 속에 거하는 죄니라.”

바울은 한편으로는 율법이 선하다 주장하고, 또 한편으로는 내주하는 죄가 그리스도인의 삶에서 원흉이라고 주장합니다.

세 번째로, 바울은 자신이 진짜 그리스도인임을 주장합니다. 비록 여전히 죄를 짓지만 그리스도 안에서 새사람이고 새로운 피조물이라는 것입니다.

예를 들어, 바울은 로마서 7장 22-23절에서 이렇게 말합니다. “내 속사람으로는 하나님의 법을 즐거워하되 내 지체 속에서 한 다른 법이 내 마음의 법과 싸워 내 지체 속에 있는 죄의 법으로 나를 사로잡는 것을 보는도다.” 즉 “나는 변했습니다. 내 안에는 하나님을 향한 새로운 영적 감각이 생겼고 그분의 법이 있습니다. 나는 그리스도인입니다”라고 말합니다.

이 분열된 사람은 누구인가?

오늘 본문에서 가장 논란이 되는 문제를 다루겠습니다. 이 분열된 사람은 그리스도인입니까? 그리스도 안에 있는 새로운 피조물입니까? 그리스도를 구주요 주로 믿어서 그 마음에 성령이 내주하는 사람입니까? 지난주에 저는 이 질문에 대해 "그렇다"고 대답하면서 그 이유를 오늘 말씀드리겠다고 했습니다. 로마서 7장 14-25절에서 바울이 서술한 경험은, 회심 이전의 경험이 아니라(혹은 그리스도인이 회심 이전의 경험을 회상하는 방식이 아니라) 그리스도인으로서의 경험이라고 제가 믿는 이유는 무엇일까요?

사람들을 구하는 데 실질적으로 영향을 준다

이것이 중요한 이유 중 하나는, 완전주의라는 파괴적인 절망으로부터 사람들을 구하는 데 매우 실제적인 도움을 주기 때문입니다. 지난주에 J. I. 패커의 이야기를 했습니다. "내주하는 죄"에 대한 존 오웬의 분명한 가르침을 통해 회심을 경험한 후, 패커는 자살충동에서 벗어날 수 있었다고 했습니다. (오웬의 책은 로마서 7장 21절을 기반으로 합니다).* 믿음과 삶을 향한 하나님의 기준을 모두 거부할 때에도 절망이 찾아옵니다. 또 완전주의적 기준을 내세울 때도 절망이 찾

*17세기에 출간된 150페이지 분량의 글로 지금도 「존 오웬 전집」 6권으로 판매중입니다(Edinburgh: Banner of Truth Trust, 1967), pp. 153-322. 이 글의 완전한 제목은 다음과 같습니다. "신자 안에 남아 있는 내주하는 죄의 본질과 힘과 거짓됨과 편만함: 제시하고 증명하며 적용해본 그 죄의 여러 가지 역사 방법과 그 역사를 막을 수단들: 그와 관련된 양심의 갖가지 사례들을 풀어본 해답"(The Nature, Power, Deceit, and Prevalency of the Remainders of Indwelling Sin in Believers: Together with the Ways of Its Working and Means

아옵니다. 이런 완전주의는, 진정한 신자라면 삶에서 죄를 짓지 않아야 한다고 주장합니다. 오늘 본문에 나타난 바울의 가르침은 이 두 종류의 절망 사이에서 거친 파도를 헤치는 사람들을 도울 수 있는 강력한 목회적 영향력을 갖습니다. 그리고 그것이 우리 모두가 살 길입니다.

본문은 우리가 죄와 화목해야 한다고 말하는 것이 아니라, 실제 삶에서 죄와 싸워야 하고 이 싸움에서 전술적으로 패배해서 고통스러울 때 어떻게 반응하고 어떻게 자신에 대해 이해해야 하는지를 아는 것이 중요하다고 말합니다. 이것이 본문의 요지라고 지난주에 강조했습니다. 6장은 우리가 죄와 싸울 때 분명히 이긴다고 말합니다(6:14 참조). 7장은 이 과정에서 우리는 전술적으로 실패할 수밖에 없는데, 이로 인해 우리 구주를 더욱 사랑하게 될 것이라고 분명히 말합니다. 이 싸움에 신실히 임하고 실패에 바르게 반응하는 것이 진정한 그리스도인임을 드러내는 증거이지, 완전함이 그 증거가

of Prevention, Opened, Evinced, and Applied: with A Resolution of Sundry Cases of Conscience Thereunto Appertaining).

본문의 내용이 그리스도인이 되기 이전의 경험이라고 주장하는 사람들의 주된 논거는 로마서 6장이 말하는 그리스도인은 "죄 아래 팔릴 수"(7:14, "나는 육신에 속하여 죄 아래에 팔렸도다.") 없다는 것입니다. 여기서 "팔리다"(sold)라는 단어를 사용한 것은 "종으로 팔리다"는 이미지를 드러내기 위해서일 것입니다. 하지만 또 한편으로는 바울이 갈라디아서 5장 1절에서 일어나서는 안 된다고 말한 그 경험("굳건하게 서서 다시는 종의 멍에를 메지 말라.")이 영원히 지속되는 경험이 아니라 일시적인 경험임을 드러내는 말이기도 합니다. 바울은 갈라디아서 2장 12절에서 베드로에게 이 일이 일어났다고 말합니다. 따라서 여기서 알 수 있는 것은, 우리는 지속적으로 죄에게 종 노릇 하지 않고 그간 단호하게 그 상태에서 벗어나 왔다는 것입니다. 하지만 또 그 상태로 후회하는 경우가 찾아오는데, 그럴 때에는 어떤 의미에서 죄가 우리를 "종으로 삼고"(enslaving) 있다 할 수 있습니다.

아닙니다.

따라서 본문은 실제 그리스도인의 경험을 말하는 것이고, 또한 그리스도인에게 일종의 지침과 격려를 주는 구절이라고 믿는 이유를 제시하겠습니다.

논거 1. 1인칭 대명사를 사용함

바울이 1인칭 대명사 "나"를 사용하고 현재형 동사를 사용한 것으로 보아, 자신에 대해 말하고 있고, 믿는 자로서 지금 경험하는 삶의 일부를 말하고 있다고 해석하는 것이 가장 자연스럽습니다. 바울은 이 본문에서 "나는", "내가", "내게"라는 말을 40번 정도 사용합니다. 그리고 자신의 상황을 계속해서 현재형으로 표현합니다. "나는 육신에 속하여 … 내가 행하는 것을 내가 알지 못하노니 … 도리어 미워하는 것을 행함이라 … 그러므로 내가 한 법을 깨달았노니 … 내 속사람으로는 하나님의 법을 즐거워하되 … 마음으로는 하나님의 법을 섬기노라."

이것만 봐도 바울이 지금 자신에 대해 말하고 있고, 현재 그리스도인으로서 경험하는 삶의 일부를 말하고 있음을 확실히 알 수 있습니다. 이를 반박하는 주장은 없을 것입니다.

논거 2. 그리스도인의 시각으로 율법을 언급함

바울이 이 본문에서 하나님의 율법에 대해 하는 말을 들어 보면 전형적인 그리스도인의 시각으로 말합니다. 회심하지 않은 비기독교 유대인은 그런 식으로 말하지 않습니다. 바울이 율법을 "선하고"(7:6)

"신령하다"(7:14)고 말한 것뿐 아니라, 특히 7장 22절에서 "내 속사람으로는 하나님의 법을 즐거워하되"라고 말한 부분이 그렇습니다. 여기서 "속사람"이라는 표현은, 바울이 그리스도인의 진정한 내적 자아(inner self)에 대해 말한 것과 유사한 방식입니다. 또한 "즐거워하되"(joyfully concur)라는 표현은 바울이 회심 전 바리새인으로서 경험한 세속적이고 피상적이고 경건치 못한 기쁨이 아닌, 하나님의 진리와 율법에 대해 그가 현재 누리고 있는 심오한 기쁨을 표현한 것이라고 저는 생각합니다. 따라서 바울은 이 본문에서 신자만이 가질 수 있는 방식으로 율법을 다루고 있는 것으로 보입니다.

논거 3. 회심 이전에 대한 언급과 일치하지 않음

또 바울이 율법과 관련해서 자신을 분열되고 때로 괴로움을 겪는 존재로 묘사한 것은 어떻습니까? 이 모습이 우리가 알고 있는 회심 이전의 바울과 어울립니까? 그렇지 않습니다. 바울은 그리스도인이 되기 전 자신의 삶에 대해 간접적으로만 살짝 비춰 주고 있는데, 거기서는 하나님의 율법대로 살고자 앞만 보고 내달리는 모습만 보입니다.

예를 들어, 갈라디아서 1장 13-14절에서 바울은 이렇게 말합니다. "내가 이전에 유대교에 있을 때에 행한 일을 너희가 들었거니와 하나님의 교회를 심히 박해하여 멸하고 내가 내 동족 중 여러 연갑자보다 유대교를 지나치게 믿어 내 조상의 전통에 대하여 더욱 열심이 있었으나."

따라서 바울은 회심 이전의 삶을 율법과 전통을 위해 특심한 열의를 내는 삶으로 표현했습니다. 로마서 7장에서 보이는 것처럼 내적으로 분열되고 갈등하고 고통스러워하는 모습은 전혀 찾아볼 수 없습니다.

이와 비슷하게, 빌립보서 3장 4-6절에서 바울은 자신이 회심 이전에 유대 율법과 관련해서 얼마나 자고하던 사람이었는지 말합니다. "그러나 나도 육체를 신뢰할 만하며 만일 누구든지 다른 이가 육체를 신뢰할 것이 있는 줄로 생각하면 나는 더욱 그러하리니 나는 팔일 만에 할례를 받고 이스라엘 족속이요 베냐민 지파요 히브리인 중의 히브리인이요 율법으로는 바리새인이요 열심으로는 교회를 박해하고 율법의 의로는 흠이 없는 자라."

따라서 회심 이전의 삶에 대해 바울이 우리에게 보여 주는 몇 가지 모습에서는, 그가 로마서 7장에서처럼 갈등하고 고통을 느끼는 모습은 찾아볼 수 없습니다.

따라서 로마서 7장 14-25절에서 읽은 모습은 바울이 회심 이전의 경험에 대해 말한 것이 아니라, 그리스도인으로서 한 경험을 말한 것으로 보입니다. 율법을 사랑하고 율법에 어긋나는 행실을 미워하는 진짜 싸움은, 하나님께서 우리를 구원하셔서 우리가 영적으로 하나님의 영광을 알게 되고, 믿음으로 순종하는 것에 대해 알게 되고, 사랑의 삶에서 율법이 정말로 가리키고 있는 것이 무엇인지 알게 될 때 시작됩니다. 따라서 본문에서 읽은 갈등은 그가 그리스도인이 되기 이전에 한 경험이 아니라 그리스도인으로서 경험한 것의 일부라고 보는 것이 훨씬 타당합니다.

논거 4. 그리스도인의 시각으로 자신에 대해 언급함

바울이 자신에 대해 언급한 내용을 보면, 그리스도 안에서 새로운 피조물이 아닌 사람 —믿음도 없고 성령도 받지 않은 사람— 에 대해 말했다고 생각되지 않습니다. 제가 염두에 둔 중요 구절은 로마서 7장 18절입니다. "내 속 곧 내 육신에 선한 것이 거하지 아니하는 줄을 아노니." 이 말 속에서 두 가지를 발견하게 됩니다. 하나는, 자기 자신에 대해 절망적인 평가를 하고 있다는 점입니다. "내 안에 선한 것이 거하지 아니하는 줄을 아노니." 자신은 율법 앞에서 흠이 없다고 말했던(빌 3:6) 확신에 찬 회심 이전 바울의 말처럼 들리지 않습니다. 오직 은혜로 구원받았음을 알고, 죄와 허물로 죽은 존재였음을 알고(엡 2:5), "의인은 없나니 하나도 없음"을 아는 상한 심령을 소유한 사람이 할 수 있는 말입니다.

하지만 이런 질문이 생길 수 있습니다. "바울이 그리스도인이고 그리스도 안에서 새로운 피조물이라면, '내 안에 선한 것이 없다'고 말할 수 있습니까? 믿음을 통해 바울 안에 거하시는 그리스도(엡 3:17)와 성령(롬 8:11)은 어떻게 됩니까?"

아마 바울은 이렇게 답할 것입니다. "바로 그래서 제 말에 단서를 붙였습니다. '내 안에 선한 것이 없음을 안다'고 말하면서 저는 '내 육신'이라는 단서를 붙였습니다." 이 구절에서 두 번째로 발견하게 되는 점입니다. 만일 바울이 그리스도인으로서 그리스도인이 되기 이전의 삶을 평가한 말이라면, 이런 단서를 붙이지 않았을 것입니다. 오직 그리스도인만이 "육신" 이상이 됩니다. 그리스도를 믿는 사람만이 다시 태어나 새로운 본성을 갖게 되고, 성령이 그 안에 거하시게 됩니다. 이런 일이 일어나기 전에 우리는 그저 "육신"일 뿐입니다. 그게 전부입니다. 그저 인간일 뿐입니다. 예수님은 요한복음 3장 6절에서 "육으로 난 것은 육이요"라고 말씀하셨습니다. 다시 태어났을 때만 '나는 육신 이상이다. 내게는 성령이 계신다. 나는 이제 새로운 피조물이다'라고 말할 수 있습니다.

따라서 바울이 자신에 대해 "내 안에 선한 것이 없다"고 말하면서 "즉, 내 육신에"라는 단서를 붙인 것은 "그리스도를 떠나서는, 성령 없이는, 그리스도 안에서 새로운 피조물이 되지 않고는, 나는 선하지 않다"는 의미입니다. 다른 말로 하면, 이것은 바울이 그리스도인이 되기 이전이 아닌 그리스도인으로서 자신을 표현한 말입니다. 그리스도인이라면 그 안에는 선한 것, 즉 그리스도와 그분의 일하심이 존재합니다.

논거 5. 분열된 사람의 예, 베드로

바울이 지금 그리스도인의 경험을 말한다는 증거는 몇 가지 더 있습니다. 이에 대해서는 다음에 다루기로 하고 여기서는 하나만 더 다루면서, 우리 실생활에 적용해 보겠습니다. 베드로의 삶에서 그가 그리스도인으로서 실패한 경험들을 살펴보면서, 바울이 여기서 한 말을 베드로에게 적용하는 것이 억지가 아님을 보여드리겠습니다.

베드로가 어떻게 그리스도를 세 번 부인했는지 우리는 잘 알고 있습니다. 그가 나가서 심히 울면서 "오호라 나는 곤고한 사람이로다. 이 사망의 몸에서 누가 나를 건져내랴?"와 비슷한 말을 했을 거라는 데 의심의 여지가 없습니다. 하지만 어떤 사람들은 이렇게 말할 것입니다. "글쎄요. 그때는 아직 오순절 성령이 오기 전이었어요. 그래서 베드로가 성령의 온전한 능력을 받지 못한 상태였으니 별로 합당한 예가 아닌 것 같습니다."

그렇다면 베드로가 성령 충만을 받은 지 한참 후의 일을 예로 들어 보겠습니다. 갈라디아서 2장 11절에서 바울은 베드로의 잘못을 거론하면서, 너무 심각한 잘못이라 자신이 공개석상에서 그를 책망했다고 말합니다. 바울은 12-13절에서 이렇게 말합니다. "야고보에게서 온 어떤 이들이[예루살렘에서 온 엄격한 유대주의자들] 이르기 전에 게바가 이방인과 함께 먹다가 그들이 오매 그가 할례자들을 두려워하여 떠나 물러가매 남은 유대인들도 그와 같이 외식하므로 바나바도 그들의 외식에 유혹되었느니라." 여기 누가 나오는지 주목해 보십시오. 1세기 최고의 그리스도인 두 명이 나옵니다. 누가가 쓴 사도행전에서 영웅이었던 베드로와 바나바입니다.

다음은, 바울이 그들의 행동을 비난하며 사용한 끔찍한 두 단어에 주목해 보십시오. "두려워하다"와 "외식"입니다. 12절 끝에서 "할례자들을 두려워하여"라고 말하고 13절 끝에서 "바나바도 그들의 외식에 유혹되었느니라"고 말합니다.

베드로는 유대인으로서 이방인들과 함께 먹으며 그리스도 안에서 자유를 누렸지만, 많은 사람이 이런 행동을 의례상 불결한 것으로 여겼습니다. 하지만 바울이 말했듯이 베드로는 "율법 아래" 있지 않았습니다. 그런데 예루살렘에서 영향력을 가진 사람들이 오자, 베드로는 그들의 비난이 두려워 겁쟁이가 되었습니다. (또 그랬습니다! 전에는 예수님을 부인했고 이번에 또 그랬다는 점에 주목하십시오!) 예전과 똑

같은 죄를 저질렀습니다. "오호라 나는 곤고한 사람이로다!"라고 말할 그런 죄입니다. 베드로는 그 사람들 앞에서는 자신이 실제로 한 행동(이방인과 함께 먹은 것)을 하지 않은 척 했습니다. 그는 사람들의 인정을 받고자 했습니다. 그는 두려워해서는 안 될 대상을 두려워했습니다. 거짓말을 했고 행동으로 속였습니다. 바울은 이 죄가 너무 심각해서 복음 자체가 위태로워졌다고 생각했습니다. 그래서 14절에서 "나는 그들이 복음의 진리를 따라 바르게 행하지 아니함을 보고"라고 말하며 베드로를 모든 사람 앞에서 책망했습니다.

논의를 계속 이어서 로마서 7장 14절 말씀에 대입해 해석할 수 있지만 다음 기회로 미루겠습니다. 오늘은 여기까지 보는 것으로 충분하리라 생각합니다. 이런 일은 우리에게도 일어나고 우리가 정말 싫어하는 일입니다. 내주하는 죄는 극복되어야 하고 사형에 처해져야 합니다. 하지만 때로 이 죄가 우리를 사로잡아 무슨 일이 일어나는지 깨닫기도 전에 우리를 종으로 삼아 버립니다. 또 때로는 무슨 일이 일어나는지 우리가 정확히 알고 있다고 교묘히 설득해서 스스로 속게 만듭니다.

그렇다고 해서 우리가 그리스도인이 아닌 것은 아닙니다. 문제는, 우리가 율법을 사랑하는가입니다. 우리가 당하는 패배를 미워합니까? 죄악된 우리 상태로 인해 낙담하여 울부짖습니까? 그리스도와 그분의 의를 바라봅니까? 십자가로 나아갑니까? 죄를 고백하고 회개하고 사탄을 거부하고 우리 얼굴을 갈보리에 계신 예수님을 향하여 듭니까? 그렇게 하십시오! 우리 모두 그렇게 할 수 있기를 서로 기도해 줍시다.

33장

이 분열된 사람은 누구인가? (4부)

로마서 7:14-25

우리가 율법은 신령한 줄 알거니와 나는 육신에 속하여 죄 아래에 팔렸도다. 내가 행하는 것을 내가 알지 못하노니 곧 내가 원하는 것은 행하지 아니하고 도리어 미워하는 것을 행함이라. 만일 내가 원하지 아니하는 그것을 행하면 내가 이로써 율법이 선한 것을 시인하노니, 이제는 그것을 행하는 자가 내가 아니요 내 속에 거하는 죄니라. 내 속 곧 내 육신에 선한 것이 거하지 아니하는 줄을 아노니 원함은 내게 있으나 선을 행하는 것은 없노라. 내가 원하는 바 선은 행하지 아니하고 도리어 원하지 아니하는 바 악을 행하는도다. 만일 내가 원하지 아니하는 그것을 하면 이를 행하는 자는 내가 아니요 내 속에 거하는 죄니라. 그러므로 내가 한 법을 깨달았노니 곧 선을 행하기 원하는 나에게 악이 함께 있는 것이로다. 내 속사람으로는 하나님의 법을 즐거워하되 내 지체 속에서 한 다른 법이 내 마음의 법과 싸워 내 지체 속에 있는 죄의 법으로 나를 사로잡는 것을 보는도다. 오호라 나는 곤고한 사람이로다. 이 사망의 몸에서 누가 나를 건져내랴! 우리 주 예수 그리스도로 말미암아 하나님께 감사하리로다. 그런즉 내 자신이 마음으로는 하나님의 법을 육신으로는 죄의 법을 섬기노라. _롬 7:14-25

그리스도인의 경험

지난주에 로마서 7장 14-25절 본문을 세 번째로 설교했습니다. 자기가 원하는 것을 행하지 않는(19절) 이 분열된 사람의 경험이 실제 바울 자신의 경험이라고 생각하는 이유를 다섯 가지 말씀드렸습니다. 바울은 그리스도인으로서 살아가는 자신에 대해 또한 그리스도인으로 살아가는 우리 모두에 대해 말합니다.

저명한 성경학자들 사이에서도 본문에서 바울이 표현한 이 사람이 믿기 이전의 바울인지 아니면 믿고 난 후의 바울인지 매우 논란이 있습니다. 아니면 그리스도인이 아닌, 그리스도인이 되기 이전 (바울이 아닌) 다른 어떤 사람의 경험이라는 주장도 있습니다. 하지만 이것은 신자로서 바울 혹은 우리의 경험이라는 것이 저의 주장입니다.

복습하자면, 그리스도인들이 오직 패배만 한다고 말하는 것이 아닙니다. 오히려 어떤 그리스도인도 죄에 대해 완전하게 승리만 하며 살 수 없다는 말씀입니다. 그리고 그렇게 죄에게 지는 상황에 처했을 때, 로마서 7장 14-25절은 건강한 그리스도인이라면 어떻게 반응하는지를 보여줍니다. 우리는 이렇게 말해야 합니다.

1. 나는 하나님의 법을 사랑한다(22절).

2. 내가 한 일을 미워한다(15절).

3. 오호라, 나는 곤고한 사람이로다! 이 사망의 몸에서 누가 나를 건져낼까?(24절).

4. 하나님께 감사하자. 승리는 우리 주 예수 그리스도를 통해 올 것이다(25절).

다른 말로 하면, 어떤 그리스도인도 이런 식의 삶, 즉 실패하는 삶을 원하지 않습니다. 어떤 그리스도인도 이런 삶에 안주하지 않습니다. 하지만 어쩔 수 없이 잠시 동안 이런 상황에 처하게 되었을 때, 우리는 거짓말을 해서는 안 됩니다. 위선이나 기만을 행해서는 안 됩니다. 완전주의를 자랑해서도 안 됩니다. 겉으로만 웃고, 겉으로만 활기차게 움직이는 교회가 되어서는 안 됩니다. 하나님께서는 우리 실패를 깨닫지 못하고 남을 성급하게 판단하지 않도록 우리를 도와 주십니다. 하나님께서는 다른 사람의 실패보다 우리 자신의 단점을 더 심각하게 느끼도록 해주십니다. 하나님께서는 본문에 나오는 바울처럼 우리에게도 정직함과 솔직함과 겸손함을 주십니다!

휴가 중에 윌리엄 윌버포스가 쓴 1797년에 출간된 책을 읽었습니다. 그는 영국에서 활동한 그리스도인 정치가로서 수십 년간 노예 제도와 맞서 싸웠습니다. 「실천적인 기독교」(A Practical View of Christianity)라는 책입니다. 저자가 전문 신학자가 아니라 정치가였다는 점을 생각할 때 정말로 예리하고 통찰력 있는 책입니다.

제가 이 책을 언급하는 이유는, 윌버포스가 이 책에서 로마서 7장의 경험과 우리 안에 있는 남아 있는 부패와 타락에 대해 여러 번 말하기 때문입니다.

예를 들어, 한 곳에서는, 1790년대 영국 교회 대부분이 전혀 인식하지 못하던 인간의 본성적인 부패함에 대해 더 깊이 자각해야 한다고 주장합니다. 그에 대한 증거로서 그는 "깨어 있고 근면하고 자기를 부인하는 그리스도인"이 하는 간증을 제시합니다.

윌버포스는 살면 살수록 이 확신이 강해진다고 말합니다. 그는 자신의 의도가 단순한지, 목적에 결함이 있는지, 생각이 짧은지, 이기심과 쓸데없는 욕망들로 가득한지, 의무에 소홀한지, 의무를 수행하면서 권태와 냉담함을 느끼는지를 매시간 돌아보게 된다고 말합니다. 그래서 끊임없이 이런 모습을 고백해야 한다는 의무감을 느끼고, 자신 안에서 두 가지 상반되는 원리가 충돌하고 있음을 느끼고, "자신이 하려는 것을 할 수 없는"(롬 7:19 참조) 현실을 절감한다고 말합니다.

또 다른 곳에서는 그리스도 안에 있는 새 생명이라는 "잠재적 원리"(seminal principle)가 자라나서, 거룩함이라는 것에 영적으로나 도덕적으로 냉소적인 이 세상 속에서 열매를 맺어야 한다고 주장합니다. 미네소타에서 복숭아나무를 키우는 것과 비슷합니다. 그리스도인의 삶에는 열매가 있을 것입니다. 하나님은 그 열매가 있게 하실 것입니다. "하지만 그동안 그리스도의 종들은 이 세상을 살아가면서, 자신에게 남아 있는 불완전함에 대한 부끄러운 기억들을 많이 갖게 될 것이고, 하고자 하는 일을 할 수 없다는 고백을 날마다 하게 될 것입니다(롬 7:18-19 참조).

교만과 절망 사이에서 균형 잡기

이것이 대부분의 그리스도인들이 2000년 동안 이 본문을 읽고 해석해 왔던 견해이고 또 제가 주장하는 견해입니다. 로마서 7장 14-25절에서 바울은 진정한 그리스도인의 경험을 말합니다. 이 주장에 대한 논거로 지난주에 5가지를 말씀드렸는데 오늘 —적어도— 다섯 가지를 더 말씀드리겠습니다. 제가 이렇게 논거를 많이 말씀드리는 이유는 우리를 훌륭한 논쟁가로 만들기 위해서가 아닙니다. 훌륭한 논쟁가들은 종종 자만심이 강해서 자아를 위해 논쟁에서 이기려고만 합니다. 저의 의도는, 우리가 그리스도인으로서 진짜 어떤 상태에 있는지 알도록 하기 위함입니다. 또한 죄를 이길 수 있다는 교만한 전제와 이생에서는 완전해질 수 없다는 절망 사이에 있는 위험한 길을 걸어가도록 하기 위함입니다. 교만함에서 겸손으로, 절망에서 소망으로 우리를 이끄는 것이 제 목표입니다. 로마서 7장이 말하는 성경적 현실주의는 한편으로는 도덕적 교만으로부터, 또 한편으로는 비도덕적 절망으로부터 우리를 구하려는 목적이 있습니다. 로마서 7장은 이 줄타기에서 균형을 잡도록 도와줍니다.

그럼, 지난주에 마친 부분에서 시작하겠습니다. 다섯 번째 논거는 베드로의 예를 통해 바울이 진짜 그리스도인의 경험을 말하고 있음을 보여줍니다. 그리스도를 세 번 부인함으로써 베드로가 비참하게 실패했다는 사실은 우리가 다 아는 내용입니다. 베드로는 자신이 하고 싶었던 일을 하지 않았습니다. 그리고 이때 슬피 울며 로마서 7장 24절에 나오는 "오호라, 나는 곤고한 사람이로다!"와 비슷한 말을 했을 거라고 충분히 짐작할 수 있습니다.

하지만 바울이 갈라디아서 2장에서 언급하듯, 베드로가 몇 년 후에 똑같은 방식으로 또 실패했다는 사실은 모르는 분들이 있습니다. 이때는 부활하신 그리스도를 만난 후였고, 오순절이 지나고, 성령 충만을 여러 차례 경험한 후였습니다. 이때 베드로가 저지른 실패는 바울이 공개적으로 책망할 정도로 심각한 것이었고 바울은 온 세상이 읽도록 이 일을 편지에 기록해 두었습니다.

그리스도 안에서 자유함을 경험한 유대인으로서, 베드로는 안디옥에서 이방인들과 함께 먹었습니다. 그때 그리스도인의 자유함을 이해하지 못하는 몇몇 엄격한 유대 그리스도인들이 예루살렘에서 왔습니다. 바울은 갈라디아서 2장 12절에서 이렇게 말합니다. "그들이 오매 그가[베드로] 할례자들을 두려워하여 떠나 물러가매." 두려움이라는 죄에 주목하십시오. 예수님이 재판 받으실 때 베드로를 패배시켰던 동일한 죄입니다. 수년이 지났는데도 베드로는 여전히 그 죄와 싸우고 있었습니다. 로마서 7장이 말하는 바로 그 상태입니다. 위대한 성도이자 사도도 잠시나마 죄에 패배합니다. 바울은 그 결과가 끔찍하고 복음 자체가 위태로워졌다고 말합니다. 13절입니다. "남은 유대인들도 그와 같이 외식하므로 바나바도 그들의 외식에 유혹되었느니라."

저는 이렇듯 바울이 베드로의 예를 통해, "내가 원하는 바 선은 행하지 아니하고 도리어 원하지 아니하는 바 악을 행하는도다"라는 로마서 7장의 경험으로 의미한 바(그리스도인이 되기 전의 경험이 아니라 그리스도인으로서 실패한 경험이라는 것)를 훌륭히 보여 주었다고 주장했습니다.

이것이 지난주에 살펴본 다섯 번째 논거입니다. 이제 여섯 번째 논거도 갈라디아서 말씀에서 살펴보겠습니다.

논거 6. 분열된 우리

여섯 번째 주장은 다음과 같습니다. 갈라디아서 5장 17절에서 바울은 로마서 7장과 매우 유사한 표현을 사용하는데, 이 갈라디아서의 내용은 그리스도인의 경험을 말하는 것으로 모두가 동의한다는 점입니다. 갈라디아서에서 바울은, 성령을 받았지만 그들 안에 또 다른 힘이 역사하는 그리스도인들에 대해 말합니다. 바울은 그 또 다른 힘을 육체라고 부릅니다. 17절에서 이렇게 말합니다. "육체의 소욕은 성령을 거스르고 성령은 육체를 거스르나니 이 둘이 서로 대적함으로 [이제 로마서 7장의 말이 여기서 나옵니다] 너희가 원하는 것을 하지 못하게 하려 함이니라."

이점을 주의 깊게 보십시오. 바울은 여기서 단지 영이 육체를 거스르고 육체가 영을 거스르는 것에 대해 말하는 게 아닙니다. (우리는 그 싸움이 일어나는 것을 지켜보는 무관한 구경꾼인 것처럼 말하지 않습니다). 바울은 로마서 7장에서 했던 일을 이곳에서도 마찬가지로 하고 있습니다. 그래서 분열된 우리에 대해 말하는 겁니다. 갈라디아서 5장 17절 끝에서 바울은 말합니다. "너희가 원하는 것을 하지 못하게 하려 함이니라." 우리는 이것을 원합니다. 그런데 다른 것을 행합니다. 뜻이 나뉘어져 있습니다. 로마서 7장이 말하는 경험과 동일한 경험이라고 생각합니다. 갈라디아서에서 이 경험은 성령을 소유한 그리스도인의 경험입니다. 따라서 로마서 7장도 그리스도인의 경험이라는 주장이 성립됩니다.

논거 7. 죄: 노예의 주인

일곱 번째로, 저의 주장에 동의하지 않는 가장 강력한 반박에 대해 답해 보려 합니다. 바울이 여기서 그리스도인의 경험을 말하는 것이 아니라는 주장의 가장 강력한 논거는, 로마서 7장 14절 하반절 말씀을 근거로 제시합니다. 여기서 바울은 "나는 육신에 속하여 죄 아래에 팔렸도다"라고 말합니다. 진짜 그리스도인이라면 이런 말을 할 수 없다는 주장입니다. 바울은 "죄 아래 팔렸도다"라고 말하는데 이것이 그리스도인의 발언일 수 있을까요? "팔리다"는 비유는 노예의 모습을 연상케 합니다. 노예 주인이 그를 샀고 그는 팔린 상태입니다. 노예 주인은 죄입니다. 그런데 진짜 그리스도인이 "나는 죄라는 노예 주인에게 팔렸다"라고 말할 수 있습니까?

매우 좋은 반박이라고 생각합니다. 다른 논거들이 없었더라면, 이 주장에 설득 당했을 것입니다. 예를 들어, 로마서 6장에서는 그리스도인이 죄의 종 노릇 하던 데서 해방된 자라고 적어도 여섯 차례 언급합니다(6절, 17절, 18절, 19절, 20절, 22절). 18절입니다. "죄로부터 해방되어 의에게 종이 되었느니라."

바울이 일시적으로 "죄 아래 팔린" 그리스도인에 대해 말했다고 보는 것이 불가능하지는 않습니다. 바울은 죄를 지은 사람은 그리스도인이었다가 비그리스도인이 되었다고 말한 게 아닙니다. 그리스도인이 잠시 실패하는 그 순간에, 노예 주인이 본래 자기 소유가 아닌 사람을 잠시 동안 지배하듯, 죄가 잠시 주도권을 쥐게 되었다고 말한 것입니다.

로마서 6장 12절에서 바울이 경고한 내용과도 동일합니다. 그는 그리스도인들에게 이렇게 말했습니다. "죄가 너희 죽을 몸을 지배하지 못하게 하여 몸의 사욕에 순종하지 말고." 다른 말로 하면, 여러분은 죄의 진짜 노예가 아닙니다. 죄가 여러분을 지배하지 못할 것이므로 그에 맞게 행동하라는 것입니다. 자유인으로 살아 가십시오!

죄가 낯선 노예 주인으로서 승리하도록 허용하지 말라는 것입니다. 자신을 죄에게 팔지 마십시오! 하지만 잠시 동안은 "죄가 지배하게 되는" 일은 있을 수 있습니다. 즉 옛 노예 주인에게 잠시 동안 항복하는 경우가 있을 수 있습니다.

이와 관련해 바울은 갈라디아서 5장 1절에서, 그리스도인들이 종노릇 하지 않도록 주의해야 한다고 말하면서, 훨씬 더 놀랍고 유익한 말을 합니다. "그리스도께서 우리를 자유롭게 하려고 자유를 주셨으니 그러므로 굳건하게 서서 다시는 종의 멍에를 메지 말라." 베드로가 그랬던 것처럼 옛 방식으로 다시 돌아가서는 안 됩니다. 왜 그렇습니까? 종의 멍에를 다시 메는 것이기 때문입니다. 바울은 그리스도인이 깨어 있지 못하면, 일시적으로, 어떤 일이 일어날 수 있는지 말하기 위해 종이라는 단어를 사용합니다. 일시적으로 "죄가 우리 몸을 지배하거나" "종의 멍에를 메게" 될 수 있습니다.

바울이 로마서 7장 14절에서 "나는 육신에 속하여 죄 아래에 팔렸도다"라고 말하면서 염두에 둔 내용이 이것이라고 생각합니다. 그가 유혹에 넘어가 원하지 않는 일을 할 때, 그는 자신이 일시적으로 죄에 지배를 당하고 팔린 노예와 같은 신세가 되었음을 압니다. 따라서 앞서의 주장은 강력하긴 하지만, 반박할 수 없는 그런 주장은 아니라고 생각합니다.

이것이 내 인생에 어떤 의미가 있는가?

마지막 논거는 다음 주로 미루고, 다음의 질문으로 말씀을 맺고자 합니다. "그렇다면 우리는 무엇을 해야 할까요? 그리스도인으로 살아가면서 우리가 이런 상황에 처하게 될 때 어떻게 대처해야 합니까?"

1) 율법의 행위가 아닌 믿음으로 의롭다 함을 받는다(롬 3:28)는 약속을 기억하고 경건치 아니한 자를 의롭다 하시는 그분을 신뢰해야 합니다(4:5). 그리스도가 우리 의가 되십니다(롬 10:4). 그분을 받아들이십시오. 거룩하신 하나님 앞에서 우리 삶의 유일한 소망으로 그분을 소중히 껴안으십시오.

2) 또 우리는 믿음으로 성화된다는 약속도 기억하십시오. 일차적으로 그리고 결정적으로, 하나님의 영광을 위해 열매를 풍성히 맺는 삶은 율법을 지키는 데서 나오지 않습니다. 오히려 믿음을 통해 그리스도와 연합하고 풍성한 교제로 만족을 누릴 때 그렇게 됩니다. 로마서 7장 4절은 그리스도인으로서 어떻게 살아야 하는지를 말해주는, 로마서에서 가장 중요한 구절 중 하나입니다. "그러므로 내 형제들아 너희도 그리스도의 몸으로 말미암아 율법에 대하여 죽임을 당하였으니 이는 다른 이 곧 죽은 자 가운데서 살아나신 이에게 가서 우리가 하나님을 위하여 열매를 맺게 하려 함이라[왜 율법에 대해 죽어야 하는지, 왜 그리스도와 연합되었는지에 대한 답입니다]." 우리는 율법에 대해 죽고 부활하신 그리스도와 연합되었습니다. 이는 하나님을 위하여 열매를 맺기 위함입니다.

3) 그리스도를 영화롭게 하는 확연히 변화된 삶은 일차적으로, 결정적으로 율법을 통해 오지 않습니다. 그것은 예수 그리스도와 모든 만족을 주는 교제를 나누면서 믿음으로 그분과 연합될 때 그로부터 가능해집니다. 그러므로 그분을 알아 가십시오. 이런 이유로, 제

가 예수 그리스도를 맛보아 알라고 썼던 것입니다. 그분을 알아 가십시오. 그분을 맛보십시오. 그분을 받아들이십시오. 그분을 신뢰하십시오. 그분을 즐거워하십시오. 안락한 일상에서 일어나 사랑과 희생의 갈보리 길을 그분과 동행하십시오.

4) 때때로 전술적 패배를 경험하지만 승리를 향해 계속 분투하는 군인과, 싸움이 너무 고통스럽고 대적의 영토가 좋아 보인다고 해서 적에게 항복하는 군인과는 엄청난 차이(천국과 지옥의 차이)가 있습니다.

로마서 7장에 나오는 분열된 사람과 이미 적에게 항복한 사람과는 차이가 있습니다. 적에게 항복하지 마십시오. 그리스도를 신뢰하고 죄에 맞서 싸우십시오.

34장

이 분열된 사람은 누구인가? (5부)

로마서 7:14-25

우리가 율법은 신령한 줄 알거니와 나는 육신에 속하여 죄 아래에 팔렸도다. 내가 행하는 것을 내가 알지 못하노니 곧 내가 원하는 것은 행하지 아니하고 도리어 미워하는 것을 행함이라. 만일 내가 원하지 아니하는 그것을 행하면 내가 이로써 율법이 선한 것을 시인하노니, 이제는 그것을 행하는 자가 내가 아니요 내 속에 거하는 죄니라. 내 속 곧 내 육신에 선한 것이 거하지 아니하는 줄을 아노니 원함은 내게 있으나 선을 행하는 것은 없노라. 내가 원하는 바 선은 행하지 아니하고 도리어 원하지 아니하는 바 악을 행하는도다. 만일 내가 원하지 아니하는 그것을 하면 이를 행하는 자는 내가 아니요 내 속에 거하는 죄니라. 그러므로 내가 한 법을 깨달았노니 곧 선을 행하기 원하는 나에게 악이 함께 있는 것이로다. 내 속사람으로는 하나님의 법을 즐거워하되 내 지체 속에서 한 다른 법이 내 마음의 법과 싸워 내 지체 속에 있는 죄의 법으로 나를 사로잡는 것을 보는도다. 오호라 나는 곤고한 사람이로다. 이 사망의 몸에서 누가 나를 건져내랴! 우리 주 예수 그리스도로 말미암아 하나님께 감사하리로다. 그런즉 내 자신이 마음으로는 하나님의 법을 육신으로는 죄의 법을 섬기노라. _롬 7:14-25

로마서 7장 14-25절에 나오는 이 분열된 사람의 경험은 중생한 그리스도인으로서 바울의 ―그러므로 그리스도인인 우리의― 경험입니까? 아니면 회심하기 이전 바울의 경험입니까? 이에 대해서는 그리스도인의 경험이라고 이미 답변을 했습니다. 그러므로 그리스도인으로서 우리 자신에 대해 여기서 배워야 할 것이 많습니다. 또 이생에서 자신이 완전해질 수 있다는 확신에 빠져 교만해지거나 반대로 이생에서 완전해지는 것은 불가능하다며 좌절하지 않기 위해, 자기 자신을 현실적으로 아는 것이 얼마나 중요한지 깨달아야 합니다. 목사로서, 로마서 7장에 대해 이런 설교를 하는 주된 목표는 우리가 이런 교만한 확신에서 벗어나 겸손해지고, 또 절망에서 벗어나 소망을 갖게 하기 위함입니다.

지난 몇 주 동안 이 본문을 이런 식으로 해석하는 이유에 대해 7가지 논거를 말씀드렸습니다. 오늘 두 가지를 더 말씀드리고 다음 주에는 로마서 7장을 마치려고 합니다. 그리고 늘 그렇듯, 이 본문이 그리스도인의 경험을 다룬 것이라는 주장으로만 그치고 말아서는 안 됩니다. 그 주장이 오늘 우리와 무슨 관련이 있는지를 설명하고 살피는 것이 무엇보다 중요합니다. 대개는 무언가를 믿는 이유가 그 믿는 바를 더 잘 설명해 주기 때문입니다. 오늘 이 설교를 통해 우리 삶에 겸손한 소망과 소망 있는 겸손이 함께 넘치기를 바랍니다.

논거 8. 이 사망의 몸

이렇게 질문하는 사람도 있을 것입니다. "진짜 그리스도인이라면 24절 하반절에서처럼 '이 사망의 몸에서 누가 나를 건져내랴?'고 부르짖을 수 있습니까? 그리스도인이 '사망의 몸'에 갇혔거나 노예로 묶여 있거나 구속되어 있다는 말입니까?" 이에 대해 저는 이렇게 대답하겠습니다. "진짜 그리스도인이 '이 사망의 몸에서 누가 나를 건져내랴?'고 외치지 않을 수 있을까요?"

물론 이 부르짖음 다음에 바로(25절) 이에 대한 답이 따라 나옵니다. "우리 주 예수 그리스도로 말미암아 하나님께 감사하리로다." 다른 말로 하면, 하나님께서 나를 이 사망의 몸에서 자유롭게 하실 것이고 우리 주 예수 그리스도를 통해 그렇게 하실 것이라는 말입니다.

하지만 우리는 이렇게 물어야 합니다. "이 사망의 몸에서 자유로워지지 않는다는 것은 무슨 의미입니까?" 어떤 사람들은 여기서 망설입니다. 믿는 자가 스스로에 대해 "사망의 몸"에서 자유롭지 않거나 갇혀 있다고 생각해야 한다는 것이 망설여집니다. 이 말은 무슨 의미입니까? 그리고 바울은 어떤 의미로 이 사망의 몸에서 자유로워진다고 말합니까?

먼저, 바울이 의도하지 않은 것을 분명히 해보겠습니다. 어떤 사람들은 바울이 사망의 몸에서 자유로워지는 것에 대해 말하는 것을 듣고는, 그가 몸은 악한 것으로 여기고 영은 좋은 것으로 여긴다고 생각하고 구원은 이 죽을 몸에서 벗어나 영으로 존재하는 것이라고 생각합니다. 육체와 정신, 물질세계와 비물질세계를 이런 식으로 생각하는 철학과 종교들이 있습니다. 그들에게 영은 선합니다. 육은 악합니다. 우주의 물리적인 것들은 비실제하고 부담스럽습니다. 하지만 비물질적인 것(영)은 실제하고 선합니다. 구원은 물질에서 벗어나 우주의 영에 사로잡혀 연합되는 것을 의미한다고 봅니다.

이것은 결단코 기독교의 가르침이 아닙니다. 바울도 물질세계와 육체에 대해 이런 시각으로 바라보는 가르침을 알고 있었습니다. 바울은 이를 단호히 거부했습니다. 예를 들어, 고린도에 있는 어떤 사람들이 어떤 음식은 부정하다고 말했을 때, 그는 고린도전서 10장 25-26절에서 이렇게 말했습니다. "무릇 시장에서 파는 것은 양심을 위하여 묻지 말고 먹으라. 이는 땅과 거기 충만한 것이 주의 것임이라." 달리 말해, 하나님께서 만드셨고 하나님이 주인이시므로 그것은 선하다는 것입니다. 마음껏 먹어도 됩니다.

하지만 육체는 어떻습니까? 고린도전서 6장 13절에서 바울은 이렇게 말했습니다. "몸은 음란을 위하여 있지 않고 오직 주를 위하여 있으며 주는 몸을 위하여 계시느니라." 몸은 우리가 죽을 때 기꺼이 벗어 버려야 할 쓰레기가 아닙니다. 몸은 주를 위해 주가 만드신 것입니다. "몸은 주를 위하여 있으며 주는 몸을 위하여 계시느니라." 고린도전서 6장 19-20절에서 바울은 이렇게 말합니다. "너희는 너희 자신의 것이 아니라 값으로 산 것이 되었으니 그런즉 너희 몸으로 하나님께 영광을 돌리라." 그리스도는 우리의 몸을 값으로 사기 위해 돌아가셨습니다. 우리의 몸은 우리의 것이 아닙니다. 무엇을 위해서입니까? 한 가지 궁극적인 목적, 바로 하나님께 영광을 돌리는 것입니다. 우리는 하나님이 가장 만족스러운 보화이심을 보여 주는 방식으로 몸을 사용해야 합니다. 그것이 우리에게 몸이 있는 이유입니다(빌 1:20; 롬 6:13, 19 참조).

버릴 쓰레기가 아니라 부활할 몸

그래서 그리스도인의 소망은 몸을 쓰레기처럼 벗어 버리는 것이 아니라 몸이 부활하는 것입니다. 우리는 영원히 몸을 소유할 것입니다. 물질적인 몸이라는 저주를 벗어버리는 것이 그리스도인의 소망이었다면, 바울은 우리 몸이 죽은 자 가운데서 부활할 것이라고 가르치지 않았을 것입니다. 빌립보서 3장 21절에서 바울은 이렇게 말합니다. "그는[그리스도는] 우리의 낮은 몸을 자기 영광의 몸의 형체와 같이 변하게 하시리라." 부활할 때 우리는 영원한 몸 —하나님 나라에서 영광스럽고 만족스러운 몸이든 지옥에서 끔찍하게 고통 받는 몸이든— 을 갖게 될 것입니다.

따라서 바울이 로마서 7장 24절에서 "이 사망의 몸에서 누가 나를 건져내랴?"고 말할 때, 그 몸이 악하다는 의미로 말한 것이 아니며 더욱이 구원은 나비가 고치에서 빠져나오듯 몸에서 벗어나는 것이라는 의미로 말한 것도 아닙니다. 그렇다면 무슨 의미로 말한 것입니까? "이 사망의 몸"은 무엇을 지칭합니까?

바울의 고백에는 적어도 두 가지 의미가 담겨 있습니다. 첫째, 우리 모두가 아담의 저주를 물려 받았으므로 우리 몸이 죽게 된다는 것입니다(롬 5:12). 둘째, 몸이 죄와 힘을 합해 죽음이라는 열매를 맺는다는 것입니다(롬 7:5). 몸이 죽는 것은 우리가 타락한 피조물이기 때문입니다. 또 몸이 죽는 것은 몸이 배신자이기 때문입니다. 몸은 죄와 한편이 되어 우리를 반복해서 속박합니다(롬 6:13). 따라서 몸은 본래 악하기 때문이 아니라 타락해서 악에게 팔렸기 때문에 "사망의 몸"입니다.

바울은 몇 구절 후에 로마서 8장 10절에서 "이 사망의 몸"에 대해 설명합니다. "그리스도께서 너희 안에 계시면 몸은 죄로 말미암아 죽은 것이나 영은 의로 말미암아 살아 있는 것이니라." 이 몸은 죽은 것과 같습니다. 곧 죽을 것입니다. 저주의 결과입니다.

따라서 바울이 로마서 7장 24절에서 "이 사망의 몸에서 누가 나를 건져내랴?"고 말하면서 무엇을 구한 것입니까? 몸과 영이 분리되기를 구한 것이 아닙니다. 자살하면 그렇게 할 수 있었습니다. 바울이 절규한 것은 현재로서는 몸의 유혹에서 구원받는 것이고 궁극적으로는 부활할 때 몸이 구원받는 것입니다. 로마서 8장 11절은 계속해서 이렇게 말합니다. "예수를 죽은 자 가운데서 살리신 이의 영이 너희 안에 거하시면 그리스도 예수를 죽은 자 가운데서 살리신 이가 너희 안에 거하시는 그의 영으로 말미암아 너희 죽을 몸도 살리시리라." 우리의 몸은 부활할 것입니다. 바울이 갈망한 것이 바로 그것입니다. 구속 받은 부활의 몸입니다.

그런 의미에서, 달리 표현하면, 그리스도가 십자가 위에서 피로 값 주고 사신 구원(해방)은 우리에게 단번에(all at once) 적용되지 않고 단계별로(in stages) 적용됩니다. 로마서 8장 10절에 따르면, 영은 살아 있고 결코 죽지 않을 것이나 몸은 죽게 되어 있습니다. 또는 로마서 8장 23절에서는 이렇게 말합니다. "우리 곧 성령의 처음 익은 열매를 받은 우리까지도 속으로 탄식하여 양자 될 것 곧 우리 몸의 속량을 기다리느니라." 우리 구원은 단계별로 옵니다. 이미 우리는 성령을 소유하고 있습니다. 또 우리의 영은 그리스도의 의로 말미암아 이미 살아 있습니다. 하지만 여전히 탄식합니다. 왜 그렇습니까? 우리 몸의 속량을 기다려야 하기 때문입니다. 언제 그렇게 됩니까? 부활의 때입니다.

"오호라 나는 곤고한 사람이로다. 이 사망의 몸에서 누가 나를 건져내랴?" 진짜 그리스도인은 이렇게 부르짖습니다. 구원받지 못해서가 아니라 그리스도가 우리를 위해 사신 구원이 단계별로 오기 때문입니다. 먼저, 성령 안에서 살게 되고 의롭다 여겨지고 성화됩니다. 그 다음 부활 때에 몸이 구원받습니다. 그때까지 몸은 사망의 몸입니다. 우리는 탄식합니다. 몸이 병들어 탄식하고 몸이 죄와 공모하여 반역하기 때문에 탄식합니다. 로마서 7장 24절은 그리스도인의 탄식입니다.

논거 9. 죄와 사망의 법

로마서 8장 1-2절 말씀은 그리스도 안에서 로마서 7장의 패배가 극복되었음을 나타낸다고 주장하는 반박에 대해 어떻게 대답해야 할까요? 바울은 로마서 8장을 이렇게 시작합니다. "그러므로 이제[!] 그리스도 예수 안에 있는 자에게는 결코 정죄함이 없나니 이는 그리스도 예수 안에 있는 생명의 성령의 법이 죄와 사망의 법에서 너를 해방하였음이라." 많은 주석가들이 이 말씀을 로마서 7장의 경험이 지나갔고 끝난 것이라는 의미로 받아들입니다.

2절에 나오는 "죄와 사망의 법"이라는 표현에 주목하십시오. 그리고 로마서 7장 22-23절에 나오는 "내 속사람으로는 하나님의 법을 즐거워하되 내 지체 속에서 한 다른 법이 내 마음의 법과 싸워 내 지체 속에 있는 '죄의 법으로 나를 사로잡는 것'을 보는도다"와 비교해 보십시오. 여기서 "죄의 법"이라는 표현이 나옵니다. 이것은 몸을 통해 역사하는 죄의 원리, 힘, 혹은 통치로서(몸이 "사망의 몸"이 되는 것에서 보았듯이) 바울을 사로잡아 그가 원하지 않는 것을 행하게 만듭니다.

하지만 로마서 8장 2절은 이렇게 말합니다. "이는 그리스도 예수 안에 있는 생명의 성령의 법이 '죄의 법'에서 너를 해방하였음이라." 따라서 반박하는 사람들은 이렇게 말합니다. "보세요. 로마서 7장은 그리스도를 믿기 전 경험을 말한 거예요. 그리스도인이 되기 전에, 성령을 받기 전에, '죄의 법'이 우리를 사로잡았습니다. 그리고 그리스도인이 된 후, 성령을 받은 다음에는 그 죄의 법에서 자유로워진 것입니다."

하지만 그렇게 간단한 문제가 아닙니다. 로마서 8장 2절은 그리스도인이 된 후에는 이 죄의 원리 혹은 통치 혹은 권세가 우리에게 어떤 영향력도 미칠 수 없다는 의미입니까? 지금까지 여러 번의 설교를 통해 이것은 바울이 가르침이 아님을 보여드리려 애썼습니다. 사실 바울은 정반대의 내용을 가르치고 있습니다. 죄는 (늘) 그리스도인의 삶에서 우위를 차지하려고 위협을 가하고 우리는 그에 맞서 싸워야 합니다. 8장 13절은 우리가 "몸의 행실을 죽여야 한다"고 말합니다. 로마서 6장 13절은 "너희 지체를 불의의 무기로 죄에게 내주지 말라"고 말합니다. 그 싸움은 실제입니다. 그래서 일시적으로 질 수 있습니다.

따라서 로마서 8장 2절이 "그리스도 예수 안에 있는 생명의 성령의 법이 죄와 사망의 법에서 너를 해방하였음이라"고 말할 때, 어떤 의미의 자유를 말하는 것입니까? 로마서 6장 14절에서 "죄가 너희를 주장하지 못하리니 이는 너희가 법 아래에 있지 아니하고 은혜 아래에 있음이라"고 말한 것과 정확히 같은 내용이라고 생각합니다. 이 말씀을, 의롭다 함을 얻는 순간 죄가 단 하나도 없는 완전한 존재가 된다는 의미로 받아들이는 사람은 실제로 아무도 없을 것입니다. 우리 삶을 지배하고 파괴하는 죄의 결정적이고 최종적인 권세가 무너졌다는 의미라는 데 대부분 동의하실 것입니다. 우리는 새로운 자유 속으로 들어갑니다. 성령의 능력으로 우리는 죄를 이길 수 있습니다.

따라서 바울이 로마서 7장 23절에서 "죄의 법"이 그를 사로잡는다고 말하고 나서 로마서 8장 2절에 가서는 예수 그리스도 안에 있는 생명의 성령의 법이 죄의 법에서 그를 자유롭게 했다고 말했을 때, 바울이 의도한 것은 로마서 7장 23절이 말하는 패배와 포로됨이 자신의 주되고 최종적인 상태가 아님을 말하려던 것이라고 생각합니다. 그를 실패하게 하고 파괴하는 결정적이고 최종적인 힘인 "죄의 법"에서 성령이 그를 자유롭게 했습니다. 성령은 그에게 종종 승리를 주십니다. 그리고 점점 더 많은 승리를 주십니다. 그리고 결국에는 최종적인 승리를 주실 것입니다. 그리고 바울은 "죄의 법"에 의해 멸망할 수 없습니다. 왜냐하면 적의 배후가 괴멸되었기 때문입니다. 머리가 몸에서 떨어져 나갔습니다. 우리는 이미 패배한 적과 싸우는 것입니다. 이미 승리를 쟁취하신 예수 그리스도 안에서 우리는 승리할 것입니다.

한 가지 적용과 함께 말씀을 마치겠습니다. 성경이 말하는 우리 인간의 상태를 제대로 알아야 합니다. "죄와 사망의 법"이 있습니다. 우리 몸은 저주 아래 있고 이 죄의 법이 주둔하는 작전 본부입니다. 따라서 우리 몸은 사망의 몸이 됩니다. 그리고 "죄의 법"과 사망의 몸에서 예수 그리스도를 통해 구원받는 것은 점차적이고 단계별로 이루어집니다. 이 모든 상황을 제대로 인식한다면, 우리 안에서 그리고 다른 이들에게서 과도하고 뒤틀린 몸의 욕망을 보게 될 때마다 그 일로 죄를 짓고 싶은 유혹에 빠지기 보다 놀라거나 두려움 없이 깨어 있을 수 있게 된다는 말입니다.

과도하고 뒤틀린 욕망들

여가 시간을 게으름으로 이끄는 우리의 과도한 욕망이 있습니다. 음식물을 보면 탐식으로 빗나가게 하는 과도한 욕망이 있습니다. 알코올중독으로 유혹하는 술에 대한 과도한 욕망을 볼 수 있습니다. 음란으로 유혹하는 성에 대한 과도한 욕망을 볼 수 있습니다. 이 모든 과도한 욕망들 위에 죄의 법이 사로잡고 있습니다. 죄의 법은 이 모든 욕망들을 불러일으킬 뿐 아니라 뒤틀린 욕망들도 만들어 냅니다. 음식에 대한 뒤틀린 욕구로 이상한 음식을 먹거나 폭식을 합니다. 성에 대한 왜곡된 욕구로 동성에게서 애정을 구하기도 합니다. 즐거움에 대한 왜곡된 욕구로 마리화나나 코카인, LSD 등을 하게 만듭니다.

그래서 제가 할 일은, 늘 그렇듯이, 성경이 보여 주는 예수 그리스도 안에서의 우리 현실을 우리 모두가 보게 하는 것입니다. 그리스도를 믿는 믿음으로 우리는 그분과 연합되었습니다. 그분은 우리의 죄사함과 우리 의가 되셨습니다. 그리고 그분의 영이 우리에게 오십니다. 문제는 우리에게 여전히 "과도한 욕망 혹은 왜곡된 욕망이 있는가"가 아닙니다. 문제는 "계속해서 바울과 함께 '오호라 나는 곤고한 사람이로다. 이 사망의 몸에서 누가 나를 건져내랴?'고 부르짖으며 유일한 소망이 우리 자신이 아닌 그리스도에게 있음을 바라보고 그분이 주시는 힘으로 싸워 몸의 행실을 죽일 것인가(롬 8:13) 아니면 포기하고 낯선 노예 주인에게 팔려서 사망의 몸과 죄의 율법과 손잡을 것인가?"입니다.

예수 그리스도는 자신의 영광을 위해 우리 몸을 사시려고 죽으셨습니다. 이 예수 그리스도는 우리의 온전한 충성을 받기에 합당한 분이십니다. 그리스도만 구원하십니다. 다른 이는 할 수 없습니다. 죄의 법과 사망의 몸이 주는 한순간의 덧없는 즐거움을 위해 그분을 버리지 마십시오.

35장

이 분열된 사람은 누구인가? (6부)

로마서 7:14-25

우리가 율법은 신령한 줄 알거니와 나는 육신에 속하여 죄 아래에 팔렸도다. 내가 행하는 것을 내가 알지 못하노니 곧 내가 원하는 것은 행하지 아니하고 도리어 미워하는 것을 행함이라. 만일 내가 원하지 아니하는 그것을 행하면 내가 이로써 율법이 선한 것을 시인하노니, 이제는 그것을 행하는 자가 내가 아니요 내 속에 거하는 죄니라. 내 속 곧 내 육신에 선한 것이 거하지 아니하는 줄을 아노니 원함은 내게 있으나 선을 행하는 것은 없노라. 내가 원하는 바 선은 행하지 아니하고 도리어 원하지 아니하는 바 악을 행하는도다. 만일 내가 원하지 아니하는 그것을 하면 이를 행하는 자는 내가 아니요 내 속에 거하는 죄니라. 그러므로 내가 한 법을 깨달았노니 곧 선을 행하기 원하는 나에게 악이 함께 있는 것이로다. 내 속사람으로는 하나님의 법을 즐거워하되 내 지체 속에서 한 다른 법이 내 마음의 법과 싸워 내 지체 속에 있는 죄의 법으로 나를 사로잡는 것을 보는도다. 오호라 나는 곤고한 사람이로다. 이 사망의 몸에서 누가 나를 건져내랴! 우리 주 예수 그리스도로 말미암아 하나님께 감사하리로다. 그런즉 내 자신이 마음으로는 하나님의 법을 육신으로는 죄의 법을 섬기노라. _롬 7:14-25

성경을 사랑하면서 마음을 무시할 수 없다

성경을 사랑하면서 마음(mind)을 무시할 수 없습니다. 성경을 사랑한다면, 인간의 사유하는 능력 그 자체만으로 누군가를 구원하거나 삶의 가장 깊은 문제를 해결한다는 낙관적인 개념을 갖지 않으리라는 것은 사실입니다. 그러나 마음은 배제한 채 "감정 또는 영 또는 행동이 그리스도를 위한 삶의 핵심"이라고 말할 수도 없을 것입니다.

(로마서 1장부터 7장까지 말씀을 끝맺으면서) 제가 이렇게 말하는 이유는, 하나님의 영감으로 쓰인 이 성경이 독자들의 마음(mind)에 거는 요구가 너무나 크다는 사실에 놀라고 있기 때문입니다. 하나님은 이 성경에 영감을 불어넣으신 분으로, 하나님의 말씀을 주야로 묵상하도록 부름 받은 백성들이 마음을 사용하고 정신적인(mental) 노동을 기울여 이 성경에 담긴 사고의 흐름을 따라가도록 만드십니다. 마음이 약해지고 게을러지게 해서는 안 됩니다. 그렇게 한다면, 엄청난 축복을 제 발로 차버리는 꼴이 됩니다.

성경을 사랑하면서 마음을 무시할 수 없다고 말한 두 번째 이유는, 바울이 로마서 7장 25절에서 "내 자신이 '마음'으로는 하나님의 법을 육신으로는 죄의 법을 섬기노라"고 말한 때문입니다. 바울이 하나님을 섬기기 위해 사용한 수단은 그의 마음(mind)입니다. "마음으로는 하나님의 법을 섬기노라." 따라서 마음을 무시해서는 안 됩니다. 마음을 가볍게 여겨서는 안 됩니다. 마음을 등한시해서는 안 됩니다. 또한 우리의 자녀를 강한 정신력을 소유한 자녀로 길러 내야 합니다. 마음을 하나님께 쏟으십시오. 자녀들이 하나님의 영광을 위해 마음을 사용하도록 도우십시오. 하나님은 우리가 마음을 도구로 사용해 섬기도록 하셨습니다. "마음으로는(with my mind) 하나님의 법을 섬기노라." 이 고백이 우리 모두의 고백이 되게 하십시다.

로마서 7장 마지막 구절에 대한 깊은 고찰

앞서 로마서 7장 14-25절에 묘사된 이 분열된 사람이 그리스도인—진정으로 구원받고, 의롭다 함을 받고, 다시 태어나고, 성령이 그 안에 내주하시지만 아직 부패함과 내주하는 죄가 남아 있고 육신의 힘의 영향을 받는 그리스도인— 이라고 믿는 9가지 이유를 말씀드렸습니다. 이제 25절을 근거로 마지막 논거를 제시하면서 로마서 7장을 마치려고 합니다. 마지막 논거는 다음과 같습니다.

논거 10. 25절 하반절의 냉철한 요약

본문 말씀이 그리스도인이 되기 이전 경험을 서술한 것이라고 믿는 사람들은 대개 24절 말씀과 25절 상반절 말씀이 로마서 8장의 승리의 삶으로 나아가는 전환점이라고 봅니다. 로마서 7장 24절은 이렇게 질문합니다. "이 사망의 몸에서 누가 나를 건져내랴?" 그리고 25절 상반절에서 이렇게 대답합니다. "우리 주 예수 그리스도로 말미암아 하나님께 감사하리로다." 로마서 7장 14-24절의 모든 실패가 지나가고, 이제 바울은 승리와 변화의 시점에 도달한 것이라는 의미로, 25절 상반절 말씀을 주로 해석합니다. 로마서 7장의 패배 경험에서 로마서 8장의 승리 경험으로 옮겨간다고 봅니다.

하지만 이렇게 해석할 경우, 로마서 7장 25절 하반절이 막히게 됩니다. 25절 하반절은 이 해석에 맞지 않습니다. 오히려 본문을 분열된 사람이 마침내 승리를 얻게 되고 모든 갈등을 넘어 온전히 성령의 영향력 아래 들어간다는 의미로 해석하면, 25절 하반절은 무슨 의미가 됩니까? 로마서 7장이 갈등과 싸움을 경험하는 일반적인 그리스도인의 경험이라고 해석할 때에만, 여기서 기대하는 의미를 얻게 됩니다. 싸움이 계속되는 분열된 삶을 요약적으로 진술한 말이 됩니다. 25절 하반절은 이렇게 말합니다. "그런즉 내 자신이 마음으로는 하나님의 법을 육신으로는 죄의 법을 섬기노라."

25절 하반절 말씀은, 바울이 24절과 25절 상반절에서 "이 사망의 몸에서 누가 나를 건져내랴? 우리 주 예수 그리스도로 말미암아 하나님께 감사하리로다"고 영광의 승리를 외친 '후' 자신의 경험을 요약한 말입니다. 바울은 "누가 나를 건져'내랴?'"라고 묻습니다. "누가 나를 건져'냈느냐?'"고 과거형으로 묻지 않습니다. 그리스도가 자신을 자유롭게 할 당사자임을 감사로 고백한 후, 그때까지는, 즉 최종적이고 결정적인 구원이 있기까지는 자신은 분열되어 있고 계속 싸워야 하는 존재라고 말합니다. 25절 하반절입니다. "그런즉 내 자신이 마음으로는 하나님의 법을 육신으로는 죄의 법을 섬기노라."

따라서 10번째 논거는, 바울이 25절 상반절에서 "우리 주 예수 그리스도로 말미암아 하나님께 감사하리로다"라고 승리를 외친 것은, 로마서 7장이 말하는 싸움과 패배를 넘어 새로운 승리의 삶으로 옮겨갔다는 표시가 '아니라'는 말입니다. 오히려 이 소망의 외침 후에 우리가 지금까지 보았던 모든 현실을 냉정하게 현실적으로 요약한 말이라 할 수 있습니다. 즉 그리스도인인 바울은 새사람이면서 동시에 옛사람이기도 하다는 말입니다. 성령이 내주하시지만 동시에 육신의 공격을 받습니다. 죄의 지배에서 벗어났지만 부패함이 남아 있습니다. 죽음이 찾아올 때까지 혹은 그리스도가 오실 때까지 그는 이런 상태에 있을 것입니다. 이것이 로마서 7장이 말하는 성경적 현실입니다.

하지만 25절 하반절 "그런즉 내 자신이 마음으로는 하나님의 법을 육신으로는 죄의 법을 섬기노라"를 좀 더 자세히 살펴봅시다. 바울이 여기서 어떤 삶을 이야기하고 있습니까? 바울은 실패만 있는 삶, 혹은 성공만 있는 삶을 이야기하지 않습니다. 여기서 그가 말하려는 요지는, 자신이 얼마나 성공했는지, 얼마나 자주 성공하는지 혹은 실패하는지를 말하려는 것이 아닙니다. 그는 이 두 가지 현실이 자신 안에 존재한다는 사실을 말하면서 이런 이유로 자신과 다른 그리스도인들이 완전하지 않다는 사실을 언급합니다. 범죄를 저지른 원흉은 하나님의 율법이 아닙니다. 범죄를 저지른 원흉은 육신입니다. 혹은 그것이 17절과 20절에서 언급한 "내 속에 거하는 죄"입니다. 혹은 21절에서 말한 "나에게 함께 있는 '악'"입니다.

마음은 본래 선하지 않고, 몸은 본래 악하지 않다

이 구절에서 또 한 가지 분명히 할 것이 있습니다. "마음"(mind)은 본래 선하고 몸(body)은 본래 악하다고 생각해서는 안 됩니다. 그렇지 않습니다. 이 구절에서 "육신"(flesh)이라는 용어는 단순히 "몸"을 의미하지 않고, "마음"이라는 용어는 단순히 타고난 사고 기관(natural thinking organ)을 의미하지 않습니다. 하나님의 법을 섬기는 "마음"은 바울의 '새로워진' 마음이지, 로마서 1장 28절에 나오는 "상실한 마음"이 아닙니다. 로마서 12장 2절에서 "너희는 이 세대를 본받지 말고 오직 마음을 새롭게 함으로 변화를 받아 하나님의 선하시고 기뻐하시고 온전하신 뜻이 무엇인지 분별하도록 하라"고 하신 말씀을 기억하십시오. 다른 말로 하면, 마음은 하나님의 뜻이 무엇인지 분별하기 위해 "새롭게 되어야" 합니다. 따라서 바울이 7장 25절에서 마음으로는 하나님의 법을 섬긴다고 말한 것은, 하나님이 그의 마음을 새롭게 하셔서 하나님의 뜻을 분별하고 알 수 있도록 육신을 이기게 하신다는 의미입니다.

또한 "육신"은 단순히 몸이 아닙니다. 갈라디아서 5장 20절을 보면, "육신의 일"에 "우상 숭배와 주술과 원수 맺는 것"과 "분쟁과 시기와 분냄"이 다 포함됩니다. 육신은 성령에 의해 아직 변화하지 못한, 바울에게 있던 타락하고 죄악된 인간 본성의 일부입니다. 그것은 몸을 통해 표출됩니다. 또 마음을 통해 나타납니다. 골로새서 2장 18절은 "육신의 생각"(the mind of the flesh)이라고 표현하기도 합니다. 따라서 여기서 마음을 완벽한 지위로 높이고 육신을 부정한 지위로 낮추지 않도록 조심해야 합니다. 그것이 요지가 아닙니다. 육신은 "마음"의 반대말이 아니라, 새로워진 마음의 반대말입니다. 그리고 육신은 몸이 의의 도구로 하나님께 드려질 때는 몸의 반대말이 될 수도 있습니다.

따라서 바울이 이 마지막 구절에서 말하는 것은, 순종의 삶이 성령에 의해 새로워진 그의 마음에서 나오므로 자신은 하나님의 뜻을 분별할 수 있다는 것이고, 자신이 그렇게 하는 일에 실패할 때는 육신(타락한 옛 본성)이 그를 공격하거나 우위를 차지할 때라고 말하는 것입니다.

이제, 잠시 물러나, 로마서 7장에서 살펴본 성경적 현실주의의 관점에서 볼 때 우리는 어떻게 살아야 하는지 다시 한 번 질문해 봅시다. 바울이 그리스도인으로서 우리 본성에 대해 다른 곳에서 했던 말들을 살펴보겠습니다.

이미: 결정적이며 불가역적인 자유; 아직: 최종적이고 완전한 자유

그리스도인으로서 우리는 두 가지 사실을 마음 깊이 새겨야 합니다. 하나는, 그리스도를 믿을 때 우리는 그분과 연합되고 죄의 지배에서 결정적으로 구원받았다는 사실입니다. 바울은 로마서 6장에서 이에 대해 반복해서 말합니다. 6절입니다. "우리가 알거니와 우리의 옛 사람이 예수와 함께 십자가에 못 박힌 것은 죄의 몸이 죽어 다시는 우리가 죄에게 종 노릇 하지 아니하려 함이니." 14절입니다. "죄가 너희를 주장하지 못하리니 이는 너희가 법 아래에 있지 아니하고 은혜 아래에 있음이라." 17-18절입니다. "하나님께 감사하리로다. 너희가 본래 죄의 종이더니 너희에게 전하여 준 바 교훈의 본을 마음으로 순종하여 죄로부터 해방되어 의에게 종이 되었느니라." 로마서 8장 2절에도 나옵니다. "이는 그리스도 예수 안에 있는 생명의 성령의 법이 죄와 사망의 법에서 너를 해방하였음이라." 그리스도를 우리의 보화로 신뢰했을 때, 구원이라는 결정적이고 취소 불가한 사건이 일어났습니다.

또 하나 마음 깊이 새겨야 할 것은, 죄의 지배에서 결정적으로 구원받는 사건이 일어났다 할지라도, 내주하는 죄로부터 최종적으로 완전하게 구원받은 것은 아직 아니라는 사실입니다. 앞에서 로마서 7장 14-25절을 다섯 번 설교하면서 다룬 내용이 이것입니다. "내주하는 죄", "육신", "악"은 여전히 우리와 함께 있고 언제라도 우리를 사로잡으려고 위협을 가합니다.

따라서 이렇게 질문해야 합니다. "우리 자신에 대한 이런 이중적인 진리를 생각할 때, 우리는 어떻게 살아야 하는가?" 그리스도 안에서 우리가 구원받고 새로워진 것에 대해 바울이 말하는 놀라운 방식을 살펴봄으로써 답을 찾을 수 있습니다. 바울은 반복해서 이렇게 말합니다. "이 새사람은 그리스도 안에 있는 결정적이고 취소 불가한 우리의 존재입니다." 이 자유인은 가장 깊고 진실한 우리의 정체성입니다. 이제 그대로 행하면 됩니다. 그리스도를 바라보고, 그분의 도우심을 신뢰하고, 그분의 성령에 의해 마땅히 되어야 할 존재가 되십시오.

우리를 끊임없이 괴롭히는 죄가 분노라면, 그리스도 안에서 우리는 그 죄에 대해 죽었고 그리스도 안에서 그분의 인내심과 온유함을 갖게 되었음을 확신하십시오. 그분을 바라보고, 그분을 신뢰하고, 그분 안에서 즐거워하십시오. 그리고 그분 안에서 승리한 자처럼 분노에 맞서 싸우십시오.

우리를 따라다니는 죄가 이성간의 혹은 동성간의 욕망이라면, 그리스도 안에서 우리는 이 타락하고 왜곡된 죄에 대해 죽었다는 진리를 확신하십시오. 동성애자로 살았고 10년간 에이즈 환자로 살다 죽은 조 헬렛과 나눈 대화가 기억납니다. 그는 끊임없이 자신에게 이렇게 말했다고 합니다. "'나는 동성애자다'라고 말하지 말자. '나는 동성애 욕구와 싸우고 있다'고 말하자." 이것은 피상적인 마인드컨트롤이 아닙니다. 로마서 6장과 7장에 나오는 심오한 성경적 통찰입니다. 그리스도 안에서 우리의 옛 자아는 (얼마나 뒤틀리고 부패했든 간에) 죽었습니다. 그리고 우리는 결정적이고 취소 불가한 새로운 존재입니다. 그리스도 예수 안에서 동성애, 간음, 간통, 탐욕, 도둑질, 알코올중독은 우리의 진짜 모습이 아닙니다. 믿음으로 그리스도 안에 있음을 확신하십시오. 그분이 우리를 온전히 만족케 하는 보화임을 믿고, 그리스도 안에 있는 우리의 참 모습을 볼 수 있도록 도우시기를 기도하십시오.

우리의 참 모습

바울이 그리스도 안에서 우리의 참 모습이 어떠한지에 대해 무슨 말을 했는지 살펴보는 것으로 마무리할까 합니다. 하나님의 말씀 속에 어떤 말씀이 있는지 보겠습니다. 바울은 우리 그리스도인들이 새로운 존재라는 사실을 강조하면서, 동시에 우리가 새로워져야 한다는 사실을 강력한 명령으로 전하고 있습니다. 신약성경에 나오는 몇 가지 예들입니다.

1. 새로워졌다는 진술: 로마서 6장 14절, "죄가 너희를 주장하지 못하리니 이는 너희가 법 아래에 있지 아니하고 은혜 아래에 있음이라." 새로워지라는 명령: 로마서 6장 12절, "그러므로 너희는 죄가 너희 죽을 몸을 지배하지 못하게 하여 몸의 사욕에 순종하지 말고."

2. 새로워졌다는 진술: 로마서 6장 18절, "죄로부터 해방되어 의에게 종이 되었느니라." 새로워지라는 명령: 로마서 6장 19절, "너희 지

체를 의에게 종으로 내주어."

3. 새로워졌다는 진술: 로마서 6장 6절, "우리가 알거니와 우리의 옛 사람이 예수와 함께 십자가에 못 박힌 것은 죄의 몸이 죽어 다시는 우리가 죄에게 종 노릇 하지 아니하려 함이니." 새로워지라는 명령. 로마서 6장 11절, "이와 같이 너희도 너희 자신을 죄에 대하여는 죽은 자요 그리스도 예수 안에서 하나님께 대하여는 살아 있는 자로 여길지어다."

4. 새로워졌다는 진술: 골로새서 3장 9절, "너희가 서로 거짓말을 하지 말라. 옛 사람과 그 행위를 벗어 버리고." 새로워지라는 명령: 에베소서 4장 22절, "너희는 유혹의 욕심을 따라 썩어져 가는 구습을 따르는 옛 사람을 벗어 버리고."

5. 새로워졌다는 진술: 골로새서 3장 10절, "새 사람을 입었으니 이는 자기를 창조하신 이의 형상을 따라 지식에까지 새롭게 하심을 입은 자니라." 새로워지라는 명령: 에베소서 4장 24절, "하나님을 따라 의와 진리의 거룩함으로 지으심을 받은 새 사람을 입으라."

6. 새로워졌다는 진술: 갈라디아서 3장 27절, "누구든지 그리스도와 합하기 위하여 세례를 받은 자는 그리스도로 옷 입었느니라." 새로워지라는 명령: 로마서 13장 14절, "오직 주 예수 그리스도로 옷 입고."

7. 새로워졌다는 진술: 갈라디아서 5장 24절, "그리스도 예수의 사람들은 육체와 함께 그 정욕과 탐심을 십자가에 못 박았느니라." 새로워지라는 명령: 로마서 13장 14절 하반절, "정욕을 위하여 육신의 일을 도모하지 말라."

8. 새로워지라는 명령: 고린도전서 5장 7절 상반절, "너희는 누룩 없는 자인데 새 덩어리가 되기 위하여 묵은 누룩을 내버리라." 새로워졌다는 진술: 고린도전서 5장 7절 하반절, "우리의 유월절 양 곧 그리스도께서 희생되셨느니라."

바울이 로마서 7장 25절 하반절에서 "그런즉 내 자신이 마음으로는 하나님의 법을 … 섬기노라"고 말하면서 의미한 바는, 성령의 변화시키는 능력으로 말미암아 내 마음을 보화이신 예수 그리스도에게 두었을 뿐 아니라 하나님께서 예수 안에서 나를 위해 예비한 모든 것을 마음에 품게 되었다는 뜻입니다(고후 5:19; 고전 1:30; 골 2:3, 9). 또 성령의 변화시키는 능력으로 말미암아 그리스도 안에서 이미 내가 어떤 존재인지(고후 5:17), 그리스도를 통해 장차 어떤 존재가 되어 갈지(빌 1:11)를 마음에 두게 되었다는 뜻입니다. 저는 그리스도를 믿고 그분의 도우심과 능력을 믿습니다. 그리고 그 믿음 위에서 살아갑니다. 걸려 넘어져도 그리스도를 부인하라는 유혹에 굴하지 않겠습니다. 그분 안에 있는 참 생명을 부인하라는 유혹에 굴하지 않겠습니다. 회개하고 그분의 용서하심 안에서 즐거워하고 계속 싸우겠습니다.

그분과 함께 하십시오. 이 세상을 닮아가지 말고 마음을 새롭게 함으로 하나님의 법을 섬깁시다!